Die neuen Grenzen
in Osteuropa
Moskau
RUSSLAND
KASACHSTAN
NE
KASPISCHES MEER
WARZES MEER
Tiflis
GEORGIEN
Baku
ASERBAIDSCHAN
ARMENIEN
Eriwan
500 km
slawien"

Paul Lendvai

Zwischen Hoffnung und Ernüchterung

Weitere Publikationen des Autors

Der Rote Balkan (1969)

Antisemitismus ohne Juden (1972)

Kreisky – Porträt eines Staatsmannes (mit K.H. Ritschel, 1972)

Die Grenzen des Wandels (1977)

Der Medienkrieg (1981)

Religionsfreiheit und Menschenrechte (Hrsg., 1983)

Das einsame Albanien (1985, 2. erw. Aufl. 1986)

Das eigenwillige Ungarn (1986, 2. erw. Aufl. 1988)

Paul Lendvai

Zwischen Hoffnung und Ernüchterung

Reflexionen über den Wandel in Osteuropa

SACHBUCH
J&V
JUGEND & VOLK

ISBN 3-224-16577-4

Umschlag: Bruno Wegscheider
Druck und Bindung: Wiener Verlag, Himberg
94 06 15/100/1

Inhalt

Vorwort

Der Zusammenbruch des Ostblocks, des Sowjetimperiums und des kommunistischen Systems vollzog sich zunächst schnell und lautlos; der Rückschlag in Form von enttäuschten Erwartungen, nationalistischen Konflikten und schließlich blutigen Kriegen erfolgte jedoch so heftig und so medienwirksam, daß sowohl Betroffene als auch Beobachter die verblüffenden Szenenwechsel in zum Teil zerfallenden Vielvölkerstaaten samt den tragischen Folgen wie „ethnischen Säuberungen" und vielfältigen Ausgrenzungskonflikten oft nur fassungslos verfolgen können. Gerade angesichts der zuweilen atemberaubenden Geschwindigkeit dieser Wandlungen in der postkommunistischen Welt wäre es manchmal nützlich, die Ereignisse der Gegenwart und jene Kräfte, die in Osteuropa wirksam sind, in einer größeren historischen Perspektive zu betrachten und so manche vergessenen Fakten aus der Vergangenheit in Erinnerung zu rufen.

Nach dem plötzlichen Ende der auf einer verpflichtenden Wahrheit beruhenden Gesellschaftsordnung droht der hoffnungsvolle Neubeginn hier und dort in einem Sumpf von Haß und Intoleranz, von kollektiver Verdrängung und kollektiver Hexenjagd, von Rückfällen in Ablehnung und Ausgrenzung des Fremden, auch wenn die neuen Führungskräfte sich christlich oder national, sozialistisch oder bürgerlich drapieren, zu versinken. Man muß also dem von den braunen und roten Diktaturen hinterlassenen ideellen und materiellen Trümmerhaufen gebührende Aufmerksamkeit schenken.

Ernüchterung und Enttäuschung kennzeichnen nicht nur das Verhältnis zwischen den Deutschen im Osten und Westen ihres vereinigten Landes. Noch tiefer geht die emotionelle und oft sogar irrationale Entfremdung zwischen Ost und West. Dort herrscht Enttäuschung über das Ausbleiben der erhofften und zum Teil versprochenen massiven uneigennützigen Hilfe nach Muster des Marshallplanes; hier ist man oft empört über die Undankbarkeit und Unberechenbarkeit der Mittel- und Osteuropäer, die völlig irreale Hoffnungen in die Solidarität des Westens und die davon erhoffte rapide Angleichung ihrer Lebensbedingungen gesetzt hatten.

Daß man im postkommunistischen Osten, vom Bedürfnis nach sozialer und gefühlsmäßiger Geborgenheit motiviert, sogar die Frage stellt, ob es unter dem verpönten alten Regime vielleicht auch gute Dinge wie „Ruhe und Ordnung", „Vollbeschäftigung" usw. gegeben habe, löst im Westen vielfach Unverständnis aus. „Kommen die Kommunisten bereits zurück?" stellen manche Leitartikler die besorgte Frage, nicht ahnend, daß die neue „Lumpenbourgeoisie" (Ernest Gellner) aus der alten Nomenklatura besteht und daß viele stramme demokratische offizielle Gesprächspartner von heute mit den Anpassern, Mitläufern und Funktionären des zweiten Gliedes von gestern identisch sind. Viele Menschen im Westen sind nicht nur der „Osthilfe" überdrüssig. Sie fürchten sich vor den psychischen und wirtschaftlichen, sozialen und bildungspolitischen Belastungen durch die Zuwanderung von Millionen Mittel- und Osteuropäern.

Die durch den Eisernen Vorhang besiegelte Zweiteilung Europas ist politisch scheinbar überwunden worden. Mit dem Verschwinden des Feindes, dem Zusammenbruch des real existierenden Sozialismus, ist alles – und nicht nur, wenn auch vor allem im Osten – in Bewegung geraten. Kein Wunder, daß amerikanische Politologen sozusagen am laufenden Band neue Theorien oder Thesen zur Erklärung einer verwirrenden, aufregenden und zum Teil für viele Menschen in Ost- und Südosteuropa tragischen Wende anbieten. Diese oft außerordentlich schnell und lukrativ vermarkteten Thesen reichen vom „Ende der Geschichte" (Francis Fukuyama) bis zum „Krieg der Kulturen" (Samuel Huntington) und zur „globalen Anarchie" (Robert Kaplan).

Als Zeitzeuge und Kommentator, der Hitlers und Stalins totalitäre Diktaturen zum Teil am eigenen Leib in Ungarn erlebte und dann nach der Niederschlagung des Oktoberaufstands als österreichischer Journalist über drei Jahrzehnte hindurch für Zeitungen und seit 1980 für das Fernsehen über die Länder Mittel-, Ost- und Südosteuropas berichtete, bin ich zutiefst skeptisch hinsichtlich der Stichhaltigkeit von großen Theorien und lehne hochmütige Pauschalurteile ebenso ab wie Parteilichkeit für eine Nation oder Gruppe auf Kosten einer anderen. Der vorliegende, eigenwillig komponierte Band besteht aus Artikeln und Vortragstexten, die durch historische Rückblicke, persönliche Erlebnisse, Reflexionen und Impressionen, gestützt auf Kenntnisse über Geschichte, Ideologie und handelnde Politiker, ein anschauliches Bild von der ungeheuren Kompliziertheit und Vielfalt der politischen, wirtschaftlichen und sozialen Tendenzen von gestern und heute vermitteln und dabei nicht zuletzt die psychologischen Hintergründe aller dieser Prozesse beleuchten wollen. Der früheste Beitrag stammt aus dem Jahr 1965, der späteste aus dem Jahr 1994. Die Texte sind in ihrem authentischen Wortlaut wiedergegeben, bloß einige Zitate habe ich aus Gründen der Wiederholung gestrichen.

„Wer es wagt, Zeitgeschichte zu schreiben", schrieb Voltaire an Bertin de Rocheret, „muß gewärtig sein, für das, was er gesagt hat, ebenso wie für das, was er nicht gesagt hat, angegriffen zu werden." Im Rückblick ist mir völlig bewußt, daß ich zum Beispiel trotz meiner bekannten Neigung zum Pessimismus (ich möchte es mit Golo Mann eher „melancholischen Realismus" nennen) die Überlebenschancen des titoistischen Systems und des jugoslawischen Bundesstaates viel zu lang überschätzt und trotz aller Vorbehalte die zerstörerische Wirkung der halbherzigen Reformen Gorbatschows sowohl auf den Zusammenhalt des Ostblocks als auch auf die Existenz der DDR – so wie viele andere – unterschätzt habe. Trotz der anderen Irrtümer, die mir unterlaufen sein mögen, hoffe ich mit diesem Buch zum besseren Verständnis der von historischen Erfahrungen mitgeprägten Wertvorstellungen und der vielen Gesichter des defensiven und aggressiven Nationalismus in Ost- und Südosteuropa beizutragen. Denn die individuellen Verhaltensweisen, die Erwartungen und die Ängste der vielgeprüften und verunsicherten Menschen im Osten wurzeln nicht zuletzt in einer vom Westen ganz unterschiedlichen Geschichte und Geographie.

Dieser „anderen" Welt, ihrer heute oft vergessenen Geschichte und den Menschen, die sie tragen, sind diese Aufsätze gewidmet. Sie sind zum Teil in der *Neuen Zürcher Zeitung*, der *Frankfurter Allgemeinen*, der *Zeit*, in *Le Monde* und in diversen Zeitschriften wie *Der Monat*, *Osteuropa*, *Europäische Rundschau*, *Europa-Archiv*, und in mehreren Sammelbänden über Tagungen erschienen. Sie beschäftigen sich mit dem Niedergang der Sowjetunion und dem Zerfall der Vielvölkerstaaten, mit der ungezügelten Dynamik des Nationalismus und ihren Folgen, insbesondere in den verschiedenen Etappen der jugoslawischen Tragödie, mit dem Wandel in Albanien, mit dem Medienkrieg vor und nach dem Zusammenbruch der Diktaturen, mit dem Verhältnis zwischen Sozialdemokratie und Kommunismus. Neu sind die in diesem Buch zum ersten Mal veröffentlichen Beiträge über meine persönliche Erfahrungen als Ostkorrespondent, illustriert mit Originaldokumenten aus dem Archiv des früheren DDR-Ministeriums für Staatssicherheit, ferner die Betrachtungen über den „Verrat der Intellektuellen“, die letzte Bilanz des Jugoslawien-Krieges, über den Machtkampf um die Medien in der postkommunistischen Welt und meine Eindrücke von Begegnungen mit Partei- und Regierungschefs in den Ländern Mittel- und Osteuropas.

Im Gegensatz zu meinen früheren Werken, die eher geschlossene historisch-politische Phänomene zum Inhalt hatten wie etwa den politischen Antisemitismus im kommunistischen Osteuropa oder die Entwicklung in Ungarn und Albanien, setzt dieses Buch bei meinen zum Teil sehr persönlichen Eindrücken und Erfahrungen an: Diese Reflexionen führen uns zu den Wurzeln nur scheinbar neuer Krisensituationen, so auch zu den Ursprüngen jenes Nationalismus, der heute der veränderten politischen Landkarte Europas seinen Stempel aufdrückt und zu dem es noch keine glaubhafte politische Alternative zu geben scheint.

Ich hoffe, daß diese Texte dem Leser einen besseren Einblick in die turbulente Geschichte einer aufregenden und für viele Menschen tragischen Übergangszeit geben sowie für künftige Historiker brauchbares Quellenmaterial über eine Fülle von Einzelentwicklungen ohne ein erkennbares *grand design* in und um Mittel- und Osteuropa bieten werden. Von Demut vor der unberechenbaren Kraft der Geschichte erfüllt, spiegeln diese Reflexionen von den sechziger bis zu den neunziger Jahren auch die oft widersprüchlichen Erfahrungen eines engagierten und nie zynisch gleichgültigen, nach Ausgewogenheit strebenden und nicht selten fehlbaren Journalisten und Zeithistorikers wider.

Altaussee, im Frühjahr 1994 *Paul Lendvai*

„Sie kommen mit...“ – Erfahrungen im Medienkrieg

Unter Berücksichtigung der obigen Angaben, bitte ich Sie, werter Genosse Minister, dem *Lendvai* die Einreisegenehmigung für ihr Land zu verweigern.

Telegramm des ungarischen Innenministers Benkei an seinen DDR-Amtskollegen Mielke vom 21. Oktober 1965

Mit dem Zusammenbruch des Kommunismus und des sowjetischen Imperiums, dem Verschwinden des Ostblocks und den aus der Moskauer Zentrale dirigierten Geheimdiensten ist auch der Medienkrieg zwischen Ost und West, zwischen den freien Gesellschaften und ihren Medien einerseits und den von Polizeiagenten durchsetzten Propagandaapparaten andererseits zu Ende gegangen. Das bedeutet freilich nicht, daß Journalisten in den postkommunistischen Ländern bzw. die Medien völlig frei geworden sind oder daß die westlichen Auslands- und Reisekorrespondenten nicht direktem oder indirektem Druck und subtilen Methoden der Beeinflussung unterworfen sind. Man weiß nur allzugut, daß auch in den lange etablierten pluralistischen Gesellschaften ein täglicher Kampf um den Freiheitsraum der einzelnen Journalisten und um die (relative) Unabhängigkeit der Medien geführt werden muß. Trotzdem war der Ost-West-Medienkrieg etwas Einzigartiges mit vielfältigen Auswirkungen und Spuren, die keineswegs verschwunden sind.

Es ging zur „Blütezeit" des Ostblocks nicht nur um den Krieg im Äther. Westliche Kurzwellensender strahlten rund um die Uhr in allen wichtigen Sprachen brisante und von den Regimes im Osten konsequent geheimgehaltene Informationen für fast 400 Millionen Menschen in Ost- und Südosteuropa aus. Trotz mächtiger Störsender, die im Laufe der Jahre Milliarden gekostet haben, hörten Millionen Menschen von Budapest bis Taschkent die Kurzwellenprogramme aus dem Westen. Für die kommunistischen Machthaber bedeutete die Abschirmung der Untertanen vor diesem freien Wort nur eine Seite der Medaille.

Die andere und nicht weniger wichtige Seite war die mit allen möglichen Mitteln und mit einem geradezu unvorstellbaren finanziellen und personellen Aufwand betriebene offensive Propagandakampagne zur Irreführung und Spaltung der westlichen Regierungen und der Öffentlichkeit. Ein amerikanischer Bericht schätzte in den siebziger Jahren, daß die Sowjets jährlich „mindestens" zwei Milliarden Dollar für pro-kommunistische und antiamerikanische Propaganda, betrieben durch ein weltweites Netz von scheinbar unabhängigen Institutionen und mit der Hilfe von rund 75 kommunistischen Parteien, aufwendeten. Dazu kamen noch die als Journalisten, Diplomaten und Wirtschaftsvertreter maskierten Agenten und Mitarbeiter der Geheimdienste der Sowjetunion und der Ostblockstaaten. Erst heute erscheinen Bücher und Artikel berühmter und berüchtigter Chefpropagandisten und Agenten, die zusammen mit Enthüllungen über die Praktiken des DDR-Staatssicherheitsdienstes den Umfang der östlichen Propaganda- und Spionage-Aktivitäten einigermaßen erahnen lassen.

Unter diesen Umständen waren jene Journalisten und Wissenschaftler, die die Entwicklungen in der kommunistischen Welt beobachteten, analysierten und kritisch kommentierten, natürlich erstrangige Zielscheiben für die Abwehrmaßnahmen durch diese Diktaturen. Wien war vor allem in Krisensituationen, aber auch in „normalen" Zeiten eine Art Nachrichtenbörse, eines der geographisch bestgelegenen, aber in vieler Hinsicht schwierigsten Zentren für die Ostexperten und die Ostberichterstattung. Abgesehen von Berlin, gab es vielleicht keine andere Stadt, in der es von haupt- und nebenberuflichen Geheimagenten, Informanten und Nachrichtendienstoffizieren nur so wimmelte. Für jemand, der wie ich unter einem kommunistischen Regime aufgewachsen war und der nach der Niederschlagung der Ungarischen Revolution im Jahr 1956 ein neues Leben beginnen mußte, war Wien, im Rückblick gesehen, ein eher gefährliches Pflaster. Nicht einmal die von mir in den besonders schwierigen Jahren von 1957 bis 1962 benützten Pseudonyme (z. B. György Hollo, Árpád Bécs, Paul Landy) nützten etwas, denn die ungarische Botschaft und die ortsansässigen Informanten kannten sie alle. Je mehr man über die Geschichte und die Ideologie, die Triebkräfte und die Probleme hinter der Fassade einer scheinbaren Gleichförmigkeit in so unterschiedlichen Ländern wußte, umso gefährlicher erschien der Beobachter in den Augen der Regime. Da der Mythos des inneren und äußeren Feindes ein unabdingbarer Bestandteil der kommunistischen Systeme war, liefen die Ostkommentatoren oft Gefahr, ohne eigenes Zutun in Konflikte und Krisen verwickelt zu werden.

Als Wiener Korrespondent des auch heute noch wohl bedeutendsten Wirtschaftsblattes in Europa, der Londoner *Financial Times* (1960–1982), gleichzeitig als Ostkorrespondent von österreichischen und schweizerischen Zeitungen, seit 1973 als Mitherausgeber und Chefredakteur der in Wien beheimateten internationalen Vierteljahreszeitschrift *Europäische Rundschau* sowie als Autor von Büchern über heikle Themen, wie „Antisemitismus ohne Juden" im kommunistischen Osteuropa und über den „Medienkrieg" zwischen Ost und West geriet man immer wieder, je nach der politischen Großwetterlage, in höchst unsichere Minenfelder zwischen den Fronten. Aber in die allerersten Reihen der „Frontkämpfer" gelangte ich erst, als ich für den ORF als Kommentator und dann ab 1982 als Chefredakteur der Redaktion für Ost- und Südeuropa zu arbeiten begann. Die kommunistischen Funktionäre begriffen die ungeheure Sprengkraft der über das Fernsehen in Bild und Ton vermittelten wahrheitsgetreuen Informationen sofort und verstärkten ihre Kampagne gegen mich und meine Mitarbeiter daraufhin massiv.

Trotz aller Umwälzungen bleibt die These Richard Löwenthals, des großen Kenners des Kommunismus, gültig, daß diejenigen Teile der Ideologie politisch wirksam gewesen sind, die gebraucht wurden, um die Einparteienherrschaft aufrecht zu halten und zu rechtfertigen: Wir dürfen „die Ideologie weder als Tarnung abtun, noch für bare Münze nehmen und als Gegenstand gläubiger Auslegung betrachten; wir müssen in ihr vielmehr einen Schlüssel zum Verständnis der Triebkräfte und Probleme – eine chiffrierte, fortlaufende Selbstenthüllung sehen ...“. Fundierte Ostberichterstattung mußte also auch versuchen, den Sinn dieser „chiffrierten Selbstenthüllung“ mit Hilfe des persönlichen Augenscheins, gestützt auf tiefere Kenntnisse über Geschichte und Ideologie zu erschließen. Es war lange vor der Zeit Gorbatschows offensichtlich, daß weder die Machthaber noch ihre Propagandisten, geschweige denn die Masse der Bevölkerung an die Ideologie des Marxismus-Leninismus glaubten. Doch konnten die kommunistischen Regime ihre Dogmen nicht über Bord werfen, weil diese die ins Ideologische übersetzten und unerläßlichen Bedingungen des Fortbestandes waren.

Wenn also die Ostberichterstatter einen Zipfel des ideologischen Schleiers, der die wirklichen Zustände wie Machtkämpfe, wirtschaftlichen Bankrott, soziale Mißstände, Kriminalität, Minderheitenverfolgung, Spannungen zwischen Bruderländern, sowjetische Vorherrschaft usw. verhüllte, lüfteten, wurden sie vor allem in Krisensituationen als „subversive Elemente“, „bewußte“ oder „unbewußte“ Handlanger des „Imperialismus“, des „Welt-Zionismus“ oder des „deutschen Revanchismus“, je nach Bedarf, angegriffen; oft gerade von jenen Kollegen, mit denen sie vor nicht allzulanger Zeit offene Gespräche geführt hatten. Zu Hause, also im Westen, hat man sie hinter vorgehaltener Hand oft als „naive Träumer“ wenn nicht „Krypto-Kommunisten“ bezeichnet, wenn sie die Tragweite der Wandlungen innerhalb der einzelnen kommunistischen Länder aufzeigten. Falls der Kommentator aber auch die Grenzen des jeweiligen Wandlungsprozesses unterstrich und es sogar wagte, die Rolle solcher geheiligter Führerpersönlichkeiten wie etwa die Marschall Titos und des rumänischen Diktators Nicolae Ceauşescu ungeschminkt darzustellen, wurde er in den Augen der heimischen „Linken" zum „kalten Krieger" und bei den Presseabteilungen der Außenministerien in den betroffenen Ländern sozusagen über Nacht zum „unerwünschten Subjekt".

Nach dem Zweiten Weltkrieg erklärte der exkommunistische Schriftsteller Arthur Koestler einmal in einer Antwort an einen „rosaroten" Kleinbürger in New York, die Sowjetunion sei nicht *links*, sondern *östlich* von uns gelegen. Dieser heimliche Verdacht, daß ein starkes Bekenntnis gegen den kommunistischen (also nicht nur gegen den nationalsozialistischen) Totalitarismus irgendwie „unanständig", „nicht ganz in Ordnung" und niemals „in" sei, hat z. B. mich – wie auch manche andere bekannte Zeitzeugen aus Prag und Wien, Moskau und New York – viele Jahre lang begleitet. Es gab freilich so viele ehrbare, streng religiöse und erzkonservative Antikommunisten, die trotzdem ständig Einladungen aus dem Osten annahmen und oft unter dem Deckmantel der Teilnahme an „Friedenskonferenzen" kostenlose Ferienaufenthalte am Schwarzen Meer oder in den Karpaten genossen. Trotz – oder vielleicht sogar wegen – ihrer öffentlich deklarierten innenpolitischen Rechtslastigkeit wurden sie wegen unkluger Seitensprünge oft genug Opfer von Erpressungen, die hinter dem „Vorhang" aufgenommen oder gefilmt worden waren.

Eine beliebte Methode war die Flüsterkampagne gegen besonders gefährliche Ostkommentatoren. Sie mußten öffentlich oder heimlich diskreditiert werden. So entlarvte ein bereits im Dezember 1960 publizierter Artikel im *Népszabadság,* dem Zentralorgan der ungarischen KP, mich und meinen Freund, den inzwischen verstorbenen Schriftsteller Stephan Vajda, als „zwielichtige" Journalisten, die mit „Dieben und Schwarzhändlern" unter einer Decke stecken würden. Daß dieselbe Zeitung heute als „sozialistisches Tagblatt" unter dem gleichen Namen als die vielleicht informativste Tageszeitung in Ungarn gilt, wäre an sich noch nicht so überraschend. Verblüffender ist die Tatsache, daß der Mann, der seinerzeit den Artikel gegen uns, übrigens unter einem Pseudonym, verfaßt hat, auch heute noch führender Mitarbeiter der Zeitung ist. Durch puren Zufall veröffentlichte *Népszabadság* vor einiger Zeit ein großes Interview mit mir auf der gleichen Seite mit einem Artikel des seinerzeitigen Denunzianten.

Zwar wurde die Kommunistische Partei Österreichs bereits 1959 aus dem Parlament eliminiert und im Laufe der Zeit zur totalen Bedeutungslosigkeit reduziert. Doch blieb ihre langweilige und mit Druckaufträgen aus Moskau und dem Ostblock finanzierte Tageszeitung *Die Volksstimme* ein nicht unwichtiges internationales Sprachrohr der sowjetischen Schaltzentrale.

Bis zu ihrer Einstellung infolge des Zusammenbruchs des Sowjetimperiums diente die Zeitung als willkommene „authentische Quelle" für verschiedene Verleumdungskampagnen nicht nur gegen Österreich, sondern auch gegen die abtrünnigen Kommunisten Jugoslawiens, die „tschechoslowakischen Revisionisten" nach der Invasion in der Tschechoslowakei, die „Kriegstreiber" in China, kurz, gegen alle im Westen wie im Osten, die sich der „Sowjetfeindlichkeit", in welcher Form immer, verdächtig machten. Besonders beliebt war die Methode, das unter Ausschluß der Öffentlichkeit erscheinende Blatt als eine seriöse Zeitung, meistens ohne den geringsten Hinweis auf die KPÖ, zu zitieren.

So griff die sowjetische Regierungszeitung *Iswestija* am 26. Jänner 1983 in einem langen und außerordentlich scharfen Artikel mit dem Titel „Lüge auf dem Bildschirm" die Ostredaktion des ORF, in erster Linie namentlich mich und meine Mitarbeiterin Barbara Coudenhove-Kalergi, wegen unserer „Ostreport-Serie" und Kommentare an und benützte dabei wiederholt die bestellten Zitate der *Volksstimme* als Beweis und Argument. Neben persönlichen Beleidigungen und falschen Angaben wurden wir der „ideologischen Wühlarbeit", „des geplanten Ausbaus der Zusammenarbeit mit dem vom amerikanischen Geheimdienst CIA finanzierten ‚Radio Freies Europa'", des „Mißbrauchs der Gastfreundschaft" und der „schlimmsten Undankbarkeit" beschuldigt. Schließlich stellte die sowjetische Regierungszeitung fest, daß die Tätigkeit unserer Redaktion mit der Neutralität und dem Staatsvertrag nicht vereinbar sei.

Nicht nur die Geschäftsführung des ORF, sondern auch Bundeskanzler Kreisky, ÖVP-Obmann Alois Mock, die Journalistengewerkschaft und die gesamte österreichische Presse wiesen die von Lügen strotzende Anklageschrift aus Moskau sofort zurück. Ein Kommuniqué des ORF betonte: „... vom Mißbrauch der Gastfreundschaft kann schon deswegen keine Rede sein, weil sich die betreffenden Länder jeden Dienst zu den internationalen Höchstsätzen bezahlen lassen. Während jeder Auslandskorrespondent in Österreich ohne jede Erlaubnis bzw. Behinderung frei arbeiten kann, ist für ORF-Redakteure keine Rede von ebenso freier Arbeit in den kommunistischen Staaten." Bundeskanzler Kreisky stellte sich in einer offiziellen Stellungnahme „mit aller Deutlichkeit" schützend vor die angegriffenen österreichischen Journalisten: „Wir können es aus Verfassungsgründen nicht zulassen, daß in irgendeiner Weise die Tätigkeit österreichischer Journalisten kontrolliert und zensuriert wird. Wir haben zu gewährleisten, daß sie ihre Tätigkeit unbehindert ausüben können." Wenn Druck ausgeübt werden solle, könne davor nicht genügend gewarnt werden. Man habe sich in Österreich niemals von solchen Methoden beeindrucken lassen, betonte Kreisky. In einem zweiten Artikel vom 6. Februar 1983 stellte die Moskauer Regierungszeitung zwar nichts richtig, wies aber, ohne Kreisky namentlich zu erwähnen, die Vorwürfe einer Belastung für die österreichisch-sowjetischen Beziehungen zurück und führte als Motiv gerade die „Sorge um diese Beziehungen" an. Auch diesmal bediente man sich der bewährten Methode von entstellten Zitaten und natürlich der haltlosen Behauptungen des kommunistischen Zwergblattes.

Was war der Hintergrund dieser Breitseite? Warum wurde die Teilnahme von sowjetischen Vertretern an ORF-Diskussionssendungen wie dem „Oststudio" verweigert, warum setzte man Frau Coudenhove-Kalergi und mich auf die „schwarze Liste"? Was war der eigentliche Anlaß für diese offensichtlich konzentrierte Kampagne gegen die Ostberichterstattung des ORF? Erst im Laufe der Zeit konnten wir aus Andeutungen und verklausulierten Informationen die Schlußfolgerung ziehen, daß die eigentliche Inititative nicht etwa von der sowjetischen Botschaft in Wien, sondern in erster Linie vom tschechoslowakischen Staats- und Parteichef Gustáv Husák persönlich ausgegangen war.

Es war am 10. November 1982, als ich die Genehmigung erhielt, mit Präsident Husák am Vorabend seines ersten offiziellen Besuches in Wien ein TV-Interview aufzunehmen. Vor dem offiziösen und deshalb inhaltlich fast belanglosen Interview über bilaterale Beziehungen wechselten wir kurz auf deutsch einige Worte. Ich fragte ihn, ob die Gerüchte stimmten, daß demnächst ein Warschauer-Pakt-Gipfel in Prag stattfinden würde. Husák bejahte die Frage, war aber nicht bereit, ein genaues Datum bekanntzugeben. Er sprach nur vage von der ersten Dezemberhälfte. Nebenbei stellte ich die Frage, ob der (damals immer wieder kränkelnde) sowjetische Partei- und Staatchef Leonid Breschnew auch am Gipfeltreffen teilnehmen würde. „Selbstverständlich kommt auch Genosse Breschnew", sagte Husák, während die Techniker die Ansteckmikrophone an unseren Sakkos befestigten.

Am nächsten Morgen erfuhren wir in Prag, daß Breschnew schon längst tot gewesen war, als das Interview aufgenommen wurde. Die sowjetische Führung hatte aber die Todesnachricht vor Husák und wohl auch vor den anderen Parteichefs im Ostblock, genauso wie vor der eigenen Bevölkerung und der ganzen Welt, zuerst geheimgehalten. Ich konnte der Versuchung nicht widerstehen und deutete diese Tatsache in einem aus Prag ausgestrahlten Kommentar an. Der Besuch Husáks wurde wegen der Begräbnisfeierlichkeiten in Moskau verschoben. Das Interview wurde dann einige Wochen später vor seiner Ankunft in Wien in Originalfassung ausgestrahlt. Ich traf ihn sogar bei einem von Bundeskanzler Kreisky zu seinen Ehren gegebenen Mittagessen. Husák war unfreundlich, und in einem Bericht aus Wien in *Rude Pravo*, dem Zentralorgan der KPTsch, wurde ich wegen nicht näher präzisierter „Spekulationen" namentlich kritisiert. Ein Jahr später, am 6. Oktober 1983, flog ich anläßlich der österreichischen Kulturtage nach Prag, um mit dem Prager Fernsehen ein Gespräch zu führen und die Aufhebung der Einreisesperre gegen Frau Coudenhove-Kalergi zu erwirken. Bei der Paßkontrolle am Flughafen bekam ich dann völlig unerwartet die Quittung von Husák. Trotz der von der tschechoslowakischen Botschaft in Wien arrangierten Termine mit offiziellen Stellen zwang man mich, mit der gleichen Maschine wieder zurück nach Wien zu fliegen. Ich war also auch auf der „schwarzen Liste" gelandet, und da ich in meinem Dienstpaß kein Visum brauchte, war nicht einmal die tschechoslowakische Botschaft in Wien informiert gewesen. Nach einer geharnischten Erklärung des ORF-Generalintendanten Gerd Bacher, Berichten von internationalen Agenturen und beträchtlicher Aufregung in Wien drohte ein für alle Seiten unangenehmer internationaler Skandal. Der damalige Unterrichtsminister Dr. Helmut Zilk weilte nämlich gerade zu den Kulturtagen in Prag. Seine Frau Dagmar Koller absolvierte mit zahlreichen anderen Künstlern aus Wien ein Gastspiel. Nach hektischen Telefonaten zwischen Wien und Prag erwirkte Zilk schließlich eine Einreisegenehmigung für mich. Generalintendant Bacher bestand aber darauf, daß sich die tschechoslowakischen Stellen für den Vorfall bei uns entschuldigten, bevor er mir die Genehmigung zu einer neuerlichen Dienstreise nach Prag erteilte. Nach der mündlichen Entschuldigung des damaligen Botschafters flog ich am nächsten Tag wieder nach Prag.

Die Kulturtage wurden nicht abgesagt. Ein Beamter im Prager Außenministerium teilte mir nur kryptisch mit, ich sei auf der „schwarzen Liste" wegen der „persönlichen Beleidigung des Präsidenten".

Der eitle und starrsinnige Husák war nämlich sehr erzürnt gewesen, daß er wegen der Geheimnistuerei um den Tod Breschnews „vor der ganzen Welt" lächerlich gemacht worden war. Er protestierte scharf in Moskau. Die Sowjets konnten Breschnew zwar nicht zum Leben erwecken, als kleines Trostpflaster beschlossen sie, mich, den seit vielen Jahren als „feindlichen Spezialisten" geführten Journalisten, wegen seiner „provokanten Indiskretion" mit aller Härte zu bestrafen und ihn auch öffentlich in aller Form anzugreifen, um die Ungnade blockweit zu dokumentieren. Fast bis zum Zusammenbruch des kommunistischen Systems durfte ich z. B. nur in der Begleitung des Bundespräsidenten oder des Außenministers aus der Tschechoslowakei berichten.

Mit der offiziellen Reise des Bundeskanzlers Sinowatz im November 1984 und der aus Anlaß einer zweiten Kanzlerreise vereinbarten ersten Live-Club-2-Diskussionssendung aus Moskau im April 1986 war dann das Eis gebrochen und der Weg zur Normalisierung der Beziehungen zwischen dem ORF und den sowjetischen Stellen freigemacht. Nichts könnte die Absurdität der kommunistischen Verhaltensweisen besser verdeutlichen als die Tatsache, daß man weder vorher noch nachher eine Erklärung für die Einreisesperre und die Angriffe geben konnte oder wollte. Übrigens erhielt ich damals, im November 1984, erst im letzten Augenblick das Visum, nachdem Bundeskanzler Sinowatz kurz und bündig erklärt hatte, er reise nur dann nach Moskau, wenn alle für die Reise angemeldeten österreichischen Journalisten mitfahren dürften. Sicherheitshalber führte der wohl auch um seine persönliche Zukunft besorgte sowjetische Botschafter Jefremow in Wien 24 Stunden vor dem Abflug nach Moskau noch ein langes persönliches Gespräch mit mir.

Meine eindrucksvollsten praktischen Erfahrungen als Korrespondent im Umgang mit einem Staatssicherheitsdienst im Ostblock machte ich übrigens bereits fast 12 Jahre früher in Bulgarien. Die Zeit: 8. Februar 1973. Der Ort der Handlung: das Hotel Balkan in Sofia. Dort waren drei österreichische Journalisten, die den Außenminister (und späteren Bundespräsidenten) Rudolf Kirchschläger begleiteten, als Gäste des bulgarischen Außenministeriums untergebracht. Um 8 Uhr früh erschienen zwei Sicherheitsbeamte in

Zivil in meinem Hotelzimmer, um mich abzuführen. „Sie kommen mit!" sagten sie und steckten meinen auf dem Tisch liegenden Reisepaß in die Tasche. Ich war verblüfft. Noch nicht einmal angezogen, mußte ich blitzschnell handeln. Zum Erstaunen der Polizisten griff ich zum Telefon und konnte die Residenz unseres Außenministers erreichen. Nach langen telefonischen Gesprächen zwischen den Geheimpolizisten und verschiedenen bulgarischen Beamten konnten die ungebetenen und sichtlich ungeduldigen Gäste so lange hingehalten werden, bis der stellvertretende Protokollchef des bulgarischen Außenministeriums außer Atem zu mir kam und die beiden nach einem kurzen Wortwechsel zum Verlassen meines Zimmers bewog. Einige Minuten später kam er zurück und erklärte, es täte ihm leid, es handle sich um ein „Mißverständnis". Noch bevor wir unseren Außenminister zu Mittag trafen, beeilten sich die Gastgeber, Kirchschläger zu beruhigen. „Sie wollten mich ja nicht verhaften, sondern nur des Landes verweisen." Ich sei eigentlich seit Jahren auf einer „schwarzen Liste" gewesen. Die Polizei wäre vom Außenministerium nicht von meiner Ankunft im voraus verständigt worden und sie hätten meinen Namen erst durch die von mir ausgefüllten Meldezettel entdeckt. Als „Delegation" passierten wir nämlich nicht die normale Paßkontrolle am Flughafen.

Es wäre freilich selbst mit dem damaligen Maßstab gemessen ein Skandal sondergleichen gewesen, einen Gast in Begleitung eines ausländischen Staatsmannes, unter welchem Vorwand auch immer, zu verhaften. Aus Rücksicht auf die Verhandlungen wurde österreichischerseits der Vorfall intern behandelt. Weder ich noch meine zwei Kollegen schrieben etwas über diese bürokratische „Panne". Zwei Jahre später, 1975, behauptete man dem österreichischen Botschafter gegenüber, ich könne jederzeit als Begleiter einer Regierungsdelegation das Land besuchen. Man müsse aber verstehen, daß aus Rücksicht auf unsere „ungarischen Genossen" (!) und wegen meiner „verleumderischen" Behauptungen, so z. B. in meinem Balkan-Buch, ich nicht als Einzelreisender willkommen sei, zumindest solange ich mich nicht schriftlich für meine damaligen Fehlinformationen (das Buch erschien übrigens 1969) entschuldigt habe. Kommentar meines Freundes, des bulgarischen Philosophen A. Polikarov, damals: „Du mußt den Leuten in unserem Außenministerium erklären, daß du nicht immer einen österreichischen Minister mitnehmen kannst, wenn du nach Bulgarien fahren willst ..."

Indessen vergingen die Jahre, und ich war 1978 wieder einmal mit einer österreichischen Journalistengruppe in Bulgarien gewesen. Die inzwischen verfügte Abschaffung der Visumpflicht konnte sich aber auch als ein Bumerang erweisen. Ich hatte die Zusage bekommen, mit Staats- und Parteichef Todor Schiwkow ein TV-Interview aufzunehmen. Wir kamen mit dem ORF-Team am 11. Mai 1982 am Sofioter Flughafen an. Bei der Paßkontrolle wurden alle Passagiere schnell abgefertigt, ich aber mußte sehr lange warten. Der Vertreter des Bulgarischen Fernsehens wartete außerhalb der Paßkontrolle, und ich wurde immer ungeduldiger. Glücklicherweise war der Leiter der österreichischen Handelsvertretung anwesend, dem es dank seines Diplomatenpasses und guter Sprachkenntnisse gelang, dem Polizeichef zu erklären, daß ich mit Schiwkow höchstpersönlich einen Termin am nächsten Morgen beim Staatsrat hätte. Nach einer längeren Wartezeit durfte ich schließlich die Kontrolle passieren und mit meinem Team in die Stadt fahren. Vor dem Interview erzählte ich dann einem sichtlich verlegenen Schiwkow, der von dem Vorfall keine Ahnung hatte, meine unangenehmen Erfahrungen in seinem Land. Nach meiner Rückkehr teilte mir der bulgarische Botschafter in Wien mit, sie hätten sich vor meiner Abreise vergewissert, daß mein Name von der seinerzeitigen „schwarzen Liste" tatsächlich gestrichen worden sei. Man hätte aber in Sofia vergessen, auch den Polizeicomputer am Flughafen zu kontrollieren!

Anders lagen die Dinge in Rumänien. Dort betrachtete man seit dem Anfang des unabhängigen Kurses gegenüber der sowjetischen Vormacht, also seit 1963/64, die westliche Presse als einen wertvollen Verbündeten. Bereits damals entdeckte ich jedoch durch einen Zufall, daß ich auf Schritt und Tritt dicht beschattet wurde. Jede Person, mit der ich Kontakt aufgenommen habe, gelangte auf die Listen der gefürchteten Securitate, des Staatssicherheitsdienstes. Selbst die Mitnahme eines Geschenkes für einen Bekannten löste unerwartete Folgen aus. Erst viele Jahre später erfuhr ich zum Beispiel, daß, nachdem ich 1965 in Bukarest der Frau eines nicht einmal wegen eines politischen, sondern wegen eines wirtschaftskriminellen Deliktes verurteilten Häftlings, ein Lebensmittelpaket im Auftrag von Freunden meiner Mutter übergeben hatte, nicht nur die Frau, sondern auch ihr Mann mehrmals verhört worden waren. Das Verhör des Mannes gestaltete sich besonders schwierig. Aus Angst hatte nämlich die Frau den Fehler gemacht, mich als „Verwandten" hinzustellen. Als der Häftling im Gefängnis, der von der ganzen Angelegenheit keine Ahnung hatte, erklärte, meinen Namen nie im Leben gehört zu haben, wollte das wiederum der vernehmende Beamte nicht glauben.

Selbst in diesem wirtschaftlich rückständigen Land hat die Geheimpolizei, was die technische Ausstattung betrifft, eine absolute Sonderstellung genossen. Modernste Abhörgeräte und geheime Videokameras wurden ebenso eingesetzt wie die traditionellen Methoden. Zu diesen gehörten die wiederholten Bitten, Geschenke oder Briefe nach Wien mitzunehmen, und nicht zuletzt der Versuch, durch attraktive Damen den unbequemen Journalisten unter Druck zu setzen. Nachdem ich einmal die Kennzeichen der zahlreichen Autos, die mir in den verschiedenen Teilen Rumäniens „Ehrengeleit" gaben, notiert hatte, konfrontierte ich den damaligen Vize-Außenminister Vasile Gliga mit meinen Beobachtungen: „Sie wollen den Westen einholen, und dann beschäftigen sie 4 bis 6 kräftige junge Leute samt mehreren Autos und vergeuden wertvolles Benzin, nur um festzustellen, in welchem Gasthaus ich unterwegs zu einem von Ihnen vermittelten Interviewpartner Station mache?" Im Gegensatz zu den meisten rumänischen Gesprächspartnern bestritt der ebenso kultivierte wie zynische Diplomat die Tatsache der Beschattung an sich nicht, indem er lächelnd antwortete: „Sehen Sie, was in einem westlichen Land ein Mann macht, müssen bei uns sechs tun: Auch das zeigt unsere Zurückgebliebenheit!" Im Laufe der Zeit wurde aber das Ceauş escu-Regime trotz seiner antisowjetischen und unabhängigen Außenpolitik wegen des unerträglich gewordenen Drucks auf die Bevölkerung, im besonderen auf die große ungarische und die deutsche Minderheit, sowie wegen des absurden Personenkultes um „den geliebtesten Sohn des rumänischen Volkes" zu einer bevorzugten Zielscheibe der Angriffe von Menschenrechtsorganisationen und westlichen Zeitungen. Wie nicht anders zu erwarten, galt das Fernsehen als ein besonders tückischer Feind des großen Conducators. Die TV-Teams waren zwar bei den Parteikongressen und -veranstaltungen willkommen, und sie durften auch die triumphalen Auftritte des Diktators und die rhythmisch klatschenden, ja begeistert tobenden Delegierten aufnehmen, nicht aber die erschreckenden Folgen der sinnlosen Investitionspolitik in der Landwirtschaft, in der Industrie, und vor allem im Alltag der Rumänen. Als ich meinem damaligen Mitarbeiter in der ORF-Redaktion für Ost- und Südosteuropa Malte Olschewski 1985 den Auftrag erteilte, eine Dokumentation über den bizarren Ceauşescu-Kult und die

Misere in Rumänien zu drehen, wußten wir beide, daß dieser Film uns erst recht zu den gefährlichsten Feinden des Conducators abstempeln würde. Olschewski sammelte aus allen möglichen Kanälen jene Sekunden, die Ceauşescu zeigten, befragte Experten und Opfer und erzielte durch einen geschickten Schnitt besondere Effekte. Es fehlte aber noch die filmische Darstellung des bereits fortgeschrittenen Baus des gigantischen Staatspalastes für Ceauşescu und seine Familie. Deshalb ergriff ich die Gelegenheit, Anfang Dezember 1985 Außenminister Leopold Gratz auf einer offiziellen Reise nach Bukarest zu begleiten. Vor dem für Vormittag des nächsten Tages festgesetzten Gespräch mit Ceauşescu machten wir, begleitet von einem jungen Diplomaten, Außenaufnahmen in der Stadt. Unter anderem drehte der Kameramann des ORF auf offener Straße die schon gut sichtbaren Umrisse des berüchtigten „Weißen Palastes“ aus verschiedenen Blickwinkeln. Plötzlich erschien ein als Vorarbeiter verkleideter Securitate-Agent und verlangte ultimativ die Videokassetten.

Ich lehnte dieses Ansinnen mit dem Hinweis auf unseren „offiziellen Status“ brüsk ab. Als der Geheimpolizist, mit anderen Securitate-Leuten in Zivil im Hintergrund, uns aufforderte, mit ihm in das „zuständige Büro“ zu gehen, ließ ich ihm durch den Diplomaten mitteilen, daß ich nicht nur keine Anweisungen entgegennähme, sondern auch wegen dieses „unverschämten Vorgehens“ unseren Außenminister bitten würde, beim Präsidenten Ceauşescu höchstpersönlich am nächsten Morgen zu protestieren.

Wir mußten fast 2 Stunden bei beißender Kälte in unseren Taxis warten, bis der vor Aufregung zitternde Diplomat zurückkehren und mit uns wieder ins Hotel fahren durfte. Inzwischen hatten die Kameraleute zwar die Kassetten ausgewechselt, es hätte dies aber im Falle einer Verhaftung und der Beschlagnahme aller Kassetten kaum geholfen. Wir hielten den Vorfall sogar vor unseren Kollegen geheim, weil wir kein Aufsehen erregen bzw. die Aufnahme über das Gespräch Ceauşescus mit dem österreichischen Außenminister unter keinen Umständen versäumen wollten.

Am Morgen vor dem Termin bei dem Partei- und Staatschef sprach mich in der Früh der junge Diplomat mit kreideweißem Gesicht an: ob Außenminister Gratz unser peinliches Erlebnis von gestern auf Tapet bringen bzw. sich beim Präsidenten beschweren würde? Die ganze Nacht hindurch hatten die verschiedenen Stellen miteinander bzw. mit ihm Gespräche geführt, da sie alle – so schien es – Höllenangst vor dem cholerischen Conducator hatten. Ich beruhigte ihn, ohne das Geheimnis zu enthüllen, daß wir von dem Vorfall unseren Minister nicht einmal informiert hatten. Wieder einmal konnte man spüren, wie dünn das Eis war, auf dem sich die Diener einer Diktatur bewegen mußten. Wir hatten jedenfalls unsere Bilder und damit die noch fehlenden Mosaiksteine für die weltweit mit großem Erfolg gezeigte Dokumentation *Später Cäsar* zur Verfügung und wollten unter keinen Umständen diesen Erfolg gefährden. Kurz, die ganze Geschichte ist ein Geheimnis geblieben. Damit waren aber unsere Schwierigkeiten noch keineswegs zu Ende. Ein rumänischer Botschaftsrat bedrohte mich im letzten Augenblick in Wien persönlich, falls die Dokumentation – „eine Beleidigung unseres Präsidenten und des gesamten rumänischen Volkes" – nicht abgesetzt würde. Zugleich hatte die rumänische Führung sowohl in Bukarest bei der österreichischen Botschaft als auch in Wien energisch intervenieren lassen.

Besorgt erkundigten sich sowohl die außenpolitische Beraterin des damaligen Bundeskanzlers als auch der Außenminister persönlich bei mir, ob durch die von rumänischer Seite vermutete „grobe persönliche Beleidigung" des Präsidenten und seiner Ehefrau die zwischenstaatlichen Beziehungen gestört werden würden. Meine Antwort, daß es sich um eine sachliche, wenn auch kritische, aber keineswegs persönlich beleidigende Darstellung der beiden Persönlichkeiten bzw. ihrer Politik handle, wurde zur Kenntnis genommen, und es erfolgte keine Intervention österreichischerseits, um die Absetzung der Dokumentation zu erreichen.

Die Videokopie des *Späten Cäsar* wurde ein Bestseller auf dem Schwarzen Markt in Ungarn und vor allem in Rumänien, wo in den Monaten vor dem Sturz Ceauşescus eine Videokopie rund 100 US-Dollar kostete. Sicherheitshalber haben wir keinen Versuch unternommen, vor dem Zusammenbruch des rumänischen Regimes wieder einen Besuch in Bukarest zu absolvieren. Als Fußnote zu dieser Geschichte darf man noch hinzufügen, daß ich im Oktober 1990 die Genehmigung bekam, mit dem neuen Präsidenten Ion Iliescu ein TV-Interview – lang und unzensuriert – in Bukarest aufzunehmen. Damit wollte die neue Führung trotz anderslautender Gerüchte – westlichen Medien gegenüber – offenbar einen symbolischen Bruch mit den Praktiken der Vergangenheit demonstrieren. Daß manche der bei solchen Gelegenheiten in Erscheinung tretenden Begleitpersonen schon Jahre vorher mit uns, allerdings im Sinne von Behinderung und Kontrolle, zu tun hatten und daß sie damals nicht von solch überschäumender Begeisterung beim Wiedersehen gewesen waren, stellt keine rumänische Besonderheit dar, sondern gehört vielmehr zum Alltag der Diplomatie und der Medien in allen postkommunistischen Ländern.

So manche Berichterstatter angesehener westlicher Zeitungen haben ähnliche, ja viel schlimmere Erfahrungen in den Jahrzehnten der kommunistischen Diktatur östlich der Elbe machen müssen. Das Spannungsverhältnis zwischen der westlichen Presse und den Diktaturen kommunistischer Prägung war zwar allgegenwärtig, doch seine Intensität hing vom jeweiligen Grad der politischen und gesellschaftlichen Stabilität in dem betreffenden Land ab. Im Falle des Vielvölkerstaates Jugoslawien wurde zum Beispiel die Einschätzung und die Behandlung der westlichen Medien vor allem durch die Vertiefung und Verschärfung der nationalen Spannungen sowohl innerhalb der 6 Teilrepubliken als auch zwischen der Belgrader Zentrale und den anderen Zentren der politischen Macht mitgeprägt. Obwohl ich seit 1960 ein häufiger Besucher des Landes war, spürte ich die ganze Wucht der nationalen Verbitterung und die dadurch ausgelöste Verteufelung unbequemer Auslandskorrespondenten erst richtig nach der Abrechnung mit der nationalgesinnten Richtung an der Spitze der kroatischen Teilpartei in den Jahren 1971/72. Wegen meiner Artikelserien, vor allem in der Londoner *Financial Times,* aber auch in österreichischen Zeitungen, wurde ich in den frühen siebziger Jahren von den zentralen Stellen „kaltgestellt". Was bedeutete das? Nicht mehr, aber auch nicht weniger, als daß keine Gespräche mit offiziellen Persönlichkeiten vermittelt wurden. Mir wurde übelgenommen, daß ich im Gegensatz zu manchen Kollegen nicht bereit war, die titoistische Sprachregelung über die diversen nationalen und politischen Abweichungen zum Nennwert zu nehmen. Ich lehnte es damals und später ab, die Bestrebungen der kleineren Volksgruppen und Nationen, sich vom Zentralismus im allgemeinen und vom serbischen Führungsanspruch im besonderen zu befreien, als reaktionären Separatismus zu verteufeln. Ich war auch nicht bereit, die Greueltaten der kroatischen Faschisten im Zweiten Weltkrieg als indirekte Rechtfertigung für die Verfolgung nationalgesinnter Kommunisten, die oft Partisanen der ersten Stunde waren, zu akzeptieren. Als ich im Jahre 1982 in einer ORF-Dokumentation durch Aussagen qualifizierter Gesprächspartner die ganze Frustration der Kroaten – 10 Jahre nach dem durch Tito abgewürgten politischen Aufschwung – aufzeigte, brach ein

Sturm der Entrüstung in der gleichgeschalteten jugoslawischen Presse los. Abgesehen von gehässigen Angriffen durch die jugoslawischen Medien wurde der ORF, und vor allem ich, zur Zielscheibe einer konzentrierten Kampagne durch jugoslawische Clubs und Institutionen in Österreich, weil fast alle diese Gruppen durch den jugoslawischen Geheimdienst UDBA bzw. seine diversen Ableger engmaschig kontrolliert wurden. Protesttelegramme und Protestresolutionen überschwemmten uns, die manche Politiker und Intendanten nicht gleichgültig ließen. Daß die damaligen Eindrücke keineswegs oberflächlich oder gar übertrieben waren, hat dann die tragische Entwicklung der späten achtziger und der frühen neunziger Jahre in beklemmender Weise klargemacht. Jedenfalls erfuhren wir von manchem Interviewpartner, sogar von jenen, die in Wien gearbeitet haben, wie oft und wie lange sie von als Konsularbeamte oder Presseattachés verkleideten Agenten des jugoslawischen Geheimdienstes verhört bzw. wie viele Protokolle sowohl in Wien als auch in ihren Heimatorten über ihre Mitwirkung bei diesem „verleumderischen" ORF-Programm über Kroatien aufgenommen wurden. Die Empfindlichkeit der Machthaber von Zagreb bis Belgrad war nicht überraschend. Hunderttausende Kroaten, übrigens auch Slowenen, haben die Berichte des Österreichischen Fernsehens regelmäßig verfolgt. Besonders raffiniert ging übrigens die damals vielgelesene Zagreber Wochenzeitung *Danas* vor, indem sie unter dem Deckmantel der Entrüstung die brisantesten Teile des Kroatienfilmes ausführlich auf mehreren Seiten zusammengefaßt hat. Jedenfalls hat die Geschichte Jugoslawiens – wie auch die der anderen kommunistischen Staaten – gelehrt, daß der politische Journalist, wenn er seinen Ruf und seine Selbstachtung auf lange Sicht bewahren will, keinen faulen Kompromiß akzeptieren darf, um ein Visum zu ergattern oder das Wohlwollen der Behörden zu erhalten. Die Selbstzensur westlicher Kommentatoren wäre das Vorspiel zum völligen Verlust unseres (d. h. westlichen) Selbstbehauptungswillens gewesen. Das bedeutete nicht, daß man alles schreiben konnte und sollte, was man wußte. Nur naive Menschen oder von der Entspannungseuphorie verblendete Beobachter konnten vor dem Zusammenbruch dieser Systeme glauben, daß die Behörden nicht genau darüber informiert waren, wo und mit wem in dem jeweiligen Land ein westlicher Journalist sprach.

Das Abhören der Telefonate, die eingebauten Mikrophone, ja Videogeräte in ausgesuchten und für „heikle" Westbesucher reservierten Hotelzimmern sowie das geheimpolizeilich geschulte Personal sorgten dafür, daß die Bewegungen der westlichen Journalisten oder TV-Reporter stets unter Kontrolle blieben. Wenn das alles nichts nützte, setzte man andere Erpressungsmittel gegen die Zeitungen ein. Eines der subtilsten war die Ausnützung der sogenannten redaktionellen Beilagen großer westlicher Tages- und Wochenzeitungen, um dem ortsansässigen oder als Experten geltenden Sonderkorrespondenten einen Maulkorb umhängen zu können. Die kommunistischen Staaten konnten durch die Placierung von Inseraten – von den Lesern unbemerkt – die Auswahl von Journalisten oder Wissenschaftlern beeinflussen, um solche zu gewinnen, die „konstruktiv“ oder zumindest „neutral“, also ohne Kritik, über das betreffende Land schreiben würden. Oft spielte auch die „rosarote“ Brille oder die Naivität bei der Vermeidung von heiklen Fragen eine bestimmte Rolle. Wenn es aber hart auf hart ging, scheute man selbst vor offener Erpressung nicht zurück. So drohte 1972 der damalige Handelsrat der jugoslawischen Botschaft in London dem Chefredakteur der *Financial Times* damit, daß die jugoslawischen Stellen künftig keine Inserate einschalten würden, wenn es mir erlaubt werde, solche „verleumderischen“ Artikel zu verfassen, wie es meine Kroatien-Serie 1970 gewesen sei. Die Antwort des Chefredakteurs Sir Gordon Newton war eine kurze und klare Zurückweisung dieses Ansinnens. Leider waren aber nicht alle westlichen Chefredakteure oder Herausgeber in jenen Jahren so abweisend gegenüber Einschüchterungsversuchen wie mein damaliger Chef in London.

Eine besondere Unsitte war in jener Zeit die Verpflichtung, daß westliche TV-Teams ihren Aufpassern bzw. den kommunistischen Rundfunkanstalten oder Behörden eine hohe Tagespauschale in Dollar zahlen mußten. Darüber hinaus arbeiteten die meisten, wenn auch nicht alle Dolmetscher für die Geheimpolizei. Sie, wie sehr viele halboffizielle Gesprächspartner, mußten täglich schriftliche Berichte über unsere Arbeit in ihrem Land erstatten. Bei der „Vorwärtsverteidigung“ in Wien spielten die tschechoslowakischen Geheimdienstler seit eh und je die Rolle der Vorhut. So wußte man in Prag oder Preßburg in den achtziger Jahren nicht selten im voraus die Zusammensetzung der ORF-Teams. Die Ungarn wiederum versuchten wiederholt, hohe österreichische Regierungsbeamte dazu zu bringen, unsere Mitarbeiter zugunsten einer regimefreundlichen Berichterstattung zu beeinflussen. Die Polen gingen nachweisbar noch weiter. So stellte sich zur allgemeinen Überraschung heraus, daß ein gewisser Nossek, ein früherer polnischer Presseattaché in Wien, nach seinem Absprung in der Bundesrepublik Deutschland die Namen von zwei Mitarbeitern der ORF-Redaktion für Ost- und Südosteuropa auf eine Liste angeworbener österreichischer Journalisten gesetzt hatte. Die zwei Kollegen hatten ihn bloß in meinem Auftrag zu einem Heurigen ausgeführt, um ein gutes Gesprächsklima im Zusammenhang mit bevorstehenden Dreharbeiten in Polen zu schaffen. Die Anschuldigungen erwiesen sich als haltlos. Zugleich wurde die tragische Verstrickung eines bekannten Kollegen von einer Zeitung in den Netzen des polnischen Staatssicherheitsdienstes publik. Wer weiß freilich, wie viele harmlose Gespräche mit österreichischen Journalisten (und Beamten) in den Zentralen der diversen Dienste als gelungene Anwerbeaktionen gemeldet wurden, um eine Prämie für den Agenten herauszuschlagen oder seinen bzw. ihren Aufstieg zu beschleunigen? Bisher konnte man jedenfalls nur in Deutschland durch die Öffnung der Stasi-Archive Dichtung von Wahrheit unterscheiden und die tatsächlichen Spitzel namhaft machen.

Auch ich verdanke der sogenannten Gauck-Behörde, d. h. dem „Bundesbeauftragten für die Unterlagen des Staatssicherheitsdienstes der ehemaligen Deutschen Demokratischen Republik“, daß ich zumindest einen Zipfel des Geheimnisses vom Krieg der Geheimdienste gegen unliebsame westliche Journalisten lüften kann. Die von der Gauck-Behörde freigegebenen Dokumente über mich, die ich nicht nur lesen, sondern deren Kopien ich auch bekommen durfte, zeigen eine unfaßbare Vernetzung zwischen den Staatssicherheitsdiensten Ungarns, der DDR, der Sowjetunion und Bulgariens. Die zwei „gesperrten Ablagen“ des Zentral-Archivs (3508/72) und der ZAIG (Zentrale Auswertung und Informationsgruppe 5/11194 des DDR-Ministeriums für Staatssicherheit (MfS)) über meine Person lassen sowohl den Grad der institutionellen Zusammenarbeit als auch die Methoden und Ressourcen der Diktaturen im Einsatz gegen die Osteuropa-Korrespondenten erkennen. Die rund 40 Seiten des internationalen „Lendvai-Dossiers“ sind natürlich nicht mit den umfangreichen Spitzelakten exponierter DDR-regimekritischer Intellektueller zu vergleichen. Doch bieten auch sie aufschlußreiches Quellenmaterial für Zeithistoriker und für politisch interessierte Menschen.

Alle meine späteren Schwierigkeiten, so auch die bereits erwähnte „Panne“ während des Besuches des österreichischen Außenministers in Sofia, gehen zum Teil auf ein Telegramm aus Budapest vom 21. Oktober 1965 zurück. An diesem Tag gelangte das persönlich an Erich Mielke, den Minister für Staatssicherheit, gerichtete Telegramm Nr. 1007 des damaligen ungarischen Innenministers András Benkei auf den Schreibtisch des gefürchteten Stasi-Chefs. In diesem wurden kurze Angaben zu meiner Person übermittelt und eine Bewertung meiner journalistischen Tätigkeit vorgenommen: „Augenblicklich arbeitet er bei der englischen Zeitung ‚Financial Times', der österreichischen Zeitung ‚Die Presse' und der Schweizer Zeitung ‚Die Tat'. Lendvai ist ein qualifizierter Journalist … Er zählt als bester Spezialist für Fragen der sozialistischen Länder Osteuropas. In der Zeitung ‚Die Presse'und anderen Westzeitungen veröffentlicht er tendenziös feindliche Artikel über die sozialistischen Länder, besonders über die Ungarische VR. … Dem Inhalt nach unterscheiden sie sich in keiner Weise von den anderen Artikeln der Westpresse." Für einen Uneingeweihten mag sich all das als Empfehlungsschreiben für eine journalistische Bewerbung lesen. Aber Benkei läßt die Katze bald aus dem Sack : „Bis jetzt hat Lendvai von seinem alten Wissen geschöpft. Um aber auch in Zukunft ein guter Experte auf journalistischem Gebiet zu sein, macht es sich für ihn notwendig, die sozialistischen Länder Osteuropas regelmäßig zu besuchen." Die Schlußfolgerung? Benkei bittet „mit sozialistischem Gruß" den werten Minister „dem *Lendvai* die Einreisegenehmigung für Ihr Land zu verweigern."

Wie nicht anders zu erwarten war, dankte Minister Mielke am 2. Dezember 1965 für die Informationen, die mit der Einschätzung meiner Person durch das MfS übereinstimmten. Zwar hätte ich die DDR im November 1963 als *Financial Times*-Korrespondent besucht, doch würden Maßnahmen getroffen, um mir keine Genehmigung zu einer weiteren Einreise zu erteilen. Mit deutscher Gründlichkeit ging man sofort an die Arbeit und erließ einen Suchzettel für den Fall, daß ich mich bereits in der DDR aufhalten sollte …

Warum hat Benkei, der von 1963 bis 1980 als Innenminister amtierte, diese Bitte an Mielke gerichtet? Nur zehn Tage vorher hatte ich als Journalist meinen fünften Arbeitsbesuch in Ungarn absolviert. War ich zu fleißig, zu kontaktfreudig und überhaupt zu frech gewesen, nachdem ich seit meinem Absprung zum ersten Mal im März 1964 die Einreisegenehmigung auch als symbolisches Zeichen der innenpolitischen Entspannung erhalten hatte? Wer weiß heute, wann und wo das Verhältnis zu einem im Nachbarland wirkenden Ostkommentator als Hebel in den undurchsichtigen und auf allen Ebenen tobenden Machtkämpfen und Intrigen in Ungarn eingesetzt wurde? Die Ausreisegenehmigung für meine verwitwete Mutter Ende 1962 und auch das Visum für mich zwei Jahre später verdankten wir Gyula Ortutay, dem bekannten Völkerkundler und hochrangigen bürgerlichen Mitläufer des Regimes, der damals Mitglied des Präsidialrates und Vizepräsident der Volksfront war. Zweimal führte ich ihn (auf Anraten seines Pressechefs) samt seiner Delegation zum ersten Mal in seinem Leben in ein Stripteaselokal – und Ortutay hielt beide Male seine Versprechungen. Vielleicht geriet er dann selber zeitweilig in Turbulenzen? Oder habe ich die lückenlose Überwachung, das Beschatten und das Abhören, nicht immer beachtet? Wer weiß?

Fest steht, daß im Frühjahr 1966 die ungarische Gesandtschaft in Wien mein Gesuch um ein Visum ablehnte und die Tatsache einer Einreisesperre andeutete. Ich hatte freilich keine Ahnung, daß man sozusagen eine blockweite Einreisesperre erwirkt hatte, mit dem offensichtlichen Ziel, mich beruflich zu vernichten. Deshalb lehnten auch die polnischen und tschechoslowakischen Behörden Visagesuche in der zweiten Hälfte der sechziger Jahre ab.

Wie dem auch sei, im Oktober 1970 hob das Kádár-Regime nach fünf Jahren die Einreisesperre gegen mich ebenso überraschend und ohne nähere Erklärung auf, wie sie sie seinerzeit verhängt hatte. Als Teil der Offensive des Lächelns, der Taktik geschickter Randkonzessionen und des subtilen Umgangs mit dem Westen, aber auch zur Dokumentation der zwar begrenzten, aber doch spürbaren Suche nach Eigenständigkeit waren die für den „Verkauf" bzw. die „Verpackung" zuständigen Agitprop-Funktionäre bemüht, die Beziehungen zu den wichtigsten westlichen Zeitungen und Rundfunkanstalten bzw. zu ihren Korrespondenten zu normalisieren. In diesem Zusammenhang war Österreich ein bevorzugtes Ziel.

Jedenfalls hatte ich dank der Gauck-Behörde das seltene Vergnügen, auch eine fast zwanzig Jahre später verfaßte zweite Einschätzung meiner Person durch das ungarische Innenministerium zu lesen. Es ging damals um die Berichterstattung der Osteuropa-Redaktion des ORF über die DDR und insbesondere um eine „Oststudio"- oder „Club 2"-Livesendung aus Ostberlin im Zusammenhang mit einem geplanten Besuch des österreichischen Bundeskanzlers Fred Sinowatz. Die DDR-Behörden waren bereits Ende 1982 höchst mißtrauisch hinsichtlich der neuen Dokumentationssendereihe „Ostreport“. Ein Generalmajor Kratsch informierte daraufhin das ungarische „Bruderorgan“, daß ich „in Abstimmung mit der Chefredaktion des ORF die feindliche Berichterstattung über die sozialistischen Länder intensivieren“ wolle und den „verstärkten Einsatz österreichischer Korrespondenten in den sozialistischen Ländern“ plane. Der Generalmajor fügte noch hinzu: „Inoffizielle Informationen weisen darauf hin, daß Auswahl und Einsatz dieser Korrespondenten auch von nachrichtendienstlichen Interessen gelenkt werden.“ In Wirklichkeit freilich hing damals, wie auch heute, die Entsendung von ORF-Korrespondenten einerseits von den aktuellen Ereignissen in einem Land, andererseits schlicht und einfach von Budgetprioritäten und der Programmplanung ab. Da aber Position und Macht der Geheimpolizei in den Ostblockstaaten durch „Erfolge“ im Kampf gegen die wirklichen und vermeintlichen „Feinde“ im In- und Ausland gestärkt wurden, mußte man im Einklang mit der leninistischen Verschwörungstheorie in jedem kritischen Journalisten oder Wissenschaftler einen wirklichen oder potentiellen feindlichen Agenten „entlarven“. Übrigens hat mich in den fünf Jahren meiner Chefredaktion (1982–1987), in denen ich für die Ostberichterstattung zuständig war, bzw. in fast 15 Jahren als TV-Kommentator und Diskussionsleiter kein Nachrichtendienst je kontaktiert.

Trotzdem wurden die ORF-Ostkorrespondenten und vor allem ich als „Renegat“ immer wieder zu Zielscheiben der Desinformationskampagnen östlicher Geheimdienste und ihrer publizistischen Steigbügelhalter und eifrigen Dienstboten bei dem Sektiererblättchen *Volksstimme* sowie diverser Organe der Friedensaktivisten. Obwohl der ORF im Laufe der achtziger Jahre in Ungarn offiziell nicht behindert wurde, blieb die Einstellung der ungarischen Geheimpolizei, zumindest was mich betrifft, unverändert. Am 20. September 1984 sandte das DDR-Ministerium für Staatssicherheit wegen unserer geplanten journalistischen Aktivitäten in der DDR ein Telegramm (Nr. 1074/84) nach Budapest (und eine Kopie auf russisch nach Moskau!) und ersuchte um „Hinweise auf seine (d. h. meine) politische Haltung und eventuell vorhandene operativ-relevante Angaben.“ Am 5. Februar 1985 übersandte ein Generalmajor Damm das Überprüfungsergebnis in der Anlage zum Schreiben X/1252/85 „zur Kenntnisnahme und operativen Nutzung“.

Zur Einleitung teilt das ungarische Innenministerium in einem als „Streng geheim!“ klassifizierten Schreiben zuerst mit, daß ein Paul Lendvai „in unserem Speicher als feindliche Person erfaßt ist.“ Auf zwei engbeschriebenen Blättern wird unter anderem bestätigt, daß meine Tätigkeit in Wien seit 1959 von den ungarischen Sicherheitsorganen „aufmerksam verfolgt wird", daß ich als Chef der Ostredaktion des ORF „eine differenzierte antikommunistische und sowjetfeindliche Tätigkeit" ausübe und daß die „Ostreporte" von einer „antikommunistischen Grundlage" ausgehen, die die sozialistischen Länder kritisieren und sich mit ihren inneren Problemen beschäftigen. Während man zwei Jahre früher noch über eine „Lenkung" der Redaktion durch westliche Geheimdienste spekulierte, begnügte man sich diesmal immerhin damit, nur deren „Interesse" zu registrieren.

All das bestätigte freilich den finsteren Verdacht des „Bruderorgans" in der DDR. Unser Vorschlag einer Livesendung aus Ostberlin am Rande des Sinowatz-Besuches wurde über die DDR-Botschaft in Wien höflich abgelehnt. Dies war freilich nicht überraschend, zumal ich in einem „Erfassungsbeleg 011194" bei der Hauptverwaltung/A (Aufklärung) vom 17. August 1981 als „Person mit Einreisesperre" und als „ehrenamtlicher Mitarbeiter eines Zentrums der PID" geführt wurde. Mit der Hilfe des Stasi-Wörterbuches, das im Lesesaal der Gauck-Behörde in Ostberlin aufliegt, fand sich die Erklärung für diesen rätselhaften Begriff: PID ist gleich mit „politisch-ideologischer Diversion". In der „signalisierenden Informierung über Zuspeicherungen" von den „Bruderorganen" Bulgariens und Ungarns wurde ich merkwürdigerweise als „ehrenamtlicher Mitarbeiter eines nicht genannten Zentrums der politisch-ideologischen Diversion" bezeichnet. Die DDR-Kartei gab aber ausdrücklich *Radio Free Europe,* den in München beheimateten amerikanischen Sender, als dieses Zentrum der „PID" an und führte mich als seinen „ehrenamtlichen Mitarbeiter (freischaffenden Journalisten)". In einem langen Computerausdruck in russischer Sprache vom 8. September 1983 übermittelte man aus Berlin auf ein Auskunftsersuchen hin dieselbe Information schließlich auch nach Moskau.

Nun, heute kann man offen und ohne Folgen zugeben, daß man als Ostkorrespondent für RFE oder *Radio Liberty* tätig gewesen ist. Der erste Sender strahlte Programme in den osteuropäischen Sprachen, der zweite in den Idiomen der Sowjetunion aus. Ich habe aber nie für RFE gearbeitet. Selbst im langen ungarischen Bericht von Anfang 1985 werden alle möglichen Medien, von der *Financial Times* und *The Economist* über die *Presse* und die *Europäische Rundschau* bis zum ORF, als meine Arbeitgeber erwähnt – aber man findet kein Wort über meine „ehrenamtliche Mitarbeit" beim Münchner Sender. Auf Seite 4 des erwähnten „Erfassungsbelegs" des MfS in Berlin steht unter „zusätzlichen Angaben" die Bemerkung: „L. ist befreundet mit dem österreichischen Journalisten und freien Mitarbeiter von Radio Free Europe, Stephan Vajda." Diese Angaben stimmen in der Tat; der 1987 verstorbene Stephan Vajda hat in der schwierigen Anfangszeit (damals noch ohne entsprechende Fremdsprachenkenntnisse) zeitweilig für RFE gearbeitet, und wir waren, besonders in den ersten Jahren in Wien, befreundet. Daher die messerscharfe Schlußfolgerung, daß auch ich für RFE tätig wäre. Als erschwerend kam noch die Tatsache dazu, daß ich 1981 ein in mehreren Sprachen herausgegebenes Buch über den „Medienkrieg" und die kommunistische Nachrichtenmanipulation verfaßt hatte. Selbstverständlich zitierte ich in meinem Buch, wie so viele andere Autoren, auch RFE-Berichte und Veröffentlichungen.

So wird also eine „Legende" fabriziert und verbreitet. Heute, im Rückblick und in meinem Fall, wirkt das nur erheiternd. Damals und in anderen Fällen wurden ähnliche Spitzelmeldungen als willkommene Mittel zur Verhaftung und physischer Vernichtung von „feindlichen Elementen" benützt. Was diesen und ähnlich gespeicherten Informationen („Lendvai unterhält Verbindungen kriminellen Charakters in Ungarn") einen Hauch von Absurdität, selbst mit kommunistischem Maßstab gemessen, verleiht, ist die Tatsache, daß ich Anfang der achtziger Jahre sogar mit Parteichef János Kádár (auf Empfehlung Bruno Kreiskys) ein ORF-Exklusivinterview drehen und mit zahlreichen Spitzenfunktionären sowie mit oppositionellen kritischen Intellektuellen Interviews und Gespräche führen durfte.

Eine andere heitere Notiz im langen ungarischen „Überprüfungsergebnis" betrifft meine Frau. Ihr Mädchenname und ihre britische Staatsbürgerschaft stimmen. Aber die folgende Notiz: „Sie ist Mitarbeiterin sowie Miteigentümerin des Wirtschaftsblattes ‚The Financial Times' und ebnete seine spätere Journalisten-Karriere durch sehr gute Beziehungen und Möglichkeiten. Unter anderem konnte Lendvai mit Unterstützung seiner Frau eine Stelle beim Bundespressedienst erhalten" – ist von A bis Z erfunden. So machte dieser Cocktail aus Spitzelberichten und unüberprüften Gerüchten meine Frau zur Besitzerin des lukrativsten britischen Zeitungskonzerns und mich zum „ehrenamtlichen Mitarbeiter eines Zentrums der ideologisch-politischen Diversion" ... Wenn man bedenkt, daß die Berichte über die Planerfüllung und das Betriebsklima in Ungarn bzw. im Ostblock ungefähr ebenso stichhaltig waren wie die obigen Spekulationen über uns, wird der verblüffend schnelle Zusammenbruch scheinbar so gefestigter Systeme etwas verständlicher.

Jedenfalls konnte ich die DDR erst im Oktober 1986, also 23 Jahre nach meinem ersten Aufenthalt, besuchen, um mit den DDR-Behörden unter anderem über die Errichtung eines ORF-Korrespondentenbüros zu verhandeln. Die letzte Eintragung im Archivmaterial des Ministeriums für Staatssicherheit stammt vom 5. Februar 1985. Die Berichte über meine späteren Aktivitäten sind entweder in jenem Teil der Stasi-Unterlagen, die noch nicht archiviert werden konnten, oder in jener Kartei, die nach der Wende angeblich zerstört wurde.

Mit Recht könnte man natürlich die Frage stellen, wie es der ORF-Redaktion für Ost- und Südosteuropa unter der Leitung eines so gefährlichen „Spezialisten" gelungen ist, die vom KGB in Moskau und den prosowjetischen Falken in Budapest – mit lautstarker Unterstützung ihrer Dienstboten bei der KPÖ und der *Volksstimme* – organisierte Blockade zu durchbrechen? Wie war es möglich, eine ähnliche Sperre 1982/83 in Ex-Jugoslawien, errichtet von den ängstlichen Nachfolgern Titos und unterstützt von naiven oder materiell interessierten Gehilfen in Wien, zu überwinden? Die Antwort ist ganz klar. Solch gegensätzliche Persönlichkeiten wie Bundeskanzler Bruno Kreisky und sein Nachfolger Fred Sinowatz einerseits und ORF-Generalintendant Gerd Bacher andererseits, aber auch die Außenminister Rudolf Kirchschläger, Willibald Pahr, Leopold Gratz und Alois Mock sowie (in seinen früheren Funktionen) der heutige Vizekanzler Busek haben in den schwierigsten Zeiten stets und fest die freie und unzensurierte Berichterstattung über die kommunistische Welt verteidigt und den Denunzianten im In- und Ausland eine Abfuhr erteilt.

Gehört nun all das, was hier über einige Facetten des Ost-West-Medienkrieges anhand persönlicher Erfahrungen geschrieben wurde, unwiderruflich der Vergangenheit an? Leider nein! Ganz abgesehen vom internen Kampf um die Kontrolle der Medien in jedem postkommunistischen oder halbkommunistischen Staat, mit dem wir uns in einem anderen Kapitel beschäftigen werden, raten auch meine persönlichen Erfahrungen zur Vorsicht. So griff etwa Ende Mai 1992 das Belgrader Fernsehen die österreichischen Medien, allen voran natürlich den ORF, wegen ihrer angeblich serbenfeindlichen Einstellung an. In der langen Reihe von Namen werde ich als

„einstiger Einwohner von der Stadt Senta (in Serbien) und Geheimagent Horthy-Ungarns“ apostrophiert. Daß ich in Budapest geboren wurde, dort aufwuchs und zur Zeit Horthys ein Mittelschüler war, ferner nie in Senta lebte, tut für die Propagandisten in Belgrad nichts zur Sache. Fast gleichzeitig griff mich, den von allen östlichen, allen voran vom ungarischen, Geheimdiensten bekämpften „feindlichen“ Ostexperten, ein langjähriger Spitzel des gleichen Geheimdienstes, der heute ein nationalistischer Rechtspopulist ist, als „ehemaligen Politoffizier“ und als „Liebling des Kádár-Regimes“ in seiner Budapester Zeitschrift an. Daß ich als gewöhnlicher Milizsoldat einrücken mußte, während der Dienstzeit verhaftet und fast drei Jahre Berufsverbot hatte und für fünf Jahre auf die „schwarze Liste“ gesetzt wurde, tut für die Rechtsradikalen in Budapest auch nichts zur Sache.

Wie in den Zeiten des Kalten Krieges versuchen die Extremisten unterschiedlicher Farbe die kritischen Beobachter, vor allem wenn sie aus dem kritisierten Land stammen, zum Verstummen zu bringen und zu diskreditieren. Ähnliche Methoden werden in Belgrad gegen den Architekten und systemkritischen Autor Bogdan Bogdanović, Ex-Bürgermeister der Hauptstadt, oder in Zagreb (Agram) gegen die mutige Journalistin Slavenka Drakulić und ihre Kolleginnen angewendet.

Trotz dieser traurigen und östlich der Elbe in vielfachen Variationen wiederholten Fälle kann man freilich nicht von einer Rückkehr zu einem ideologisch strukturierten und durch die „Bruderorgane“ der Moskauer Unterdrückungszentrale zusammengeschweißten Imperium sprechen. Eher erleben wir eine teilweise Wiederholung der einstigen Praxis der autoritären nationalen Regime in Mittel- und Osteuropa. Die Freiheit der Presse und der elektronischen Medien ist untrennbar mit dem Fortschritt auf dem Weg zu einer bürgerlichen Gesellschaft und zu einer funktionierenden Marktwirtschaft verbunden. Meine persönlichen Erfahrungen als Auslands-, Reise- und Ostkorrespondent während fast dreier Jahrzehnte des hautnah erlebten Medienkrieges könnten – so hoffe ich – zu einem besseren Verständnis der enormen Probleme in der Auseinandersetzung mit der drückenden Erbmasse der kommunistischen Diktatur und des Sowjetsystems beitragen.

Dokumente aus dem Stasi-Archiv

Die im folgenden abgedruckten Dokumente bilden eine Auswahl aus den Unterlagen des Ministeriums für Staatssicherheit der ehemaligen Deutschen Demokratischen Republik; nach der „Wende" bekam die Öffentlichkeit Gelegenheit, in die Archive des Ministeriums Einblick zu nehmen; die abgebildeten Dokumente betreffen mich und wurden mir in Form von Kopien zur Verfügung gestellt.

Der Stil der Berichte und Meldungen spricht für sich, einige Behauptungen dürften falschen Angaben in Spitzelberichten entstammen. So war weder mein Vater „gut situiert", noch war meine Frau Mitarbeiterin und Miteigentümerin der *Financial Times.* Ferner war ich nie beim Bundespressedienst beschäftigt. In der „Emigranten-Presse" habe ich auch nie unter den angegebenen Decknamen wie „Georg Hoks" oder „Karl Raul" Artikel veröffentlicht. Unter dem Namen „Paul Landy" habe ich nicht für Emigrantenzeitungen, sondern zwischen 1957 und 1962 für die wissenschaftliche Monatsschrift *Problems of Communism* in Washington geschrieben.

Die erste Eintragung über mich wurde am 21. Oktober 1965, die letzte am 5. Februar 1985 vorgenommen.

Telegramm aus Budapest vom 21.1o.1965 - Nr. 1o77

An
Minister M i e l k e

Werter Genosse Minister !

Zur Information teilen wir Ihnen folgendes mit :

Der österreichische Bürger

L e n d v a i, Pal
geb. am 24.8.1929 in Budapest
Mutter: Edith Polaczek
Nationalität: Ungar
wohnh.: Becs V, Münzwardeing 8

lebte bis 1957 in der Ungarischen VR und war Mitglied der Ungarischen Partei der Werktätigen, später der Ungarischen Sozialistischen Partei. Im Jahre 1957 fuhr er im Auftrag seiner Zeitung in die VR Polen, um sich dort über den Gang der Wahlen für die Sejm zu informieren. Nach Beendigung der Wahl kehrte er nicht in die Ungarische VR zurück, sondern flüchtete nach Österreich, wo er um politisches Asyl bat, was man ihm auch gewährte. In Österreich setzte er seine Tätigkeit als Journalist fort. Augenblicklich arbeitet er bei der englichen Zeitung "Financiel-Times", der österreichischen Zeitung "Die Presse" und der schweizer Zeitung "Die Tat". L e n d v a i ist ein qualifizierter Journalist. In kurzer Zeit verschaffte er sich Autorität. Er zählt als bester Spezialist für Fragen der sozialistischen Länder Osteuropas. In der Zeitung "Die Presse" und anderen Westzeitungen veröffentlicht er tendenziös feindliche Artikel über die sozialistischen Länder, besonders über die Ungarische VR. Diese Artikel erschienen anfangs unter einem Decknamen, erscheinen jetzt aber unter seinem eigenen Namen. Dem Inhalt nach unterscheiden sie sich in keiner Weise von den anderen Artikeln der Westpresse. Er schreibt ständig über die "Spaltung" des sozialistischen Lagers, über den "Zerfall" des RGW und der"nationalkommunistischen Entwicklung"sowie über Widersprüche in der Partei u.s.w. Bis jetzt hat L. von seinem alten Wissen geschöpft. Um aber auch in Zukunft ein guter Experte auf journalistischem Gebiet zu sein, macht es sich für ihn notwendig, die sozialistischen Länder Osteuropas regelmäßig zu besuchen.
Unter Berücksichtigung der obigen Angaben, bitte ich Sie, werter Genosse Minister, dem L e n d v a i die Einreisegenehmigung für Ihr Land zu verweigern. Ich bitte Sie, mir Ihre Entscheidung in dieser Angelegenheit mitzuteilen.

Mit sozialistischem Gruß
B e n k e i

MfS Berlin – Der Minister –

Minister des Innern der VR Ungarn – Gen. BENKEI –

B u d a p e s t

Berlin 2. Dez. 5

689

Werter Genosse B e n k e i !

Ich danke Ihnen für die mit Ihrem Telegramm vom 21.10.1965 übersandte Information über den österreichischen Bürger

LENDVAI, Pal
geb. am 24.8.1929 in Budapest.

Die über den Genannten gegebene Einschätzung stimmt mit den beim MfS vorliegenden Angaben zur Person des LENDVAI überein.

Aus vorliegenden Materialien geht hervor, daß der Genannte in der Zeit vom 25. – 30.11.1963 als Bürochef der "Financial Times" für Zentraleuropa die DDR besuchte.

Entsprechend Ihrer Bitte wurden vom MfS Maßnahmen getroffen, damit dem Genannten keine Genehmigung zur Einreise in die DDR erteilt wird.

Ich bitte um Kenntnisnahme.

Mit sozialistischem Gruß

gez. Mie

Hauptabteilung II
Leiter

Berlin, 6. Dezember 1982
mei-bu II/13/AI/1424/82

Abteilung X
Leiter

Informierung der Sicherheitsorgane der VR Ungarn

Dem MfS liegen Informationen vor, wonach der Renegat und ehemalige ungarische Staatsbürger

LENDVAI, Paul
geb. am: 24. 8. 1929 in Budapest
Leiter der Osteuropa-Redaktion der ORF

A.P. 3508/72

in Abstimmung mit der Chefredaktion des Österreichischen Rundfunks (ORF) die feindliche Berichterstattung über die sozialistischen Länder Osteuropas intensivieren will.

LENDVAI ist Leiter einer neuen Dokumentationssendereihe unter dem Titel "Ostreport", die im Dezember 1982 begann. Im Zusammenhang damit ist der verstärkte Einsatz österreichischer Korrespondenten in den sozialistischen Ländern geplant.

Inoffizielle Informationen weisen darauf hin, daß Auswahl und Einsatz dieser Korrespondenten auch von nachrichtendienstlichen Interessen gelenkt werden.

Zu LENDVAI wurde weiterhin bekannt, daß er mehrfach über die konterrevolutionären Ereignisse in der VR Polen in den Jahren 1980 und 1981 berichtete und sich auch im Vorfeld dieser Ereignisse in der VR Polen aufhielt.

LENDVAI wurde in der DDR letztmalig 1963 journalistisch tätig, jedoch häufen sich gegenwärtig Anträge für journalistische Tätigkeit in der DDR von Mitarbeitern der Osteuropa-Redaktion.

Um Kenntnisnahme wird gebeten.

Kratsch
Generalmajor

Für Bruderorgan UVR

Leiter Osteuroparedaktion Östereichisches Fernsehen (ORF)

L e n d v a i , Paul
24. 8. 1929 Budapest

A. P. 3508/72
+ [illegible] Európa
+ [illegible]

will in Vorbereitung Besuch Bundeskanzler Sinowatz in DDR eine Life-Sendung aus der DDR mit internationalen Persönlichkeiten (VRP, UVR, DDR, BRD, Österreich) gestalten. Zielsetzung nach Einschätzung DDR-Seite ist u. a. auf ein Ausspielen sozialistischer Länder gegeneinander gerichtet, insbesondere gegen konsequente Haltung UdSSR zur Person L.

Erbitten Einschätzung der Person L. und seiner bekanntgewordenen Handlungen.

[illegible]
6. 5. 2[illegible]
A. P. 6523/7[illegible]

Abteilung X Anlage zum Schreiben X/ 1212 /85

MdI der UVR **Übersetzung aus dem Ungarischen**

STRENG GEHEIM!

Bezugnehmend auf Ihr Schreiben Nr. 1074/84 vom 20. 09. 1984 wird mitgeteilt, daß die Person

A.P. 3508/72

LENDVAI, Pál
geb. 24. 08. 1929 in Budapest
Mutter: Polacsek, Edit

S-Ablage - Eg.
+ Freikorps - Europa

in unserem Speicher als feindliche Person erfaßt ist.

Bei einer eventuellen Tätigkeit von LENDVAI, Pál als Journalist in der DDR wird um Berücksichtigung folgender Tatsachen gebeten:

LENDVAI, der aus einer gutsituierten Anwaltsfamilie stammt, begann sich nach der Befreiung mit Politik zu beschäftigen. Zuerst war er Mitglied der Sozialdemokratischen Partei und später Mitglied der Partei der ungarischen Werktätigen. Bis zur Konterrevolution im Jahre 1956 war er Mitarbeiter des Blattes "Esti Budapest". Auch vor den Ereignissen der Konterrevolution entfaltete er eine aktive politische Arbeit. Im Jahre 1953 wurde er im Zusammenhang mit dem sog. Konzeptionsprozeß verhaftet und acht Monate in Gewahrsam genommen. 1956 wurde er rehabilitiert. An den konterrevolutionären Ereignissen nahm er nicht aktiv teil.

Im Jahre 1957 verweigerte er von einer Dienstreise nach Polen in seiner Eigenschaft als Redakteur der Zeitung "Esti Hirlap" die Rückkehr in die UVR und bat in Österreich um politisches Asyl. Seit 1959 ist er österreichischer Staatsbürger, und seit dieser Zeit wird seine Tätigkeit von unseren Sicherheitsorganen aufmerksam verfolgt.

LENDVAI heiratete 1959 nach der Scheidung von seiner früheren Gattin seine jetzige Frau

LENDVAI, Margaret Gordon,geb. POLLOCK, Margaret Gordon
Staatsbürgerschaft: Britisch

Sie ist Mitarbeiterin sowie Miteigentümerin des Wirtschaftsblattes "The Financial Times" ist und ebnete seine spätere Journalisten-Karriere durch sehr gute Beziehungen und Möglichkeiten. Unter anderem konnte LENDVAI mit Unterstützung seiner Frau eine Stelle beim Bundespressedienst erhalten.
In dieser Zeit war er Mitarbeiter bzw. Berichterstatter bei den englischen Blättern "The Financial Times", "The Economist" und "The Statist", bei dem Schweizer Blatt "Die Tat" sowie bei dem österreichischen Blatt "Die Presse", später arbeitete er dann als Chefredakteur der "Europäischen Rundschau". Außer in den obengenannten Blättern ließ er unter den Namen Paul Landy, Georg Hoks und Karl Raul in der sog. Emigrantenpresse regelmäßig Artikel erscheinen, die sich mit der Ungarischen Volksrepublik beschäftigen.

Zu Beginn seiner obengenannten Journalisten-Tätigkeit war seine Haltung scharf antikommunistisch und feindlich gegenüber der UVR. Seit Beginn der sechziger Jahre veränderte sich allmählich die Intonation seiner sich mit

der UVR befassenden Artikel. Er zeichnet ein immer realeres - aber auch weiterhin antikommunistisches und sowjet-feindliches Bild von unserer innenpolitischen Situation.

LENDVAI verfügt über für Ungarn nutzbare Verbindungen. Er ist im Besitz aktueller und stichhaltiger Informationen über die innenpolitische Lage Ungarns. So ist es ihm gelungen zu erreichen, daß er in Österreich als Experte für osteuropäische und ungarische Fragen gehalten wird.

Mit seiner Tätigkeit als Journalist und durch die Beziehungen seiner Frau hat er erreicht, daß er heute in den österreichischen Massenmedien eine nicht zu unterschätzende Rolle spielt. Er hat direkte Verbindungen zur österreichischen Regierung, wo seine Dienste als Berater auch von Fall zu Fall genutzt werden.
Mit dem ehemaligen österreichischen Kanzler Kreisky verbindet ihn eine persönliche Freundschaft, zu Beginn der siebziger Jahre schrieb er dessen Memoiren.

Seit 1982 trat eine Veränderung in seiner Karriere ein. Von diesem Zeitpunkt an ist er Leiter der Redaktion Osteuropa beim Österreichischen Rundfunk und Fernsehen.
Unseren Kenntnissen zufolge interessierten sich außer den Österreichern auch die Geheimdienste anderer westeuropäischer Länder - so z. B. der BRD - für die Redaktionsgründung. In LENDVAIS neuem Wirkungskreis übt er auch weiterhin eine differenzierte antikommunistische und sowjet-feindliche Tätigkeit aus.

Diesem Ziel dient die sog. Reihe "Ostreport", die regelmäßig im österreichischen Fernsehen läuft. Im Rahmen des Programms beschäftigt man sich bzw. möchte man sich mit allen europäischen sozialistischen Ländern beschäftigen. Die bis jetzt gezeigten Programme kritisieren - ausgehend von einer antikommunistischen Grundlage - die sozialistischen Länder und beschäftigen sich mit ihren inneren Problemen.

Übers.: Uhl?Schmidt, Lhi.
Gef.: 2 Ex.

002539/81

HV A/HA/s. Abt. HV A — Berlin, 17.8.1981

BV/V — Tgb.-Nr. 540 / 81

BStU
000003

Erfassungsbeleg

(Mit Schreibmaschine oder in Druckschrift ausfüllen)

011194

1. Grunddaten zur Person

1.1. Lendvai, Paul;
Name, Vorname(n), Geburtsname, weitere Namen — Sprache

Sprache

1.2.
Deckname, Pseudonym, Spitzname — Sprache

1.3.
akademischer Grad und Titel/militärischer Dienstgrad

1.4. 24.8.1929
Geburtsdatum (genaues/ungefähres *)

1.5. ~~UVR,xxxBudapest~~ Ungarn, Budapest
Geburtsland, adm.-terr. Einheit, Geburtsort — Sprache

1.6. männlich
Geschlecht

1.7. Ungarisch
Nationalität

1.8. Österreich — 1957 - 1981 -
Staatsbürgerschaft/Staatsangehörigkeit — Zeitraum

1.9.
Angaben zu Verwandten (Name, Vorname(n), Verwandtschaftsverhältnis) — Sprache

Sprache

Sprache

2. Zuordnung zu der (den) Personenkategorie(n)

2. PK - ehrenamtlicher Mitarbeiter eines Zentrums der PID

9. PK - Person mit Einreisesperre

* Zutreffendes unterstreichen

Form 430

10. Gegen die Person durchgeführte Maßnahmen

10.1. Einreisesperre
Charakter der Maßnahme

10.2. Sicherheitsorgane der DDR
Von wem wurde die Maßnahme durchgeführt? | Sprache

10.3. DDR | 1966
Wo wurde die Maßnahme durchgeführt? | Zeitraum der Maßnahme

11. Zusätzliche Angaben

zu 1.5.) UVR, Budapest
zu 1.8.) Ungarn - 1957

zu 3 u. 5) L. ist freier Mitarbeiter von "Ostabteilungen" verschiedener westeurop. Zeitungen;
L. tritt im österreichischen Fernsehen als Hauptkommentator bezügl. der Ereignisse in der VR Polen in Erscheinung;
L. gilt als "Spezialist" für sozialistische Länder;

- Lt. Mitteilung der ungarischen Sicherheitsorgane ist L. 1957 nach Österreich geflüchtet;
- Während eines achttägigen Aufenthaltes in der DDR 1963 trat L. äußerst provokatorisch auf;
- L. ist befreundet mit dem österreichischen Journalisten und freien Mitarbeiter von Radio Free Europe, Stephan VAIDA.

KOPIE BStU

12. Die Angaben beziehen sich auf das Jahr 1981

13. Die Person ist erfaßt für die DE HV A

14. Ausgabeverfahrensweise: A, B, C, D, E*

15. Abstimmung zur Nutzung: erforderlich/nicht erforderlich*

16. Dok.-Nr. der Personeninformation DUG

Bestätigt

[Unterschrift]
Oberst

[Unterschrift: Hermann]
Leiter der AIG/AKG/Beauftragter der HVA

СЕКРЕТНО (по заполнении)

АНКЕТА
СОУД

1. ОСНОВНЫЕ УСТАНОВОЧНЫЕ ДАННЫЕ НА ЛИЦО

	Фамилии и имена (на языке принадлежности лица или на языке поступления информации)			
1.1	Фамилии и имена лица		LENDVAI, PAUL	ØØ4
1.2	Кличка, псевдоним			
1.3	Данные о родственниках	Степень родства (5)		
1.4		Фамилия и имена		
	Фамилии и имена (в транскрипции на языке абонента)			
1.5	Фамилии и имена лица			
1.6	Кличка, псевдоним			
1.7	Данные о родственниках	Степень родства (5)		
1.8		Фамилия и имена		
	Фамилии и имена (в транскрипции на рабочем языке)			
1.9	Фамилии и имена лица			
1.10	Кличка, псевдоним			
1.11	Данные о родственниках	Степень родства (5)		
1.12		Фамилия и имена		

1.13	Ученая степень и звание Воинское звание		

1.14	Место и дата рождения	Страна (1)	ВЕНГРИЯ	133
1.15		Административно-территориальная единица		
1.16		Населенный пункт		BUDAPEST
1.17 1.18		Дата рождения / Язык (3)	НЕМЕЦКИЙ	29.08.24 ØØ4
1.19	Пол (6)		МУЖСКОЙ	1
1.20	Национальность, народность (2)		ВЕНГР	133
1.21 1.22	Гражданство, подданство (1)	Период	АВСТРИЯ 1957-1981-	Ø21 5781 --

2. КАТЕГОРИЯ, К КОТОРОЙ ОТНОСИТСЯ УЧИТЫВАЕМОЕ ЛИЦО И РОД ЗАНЯТИЙ

2.1	Код категории лица (7)		СОТР.ЦЕНТ. ИД.ДИВ., ЗАКРЫТ ВЪЕЗД	Ø7 37
2.2 2.3	Код рода занятий (8)	Период	СОТР.ОРГ.МАСС. ИНФ. -1981-	15 -81

Die Sprengkraft des Nationalismus

Je mehr wir zum heroischen Zeitalter der Stammesgenossenschaft zurückzukehren versuchen, desto sicherer landen wir bei Inquisition, Geheimpolizei und einem romantisierten Gangstertum.

Karl Popper, Die offene Gesellschaft und ihre Feinde

Die hier vorgelegten Beiträge sind chronologisch – in der Reihenfolge ihrer Entstehung – geordnet. Manche Texte können ihre Ursprünge nicht verleugnen und zeugen davon, daß man als Redner an einer Universität oder bei einem Symposium eher darum bemüht war, Gefallen vor den Ohren des Hörers zu finden als vor den Augen eines späteren Lesers. Die Gefahr von thematischen Überschneidungen soll nach Möglichkeit vermieden werden, völlig gebannt werden kann sie allerdings nicht.

Dem ersten Aufsatz liegt ein Vortrag, gehalten im Herbst 1985 vor der Generalversammlung der Deutschen Gesellschaft für Osteuropakunde in Nürnberg, über die innenpolitische Lage in Osteuropa am Anfang der Gorbatschow-Ära zugrunde. Dabei lag mir – wie auch in den folgenden Beiträgen – das Fragen näher als fertige Antworten. Aus diesem Grund war ich auch stets mißtrauisch gegen anmaßende Scheinautoritäten, die entweder die „Gorbimanie" nach Kräften und manchmal im lukrativen Eigeninteresse förderten oder aber die Tragweite der wirklichen Veränderungen im Korsett vorgefestigter Denkschablonen aus einer früheren Zeit leichtfertig bagatellisierten.

Die Beziehungen zwischen dem sowjetischen Zentrum und den Ostblockländern einerseits und die ihre innere Entwicklung bestimmenden Faktoren andererseits standen im Mittelpunkt der ersten Analyse. Diese ging davon aus, daß die Gorbatschow-Ära „die potentiell gefährlichste, seit Stalins Tod möglicherweise politisch bedeutsamste Herausforderung für die kommunistischen Machteliten und indirekt für die Völker Ost- und Südosteuropas ist." Wenn auch die Verhältnisse von Land zu Land unterschiedlich waren, stand für mich schon damals fest, daß die Erstarkung des Nationalismus, der vielfältigen Erscheinungsformen des wachsenden nationalen Bewußtseins, des Gefühls, daß die nationale Identität wichtiger als Klassenmerkmale ist, das „wohl wichtigste politische Phänomen" sein würde. Dazu kamen noch solche Faktoren wie die Nachfolgeproblematik in den einzelnen Ländern, die Folgen der Kommunikationsrevolution, die permanente Wirtschaftskrise, das Ideologievakuum, der Generationswechsel und die Hinwendung zu Religion und Kirche. Auch der zweite Beitrag – ein im Frühjahr 1987 gehaltener Vortrag an der Züricher Universität – beschäftigte sich mit der „potentiell explosiven Mischung von Ideologie, Macht und Persönlichkeit" hinter dem Gorbatschow-Kurs. Bei aller Vorsicht wies ich auf den sehr begrenzten Spielraum für eine westliche Politik der Hilfe hin und warnte vor der irrigen Annahme, daß eine Taktik des „Zuckerbrotes" bzw. der „Peitsche" die Prioritäten der sowjetischen Außenpolitik entscheidend beeinflussen könnte. Diese Serie der Analysen über den Niedergang des Imperiums wird durch einen relativ kurzen, doch für mich nicht unwichtigen Diskussionsbeitrag vom Anfang 1987 bei einem Berliner Symposium über Mitteleuropa unterbrochen. Die Argumente in diesem Streitgespräch über das „zum Schlagwort verkommene" bzw. „zum Modebegriff gewordene" Mitteleuropa sind nämlich auch heute noch relevant, einschließlich der Absage an unangebrachte germanische oder romanische Überheblichkeit gegenüber allem „Östlichen". Bereits in dieser Wortmeldung, Jahre vor dem Umbruch, warnte ich, wie oft nachher, vor der Gefahr, daß Mitteleuropa nicht internationalisiert, geschweige denn humanisiert, sondern eher nationalisiert werden würde.

Die drei folgenden Artikel wurden im Laufe des annus mirabilis, *des Jahres des Wunders, im Juli bzw. im November 1989 sowie im April 1990 in der* Neuen Zürcher Zeitung *veröffentlicht. Daß Unerwartetes und Unvorhergesehenes jederzeit geschehen könne (Hans Kohn), war das Leitmotiv bei den Betrachtungen über die unkontrollierbare und unberechenbare Dynamik der Selbstauflösung der herrschenden Parteien, die Flucht aus dem leninistischen Sozialismus und dem russischen Kolonialreich. Manche Beobachter haben meine damaligen Hinweise auf den Bumerangeffekt einer Überschätzung der westlichen Hilfsbereitschaft bei gleichzeitiger Unterschätzung der Tiefe der östlichen Wirtschaftskrise sowie meine Überlegungen bezüglich des Zeithorizontes für eine spürbare und dauerhafte Verbesserung der Lebensumstände als zu düster empfunden. Auch die in diesen Aufsätzen Ende 1989/Frühjahr 1990 ausgesprochenen, wiederholten Warnungen vor den Gespenstern einer unseligen Vergangenheit, vor der Neubelebung eines aggressiven Nationalismus, wurden nicht immer verstanden.*

Die tragischen Entwicklungen auf dem Balkan und in der ehemaligen Sowjetunion, aber auch die extremen Tendenzen in Ungarn und in der inzwischen unabhängig gewordenen Slowakei sowie in Polen und Rumänien haben inzwischen leider die schlimmsten Befürchtungen bestätigt und zum Teil sogar übertroffen. Sie bilden auch das Hauptthema in den beiden letzten Aufsätzen dieses Abschnitts, die sich mit den nationalen Konfliktursachen und den Folgen des Scheiterns gewaltfreier Konfliktregelungen beschäftigen. Wie hier gezeigt wird, sind es nach wie vor Minderheitenprobleme und ungelöste Territorialfragen, die in ihrer ungezügelten Dynamik eine friedliche Entwicklung verhindern. „Das Gespenst der Balkanisierung" erschien im Februar 1992 in der Frankfurter Allgemeinen Zeitung. *Dem Beitrag „Krisenzeichen in Südosteuropa – Risiken und Chancen" liegt ein bei einem internationalen Kongreß im Austria Center in Wien im Herbst 1993 gehaltener und hier zum erstenmal veröffentlichter Vortrag zugrunde.*

Daß die Würfel nicht in den westlichen Kanzleien, sondern stets in Osteuropa fallen und daß der Nationalismus nach wie vor als die mächtigste ideologische und politische Kraft in diesem Teil der Welt wirkt, zieht sich wie ein roter Faden durch diese Betrachtungen.

Osteuropa am Anfang der Gorbatschow-Ära

Herbst 1985

Die Gorbatschow-Ära bedeutet die potentiell gefährlichste, seit Stalins Tod möglicherweise politisch bedeutsamste Herausforderung für die kommunistischen Machteliten und indirekt für die Völker Ost- und Südeuropas. Leerformeln wie „Gorbatschow – der große Reformer“ oder „Gorbatschow – der neue Zar“ reichen nicht aus, um die komplizierte neue Lage zu erklären, die früher als erwartet die Ost-West-Beziehungen mitprägen dürfte. In mancher Hinsicht erinnert die Lage, zumindest was die Unsicherheit und die personellen Konstellationen betrifft, zum Teil an die Situation nach Stalins Tod, zum Teil an die Umwälzungen während der Zeit Chruschtschows, vor allem in den Jahren zwischen 1953 und 1956.

Ist nun dieser Vergleich angesichts der „Ruhe und Ordnung“, der *business as usual*-Atmosphäre, die in dieser Region herrscht, nicht irreführend, zu dramatisch, ja sachlich und politisch unhaltbar? Nun, politische Beobachter, Wissenschaftler, Publizisten haben die Aufgabe, auf mögliche Entwicklungen hinter einer trügerischen Fassade hinzuweisen, wobei ich mich stets von Friedrich Dürrenmatts Warnung leiten lasse: „Wir haben nicht positiv, wir haben ehrlich zu sein.“

Was sind nun die Hauptfaktoren, die die innenpolitische Lage in den Ländern Ost- und Südosteuropas derzeit und in der absehbaren Zukunft bestimmen?

Der sowjetische Faktor

Im Gegensatz zu den oberflächlichen und oft vordergründigen Lobgesängen auf den neuen sowjetischen Parteichef in den westlichen Medien zeichnet sich in Osteuropa, vor allem in Ungarn und in Polen, aber in der letzten Zeit auch in Bulgarien und in der DDR, eine wachsende, kaum verhohlene Angst vor den Auswirkungen des neuen Kurses ab. Es herrscht zwar nach wie vor Unsicherheit über die wirkliche Tragweite des umfassenden politischen Stilwandels in Moskau. Drei Faktoren haben aber die Stimmung in den führenden Kreisen des Apparates und der Elite in Osteuropa seit Amtsantritt des neuen sowjetischen Parteichefs bereits maßgeblich beeinflußt:

- sein Stil und seine Durchschlagskraft;
- die in den letzten Monaten durchgeführten radikalen Personalveränderungen und die schneller als erwartet erfolgte Konsolidierung seiner persönlichen Machtposition;
- die unterschiedliche Einschätzung jenes langatmigen Grundsatzartikels, der am 21. Juni 1985 in der *Prawda* unter dem Pseudonym O. Wladimirow erschienen ist. (Der Autor soll O. B. Rachmanin, der Erste Stellvertretende Leiter der ZK-Abteilung für die Bruderländer, sein; in deutscher Übersetzung ist der Artikel abgedruckt in: *Osteuropa*, Heft 12 (1985), S. A 641–A 648.)

Seit dem Tod Stalins haben die Umwälzungen in Berlin 1953, in Budapest und Warschau 1956, Prag 1968 und Polen 1980/81 die sowjetische Führung wiederholt mit dem Problem konfrontiert: Wie kann die Hegemonie über das offiziell als „sozialistische Staatengemeinschaft" bezeichnete Kolonialreich verteidigt, ja zementiert werden? Durch die Unterdrückung der Autonomiebestrebungen oder die Duldung einer gewissen Vielfalt? Und in diesem zweiten Fall – wo liegt die Grenze des gefahrlos Zulässigen? Wieweit würde eine freiwillige oder erzwungene Duldung der Autonomie die grundsätzlichen sowjetischen Interessen retten oder eher den Prozeß des Zerfalls im Ostblock beschleunigen? Die militärische Intervention in der ČSSR im August 1968, ihre nachträgliche ideologische Rechtfertigung und die Reaktion des Westens haben, übrigens ebenso wie die Ereignisse im Zusammenhang mit Polen, mit aller wünschenswerten Deutlichkeit gezeigt, daß die Respektierung der jeweiligen Einflußzonen im Sinne des stillen Arrangements zwischen Moskau und Washington zu einem beherrschenden Faktor in der europäischen Nachkriegspolitik geworden ist.

Trotz aller Änderungen, trotz aller Vielfalt in den einzelnen Ostblockländern und in den Ost-West-Beziehungen bleibt die zentrale politische Realität unverändert. Mehr als dreißig Jahre nach Kriegsende sind vier von den sechs Warschauer-Pakt-Partnern der Sowjetunion noch immer besetzte Länder, während Bulgarien einer totalen, lückenlosen sowjetischen Kontrolle unterworfen ist. Das von Krisen geschüttelte Rumänien stellt heutzutage keine ernsthafte Bedrohung der Geschlossenheit des Blocks dar. Die in der DDR, Polen, Ungarn und der ČSSR stationierten 31 sowjetischen Divisionen sind einerseits die Garantie der sowjetischen Vorherrschaft und der Staatsinteressen der Hegemoniemacht, andererseits liefert gerade die Besetzung Osteuropas einen ständigen Zündstoff für den antisowjetischen und defensiven Nationalismus. Die sehr widersprüchliche Interessenlage der Führungsgremien in den Kernstaaten der sowjetischen Einflußsphäre kommt in deren Haltung zu Moskau zum Ausdruck.

Im Gegensatz zu den naiven Vorstellungen, denen man auch heute noch hie und da im Westen begegnet, sind die Regierungen aller Staaten des „importierten Sozialismus“ davon überzeugt, daß ihre Sicherheit letztlich auf dem Schutz beruht, welchen ihnen die Militärmacht und der Einfluß der Sowjets gewähren. Sie sind zwar alle bereit, je nach der politischen Situation, taktische Konzessionen gegenüber der eigenen Bevölkerung zu machen und ihre Abhängigkeit von Moskau zugunsten der Vergrößerung ihrer eigenen Entscheidungsfreiheit abzuschwächen, zugleich brauchen sie aber die Abhängigkeit, um zu überleben, da die sowjetische Macht die Aufrechterhaltung der Diktatur garantiert.

Die Tatsache, daß nur Jugoslawien und Albanien die Schauplätze eigenständiger Revolutionen waren, wogegen allen anderen Ländern das sich sozialistisch nennende System durch die Rote Armee aufgezwungen wurde, wirkt auch heute noch nach, weil der Glaube an die Legitimität einer Herrschaft für alle Formen der Autorität von grundlegender Bedeutung ist. Diese zwei Faktoren – die Besetzung der einzelnen osteuropäischen Länder und die Einparteiendiktatur – werden durch die Ideologie gerechtfertigt. Die Einheit von Macht und Ideologie ist unerläßlich, um den Status quo sowohl innerhalb des Blocks als auch in den einzelnen Staaten aufrechtzuerhalten, ohne Rücksicht darauf, daß kaum jemand weiterhin an diese Ideologie glaubt. Die Rivalitäten und Kämpfe zwischen den einzelnen Säulen der Regime (zentraler und örtlicher Parteiapparat, Armee, Polizei, Staats- und Wirtschaftsbürokratie) und innerhalb dieser können aber nicht darüber hinwegtäuschen, daß sich die Machthaber der Tatsache bewußt sind, daß das Aufflackern der inneren Gegensätze ohne Institutionen des kontrollierten Konfliktes sozusagen automatisch zerstörerische Wirkungen auslöst.

Es liegt also in der Realität der Machtverhältnisse östlich der Elbe, daß – auch wenn wir über die innenpolitische Lage in diesen Ländern sprechen wollen – zuerst das Verhältnis zwischen der Sowjetunion und diesen Ländern, vor allem was die sich abzeichnende Linie Gorbatschows betrifft, analysiert werden muß.

Ohne in Details gehen zu wollen, ist es doch zumindest bisher laut Meinung der meisten ernstzunehmenden Sowjetforscher und der nicht von eigenen politischen Ambitionen verblendeten Beobachter offensichtlich, daß Gorbatschow kein großes Interesse an einer grundlegenden Wirtschaftsreform zeigt, daß er in erster Linie die Wirtschaft nicht am Beispiel der ungarischen Experimente reformieren will, sondern den Weg zu einem modernisierten Zentralismus, zu einer effizienten Wirtschaft finden will, ohne das System selbst zu gefährden. Die Rhetorik und die Umbesetzungen dürften darüber nicht hinwegtäuschen, daß es sich hier nicht um marktsozialistisch ausgeprägte Reformversuche handelt, sondern darum, durch begrenzte Experimente und durch eine Verbesserung der Administration und des Lenkungssystems bessere Resultate bei der Arbeitsproduktivität und Produktionsentwicklung zu erzielen als bisher.

Es ist wichtig dies klarzustellen, da im Zusammenhang mit dem ominösen *Prawda*-Artikel vom 21. Juni 1985, mit den in der Julinummer des theoretischen Parteiorgans *Kommunist* erschienenen zwei Artikeln aus der Feder des ungarischen Stellvertretenden Generalsekretärs Károly Németh und des sowjetischen Ökonomen O. Bogomolow (*Kommunist*, 10/1985, S. 70 ff. bzw. S. 82 ff.) sowie mit der Ende August in der Moskauer *Neuen Zeit* (35/1985, S. 9 ff.) veröffentlichten Stellungnahme gewisse Fehleinschätzungen weltweit verbreitet und veröffentlicht wurden, die meiner Meinung nach die grundsätzliche Lage viel zu rosig interpretierten.

Bekanntlich hat die *Prawda* in dem genannten Artikel vor Experimenten mit Marktwettbewerb und Privatsektor, vor eigenständigen außenpolitischen Initiativen, Revisionismus aller Art, vor allem vor Nationalismus und Antisowjetismus, also vor außenpolitischen Sonderwegen und wirtschaftspolitischen Abwegen gewarnt. Ohne jetzt auf einzelne Punkte einzugehen, scheint mir diese Interpretation, daß nämlich die beiden Artikel im *Kom-*

munist eine direkte Antwort auf den *Prawda*-Artikel darstellen, viel zu gewagt zu sein. Erfahrungsgemäß werden solche langatmigen Aufsätze besonders bei Übersetzungen für eine Monatsschrift wesentlich früher fertiggestellt und abgeliefert. Also es ist nicht sehr realistisch, ja mit an Sicherheit grenzender Wahrscheinlichkeit falsch, anzunehmen, daß die bloß elf Tage später veröffentlichten Artikel eine Absage an die *Prawda*-Kritik darstellten. Eher geht es darum, daß sie die in der Tat bereits vor dem *Prawda*-Artikel vorhandenen, unterschiedlichen Akzente in der sowjetischen und osteuropäischen Führungsriege und in jenen Kreisen, die für die sowjetischen Medien zuständig sind, widerspiegeln.

Bei dem Aufsatz in der *Neuen Zeit* handelte es sich tatsächlich um eine andere Akzentuierung. Doch ging dieser Artikel nach zuverlässigen Quellen eher darauf zurück, daß während der Wochen seit dem Erscheinen des *Prawda*-Aufsatzes die Ungarn, und nicht nur sie, in Moskau offiziell gegen diesen Artikel im sowjetischen Parteiorgan und vor allem gegen seinen Ton, wenn auch nicht Protest, so doch Bedenken erhoben hatten. Jedenfalls wurde der *Prawda*-Artikel weder in Ungarn noch in Rumänien und auch nicht in Polen veröffentlicht. Wichtig ist allerdings auch, daß trotz dieser Abschwächung im Ton selbst der engste Gorbatschow-Mitarbeiter, ZK-Sekretär Jegor Ligatschow, in sehr ähnlicher Art nur einige Tage nach diesem *Prawda*-Artikel argumentierte. Er sprach sich ganz eindeutig für die zentrale Planung der Wirtschaft aus und versicherte unmißverständlich, daß Gorbatschows Pläne zur Modernisierung und Effizienzsteigerung keine Abweichung zu Marktwirtschaft und privatem Unternehmertum bedeuten würden. Vielmehr sollten die zentrale Planung der Wirtschaft verstärkt, aber auch die Selbständigkeit und Verantwortung der Betriebe vergrößert, die wirtschaftliche Rechnungsführung erweitert und das Ware/Geld-Verhältnis der sozialistischen Produktionsweise entsprechend genützt werden (siehe dazu auch *Prawda,* 18. Oktober 1985, mit ähnlichen Klarstellungen).

Die Informationen über die Treffen, die Gorbatschow im Sommer mit den Parteienführern der osteuropäischen Staaten, namentlich mit Honecker, Schiwkow, Jaruzelski, auch mit der jugoslawischen Ministerpräsidentin Planinc und schließlich am 25. September 1985 mit Kádár abgehalten hat, deuten darauf hin, daß Gorbatschow trotz der von ungarischer Seite ausgestreuten Zweckgerüchte im engeren Einflußbereich keine unabhängigen Tendenzen entstehen lassen will und sich das Recht vorbehält, den Bewegungsspielraum der Verbündeten jeweils im Einklang mit den sowjetischen Hauptinteressen zu bestimmen.

Es wäre nach meiner Meinung z. B. auch falsch, den Sturz Romanows als den Sieg etwa einer reformistischen und gegenüber den kleineren Oststaaten konzessionsbereiteren Richtung zu interpretieren. Die Tatsache, daß unterschiedliche Einschätzungen über die osteuropäische Entwicklung und den optimalen Grad der Autonomie der einzelnen Ostblockstaaten in Moskau bestehen, ändert nichts daran, daß es sich hier doch im Grunde um *eine* große Linie handelt, die unter anderem auch im Kommuniqué nach dem Kádár-Besuch zum Ausdruck kam. In diesem Kommuniqué *(Népszabadság,* 26. September 1985) sprach man eindeutig von der Berücksichtigung der gemeinsamen Erfahrungen und der allgemeinen Gesetzmäßigkeiten beim sozialistischen Aufbau. Und erst nach dieser Verpflichtung folgt das übliche Zugeständnis, wonach die nationalen Besonderheiten ebenfalls einzubeziehen seien.

Die nachträgliche Interpretation durch Géza Kotai, den Leiter der ungarischen ZK-Abteilung für Außenpolitik, wonach die Sowjetunion die Reformen in Ungarn unterstützen würde, dürfte in erster Linie dem innenpolitischen Sprachgebrauch bzw. der Beruhigung einer besorgten Öffentlichkeit dienen. Ja, Kotai ging sogar noch weiter und lobte in einem Fernsehinterview (siehe MTI, 30. Oktober 1985) die Formel von den „gemeinsamen Erfahrungen", da diese doch zeige, daß es nicht nur um die sowjetischen Erfahrungen gehe. Das heißt, daß man jetzt in Moskau anerkannt hat, daß in mancher Hinsicht die Wege und die Mittel des sozialistischen Aufbaus unterschiedlich sein können. Nach meinem Eindruck handelt es sich hier um einen gewissen Zweckoptimismus, vielleicht um sich selbst zu überzeugen, auf jeden Fall aber, um den Gegnern der Reform in Ungarn keinen Auftrieb zu geben. Jedenfalls scheinen bisher die persönlichen Erfahrungen der westlichen und östlichen Gesprächspartner des neuen sowjetischen Parteichefs die Einschätzung Egon Bahrs zu bestätigen, wonach Gorbatschow „von Erscheinung und Art ein angenehmer Mann sei", aber „härter, als manche glauben."

Alles geht also auf die alte Frage der optimalen Einschätzung der Autonomie der kleinen Staaten zurück. Sollte der Kreml auch in der täglichen Praxis der politischen und wirtschaftlichen Koordination einen harten Kurs einschlagen und im Sinne des oft zitierten *Prawda*-Artikels diesen auch ohne

Rücksicht auf die Interessen der verbündeten Führungen und im alten stalinistischen Stil durchsetzen, käme es früher oder später zu folgenschweren innenpolitischen Konflikten. Eine solche Politik würde in Wirklichkeit gerade jenen Nationalismus und Antisowjetismus entfachen, vor dessen Gefährlichkeit Moskau seine Schützlinge immer wieder gewarnt hat. Die künftige Entwicklung hängt nicht zuletzt davon ab, ob und wieweit Gorbatschows Berater die strategischen Interessen begreifen und zugleich die potentielle Gefährlichkeit unbedachter Druckversuche auf die Verbündeten verstehen werden. Vorderhand bleibt noch vieles im Fluß, und viel wird davon abhängen, wie stark die Führungen der Ostblockländer die Interessen ihrer Nationen in Moskau, wenn notwendig auch gegen einen Gorbatschow, vertreten werden.

Die wichtigsten Folgewirkungen im Ostblock

Unabhängig aber von der künftigen Entwicklung und der Feinabstimmung der sowjetischen Linie kann man heute schon mit Bestimmtheit voraussagen, daß unter Gorbatschow die Priorität der sowjetischen Interessen, unter welchem Deckmantel auch immer, bekräftigt wird und daß an erster Stelle die Stärkung der sowjetischen Kontrolle und der Geschlossenheit des sozialistischen Lagers stehen wird. In diesem Zusammenhang ergeben sich folgende mögliche Schwerpunkte:

1. Stärkung der politischen und ideologischen Kontrolle aus Moskau im Sinne der Rede Ligatschows, der betonte: „Unser gemeinsames Interesse an einer Vertiefung der Zusammenarbeit erstreckt sich auf die Politik, die Wirtschaft, die Ideologie und unbedingt auch auf ein solches Gebiet wie die Verteidigung." (Vgl. *Süddeutsche Zeitung,* 3. Juni 1985). Das Bestreben, die während der Spät-Breschnew-Ära und vor allem in der Zeit des Überganges unter Andropow und Tschernenko gelockerten Zügel wieder straffer anzuziehen sowie die absolute Führungsrolle der Sowjetunion, vor allem was die Außenpolitik und den Spielraum der kleinen Bündnispartner betrifft, wieder zur Geltung zu bringen, war freilich schon während der Kontroversen im Frühjahr 1984 offensichtlich gewesen. Es ist vielleicht kein Zufall, daß gerade zwei von den drei ungarischen Sprechern, die beim Verfechten

der eigenständigen, ja besonderen Rolle der kleinen Staaten indirekt gegen Moskau und Prag polemisiert hatten, nicht mehr die gleiche Stelle einnehmen und daß der dritte, nämlich der ZK-Sekretär für internationale Fragen, zur Zielscheibe einer beispiellosen, gelenkten Gerüchtewelle wurde und nur durch ein Machtwort Kádárs (bisher) in seinem Amt bleiben durfte.

Was die Dauerkrise in Polen betrifft, so ist es hinlänglich bekannt, daß Gorbatschow eine Straffung und ein härteres Vorgehen während seiner Gespräche anläßlich des Warschauer-Pakt-Treffens in Warschau Ende April dieses Jahres gefordert hat; obwohl General Jaruzelski auch mir gegenüber diese Gerüchte dementierte und das gute Einvernehmen mit Gorbatschow betonte, halten sich weiterhin hartnäckige Gerüchte, daß die schärfere Gangart gegen die Opposition und auch gegen die Kirche mit den Versuchen zusammenhängt, die sowjetischen Bedenken zu zerstreuen.

Auch in Ungarn herrscht politisch und allgemein eine Atmosphäre, die von vielen sowjetischen Beobachtern insgeheim als potentiell gefährlich für die Stabilität des Regimes betrachtet wird. Jedenfalls ist es durchaus möglich, daß in diesen beiden Ländern die sowjetischen Disziplinierungsversuche früher als erwartet Spannungen auslösen werden. Unklar ist freilich, wie weit die sowjetische Führung gehen will und welche Risiken sie einzugehen bereit ist, um die Straffung zu erzwingen. Es ist jedenfalls kaum ein Zufall, daß der sowjetische Botschafter in Bulgarien relativ scharf und vor allem öffentlich Kritik an vielen Zügen der Wirtschafts- und allgemeinen Politik des Gastlandes geübt hat. All das deutet auf eine sichtbare und vor allem koordinierte Verstärkung der sowjetischen Bemühungen um eine politisch-ideologische Disziplinierung hin.

2. Die bevorstehende Wachablösung in den meisten osteuropäischen Staaten stellt nicht nur heute, sondern auch mittelfristig einen Nährboden für weitere sowjetische Disziplinierungsversuche dar. Das Durchschnittsalter der Spitzenführer der Ostblockstaaten ist wesentlich höher als das der sowjetischen Führungsspitze. Wenn man bedenkt, daß Kádár im vergangenen Mai 73 Jahre und Schiwkow im September 1985 74 Jahre alt waren, daß Ceauşescu im Januar 68 Jahre alt wurde, während Honecker 73 Jahre und Husák 72 Jahre alt sind, ist es klar, daß die Sowjetführung, und namentlich Gorbatschow, ein wichtiges Wort bei der Auswahl der „richtigen Männer“ an der Spitze sprechen wird.

3. Nicht nur innerhalb des RGW (Comecon), sondern vor allem auch in den bilateralen Beziehungen zwischen Moskau und den einzelnen Ostblockländern werden die Wirtschaftsfragen, vor allem die „optimale Abstimmung“ zwischen „nationalen und internationalen Interessen“, eine große Rolle spielen. Dabei dürfte die Stoßrichtung der osteuropäischen Wirtschaftsreformen bzw. Wirtschaftsexperimente ein weiteres wichtiges Thema sein. Es ist müßig, im Rahmen dieses breit gefaßten Beitrags darüber zu spekulieren, inwieweit die Ära der sowjetischen Subventionen für Osteuropa endgültig zu Ende ist bzw. ob diese Subventionen je soviel betragen haben, wie manche amerikanische Experten behaupten. Die Berechnungen von J.Vanous, wonach den kleineren Ostblockstaaten im Verlaufe des Jahrzehntes 1971 bis 1980 Subventionen und Kredite im Gesamtwert von über 80 Mrd. Dollar zugeflossen seien, werden von anderen Beobachtern, so z. B. von Paul Marer, bezweifelt. Er schätzt, daß zwischen 1971 und 1978 die Nettosubventionen vor allem in Form verbilligter Energie und Rohstofflieferungen und auch bei der Preisbestimmung für landwirtschaftliche Produkte insgesamt nur 14 Mrd. Dollar betragen haben, allerdings sind das noch immer rund 10 Prozent des gesamten sowjetischen Exportes in die Länder Bulgarien, die ČSSR, DDR, Ungarn, Polen und Rumänien während dieser Zeitspanne (vgl. P. Marer, in: S. M. Terry (Ed)., *Soviet Policy in Eastern Europe*. New Haven 1984, S.155ff.).

In diesem Zusammenhang ist auch die Tatsache interessant, daß sowjetische Beschwerden keineswegs nur an die Adresse der Ungarn gehen. So brachte kürzlich der (inzwischen pensionierte) sowjetische Planungschef und Stellvertretende Ministerpräsident Bajbakow in einem Artikel im tschechoslowakischen Parteiorgan *Rude pravo* (6. September 1985) offen die sowjetische Unzufriedenheit mit der Qualität und mit dem Preisniveau der osteuropäischen Maschinenexporte zum Ausdruck. Er sagte freilich nichts über die osteuropäische Unzufriedenheit bezüglich der vergleichsweise hohen sowjetischen Öl- und Rohstoffpreise und auch nichts darüber, daß die Sowjetunion den osteuropäischen Exporteuren von Lebensmitteln relativ niedrige Preise zahlt (siehe auch Hans-Hermann Höhmann, Christian Meier, *Wirtschaftslage, Außenwirtschaft und Außenpolitik in Osteuropa*, in: Berichte des Bundesinstitutes für ostwissenschaftliche und internationale Studien, Nr. 55, 1984, S. 20, wonach der kumulierte Negativsaldo der kleineren Ostblockstaaten im Außenhandel mit der UdSSR 1976–1983 rd. 16,5

Mrd. US-Dollar betrug). Dies wurde z. B. ohne namentliche Erwähnung der Sowjetunion vom ungarischen Ministerpräsident Lázár bei der RGW-Gipfelkonferenz im Juni 1985 offen ausgesprochen *(Népszabadság,* 26. Juni 1985). Erstmals sprach er diese Frage übrigens bereits 1976 bei einer RGW-Tagung an.

4. Diese Probleme werden vor allem deshalb politisch besonders brisant sein, weil die sowjetische Führung jetzt, unabhängig von den Diskussionen über die langfristige Entwicklung im Wirtschaftsblock, darauf drängt, daß die kleineren Ostblockstaaten mit sehr viel höherem Lebensstandard wesentlich mehr zum sogenannten *burden-sharing,* also mehr zur gemeinsamen Rüstungs- und Entwicklungshilfelast, sowie mehr zur Ausnutzung des sowjetischen Rohstoff- und Energiepotentials – so auch zum Bau von Erdgasleitungen und anderen Projekten in der Sowjetunion – beitragen sollen. Die stärkere Investitionsbeteiligung der kleineren Länder an entsprechenden Erschließungs- und Leitungsprojekten wird bereits im nächsten Fünfjahrplan ihren Niederschlag finden. Jedenfalls steht nicht nur eine noch engere außenwirtschaftliche Verflechtung der kleineren Ostblockstaaten, auch Ungarns und der DDR, mit der Sowjetunion bevor, sondern auch – wie es oft bei RGW-Konferenzen heißt – „eine gerechtere Beteiligung" der kleinen Staaten an der gemeinsamen Rüstungslast. Daß diese Forderungen die Spannungen wirtschaftlicher, sozialer und nationaler Art in den einzelnen Ländern einerseits und zwischen diesen Ländern und der roten Führungsmacht andererseits verstärken werden, liegt auf der Hand (siehe dazu die subtile, ausgezeichnete Analyse des ungarischen Ökonomen L. Csaba, in: *Valóság,* Budapest, 10/1985, S. 24ff.).

5. Schließlich sind die Sowjetführer auch – nicht zuletzt wegen der Erfahrungen in Polen und in Ungarn – der Meinung, daß der wirtschaftliche und auch ideelle Einfluß des Westens eingedämmt werden sollte, d. h. daß im Zeichen des „sozialistischen Internationalismus" die gemeinsamen Werte hervorgehoben werden müßten und den sogenannten „subversiven Versuchen der imperialistischen Propaganda zur Spaltung der Einheit und zur Schwächung der Geschlossenheit" ein Riegel vorgeschoben werden soll. Diese Probleme bzw. diese Fragen werden vielleicht nur in Ansätzen behandelt, doch geht es hier auch um die Abschirmung der osteuropäischen

Staaten vor den möglicherweise gefährlichen Auswirkungen der Kommunikationsrevolution.

Alles in allem erleben wir eine Art Klimawechsel, ja möglicherweise eine Tendenzwende. Es geht nicht mehr darum, daß die kleineren Staaten ihren handelspolitischen, wirtschaftlichen und generellen Handlungsspielraum erweitern wollen, ja sogar eine Art Zweckallianz bilden, sondern darum, ob sie zumindest ihren bisherigen außen- und innenpolitischen Spielraum, das errungene Maß an Manövrierfähigkeit überhaupt bewahren können. Wir dürfen natürlich das bisher erreichte Maß an kleinen Freiheiten und Spielraum, die Vielfalt der Entwicklung, nicht übersehen, aber im Gegensatz zu den Annahmen und Spekulationen, die noch 1984, ja bis in das Jahr 1985 hinein die Analysen vieler Experten beeinflußten (siehe z. B. Charles Gati, in: *Problems of Communism*, März/April 1985), geht es nicht mehr in erster Linie darum, daß die Sowjetunion sich in der Defensive befindet und daß die kleineren Länder, so etwa Ungarn, DDR und Rumänien, einen konzentrierten Versuch unternehmen, ihren Spielraum zu erweitern, sondern es handelt sich darum, daß die Sowjetunion ihre Autorität, Kontrolle und Vorrangstellung auf allen Gebieten und auf allen Ebenen stärken will, daß die Erstarkung der Führung in Moskau auch ihren Niederschlag in den Beziehungen zu den einzelnen Ländern findet.

In diesem Zusammenhang muß man auch auf folgende zusätzliche Faktoren hinweisen, die bisher in den Diskussionen und Spekulationen in den Medien vielleicht nicht genügend beachtet wurden: Tatsächlich befindet sich die sowjetische Führung, trotz des Immobilismus der letzten Jahre, in einer stärkeren und nicht etwa in einer schwächeren Position, um mit den zentrifugalen Tendenzen im Block fertigzuwerden. Jugoslawien und Rumänien stellen heutzutage keine ernsthafte Bedrohung für die Geschlossenheit des sowjetischen Blocks dar; von einer politischen Anziehungskraft dieser beiden, von akuten Wirtschaftskrisen erschütterten Länder kann keine Rede sein. Dazu kommt natürlich noch die außenpolitische Aktivierung der Sowjetunion, die bereits zur geradezu demonstrativen Bekräftigung des Primats der sowjetischen Interessen in den Ost-West-Beziehungen geführt hat.

Bei den innenpolitischen Faktoren muß man zuerst die sich abzeichnende Nachfolgeproblematik in Betracht ziehen. Wir wissen, daß die Macht eines Parteiführers oder einer Gruppe auch unter den Verhältnissen einer Einparteiendiktatur nicht konstant ist, sondern etwas Unbestimmtes, Unbeständiges, Fließendes. Sie hängt ab von der politischen Lage, der wirtschaftlichen Situation des Landes, von der Geschlossenheit der Führung, vom Grad der Zusammenarbeit mit Moskau und dem Grad des Vertrauens, das Moskau in die betreffende Persönlichkeit legt, sowie von dem Alter und der Handlungsfreiheit bzw. Durchsetzungskraft des ersten Mannes. Welche Rolle die Persönlichkeit spielt, zeigen gerade die Vorgänge in Ungarn oder z. B. auch die Unterschiede im Führungsstil eines János Kádár und eines Nicolae Ceauçescu bzw. eines Gustáv Husák.

Der Machtwechsel in Moskau samt Umbesetzungen und die Tatsache, daß zahlreiche weitere wichtige Umbesetzungen bis zum XXVII. Parteitag der KPdSU erfolgen werden, wirken sich in den osteuropäischen Ländern, wo entweder der Mann an der Spitze schon gebrechlich ist oder wo die Machtverhältnisse ja nie tatsächlich im Zeichen des ersten Mannes gestanden sind, also aus unterschiedlichen Gründen, bereits stark aus. Man kann damit rechnen, daß die sowjetische Führung in allen osteuropäischen Ländern – möglicherweise so stark wie zur Zeit Chruschtschows – bei der Bestimmung des Parteiführers im Falle eines plötzlichen Todes mitreden bzw. ihr Veto gegen einen Kandidaten einlegen wird.

Dazu kommt noch etwas: In allen diesen Ländern warten ungeduldig Männer zwischen 50 und 60 oder 45 und 60, die im zweiten Glied sind oder zwar im Politbüro sitzen, aber glauben, daß sie das Zeug haben, ein ungarischer oder ein tschechoslowakischer oder ein bulgarischer Gorbatschow zu sein. Jedenfalls gibt der Machtwechsel in Moskau und das nunmehr endgültige Abtreten der alten Garde auch den Machtkämpfen in den kommunistischen Parteien dieser Länder einen gewaltigen Auftrieb. Diese Machtkämpfe sind von Land zu Land unterschiedlich heftig, doch überall bestimmen sie zusehends die politische Szenerie – vorderhand natürlich nur hinter den Kulissen.

Ein weiterer, alles überschattender innenpolitischer Faktor ist die permanente Wirtschaftskrise. Die Aussichten für eine Verbesserung des Lebensstandards der Bevölkerung und für eine Beschleunigung des Wachstums sind überall düster. Die Zahlen sprechen eine klare Sprache. Man kann sogar davon ausgehen, daß der Lebensstandard in den meisten osteuropäischen und südosteuropäischen Ländern sinken wird. Die Berechnungen der Banken- und der Wirtschaftsexperten über den Rückgang der Verschuldung der osteuropäischen Staaten stimmen zwar, politisch wichtiger ist aber die Tatsache, warum diese Schulden und Kredite reduziert bzw. wie sie reduziert werden. Die Verbesserung erfolgt nämlich durch die Beschränkung der Importe, und nicht etwa durch Erfolge auf den westlichen Märkten, das heißt, erzwungener Konsumverzicht ist die einzige Grundlage dieser vorübergehenden Verbesserung der Zahlungs- und Handelsbilanz. Angesichts des systemeigenen „historischen Optimismus" bedeutet die permanente Wirtschaftskrise in allen Ländern des „realen Sozialismus", natürlich in unterschiedlichem Ausmaß und mit unterschiedlicher Intensität, eine permanente Herausforderung an die Legitimität dieser Systeme. Gerade das Beispiel Rumäniens zeigt, daß Nationalismus oder nationale Demagogie nicht mehr ausreichen, die ausgebliebene Erhöhung des Lebensstandards zu kompensieren.

Dazu kommt der Generationswechsel. Die heutige Generation mißt ihre Erwartungen nicht an der Vergangenheit, sondern an den Versprechungen bezüglich einer Verbesserung des Lebensstandards und vor allem auch an dessen deutlich höherem Stand im Westen. (In diesem Zusammenhang ist auf den Vergleich der Reallöhne und Gehälter je Industriebeschäftigten in den RGW-Ländern und in Österreich hinzuweisen, wobei auch andere Statistiken zeigen, daß die Kluft selbst zwischen dem angeblich erfolgreichsten Ostblockstaat, also Ungarn, und Österreich größer und nicht kleiner geworden ist; (siehe B. Askanas, *Niveau und Entwicklung der Reallöhne in den RGW-Ländern im Vergleich mit Österreich*, in: *Forschungsberichte des Wiener Instituts für Internationale Wirtschaftsvergleiche*, Januar 1985).

Ähnliche Vergleiche kann man natürlich auch zwischen der DDR und der Bundesrepublik Deutschland ziehen.

Systemstabilisierend wirken die Vergleiche nur innerhalb des Ostblocks, also z. B. für die Ungarn, wenn sie ihren Lebensstandard mit jenem der Rumänen oder Tschechoslowaken vergleichen, und dasselbe gilt auch für die DDR-Bürger. Allerdings ändert sich das mit dem Generationswechsel, und auch die Vergleiche mit der Zwischenkriegszeit ziehen nicht mehr. Die

Ungarn vergleichen nun ihren Lebensstandard mit jenem in Österreich, die DDR-Bewohner mit den Lebensverhältnissen in der Bundesrepublik; und genauso verhält es sich innerhalb Jugoslawiens – für einen Slowenen ist es ein geringer Trost, daß er noch heute unvergleichlich besser lebt als ein Mazedonier oder ein Albaner im Kosovo; er mißt seinen Lebensstandard, seine Lebenserwartungen am deutlich höheren Lebensniveau Österreichs oder Italiens.

Diese Probleme, diese Gefährdung der Legitimität bzw. die vergeblichen Bemühungen um Legitimität, werden einerseits durch das Ideologievakuum, andererseits durch die Kommunikationsrevolution noch verstärkt. Heute kann jeder zweite Ungar ausländische Fernsehsender und über ein Drittel der ungarischen Bevölkerung österreichische Sendungen empfangen; das gleiche gilt auch für die ČSSR, so daß für große Massen der Bevölkerung und vor allem für die Jugendlichen sichtbar geworden ist, wie man in den westlichen Ländern lebt bzw. welche Möglichkeiten auch für politischen Pluralismus, für Proteste gegen das Establishment bestehen. In diesem Zusammenhang kann man auch darauf hinweisen, daß zugleich die Kluft zwischen den einzelnen Ostblockländern und der Sowjetunion größer wird. Die unterschiedlichen Erfahrungen, die unterschiedlichen Lebenserwartungen, Lebensweise und überhaupt Einschätzung der Außenwelt wirken langfristig als politisches Dynamit.

Zu den weiteren Faktoren, die die innenpolitische Lage in diesen Ländern bestimmen, gehört die Entideologisierung bzw. die Tatsache, daß das Vakuum im Sinne der kommunistischen Ideologie durch andere Kräfte aufgefüllt wird. Man kann überall, auch in Ungarn und in der ČSSR, besonders aber in Polen und ferner auch in den Ländern, in denen die orthodoxe Kirche stark ist, eine Renaissance der Religiosität und der Religion feststellen. Die Hinwendung zur Kirche, aber auch die Entstehung von kleinen, zuweilen lautstarken Bürgerrechts- und Umweltschutzbewegungen zeigen, daß die Ideologie keineswegs als Zement für den Zusammenhalt des Blocks benützt werden kann.

Aber das wohl wichtigste politische Phänomen ist die Erstarkung des Nationalismus, der vielfältigen Erscheinungsformen des wachsenden nationalen Bewußtseins, des Gefühls, daß die nationale Identität wichtiger ist als Klassenmerkmale. In diesem Zusammenhang kann man heute nicht mehr nur Rumänien anführen, man sollte auch auf Ungarn hinweisen, wo die nationale Frage heute das innenpolitische Problem Nummer eins ist. Dazu kommen noch die nationalen Spannungen wie z. B. in Bulgarien. Die Bulgarisierung der türkischen Minderheit hat bisher nur außenpolitische und imagemäßige Schäden gebracht, und es ist schwer zu verstehen, was die bulgarischen Behörden bei diesem folgenschweren Schritt motiviert hat. Jedenfalls merken wir in ganz Osteuropa, natürlich auch im Sonderfall Jugoslawien, eine Stärkung der nationalen Tendenzen.

Diese Faktoren – die Nachfolgeproblematik, die permanente Wirtschaftskrise, das Ideologievakuum, der Generationswechsel und vor allem der Nationalismus mit allen seinen vielfältigen Erscheinungsformen – prägen die allgemeine politische Lage in Osteuropa. Im folgenden soll von Land zu Land ganz kurz, summarisch und natürlich vereinfachend die politische Lage skizziert werden.

Polen

In Polen besteht weiterhin eine Art Pattsituation. Die Opposition ist zu zersplittert und zu schwach, um das Regime zu stürzen, und das Regime ist zu schwach, um die politischen Realitäten und die Machtrealitäten zu ändern. Polen ist nach wie vor eine Art politisches Laboratorium. Man hat den Eindruck, daß eine kleine Gruppe von kommunistischen Offizieren unter der Leitung von General Jaruzelski – und nicht das Politbüro, geschweige denn das Zentralkomitee – die Prioritäten der Außen-, Innen- und Wirtschaftspolitik bestimmt, daß dieses Experiment mit der Militarisierung des Kommunismus, mit dem Ausnahmezustand und der Übernahme der Exekutivfunktionen durch die Generäle, keineswegs ein vorübergehendes ist, und daß die ganze politische Situation in Polen heute mehr als je zuvor von einer Person abhängt. Das heißt, zumindest gewinnt der Besucher heute den Eindruck, daß Jaruzelski weniger ersetzbar ist, als es etwa Gomułka oder Gierek waren, weil er, vereinfacht ausgedrückt, die Tradition des Kommunismus und des Patriotismus in einer Person vertritt. Man sollte nicht den gleichen Fehler begehen, der seinerzeit 1956 bezüglich Gomułka und Kádár gemacht wurde: Es darf nicht vergessen werden, daß Jaruzelski ein Pole ist, aber gleichzeitig auch ein, zumindest bisher, loyaler Vertrauensmann der Sowjets gewesen ist. Damals, 1956/57, hat man nämlich außer acht gelassen, daß Gomułka nicht nur ein Pole, sondern auch ein Kommunist war, und umgekehrt, daß Kádár nicht nur ein Kommunist, sondern auch ein Ungar war.

Diese eindimensionale Betrachtungsweise führt dann zu psychologischen und politischen Fehlkalkulationen. Zu diesen gehört übrigens, nach meiner persönlichen Meinung, auch die Bestrafungspolitik, also die Politik der amerikanischen oder der westlichen Sanktionen gegen Polen, die nicht das Regime, sondern die Bevölkerung trifft. Andererseits ist fünf Jahre nach dem Danziger Abkommen zweifellos kein Ausweg zu sehen. Gleichgültigkeit, Verdrossenheit, Indifferenz bestimmen die politische Atmosphäre in Polen. Die Gefahr besteht heute darin, daß Moskau selbst den minimalen Spielraum Jaruzelskis mit möglicherweise unabsehbaren Konsequenzen weiter einschränkt.

Ungarn

Nach außen hin scheint Ungarn ein Hort der Ruhe und der Zufriedenheit, wenn auch nicht der Ordnung, zu sein. Durch Randkonzessionen und eine demonstrative Änderung des Herrschaftsstils ist Ungarn zu einem merkwürdigen Modell der „Privatisierung" und der Entpolitisierung geworden. Nach der besiegten Revolution von 1956 gelang es Kádár, das Vertrauen der Bevölkerung zu gewinnen – einfach deshalb, weil sich diese vielgeprüfte Bevölkerung mit den unabänderlichen Realitäten abgefunden und den Kurs Kádárs als das „kleinere Übel" betrachtet hat. Der Bürger konzentriert sich also auf seinen privaten Bereich und versucht sich das Leben so erträglich und angenehm zu gestalten, wie es die Verhältnisse und die Partei erlauben.

Nun haben aber selbst die begrenzten Reformexperimente eine neue Situation geschaffen. Es entsteht eine relativ bedeutende, zahlenmäßig große Schicht von Nutznießern der kleinen Experimente mit Privat- und Gruppeneigentum, und es gibt eine große Schattenwirtschaft. Die Schätzungen über die sogenannte *black economy* schwanken natürlich, aber der Prestigekonsum der wenigen und das Ausbleiben von wirtschaftlichen Erfolgen für das System als Ganzes geben den sozialen Unterschieden und den politischen Spannungen einen gewaltigen Auftrieb. Heute besteht wieder potentiell die Gefahr einer Allianz zwischen besorgten Funktionären an der Spitze und den breiten Schichten der Bevölkerung, wobei der sich abzeichnende Machtkampf um die Nachfolge Kádárs diesen Gegensätzen und diesen Spannungen eine zusätzliche Brisanz verleiht.

Darüber hinaus sollten eine realistische westliche Politik und auch realistische westliche Beobachter manchmal berücksichtigen, was sich in Ungarn, wie auch im ganzen Ostblock, *nicht* geändert hat. Trotz aller Experimente und der kleinen Freiheiten hinsichtlich des Zugangs zum Westen ist der politische Mechanismus grundsätzlich derselbe wie in den anderen Ostblockstaaten. Die kommunistische Partei beansprucht weiterhin ihr Monopol der Macht und der Wahrheit, sie hat nach wie vor keine Legitimität, und ihr Überleben hängt letzten Endes noch immer von der sowjetischen Militärmacht ab.

Diese permanenten Faktoren dürften vor allem nach dem Abgang Kádárs die Entwicklung mehr prägen als bisher – womit ich die Bedeutung der ungarischen Experimente und auch die Änderungen in der ganzen Atmosphäre keineswegs unterschätzen will. Nur bin ich vielleicht vorsichtiger, vielleicht pessimistischer als die meisten westlichen Beobachter, ja als die meisten meiner Freunde selbst in Ungarn sind. Die Gefahr, oder anders ausgedrückt, die Möglichkeit, daß man den Rückwärtsgang einlegt und sogar die Phase 1972–1974 wiederholt, besteht nach wie vor, und es gibt keine Garantie dafür, daß im Falle einer wachsenden Unzufriedenheit von unten und einem wachsenden Druck von außen nicht die Weichen wieder anders gestellt werden. Es gehört natürlich auf ein anderes Blatt, ob das langfristig nicht noch viel größere Gefahren für das System und für Moskau heraufbeschwören könnte.

Bulgarien

Dieses Land scheint geradezu ein Paradebeispiel dafür zu sein, wie brüchig die Grundlagen selbst eines bescheidenen Aufschwunges sind. Der Katastrophenwinter 1984/85 und anschließend die lang anhaltende Dürreperiode samt Ausfällen bei den sowjetischen Energielieferungen haben die Strukturschwächen des gesamten Wirtschaftssystems vor allem im Energie- und Transportsektor bloßgelegt. Die massiven Preissteigerungen im September 1985 haben mit aller wünschenswerten Deutlichkeit die Stichhaltigkeit der Warnungen des sowjetischen Botschafters L. Grekow bestätigt, die er in einem ungewöhnlichen Interview mit der Zeitschrift *Pogled* am 1.

Juli 1985 ausgesprochen hat (siehe auch die kritischen und selbstkritischen Reden, die während des Gorbatschow-Besuches am 24. und 25. Oktober 1985 in Sofia gehalten wurden).

Es fragt sich vor allem, ob die Kritik an der bulgarischen Führung nicht auch zu einer totalen Aushöhlung des neuen „Wirtschaftsmechanismus" und besonders zu einem Frontalangriff der Dogmatiker auf die bisher geförderten privaten Hofstellen der Kollektivbauern führen wird. Der Übergang von Rhetorik zur Nüchternheit in den sowjetisch-bulgarischen Beziehungen deutet darauf hin, daß der wirtschaftspolitische Spielraum der traditionellen Günstlinge der Moskauer Führung fühlbar eingeschränkt werden wird. Dazu kommt das angeschlagene Prestige Todor Schiwkows, was wiederum den Machtkämpfen um seine Nachfolge eine zusätzliche Brisanz verleihen wird. Auch wenn er beim nächsten Parteitag formell in seiner Doppelfunktion als Partei- und Staatschef bestätigt werden dürfte, kann man wohl annehmen, daß in Bulgarien, was die Nachfolge und die innenpolitische Strategie betrifft, alles offen ist.

DDR

Im Gegensatz zu voreiligen Kommentaren in einigen westlichen Medien, die freilich zum Teil durch ungarische „Indiskretionen" oder eher durch Wunschträume ausgelöst wurden, ist bereits hinlänglich klar geworden, daß für die neue Sowjetführung die „beeindruckenden Erfolge" der DDR, vor allem die Erfahrungen der DDR-Kombinate für eine bessere Integration der Wissenschaft in die Produktion *(Prawda,* 7. Oktober 1985), und nicht die „marktsozialistischen" Züge der ungarischen Wirtschaftsreformen als Beispiel dienen. Die Lobgesänge der *Prawda* und auch Gorbatschows ändern allerdings nichts an der Tatsache, daß kein Land des Warschauer Paktes ein so unheilbares Legitimationsdefizit hat wie die DDR und daß selbst die unbestrittenen außenpolitischen Prestigeerfolge samt einer relativ guten Wirtschaftsbilanz (verglichen freilich nur mit jener der Bruderstaaten) nur eine stabilisierte Instabilität herbeiführen können. Für die übrigen Ostblockstaaten, vor allem für die Polen und die Ungarn, wiegt das DDR-Beispiel nicht nur aus historischen Gründen wenig, sondern auch deshalb, weil man auch auf Führungsebene hinter vorgehaltener Hand oft darauf hinweist, daß die DDR durch die Hintertür in Wirklichkeit ein „heimliches Mitglied" der

Europäischen Gemeinschaft und Empfänger von massiver bundesdeutscher „Entwicklungshilfe“ sei.

Bemerkenswert ist jedenfalls die Tatsache, daß manche ungarische Spitzenfunktionäre die DDR zumindest in Privatgesprächen auch als Beispiel für einen gangbaren Weg zur höheren Effizienz hinstellen, zumal das DDR-System in keiner Weise die vorgegebenen Systemgrenzen überschreite.

Tschechoslowakei

In diesem Land dürfte die Gorbatschow-Ära der langen Periode des Immobilismus in absehbarer Zukunft ein Ende setzen. Daß die Schlüsselpositionen in Moskau durch neue Personen bekleidet werden, prägt auch die Querverbindungen der maßgeblichen Persönlichkeiten in Prag zu ihren institutionellen Partnern. Angesichts der neuen personellen Konstellation wachsen auch in der Tschechoslowakei die Chancen jener Funktionäre, die nicht die direkte Verantwortung für die Stagnation in der Wirtschaft und in der Politik tragen, aber zugleich loyale Parteigänger Moskaus und nicht zuletzt Verfechter einer systemkonformen Kritik sind.

Auch in Prag kann die Wachablösung an der Spitze der Partei und des Staates nicht allzu lange hinausgeschoben werden. Wenn auch im Hinblick auf das prekäre Gleichgewicht zwischen den Personen und Gruppen in der oberen Hierarchie Gustáv Husák mit an Sicherheit grenzender Wahrscheinlichkeit in seinem Amt als Generalsekretär beim nächsten Parteitag bestätigt wird, so gilt auch für die Tschechoslowakei (wie für Bulgarien) die Prognose, daß die Nachfolgefrage völlig offen ist.

Rumänien

In keinem Ostblockland gibt es eine so akute Wirtschaftskrise wie in dem an Naturschätzen reichen Rumänien. Die Zahlen über den Rückgang der Reallöhne, die Energieknappheit und die vielfältigen Auswirkungen einer bankrotten, weil zügellosen und unrealistischen Industriepolitik sind ebenso weltweit bekannt wie die bizarren Züge des Personenkultes um den „Conducator“. Solange Ceauşescu an der Macht bleibt, ist mit einer Wende nicht zu rechnen. Der Abbau des Schuldenberges wurde durch eine an die schlimmsten Stalinzeiten erinnernde Austerity-Politik erkauft (siehe als ausgezeichnete Kurzanalyse der Situation Viktor Meiers Artikel in: *Frankfurter Allgemeine Zeitung,* 3. Oktober 1985).

Nichts könnte die Wandlungen im Ostblock besser illustrieren als die Tatsache, daß Rumänien infolge der katastrophalen Wirtschaftslage nun als Wortführer der regionalen Integration im RGW, vor allem was den Energiesektor betrifft, auftritt. Zugleich führt die Krise zu wachsenden Spannungen in der Minderheitenfrage, da die Ungarn und die Rumäniendeutschen die Leidtragenden einer Politik sind, die den Blitzableiter des Chauvinismus geschickt nützt, um die Bevölkerung abzulenken. Die große Frage, die tatsächlich die patriotisch gesinnten Rumänen und die diplomatischen Beobachter beschäftigt, ist, ob nach einem Ausscheiden des kränkelnden 68jährigen Ceauşescu seine Frau und sein Sohn die Kontrolle über den Militär- und Sicherheitsapparat und darüber hinaus über das Land behalten können. Jedenfalls kann heute niemand über die Zukunft dieses Balkanlandes Spekulationen anstellen, nicht zuletzt auch deshalb, weil die wirtschaftliche Basis des seinerzeit von Gheorghiu-Dej eingeleiteten unabhängigen Kurses weitgehend ausgehöhlt wurde.

Die Ereignisse in Rumänien, aber auch anderswo in Ost- und Südosteuropa (möglicherweise auch im Post-Hodscha-Albanien) zeigen, daß Unvorhergesehenes jederzeit geschehen kann. Sowohl für die Führungsgruppen der einzelnen osteuropäischen Länder als auch, ja vor allem für den Kreml gilt vielleicht mehr als je zuvor seit Stalins Tod die Feststellung des britischen Philosophen Edmund Burke: „Die meisten politischen Entscheidungen sind eine Wahl zwischen dem Unangenehmen und dem Unerträglichen.“

Ideologie, Macht und Persönlichkeit: Triebkräfte des Gorbatschow-Kurses

Frühjahr 1987

Fast 70 Jahre sind seit der Oktoberrevolution vergangen, und trotzdem herrscht eine geradezu beispiellose „Verwirrung der Begriffe" bezüglich der Einschätzung von Schein und Sein, von Schatten und Substanz vor. Ehrenwerte, mutige und bewundernswerte Männer wie Anatolij Korjagin, Jurij Orlow und Anatolij Scharanski warnen einhellig davor, daß sich in der Sowjetunion auch unter Gorbatschow nichts Wesentliches, vor allem was Menschenrechte betrifft, geändert habe. Es handle sich nur um Worte, Gesten und eine attraktivere Verpackung, um die öffentliche Meinung im Westen irrezuführen. Andere Persönlichkeiten, wie z. B. Andrej Sacharow und Roy Medvedev (beide freilich noch in Moskau und dies aus unterschiedlichen Gründen), beurteilen die Entwicklung der letzten zwei Jahre vorsichtiger und zweifellos optimistischer. Im krassen Gegensatz zu diesen negativen oder zurückhaltenden Deutungen feiert Generalsekretär Michail Gorbatschow wahre Public-Relations-Triumphe in den westlichen Medien, die das negative Bild von der Sowjetunion verändert und zugleich auch folgenschwere Illusionen – nicht nur in manchen Redaktionen, sondern auch in Staatskanzleien – erweckt haben.

Daß Gorbatschow seit seiner Wahl zum Generalsekretär am 11. März 1985 auf die öffentliche Meinung imWesten und auf die Weltpolitik einen Einfluß ausübt, der selbst die hochgesteckten Erwartungen kommunistischer Propagandisten übertrifft, kann nicht bloß mit Unwissenheit oder mit dem Erfolg sowjetischer Desinformations-Kampagnen erklärt werden. Das Fernsehen dramatisiert und personalisiert Fragen der West-Ost-Politik manchmal mit erstaunlichem Widerhall. Gorbatschow übertrifft von der persönlichen Ausstrahlung her seine Vorgänger bei weitem. Er ist der erste Sowjetführer, der mit dem Fernsehen umzugehen weiß und dessen enorme Macht bewußt für den Aufbau seines „dynamisch-friedenspolitisch-reformistischen“ Images sowohl im Inneren des Landes als auch weltweit einsetzt.

Die Kommunikationsrevolution wird dadurch – und im weit größeren Ausmaß als zur Zeit Chruschtschows – zum ersten Mal durch die Sowjetführung offensiv im Sinne der Politisierung bestimmter Begriffe, der Produktion und Vermarktung des Mythos eines friedliebenden und wandlungsfähigen Regimes, und nicht nur defensiv (Störsender) verstanden und benützt. Die Faszination westlicher Medien, Wissenschaftler und Politiker durch Gorbatschows Persönlichkeit und Stil gibt dem neue Nahrung, was Arthur Koestler einst den „Trugschluß falscher Symmetrie“ zwischen einem demokratischen, wenn auch unvollkommenen Westen und einem totalitären Osten nannte.

Ein Vergleich zwischen der Berichterstattung etwa des deutschen Nachrichtenmagazins *Der Spiegel* über die Ära Gorbatschow oder den Erklärungen westlicher Polittouristen (vom Sprecher der Deutschen Bank bis zu Schriftstellern und Schauspielern beim Moskauer Kulturforum) einerseits und den begeisterten Fehlurteilen von Emil Ludwig, Lion Feuchtwanger und Harold Laski über Josef Stalin und seine Politik andererseits macht bei aller Unterschiedlichkeit drei Dinge deutlich: a) Intelligenz oder Weltruhm schützen nicht vor Irrtum; b) die Urteile der Zeitgenossen über die Sowjetunion wurden und werden zum Teil nicht nur durch das Geschehen in Rußland, sondern mehr oder weniger auch durch die Ereignisse in den eigenen Ländern bzw. durch einen bestimmten Zeitgeist geprägt; c) viele Mißverständnisse stammen aus dem irreführenden Vokabular, das von einem Teil der Medien und der akademischen Welt in der Diskussion der Innen- und Außenpolitik der kommunistischen Welt im allgemeinen und der Sowjetunion im besonderen verwendet wird.

So manche Schlagzeilen oder Pauschalurteile, die man in den letzten Monaten und Jahren gesehen, gelesen oder gehört hat, zeigen, wie historische Schlüsselwörter zu bloßen Instrumenten der Manipulation degradiert werden. Ausdrücke wie „Reform“, „Friede“ oder „Demokratie“ haben im kommunistischen (oder sowjetischen) Sprachgebrauch eine andere Bedeutung als im Westen. Karl Dietrich Brachers Warnung ist heute relevanter denn je: „Nicht nur machen Wörter Geschichte, Wörter lassen auch Geschichte geschehen, lassen Wirklichkeit verdrehen.“

Nehmen wir z. B. die von Gorbatschow häufig verwendeten Begriffe „revolutionäre Wende", „radikale Reform", „revolutionäre Veränderungen" oder „Rekonstruktion von Grund auf". Es bedeutet keine Unterschätzung der Tragweite des Reformkurses, wenn man gleichzeitig auch darauf hinweist, daß auch laut Gorbatschow das Endziel der Umgestaltung und der Beschleunigung nicht die politische Freiheit, sondern die Überwindung der Wirtschaftskrise, des enormen Technologierückstandes und dadurch letzten Endes die Steigerung des Lebensstandards ist.

Das oft zitierte Beispiel Ungarns ist in dieser Hinsicht besonders aufschlußreich. Trotz seiner kühnen wirtschaftlichen Experimente, einer gemäßigten Innenpolitik und der kleinen Freiheiten (vor allem die Möglichkeit von Westreisen) ist sein politischer Mechanismus grundsätzlich derselbe wie in den anderen Ostblockstaaten. Trotz Freizügigkeit in der Kultur und bei den Medien, nebst einer freimütigen Diskussion von Themen, die einst tabu waren, beansprucht die herrschende Partei weiterhin das Monopol der Macht und der Wahrheit. Es fehlt ihr jedoch immer noch die Legitimität; und ihr Überleben beruht letztendlich auf der Angst vor sowjetischen Interventionen. Kurz, eine realistische westliche Politik muß immer darauf achten, was sich innerhalb des Ostblocks und der Systeme *nicht* geändert hat.

Nach 70 Jahren der Verkrustung gilt all das in verstärktem Maße für die Sowjetunion. Man mag das sowjetische System unter Gorbatschow als eine Form des „Totalitarismus im Niedergang" (Pierre Hassner) bezeichnen. Nichts deutet allerdings darauf hin, daß er die vier Kriterien des Totalitarismus zur Diskussion stellen wird oder kann: Diese Grundmerkmale sind laut Bracher: die offizielle und ausschließliche Ideologie; die zentralisierte und hierarchisch gegliederte, organisierte Massenbewegung; die Herrschaft über die Massenkommunikationsmittel zum Zweck der Indoktrinierung; und die Herrschaft über die ökonomischen und gesellschaftlichen Bedingungen. Es ist nach wie vor offen, jedenfalls unbewiesen, ob die Entwicklung von einer ideologisch strukturierten Diktatur zu einem autoritären Regime mit einem begrenzten politischen Pluralismus möglich ist. Die Mißdeutungen und Mißverständnisse, Illusionen und Irrtümer bezüglich der Sowjetunion und der kommunistischen Welt hängen oft mit der Unterschätzung, ja gar mit der Ignorierung der Ideologie zusammen. Auch die Verhaltensweisen und die Motive der herrschenden Eliten sind ohne die Ideologie unbegreiflich. Die Frage, ob die Sowjetführer wirklich noch an die Weltrevolution oder an den Endsieg des Kommunismus glauben, ist irrelevant. Mangels einer traditionellen oder demokratischen Legitimation können die kommunistischen Regime ihre Dogmen von der „Diktatur des Proletariats“ dem „demokratischen Zentralismus“, dem „proletarischen Internationalismus“ usw. nicht über Bord werfen, weil diese die ins Ideologische übersetzten und unerläßlichen Bedingungen ihres Fortbestandes sind. Die internationalistische Phraseologie bildet so z. B. die einzige theoretische Rechtfertigung für die sowjetische Vorherrschaft über die Ostblockländer. Man soll sich auch durchaus an die ursprüngliche Marxsche Bedeutung des Wortes „Ideologie“ erinnern, nämlich als „falsches Bewußtsein“, als verzerrtes Spiegelbild der gesellschaftlichen Wirklichkeit im Bewußtsein der Menschen.

Die grundlegende soziale Realität in allen kommunistisch regierten Ländern, übrigens auch in Jugoslawien, ist die bürokratische Herrschaft einer einzigen Partei, die das Machtmonopol nicht nur im Sinne der politischen Meinungsbildung, sondern auch bezüglich der Informationspolitik und des Geisteslebens innehat und keinerlei unabhängige Gruppenbildungen duldet. Stalinismus als politischer Herrschaftsstil wurde ja nur insofern überwunden als das Primat der Partei über die Geheimpolizei wieder hergestellt und die individuelle Diktatur des Generalsekretärs durch die Diktatur der Oligarchen an der Spitze abgelöst wurde.

Die Geschichte der sich „sozialistisch“ nennenden Länder wird – folgt man dem jugoslawischen marxistischen Philosophen Mihajlo Marković – zum größten Teil von den Kämpfen innerhalb ihrer herrschenden Eliten bestimmt. Die Rivalitäten zwischen und innerhalb der einzelnen Säulen des Systems können aber nicht darüber hinwegtäuschen, daß sich die Machthaber nach den bitteren Lehren der jüngsten Geschichte der Tatsache bewußt sind, daß das Aufflackern der inneren Gegensätze zerstörerische Wirkungen auslöst, falls sich diese nicht institutionell kanalisieren lassen.

Deshalb haben sich auch die Hoffnungen, daß sich die kommunistischen Systeme wahrhaft liberalisieren und humanisieren würden bisher jedenfalls als Illusionen entpuppt. Nicht nur die gescheiterten Reformansätze Chruschtschows oder Kossygins, sondern auch die Erfahrungen in Polen, Ungarn und in Jugoslawien haben trotz aller großen Unterschiede immer wieder dieThese bestätigt, daß jeder ernstzunehmende Versuch, eine funktionierende Wirtschaftsordnung zu schaffen, tiefgreifende politische Reformen nach sich ziehen muß. Ökonomische Fragen sind immer Machtfragen. Gorbatschow selbst redet ja davon, daß es unabdingbar sei, die Produktionsverhältnisse (laut Marxismus-Leninismus die strikt zentralisierte Planung und administrativ gelenkte Wirtschaftsführung) mit radikaleren Mitteln und mit „revolutionären Methoden" zu verändern, um die Produktivkräfte (Technik und Technologie) zu verbessern. All das, was Michail Gorbatschow über den umfassenden und tiefgreifenden Umbau der „gesellschaftlichen Beziehungen" sagt, bestätigt, daß ein wahrhaft durchgreifender Umbau der Wirtschaftsordnung in erster Linie die Position der Bürokratie als privilegierte, den Massen entfremdete gesellschaftliche Schicht gefährden würde. Deshalb erweisen sich die meisten, wenn auch nicht alle Funktionäre im Partei- und Staatsapparat, die für die Ausführung der Wirtschaftsreformen formell verantwortlich zeichnen, bewußt oder unbewußt als Bremser der Entwicklung, da sie nicht bereit sind, den Ast, auf dem sie sitzen, abzusägen.

Gorbatschow tritt in den Augen der Reformgegner als der Zerstörer par excellence auf. Seine Reden samt zunehmend schärferer Abrechnung mit der Vergangenheit bedrohen nach allen verfügbaren Indizien immer mehr die „innere Legitimität", also die Anerkennung der Rechtmäßigkeit seines Kurses. Wenn man von den Kriterien dieser Legitimität, freilich im leninistischen Sinne, spricht, so galt in erster Linie die Stabilität der politischen Herrschaft, wobei der stillschweigende Konsens zwischen der herrschenden Bürokratie und den Massen als eine Art Bindekitt wirkte. Dazu gehörten übrigens auch die Schattenwirtschaft, der Schwarzmarkt, die Korruption und nicht zuletzt der uneingeschränkte Wodkakonsum.

Man mag mit Recht behaupten, daß Gorbatschow bisher in erster Linie „rhetorische Lösungen" für die von ihm selbst aufgezeigten Grundprobleme angeboten hat. Im Mai 1985, also knapp nach seinem Amtsantritt, warnte der neue Generalsekretär: „Jene, die sich nicht anzupassen gewillt sind und die diese neue Aufgabe behindern wollen, müssen den Platz räumen und dürfen uns kein Hindernis sein. Wir können die Interessen eines einzelnen nicht höher stellen als die Interessen der ganzen Gesellschaft." Inzwischen rollten Tausende, wenn nicht Zehntausende von Köpfen auf allen Ebenen des Apparates. Trotzdem klagt Gorbatschow immer mehr über die Leute, „die sich Veränderungen widersetzen" oder die schlicht und einfach den viel zitierten Umbau *(perestroika)* bremsen. All dies führt zu einer grundlegenden Frage: Wie stark ist eigentlich Michail Gorbatschow?

Max Weber definierte Macht als die „Chance, innerhalb einer sozialen Beziehung den eigenen Willen auch gegen Widerstreben durchzusetzen.“ Trotz weltweiter Publizität um die Person Gorbatschows ist die Annahme vieler westlicher Beobachter, die den Generalsekretär als eine Art „Superzar“ und „Superstar“ bezeichnen, falsch und auch politisch nicht ungefährlich. Es besteht zweifellos eine ungeheure Konzentration der Macht bei der obersten Führung. Nur ist ein neuer Generalsekretär nicht mit einem demokratisch gewählten Regierungs- oder Staatschef zu verwechseln, der sofort, zumindest bezüglich Personalpolitik, volle Autorität genießt. Das Politbüro der KPdSU ist stets, wie auch das Zentralkomitee, eine Koalition gewesen. Der neue Generalsekretär kann kein neues Politbüro bestellen, sondern muß es vorerst in derselben personellen Zusammensetzung wie unter seinemVorgänger übernehmen. Er ist zwar gebildeter und ein viel besserer Redner als seine Vorgänger, doch wäre es unklug, die größere Ausstrahlungskraft automatisch mit größerer Macht, vor allem in der Personalpolitik und in bezug auf die Exekutivgewalt, zu verwechseln. Was nun die Stärke seiner persönlichen Machtposition und seine Gefolgsleute betrifft, so ist es noch immer zu früh, schlüssige Urteile abzugeben, zumal zwei solche ausgezeichnete Kenner der sowjetischen Führungsproblematik wie Michel Tatu und Archie Brown diametral entgegengesetzte Meinungen über die Machtbasis und Autorität Gorbatschows vertreten.

Fest steht jedenfalls, daß Gorbatschow ein Vollblutpolitiker und ein „Macher“, wohl aber kein Ideologe oder Technokrat ist. Seine Rhetorik nach außen, aber auch nach innen birgt große Gefahren in sich. Warum? Zum erstenmal seit Chruschtschow werden erstens Erwartungen geweckt, zweitens selbst die Überreste des Revolutionsmythos zerstört. Gorbatschows Rede „Über die Umgestaltung und die Kaderpolitik der Partei“ auf dem ZK-Plenum am 27. Januar 1987 war eine beispiellose Abrechnung mit dem, was der Schriftsteller Sergej Salygin als „den hausgemachten bürokratischen sowjetischen sozialistischen Konservatismus“ bezeichnet hat. Bisher gelang es Gorbatschow nicht, das Prinzip der Mehrfachkandidatur und der geheimen Wahl im Staats- und Parteiapparat durchzusetzen. Bereits der Sturz Chruschtschows zeigte die Schwierigkeiten bei der Verringerung der Herrschaft der Parteidiktatur. Nach dem sogenannten „Goldenen Zeitalter der Nomenklatura“ unter Breschnew wäre auch ohne Gorbatschow ein natürlicher Verjüngungsprozeß in der zweiten Hälfte der achtziger Jahre unvermeidlich gewesen. Es wäre allerdings naiv anzunehmen, daß der Generationswechsel notwendigerweise einen Liberalisierungseffekt auslöst. Ebensowenig sollten das höhere Niveau der Ausbildung und die Flexibilität – wenn nicht der Zynismus – der politischen Elite automatisch mit einem Engagement für eine reformistische Politik gleichgesetzt werden.

Die Macht der Sowjetbürokratie kann auch dadurch demonstriert werden, daß bestimmte von den obersten Trägern der Macht geforderte Entscheidungen von den Machthabern der vertikal und horizontal (Unionsrepubliken) gegliederten Hierarchie bewußt unterlassen und bestimmte „brisante Themen" aus dem politischen Entscheidungsprozeß herausgehalten werden. Angesichts der Größe des Landes und der versteinerten Strukturen im gesamten Wirtschaftsleben und in der Verwaltung ist es kaum anzunehmen, daß kurz- und mittelfristig das Beharrungsvermögen der zu Scheinlösungen tendierenden Bürokratie überwunden werden könnte. Darin liegt aber der Schlüssel zu konkreten Verbesserungen des allgemeinen Lebensstandards und der Wirtschaftsleistungen. Gerade weil es so schwierig ist, die Quadratur des Kreises durchzubrechen, beschwört die Rhetorik Gorbatschows innen- und außenpolitische Gefahren herauf.

Man darf die befreiende Wirkung selbst einer begrenzten Auflockerung in Kunst und Literatur, im Theaterwesen und in der Wissenschaft nicht unterschätzen. Doch von einem unumkehrbaren Prozeß und von einer allgemeinen Aufbruchstimmung kann keine Rede sein. Personeller Augenschein und Gespräche mit kenntnisreichen kommunistischen Beobachtern bestätigen die Richtigkeit der Feststellung von Roy Medvedev: „Viele Sowjetbürger sind nach den Verbrechen Stalins, den Fehlern Chruschtschows und dem Zynismus Breschnews nicht mehr fähig, an eine tiefe Veränderung ihres Lebens zu glauben." Gorbatschow könnte durch die rhetorische Zerstörung des Mythos von der immanenten Überlegenheit des Sozialismus sowjetischer Prägung bei gleichzeitiger Unfähigkeit, fühlbare und schnelle Änderungen in der Wirtschaft und im Alltag durchzusetzen, eine fatale Mischung aus Zynismus und Unzufriedenheit hervorbringen.

Wir sind noch nicht soweit, aber das politische Risiko einer Absage an Stabilität ohne sichtbare und fühlbare Verbesserungen für den Durchschnittsbürger kann nicht übersehen oder verniedlicht werden. Zugleich werden gerade jene Elemente der Ideologie, die der Außenwelt feindselig gegenüberstehen und die die als „Internationalismus" drapierte Sowjetherrschaft über andere Völker und die Expansion der sowjetischen Machtsphäre als Resultat der „Gesetze des weltweiten Klassenkampfes" legitimieren, weiterhin gültig bleiben. Um ihre Macht zu erhalten, muß jede Sowjetführung die Herrschaft über ihr Imperium und die Gesellschaft aufrechterhalten.

Gorbatschows Erklärungen über die sowjetische Außenpolitik werden von Sicherheits- und Machtinteressen und nicht von revolutionärer Romantik oder von kreuzzüglerischem Messianismus geprägt. So will Gorbatschow in der kommunistischen Weltbewegung die ideologischen Konflikte herunterspielen und die Bruderparteien zur Unterstützung seiner außenpolitischen und Abrüstungsinitiativen im Zeichen der „dialektischen Einheit in der Vielfalt" gewinnen.

Anders liegen die Dinge im Ostblock. Hier ist die sowjetische Führung mit dem alten Problem konfrontiert: Wie kann die Hegemonie über das offiziell als „sozialistische Staatengemeinschaft" bezeichnete Kolonialreich verteidigt, ja zementiert werden? Durch Unterdrückung der Autonomiebestrebungen oder Duldung einer gewissenVielfalt? Und in diesem zweiten Fall – wo liegt die Grenze des gefahrlos Zulässigen? Die Ideologie rechtfertigt nach wie vor die Besetzung der einzelnen osteuropäischen Länder und die Einparteiendiktatur. Die Einheit von Macht und Ideologie ist unerläßlich, um den Status quo sowohl innerhalb des Blocks als auch in den einzelnen Staaten aufrechtzuerhalten. Die sowjetische Führung befindet sich indessen in einer stärkeren und nicht etwa in einer schwächeren Position, um mit den zentrifugalen Tendenzen im Block fertig zu werden. Ohne hier in Einzelheiten gehen zu können, bleibt noch festzuhalten, daß das wichtigste politische Phänomen, die Erstarkung des Nationalismus, der nationalen Identität, oft verbunden mit der Hinwendung zur Kirche ist. Die Ideologie kann keineswegs als Zement für den Zusammenhalt des Blocks benützt werden. Die in der DDR, Polen, Ungarn und der ČSSR stationierten 31 sowjetischen Divisionen sind einerseits die Garantie der sowjetischen Vorherrschaft und der Staatsinteressen der Hegemoniemacht, andererseits liefert gerade die Besetzung Osteuropas einen ständigen Zündstoff für den antisowjetischen und defensiven Nationalismus.

Der Nationalismus in den kleineren osteuropäischen Staaten ist nicht nur und oft nicht einmal in erster Linie eine Gefahr für die sowjetische Hegemonie, sondern auch eine Stütze der sowjetischen Vorherrschaft. Im Gegensatz zu den naiven Vorstellungen, denen man auch heute noch hie und da im Westen begegnet, sind die Regierungen aller Staaten des „importierten Sozialismus" davon überzeugt, daß ihre Sicherheit letztlich auf dem Schutz beruht, welchen ihnen die Militärmacht und der Einfluß der Sowjets gewähren. Sie sind alle bereit, je nach der politischen Situation taktische Konzessionen gegenüber der eigenen Bevölkerung zu machen und ihre Abhängigkeit von Moskau zugunsten der Vergrößerung ihrer eigenen Entscheidungsfreiheit abzuschwächen. Zugleich brauchen sie aber diese Abhängigkeit, da die sowjetische Macht die Aufrechterhaltung der Diktatur garantiert. Vor diesem Hintergrund bleibt der „unfrisierte Gedanke" des polnischen Satirikers Stanisław Jerzy Lec weiterhin höchst relevant: „Die Wirklichkeit kann man ändern, eine Fiktion muß man aufs neue ersinnen."

Die künftige Entwicklung innerhalb der sowjetischen Machtsphäre hängt nicht zuletzt davon ab, ob und wieweit Gorbatschows Berater die strategischen Interessen des Imperiums begreifen und zugleich die potentielle Gefährlichkeit unbedachter Druckausübung auf die Verbündeten einsehen werden. Vorderhand bleibt vieles in Fluß, und viel wird davon abhängen, wie stark die Führungen der Ostblockländer die Interessen ihrer Nationen in Moskau, wenn notwendig auch gegen einen Gorbatschow, vertreten werden.

Auch in dieser Hinsicht ist die Rolle des Zufalls und der persönlichen Faktoren zu beachten. Herbert Lüthys Hinweis auf die Aufgabe des Historikers darf also nicht übersehen werden: „Geschichte ist nicht anonym. Sie ist uns als wirkliches Geschehen bekannt nur in dem Maß, in dem wir die handelnden Personen ihrer Anonymität entreißen, individualisieren, und identifizieren . . . Daten und Fakten bedeuten wirklich nichts, wenn wir uns überhaupt kein Bild vom Bewußtsein der handelnden Menschen machen können." Deshalb sind die Strategie der Machtschöpfung, die Intensität mit der die Nummer eins Macht aktualisiert, die Herausbildung von ständig veränderlichen Machtzentren, die Erneuerung der persönlichen Macht und die Struktur der Kompetenzverteilung oft wichtiger zum Verständnis der Vorgänge als vordergründige Erklärungen oder isolierte Statistiken. Der menschliche Faktor bleibt schwer faßbar, ja unberechenbar, aber ohne ihn sind alle historischen Aspekte unvollständig. Waren Tschernenko, Andropow oder Gorbatschow notwendige Produkte der wirtschaftlichen und sozialen Faktoren oder bloße Zufälle? Was wären die Folgen, wenn ZK-Sekretär Kulakow 1978 nicht überraschend gestorben und der Provinzfunktionär Gorbatschow von Stawropol, wo er 30 Jahre lang wirkte, nicht ins ZK-Sekretariat geholt worden wäre? Solche Fragen über den sogenannten „subjektiven Faktor" zu stellen, heißt nicht zu Carlyle und zu „Männer machen die Geschichte" zurückzukehren. Wäre aber Ungarns Schicksal das gleiche gewesen, wenn nicht János Kádár im November 1956 von den Sowjets zum Parteiführer bestellt worden wäre? Keineswegs. Deshalb ist die Rolle der Persönlichkeit auch unter den Bedingungen der bürokratischen Herrschaft einer einzigen Partei (ja sogar trotz sowjetischer Vorherrschaft in einem kleinen Land) so außerordentlich wichtig.

Diese Überlegung gilt nicht zuletzt für die Außenpolitik, wo der Grad der Zentralisierung viel höher und die Kontrolle des Generalsekretärs über Entscheidungsbildung und Exekutivgewalt viel stärker ist. Gorbatschow hat der sowjetischen Außenpolitik seinen persönlichen Stempel bereits aufgedrückt. Auch in dieser Hinsicht symbolisiert er Bewegung und Beschleunigung, neues Zielbewußtsein und neue Dynamik. Taktische Flexibilität ohne Änderung der globalen Strategie, so lautet bisher seine Devise. Das Primat der Politik unter Gorbatschow bedeutet die Verringerung des politischen Einflusses der Armee. Trotzdem wäre die Schlußfolgerung verfrüht, daß die Sowjetunion nun die Militärausgaben stark verringern oder gar die globalen Ambitionen wegen der Konzentration der Ressourcen auf wirtschaftliche Modernisierung zurückschrauben würde.

Die Tendenz im Westen, Abrüstung und Rüstungskontrolle mit den Kernproblemen der Beziehungen zu Moskau zu verwechseln, und die Virtuosität des auf die Person Gorbatschows konzentrierten sowjetischen Propagandaapparates tragen dazu bei, die Tatsache zu übersehen, daß für den Kreml der Friede weiterhin als ein dynamisches Konzept gilt, das weder die Annahme des Status quo bedeutet noch die Stabilität im „imperialistischen Lager" voraussetzt. Die Sowjets sind bisher in ihrem Bestreben, die westliche Einheit zu untergraben, ohne den Zusammenhalt ihrer unmittelbaren Machtsphäre aufs Spiel zu setzen, bei den osteuropäischen Gesellschaften auf mehr Schwierigkeiten gestoßen als bei westlichen Regierungen. Daher der tiefverwurzelte Dualismus in der sowjetischen Außenpolitik: begrenzte Verständigung mit dem Westen bei gleichzeitiger Intensivierung der Kontrolle über Osteuropa.

Es zeichnet sich bisher jedenfalls keine substantielle Änderung in der sowjetischen Haltung zu den Krisenherden (Afghanistan, Nicaragua, Mittlerer Osten usw.) oder bezüglich der Menschenrechtsfrage ab. Gewiß mag die Sowjetführung angesichts der schmerzlichen Wahl zwischen weltweiten Ambitionen und nationalen Bedürfnissen Interesse an einer Verringerung der internationalen Spannungen haben und eine Beruhigung an der westlichen wie auch an der chinesischen Flanke, eine Erneuerung des Kreditflusses und den Zugang zur westlichen Technologie anstreben.

Das Ausbleiben offener Konflikte ändert nicht die sowjetische Sicht des unerbittlichen Verlaufs der Geschichte zum Sieg des „Sozialismus" über den „Kapitalismus". Die neue Flexibilität bedeutet aber eine Abkehr vom Primat der militärischen Mittel und eine Neuorientierung auf Politik, Diplomatie und Propaganda, um das gleiche Ziel – Grandeur und Überlegenheit gegenüber jeder anderen Macht und Allianz – zu erreichen. „Die Gewährleistung der Sicherheit ist zunehmend eine politische Aufgabe, die nur mit politischen Mitteln durchgeführt werden kann", sagte Gorbatschow in seinem Schlußwort auf dem 27. Parteikongreß. Anatolij Dobrynin, einer der Architekten des neuen außenpolitischen Stils, führte dieses Argument weiter, als er schrieb: „Die modernen Waffen lassen keinem Staat die Hoffnung auf eine Verteidigung durch ausschließlich technische und militärische Mittel, durch die Schaffung der stärksten Verteidigung. Nationale Sicherheit und internationale Sicherheit sind zu untrennbaren Begriffen geworden."

Die ganze Geschichte der Sowjetunion hat erwiesen, daß der Spielraum für den Westen im Sinne der vielzitierten „Hilfe" für Liberalisierung (oder Emanzipationsprozesse in Osteuropa) sehr begrenzt ist. Der Westen kann nur positive Entwicklungen unterstützten, sein Verhandlungspotential nutzen, um expansionistisches Verhalten zu entmutigen, und wirtschaftliche Zugeständnisse für konkrete, wenn auch begrenzte Ziele, z. B. auf humanitärem Gebiet, versprechen.

Man muß aber vor der irrigen Annahme warnen, daß das „Zuckerbrot" einer nachgiebigen Handels- und Kreditpolitik oder umgekehrt die „Peitsche" der Sanktionen und Kreditsperren die Prioritäten der sowjetischen Außenpolitik entscheidend beeinflussen könnte. Über 65 Jahre sind vergangen, seitdem der britische Premierminister Lloyd George ausrief: „Nach meiner Ansicht wird der Handel sicherer als irgendeine andere Methode der Grausamkeit, Gewalttätigkeit und Primitivität dem Bolschewismus ein Ende bereiten... Ich glaube, wir können Rußland durch Handel retten." Auch die diversen späteren Konvergenztheorien, denen zufolge z. B. der Ost-West-

Handel als Katalysator im Prozeß der Angleichung beider Systeme oder als Hebel zur „Aufweichung“ (vom „Handel zum Wandel“) wirken würde, erwiesen sich bisher immer wieder als Wunschträume.

Solange die ideologische Grundlage des Systems unverändert bleibt, besteht auch die Notwendigkeit der Abwehr der angeblich von außen drohenden Feinde. Die sowjetischen Vorschläge zur nuklearen Abrüstung würden nur dann eine strategische Neuorientierung der globalen Außenpolitik ankündigen, wenn Gorbatschow auch die weltumfassenden Ambitionen und die systemimmanenten Wurzeln der Androhung und Anwendung von Gewalt, u. a. zwecks Erhaltung des Imperiums, antasten würde. Dafür gibt es ebensowenig Anhaltspunkte wie etwa für die Anwendung der vielgerühmten Politik der Offenheit *(glasnost)* auf dem Gebiet der Außenpolitik.

Gorbatschows Initiativen mögen für manche – wie er einmal sagte – „schwer zu fassen“ sein, doch sind sie kein Gegenstand der öffentlichen Diskussionen. Gerade weil Gorbatschow selbst unter den optimalsten Bedingungen den Rückstand in der Hochtechnologie, vor allem in der Computer- und Informationsrevolution, in absehbarer Zeit kaum fühlbar reduzieren kann und auf allen Gebieten sich mit erheblich weniger als der grundlegenden ökonomischen und technologischen Transformation eines rückständigen Systems zufrieden geben muß, scheinen uns die pessimistischen Diagnosen von Helmut Schmidt und Henry Kissinger keinesfalls übertrieben zu sein. Gorbatschow hat tatsächlich Erwartungen geweckt, die er in den angegebenen Zeiträumen nicht erfüllen können wird. Enttäuschung im Volk und vor allem im Apparat könnte über kurz oder lang auch seine Position schwächen, ja unter Umständen bedrohen. Das wiederum würde zu einer Verhärtung der Außenpolitik, möglicherweise auch zu einer neuen Phase des sowjetischen Expansionismus führen. Die potentiell explosive Mischung von Ideologie, Macht und Persönlichkeit muß hinter Gorbatschows „Revolution“ von oben stets beachtet werden. Wird sich daher die Unbeweglichkeit der schwachen und kränkelnden Sowjetführer für den Westen und auch für die kommunistischen Satellitenstaaten im Rückblick als eine Art Segen erweisen, verglichen mit den unvorhersehbaren und von außen kaum beeinflußbaren Konsequenzen der neuen Dynamik des Gorbatschow-Kurses?

Liegt überhaupt die Modernisierung der Sowjetunion unter einem aufgeklärten und machtbewußten Autokraten ohne wirkliche Fortschritte in

Richtung eines begrenzten Pluralismus im Interesse des Westens? Heute gibt es vielleicht weniger denn je sichere Voraussagen über Erfolg oder Fehlschlag eines Sowjetpolitikers. Es gibt weniger denn je Gesetze oder Gewißheiten über die Triebkräfte und den Gang der sowjetischen (und auch der osteuropäischen) Geschichte.

Wir können unsere Betrachtungen mit einem tiefgründigen Zitat aus den Memoiren von Golo Mann schließen, der von Karl Jaspers gelernt hat, „daß es Fragen gibt, die als Fragen sinnvoll, sogar unausweichlich sind, ohne daß sie eine zwingende Antwort vertrügen, daß es unlösbare Denkkonflikte gibt, daß jedes behauptete Totalwissen falsch ist und obendrein Schaden stiftet."

Was Mitteleuropa sein kann

Es war im Januar 1987, als ich an einem Symposium über Mitteleuropa der Friedrich-Ebert-Stiftung in Berlin teilnahm. An dieses Symposium schloß sich eine sehr anregende Diskussion an, in deren Verlauf ich zu den Mitteleuropa-Konzeptionen des Konstanzer Universitätsprofessors und Publizisten Karl Schlögel (Die Mitte liegt ostwärts) *und des Historikers Joseph Rovan von der Pariser Sorbonne Stellung nahm:*

Was ich hier gehört habe, erinnerte mich an einen pointierten Spruch eines bekannten polnischen Journalisten, der 1955 oder 1956 nach Amerika eingeladen war und nachher meinem Freund Ernst Halperin in Warschau sagte: *„You know they know so much and they understand so little."* Es tut mir leid, aber ich habe auch hier den gleichen Eindruck, den ich manchmal in Deutschland in Diskussionen über Osteuropa, Südosteuropa, Mitteleuropa verspüre. Es ist eine sehr undankbare Stellung, zwischen so eloquenten Vertretern verschiedener Positionen wie Dr. Schlögel und Prof. Rovan eine ganz andere Linie einzunehmen. Ich finde beide Positionen irreal. Ich bin mit Ihnen, Herr Prof. Rovan, völlig einverstanden, was die Gefährlichkeit dieser hübschen Formulierung Peter Benders betrifft, das ist natürlich die Schwäche unseres Berufes, daß wir immer so Schlagzeilen geben wie „Notgemeinschaft", „Vernetzung der Mitte" usw. Ich könnte eigentlich kaum einen griffigeren Titel finden. Nur eben hat Denis de Rougemont glaube ich nachgewiesen, daß es 243 Definitionen über Europa gibt. Ich habe auch eine ganze Serie von Essays in meiner kleinen Zeitschrift *Europäische Rundschau* über Mitteleuropa veröffentlicht, da könnten wir wetteifern, wie viele Definitionen es gibt. Was ist Mitteleuropa? Mitteleuropa ist: daß ich vor „Monaten zum ersten Mal nach 23 Jahren in Ostberlin war, eine Flugstunde von Wien entfernt und trotzdem in einer ganz anderen Welt." Heute mußte ich, um zu dieser mitteleuropäischen Diskussion zeitgerecht hierherzugelangen, um dreiviertel sechs Uhr aufstehen, dann in Wien eine Stunde warten, dann in München wieder eine halbe Stunde warten, dann in Tegel (einem der kompliziertesten Flughäfen) wieder eine halbe Stunde warten, dann erreichte ich endlich dieses phantastische Gebäude, den Reichstag, übrigens zum erstenmal in meinem Leben.

Diese Erfahrungen auf dem Weg nach Ost- bzw. Westberlin sind ebenso ein Stück Mitteleuropa wie der Plan, in Wien eine TV-Diskussion über die europäische Identität, etwa in folgender Besetzung, zu organisieren: Theo Sommer von der *Zeit*, János Hajdu, Chefredakteur des Ungarischen Fernsehens, Daniel Vernet von *Le Monde*, Prof. Khol, ein österreichischer Parlamentarier, Österreichs Außenminister Dr. Peter Jankowitsch und schließlich Pavel Kohout, der bekanntlich aus der Tschechoslowakei kommt. Ich hoffe, daß diese Diskussion stattfinden wird. Und Mitteleuropa ist auch das, da will ich Ihnen nur die Vielfalt zeigen. Wir hatten im Zeichen der Kommunikationsrevolution versucht, vor zweieinhalb Jahren eine Live-TV-Diskussion aus Budapest zu organisieren. Es ist uns gelungen, weil der österreichische Bundeskanzler zu jener Zeit auf offiziellem Besuch dort weilte. Ich habe diese Diskussion geleitet. Das war keine Selbstverständlichkeit, nachdem ich Ungarn am 12. Januar 1957 über Polen verlassen habe und seit dem 4. Februar 1957 in Österreich lebe. Ich habe also dort diese Diskussion geleitet, über Österreich und Ungarn. Es nahmen sieben führende Intellektuelle aus beiden Ländern teil. Die Sendung wurde in Wien live ausgestrahlt. In Ungarn wurde sie zehn Tage später, wunderbar synchronisiert, aber nur zur Hälfte gesendet. Dann hatten wir vier Monate später in Belgrad eine ähnliche Diskussion. Dort wurde die Diskussion nicht so gut synchronisiert, aber zwei Drittel wurden ausgestrahlt. Und dann waren wir, verehrter Prof. Rovan, in diesem verteufelten, schrecklichen Land der finsteren Diktatur, in Polen. Und dort wurde eine Woche später die ganze Diskussion ungekürzt ausgestrahlt. Ein Jahr später, dank der Unterstützung unserer Regierung und dank der Wandlung der sowjetischen Politik, gelang es uns, auch in Moskau eine Live-TV-Diskussion mit dem aus der Versenkung plötzlich wieder aufgetauchten, seitdem besonders in Deutschland wieder ununterbrochen auftretenden, aber damals jahrelang verschwundenen … Valentin Falin zu organisieren. Es war eine sehr interessante Diskussion; eine konservative Zeitung in Österreich kritisierte jedoch, daß wir zu zurückhaltend gewesen wären.

Was passierte? Die Sowjets waren sehr beeindruckt, sehr zufrieden, Falin glaubte, die Sendung würde auch in Moskau ausgestrahlt. Die zitierte konservative Zeitung behauptete, natürlich würden die Sowjets diese Club-2-Sendung ausstrahlen, sogar mehrmals. Immerhin sei das eine gute Propaganda. Nun, tatsächlich haben die Sowjets nicht einmal eine Minute gesendet. Sie sagten uns nur, daß „unsere Zuschauer an diesen Dingen nicht wirklich interessiert sind." Es würde sie mehr interessieren, wie die Menschen in Österreich leben. Und da sehen Sie schon an diesem Beispiel, wie groß der Unterschied zwischen diesem großen Reich, zwischen den Ländern Mitteleuropas und zwischen den einzelnen Ländern in Mitteleuropa ist. Und ich glaube, da müssen wir mit den Bezeichnungen sehr vorsichtig sein.

Herr Dr. Schlögel, Sie sagten, daß „Ostblock" ein primitiver Sammelbegriff sei, um ihn in den nächsten Sätzen drei- oder viermal zu verwenden. Es gibt eben Begriffe, auf die wir nicht verzichten können. Die „Ostblockländer" sind nämlich auch heute noch besetzte Länder. Bei allen diesen Plänen, und das trifft auch darauf zu, was der holländische Kollege sagte, geht es nicht darum, daß man diese Regime überzeugen muß, daß sie kooperieren sollen. Es geht auch um die grundsätzliche Frage: Mit wem wollen Sie verhandeln? Mit den Gefängnisdirektoren oder mit den Insassen? Oder mit beiden gleichzeitig? Wer bestimmt die Linien dieser Entwicklung? Dann müssen Sie noch etwas, nämlich das leidige Problem der Legitimation in Betracht ziehen. Keines dieser Regime, auch nicht jene in Jugoslawien und Albanien, sind Produkte eigenständiger Aufstände, Befreiungskämpfe oder Revolutionen. Sie sind im Grunde „importierte Regime", d. h. die ganze Politik ist ein Oszillieren zwischen relativer Auflockerung und relativer Verhärtung, von Zeit zu Zeit müssen sie vor dem Zorn des Volkes durch die sowjetische Hegemoniemacht geschützt werden, und dann wieder, z. B. im Falle Rumäniens Anfang der sechziger Jahre, vor dem Zorn der sowjetischen Hegemoniemacht durch die Unterstützung des eigenen Volkes. Kurz, es handelt sich um eine sehr komplizierte Gratwanderung, die von Land zu Land, ja selbst innerhalb der eigenen Länder von Jahr zu Jahr unterschiedlich ist. Auch in Ungarn, in Polen und überall. Das muß man sehen, wenn man über Mitteleuropa redet und auch darüber, was für ein Echo Diskussionen in diesen Ländern auslösen, solche Diskussionen, die die Gespenster der Vergangenheit heraufbeschwören. Ich war bei einer ähnlichen Diskussion vor einigen Monaten in Wien, und an dieser Diskussion nahmen teil Erhard Busek von der ÖVP, ein schweizerischer Korrespondent, ein Schriftsteller aus Budapest und der Korrespondent der *Süddeutschen Zeitung* in Wien. Und die ganze Wiener Diskussion war doch so, als ob dort über ein ganz anderes Thema gesprochen worden wäre als hier. Warum? Bei Ihnen in Berlin bekommt Mitteleuropa eine ganz andere Dimension. Es wird deutsch zentriert. Die ganze Problematik von einer Vielfalt der Volksgruppen und Nationen wird zu einem Anhängsel der innerdeutschen Diskussion und der Diskussion zwischen der DDR und der Bundesrepublik umfunktioniert.

Und in erster Linie wirkt sie wie Kleingeld im politischen Hickhack in der Bundesrepublik. Ich war, offen gesagt, erstaunt über den Mitteleuropa-Leitartikel eines deutschen Historikers in der FAZ! So eine vordergründige, ja geradezu lächerliche Angst vor Mitteleuropa als Mittel zur Aufweichung des Westens. Was ist Mitteleuropa? Wir diskutieren ja darüber. Mitteleuropa ist, wo man untereinander leichter redet, wo man gewisse gemeinsame Gefühle, Gemeinsamkeiten, Traditionen hat. Mitteleuropa bedeutet nicht, daß hier ein Konzept entstanden ist oder entstehen wird, als Hebel zur Neutralisierung Deutschlands. Das sind Hirngespinste.

Ich würde vielleicht auch ein Wort – Sie wissen, ich bin zwar seit 30 Jahren Neu-Österreicher, aber mit einem alten ungarischen Akzent – ich muß doch auch ein Wort für Österreich einlegen. Lord Acton hat für das alte Österreich eine besondere Anhänglichkeit gehabt. Auf den Einwand, dieses Österreich sei politisch nichts anderes als ein sinkendes Schiff, entgegnete Acton: *„I am afraid, I am a partisan of sinking ships."*

Und ich glaube, es gibt, meine Damen und Herren, in diesem östlichen Teil Mitteleuropas sehr viele Menschen, die auch Anhänger dieses gesunkenen Schiffes der österreichisch-ungarischen Monarchie sind. Nicht, daß sie eine Monarchie haben wollen, sondern die Verhaltensweisen, die Gemeinsamkeiten wollen sie bewahren. Das gilt nicht zuletzt auch für Polen. Und ich glaube, es war Franz Kafka, der einmal gesagt hat: „Es gibt nur eine Wahrheit, sie ist aber lebendig und hat daher ein ständig wechselndes Gesicht." Ungefähr so ist es auch mit unserem Mitteleuropabegriff. Das bedeutet etwas ganz anderes; auch für den Ungarn, für den Slowenen, für den Polen, bedeutet dies heute die Möglichkeit einer Brücke, einer Kommunikation, einer Flucht aus einer grauen und völlig hoffnungslosen Wirklichkeit im Zeitalter der Wirtschaftskrise, des Generationswechsels, der Nachfolgekrise, und etwas ganz anderes bedeutet das für uns Österreicher oder für die Deutschen. Ich würde deshalb sagen, daß diese Diskussion über Mitteleuropa eine Modeerscheinung geworden ist. Und manche hellhörige Beobachter sehen schon die Gefahr, daß Mitteleuropa im Begriff sei, zum leeren Schlagwort zu verkommen.

So manche Aktivitäten und Akzente im Westen, nicht zuletzt, ja vielleicht vor allem in der Bundesrepublik, werden von engstirnigen Dogmatikern östlich der Elbe nicht ungeschickt zur Diskreditierung der Mitteleuropaidee ausgenutzt.

Trotz der zahlreichen Konferenzen, Aufsätze, ja Bücher über dieses Thema besteht jedoch keinerlei Gefahr, daß es sich hier um ein durchführbares politisches Projekt oder gar ein ideologisches Konzept im Zeichen der „blocküberwindenden Subversion" handelt. Es ist freilich auch vermessen und falsch, Mitteleuropa als einen „geschminkten Leichnam" zu bezeichnen, wie das Rolf Schneider im Sommer bei einer Wiener Diskussion über Mitteleuropa getan gat. Nach meiner Meinung ist die Diskussion über Mitteleuropa, über jene auch heute noch so sichtbaren und fühlbaren Gemeinsamkeiten vor allem im eigentlichen Kernstück, nämlich innerhalb der einstigen Grenzen der österreichisch-ungarischen Monarchie, ein Wert an sich, ein nicht zu unterschätzender Weg, um ein höheres Maß an Durchlässigkeit für die Menschen zu erreichen und die Kontaktmöglichkeiten in allen Bereichen zu verbessern. Die neue Sensibilität für das Gemeinsame, für jene Wurzeln der eigenen Identität, die denen anderer Nationen und Volksgruppen zum Teil ähnlich sind, kann man nicht einfach als neokonservatives Heimweh nach dem Völkerkerker oder als eine tarockanische Utopie à la Herzmanovsky-Orlando abtun. Mit Recht spricht mein Freund François Bondy von „vorwärtsgewandten Nostalgikern".

Wenn man die Diskussion über diesen Begriff nüchtern führt und entdogmatisiert, so kann man sie bestenfalls als einen Beitrag zur Bewahrung der ethnischen, sprachlichen und kulturellen Vielfalt im Sinne der mitteleuropäischen Bewußtseinsbildung durch kleine und konkrete Schritte betrachten. Österreich bzw. Wien (die „Porta Orientis" bei Hofmannsthal) ist aus Gründen der Geschichte, der Geographie, der Tradition und der Neutralität – trotz der von Prof. Rovan erwähnten politischen Turbulenz um die Präsidentenwahl – nach wie vor *der* Vermittler bzw. *die* Kontaktstelle mit der größten Handlungsfreiheit, und ich betone, mit dem kostbarsten Vertrauenskapital. Warum? Niemand kann dem heutigen Österreich revanchistische Gelüste oder pangermanistische Bestrebungen vorwerfen. Für Österreich wie auch für die kontaktfreudigen östlichen Nachbarn ist die Öffnung auch eine bewußte Absage an den Nationalismus und Provinzialismus. Man erweckt manchmal im Westen den Eindruck, als ob man den östlichen Völkern einen Gefallen tun würde. Als ob man heute vom Osten nichts bekommen würde. Es besteht allerdings die Gefahr, und ich glaube, das wurde bisher hier noch nicht erwähnt, daß Mitteleuropa nicht internationalisiert, geschweige denn humanisiert, sondern eher nationalisiert wird. Die nationale Idee erwies sich in Jugoslawien, Ungarn und Polen immer stärker als das Bewußtsein der historischen Zusammengehörigkeit. Das gilt auch für die Unfähigkeit, sich mit den zum Teil vererbten, zum Teil neu geschaffenen Spannungen auseinanderzusetzen. Trotzdem ist der Versuch einer Antwort, die Suche nach einer Zusammenarbeit neuer Art (auch in der Ökologie, Massenkommunikation) mehr als bloß eine Rückbesinnung auf Traditionen und alte Gemeinsamkeiten. „Realpolitik" in Sachen Mitteleuropa bedeutet eine Politik der kleinen Schritte ohne die tiefverwurzelte germanische oder romanische Überheblichkeit gegenüber allem „Östlichen". Gerade die Vielschichtigkeit und Widersprüchlichkeit machtpolitischer und psychologischer Barrieren machen die Suche nach der mitteleuropäischen Identität so frustrierend, aber auch so interessant. Das kreative und zukunftsbezogene Denken kann weder die Destabilisierung noch die Stabilisierung des Status quo in Mitteleuropa – ich meine Ostmitteleuropa –, sondern nur die Humanisierung der grenzüberschreitenden Beziehungen anstreben. Ich glaube, daß wir in unseren Zielsetzungen bescheiden sein müssen. Wir müssen wirklich mit kleinen Schritten versuchen, die Grenzen, die Barrieren durchlässiger zu machen. Und ich glaube, wenn man diese Diskussionen und Debatten illusionslos führt, dann kann man vielleicht zu einem besseren Verständnis beitragen. Aber dieses Verständnis finden wir weder in der Vergangenheit noch in den Extremen. Deshalb plädiere ich für einen Kurs, für eine Linie der kleinen Schritte, die das Humane und nicht das Rhetorische, das Gemeinsame und nicht das Trennende in den Vordergrund stellt.

Die Gärung im Ostblock und die sowjetische Toleranzgrenze

Juli 1989

Die von den Stichwörtern „Perestroika“ und „Glasnost“ und vielleicht vor allem durch die Persönlichkeit von Michail Gorbatschow geradezu hypnotisierten Regierungen und die öffentliche Meinung im Westen begrüßen uneingeschränkt und einhellig die Entwicklung nicht nur in der Sowjetunion selbst, sondern in erster Linie auch in Ungarn und Polen. Indessen wächst gerade in Budapest und Warschau die Angst vor der unkontrollierbaren und unberechenbaren Dynamik der Selbstauflösung der herrschenden Parteien. Nicht nur der sowjetische Auslandsapparat, auch der Reformflügel in Moskau betrachtet die dramatischen Vorgänge in den beiden traditionellen „Problemländern“ Ungarn und Polen sowie ihre bereits sichtbaren Auswirkungen auf die blockinterne Koordination mit immer mehr Unbehagen.

Die Diskussionen über die westlichen Optionen bezüglich Osteuropas, die immer wiederkehrende Frage: „Wie kann diesen Ländern auf dem Weg zu mehr Marktwirtschaft, Rechtsstaat und Pluralismus geholfen werden?“ beherrschen die Schlagzeilen. Weniger oder überhaupt nicht wird neben dem Ost-West-Verhältnis die Ost-Ost-Problematik analysiert.

Wie weit und wie schnell wird – oder kann – der Zerfallsprozeß des sowjetischen und russischen Imperiums gehen? Worin liegt die besondere Brisanz der Wandlungsprozesse in Ungarn und Polen einerseits und der wachsenden Spannungen zwischen den „dynamischen“ und „ruhigen“ Bündnispartnern andererseits vor dem Hintergrund der alarmierenden und sich häufenden Konflikte zwischen den Nationen und Volksgruppen im sowjetischen Staatsverband? Wie kann die Hegemonie über das Kolonialreich verteidigt werden? Wo liegt die Grenze des außen- und innenpolitisch sowie ideologisch Zulässigen?

Vor dem Versuch, sich mit diesen Fragen und ihren Weiterungen auseinanderzusetzen, muß man freilich auf die Kette von Fehleinschätzungen hinweisen, vor denen kaum ein Beobachter gefeit sein kann. Heute wie gestern besteht die Gefahr in der Überschätzung der Entideologisierung und der Einflußmöglichkeiten des Westens auf der einen Seite und in der Unterschätzung der nationalen Sprengkraft und der Brüchigkeit der politischen Strukturen der posttotalitären Diktaturen auf der anderen.

Trotz aller Unterschiede zeigt das Beispiel Chinas, daß das Tempo des Zerfallsprozesses eines gescheiterten Systems nicht berechenbar ist. Der Verfasser weilte am Vorabend des Gorbatschow-Besuchs und vor den Studentenunruhen in Peking. Keiner der kenntnisreichen chinesischen und ausländischen Gesprächspartner ahnte damals die in einigen Tagen mit elementarer Kraft explodierenden Spannungen, die Schärfe der Herausforderung und die Brutalität des Rückschlags voraus. Ähnliches erlebte man beim Tito-Stalin-Konflikt, bei Ausbruch des Aufstandes in Ungarn und anderen plötzlichen Wendungen in der osteuropäischen Geschichte.

Daß ein kühnes Experiment eines Tages ebenso jäh enden kann, wie es begann, darf nicht verwundern. „Es gibt kein Libretto. Wenn die Geschichte einem bestimmten Libretto folgen würde, dann verlöre sie alles Interesse, wäre überflüssig, langweilig und lächerlich … Geschichte ist ganz Improvisation, ganz Wille und geschieht aus dem Stegreif, es gibt in ihr keine Grenzen und keine Marschwege." Man braucht die zeitlose Relevanz dieser Worte des großen russischen Denkers Alexander Herzen im Lichte der jüngsten Entwicklung nicht besonders zu unterstreichen.

Nicht westliche „kalte Krieger" oder von antikommunistischen Ressentiments geblendete Emigranten, sondern die engagiertesten Reformer in der engeren Umgebung Gorbatschows und auch Andrej Sacharow warnen immer eindringlicher und öffentlich vor dem Wettlauf mit der Zeit, vor mehr oder weniger unabwendbaren Erschütterungen, vor einer Destabilisierung der sowjetischen Gesellschaft, sogar vor einer Wirtschaftskatastrophe und Hungersnot. Die Politik der Halbheiten hat Erwartungen geweckt, die im Alltag der Sowjetbürger nicht befriedigt werden konnten.

Gorbatschow hat durch seine Taten und seine Ausstrahlung nicht nur bei der Weltöffentlichkeit, sondern auch bei der sowjetischen Intelligenz moralischen Kredit und großes Ansehen errungen. Trotzdem muß er in der Wirtschafts- und Innenpolitik gleichzeitig Gas geben und auf das Bremspedal treten. In den Augen seiner orthodoxen Gegner jedoch vermochte dieser charismatische Mann die politische und nationale Stabilität nicht aufrechtzuerhalten.

Was westliche Beobachter als bedeutsame Gehversuche in Sachen Demokratisierung und Installierung institutioneller Gegengewichte zur Parteiallmacht loben, bedeutet für die Reformgegner die Aushöhlung der „inneren Legitimität" der Parteiherrschaft. Der Aufruhr in Usbekistan, Kasachstan, Aserbeidschan, Armenien, die Haßausbrüche und Zerstörungswut im Zuge der ethnischen Konflikte, das Aufbegehren und die Autonomiebestrebungen in den baltischen Staaten, was immer jeweils die konkreten oder tieferen Gründe gewesen sein mögen, werfen in den Augen der herrschenden Elite die Machtfrage, die Frage nach dem Kernstück der leninistischen Parteidiktatur auf.

Die tatsächliche und potentielle Wechselwirkung zwischen der krisenhaften Entwicklung in der Sowjetunion und der Gärung in Ungarn und Polen könnte sich als das vielleicht wichtigste Element der Unsicherheit entpuppen. Nach außen hin erinnern manche Vorgänge an die fünfziger Jahre: Ein Reformer an der Spitze in Moskau, dessen Spielraum aber trotz persönlicher Machtfülle wegen des anhaltenden Widerstandes des Apparates beschränkt bleibt; Umwälzungen in Ungarn und Polen; Unmut der Orthodoxen in der DDR und der Tschechoslowakei. In Wirklichkeit ist aber die Lage, von sowjetischer Warte aus gesehen, unvergleichlich gefährlicher als damals.

Die Ideologie kann weder im Kernbereich noch an der Peripherie des Sowjetimperiums als Bindekitt für den Zusammenhalt benützt werden. Das Aufflackern der inneren Gegensätze ohne Institutionen des kontrollierten Konflikts löst von Ostberlin bis Usbekistan sozusagen automatisch zerstörerische Wirkungen aus. Die Ideologie rechtfertigte die Einparteiendiktatur und zugleich die sowjetische Hegemonie. Die geschichtliche Erfahrung lehrt, daß die Einheit von Macht und Ideologie unerläßlich ist, um den Status quo sowohl in den einzelnen Staaten als auch innerhalb des Blocks aufrechtzuerhalten. Wenn nun aber gerade jene Elemente der Ideologie, welche die als „Internationalismus" drapierte Sowjetherrschaft über andere Völker und das Machtmonopol der privilegierten Partei-, Staats- und Militärbürokratie legitimieren, nur teilweise oder bedingt gültig bleiben, werden die Fundamente des kommunistischen Systems und der sowjetischen Vormachtstellung in Ost- und Südosteuropa gefährlich ausgehöhlt.

Es besteht kein Zweifel, daß Gorbatschow und seine engsten Berater im osteuropäischen Vorfeld mehr Gemeinsamkeit mit den reformfreudigen polnischen und ungarischen Politikern finden als mit alten Vertretern der Orthodoxie in der DDR, der Tschechoslowakei und in Bulgarien. Weder die sowjetische Führung noch der Westen sehen derzeit oder in überschaubarer Zukunft eine Alternative zum Verbleiben Polens, Ungarns und der anderen ost- und südosteuropäischen Staaten im Warschauer Pakt. Das optimistische „Drehbuch“ sieht eine Trennung der ideologischen Dimension von den Erfordernissen der militärischen Sicherheit vor. Michail Gorbatschow hat sich bei seinen Gesprächen mit polnischen und ungarischen Partnern genauso wie in seinen Unterredungen mit britischen und westdeutschen Politikern für die Duldung der Autonomiebestrebungen und unter Umständen für die Hinnahme von Machtteilung in der sowjetischen Einflußsphäre ausgesprochen.

Paradoxerweise könnten aber gerade diese von Gorbatschow in Gang gebrachten Entwicklungen innerhalb der Sowjetunion und in den zwischenstaatlichen Beziehungen im Bündnissystem jene Destabilisierung östlich der Elbe bewirken, die jeder betroffene Partner im Westen wie im Osten vermeiden möchte. Mit der fortschreitenden Desintegration der Parteiherrschaft in Polen und in Ungarn gewinnt die Frage der sowjetischen Toleranzgrenze zusehends zentrale Bedeutung. Perestroika und Glasnost bereiten, wie seinerzeit 1956 Chruschtschows Entstalinisierungskampagne, den Boden für künftige Umwälzungen an der Peripherie des Imperiums vor.

Die Verwirrung zum Beispiel, die einige unbedachte oder salopp formulierte Meinungen des sowjetischen Reformökonomen Oleg Bogomolow bei einer Pressekonferenz in Moskau in diesem Frühjahr ausgelöst haben, zeigt, wie gebannt Orthodoxe und Reformer, in Budapest wie auch in Warschau, jede sowjetische Äußerung über die Toleranzgrenze beobachten. Bogomolow sagte im Grunde nicht weniger, aber auch nicht mehr, als daß für die Sowjetunion nicht nur ein bürgerliches, durch ein Mehrparteiensystem regiertes, sondern auch ein blockfreies Ungarn völlig akzeptabel wäre. Trotz seiner Versuche, die Aussage postwendend abzuschwächen und sie durch einen Leserbrief in einer ungarischen Zeitung weiter zu relativieren, schlug das Bogomolow-Interview in Ungarn wie eine Bombe ein. Zu Hause wurde der freimütige und inzwischen zum Abgeordneten des Volkskongresses gewählte Ökonom scharf kritisiert und auch öffentlich dementiert, aber in

Ungarn wird er als ein Kronzeuge weit und breit zitiert, kommentiert und als Beweismittel gegen den pro-sowjetischen Flügel eingesetzt.

Gerade der Fall Bogomolow zeigt auch die Gefahr einer Fehlkalkulation. Wenn man nämlich im Zeichen von Glasnost zuläßt, daß Persönlichkeiten im zweiten oder dritten Glied öffentliche Erklärungen über äußerst heikle Fragen in den Außenbeziehungen der Hegemoniemacht abgeben, läuft man Gefahr, daß solche Feststellungen im besten Fall als ein Versuchsballon und unter Umständen gar als *die* Linie der Führung interpretiert werden. Dazu kommt noch die Automatik des Medienechos, da die Interpretationen etwa der Bogomolow-Erklärungen durch ungarische und westliche Kommentatoren von den westlichen Sendern in allen Ostsprachen nach Ost- und Südosteuropa ausgestrahlt wurden. All das schafft ein Klima der Erwartungen und der Hoffnungen bei der Bevölkerung und der national gesinnten Intelligenz, aber auch eines der Ängste und vor allem der Unsicherheit im Apparat und in der Führung.

Anders liegen die Dinge bezüglich der zentrifugalen Tendenzen mit anti-russischem und anti-sowjetischem Akzent in Polen und in Ungarn. Das wichtigste politische Phänomen ist nach wie vor die Erstarkung des Nationalismus, der nationalen Identität, oft verbunden mit der Hinwendung zur Kirche. Trotz des Teilabzuges von sowjetischen Armee-Einheiten bleiben diese ein Symbol der Besatzung und zugleich ständiger Zündstoff für den defensiven Nationalismus der kleinen Völker. Selbst die anti-sowjetischen Demonstrationen von relativ kleinen Studentengruppen in Warschau und in Budapest oder Unmutsäußerungen in öffentlichen Reden oder in den Medien über die „weißen Flecken" in den sowjetisch-polnischen (Katyn) und sowjetisch-ungarischen Beziehungen (militärische Intervention im Oktober/November 1956, Hinrichtung Imre Nagys 1958) werden von den einheimischen Konservativen und den wachsamen sowjetischen Beobachtern, vor allem von den Vertretern des KGB und des Militärs, als gefährliche Signale betrachtet.

In diesen Rahmen gehört auch das Fehlen klarer sowjetischer Richtlinien hinsichtlich der nationalen Gegensätze oder Konflikte zwischen den kleinen Bündnispartnern. Die offensive ungarische Außenpolitik sowohl gegenüber Rumänien direkt als auch bei internationalen Konferenzen zugunsten der Rechte der unterdrückten ungarischen Minderheit in Siebenbürgen bringt die Sowjetunion und die anderen Paktstaaten in immer größere

Schwierigkeiten. Sie können nicht mehr schweigen – sie dürfen aber auch nicht öffentlich Stellung nehmen. So bleiben die Vertreter der meisten Warschauer-Pakt-Staaten jenen Abstimmungen fern, bei denen die Ungarn gemeinsame Sache mit westlichen Staaten gegen Rumänien machen, doch kann diese Praxis nicht endlos fortgesetzt werden. Die sowjetische Führung hegt zwar keinerlei Sympathie für Nicolae Ceauşescu, anderseits wissen (auch abgesehen von den Protesten der Moldauer gegen die russische Vorherrschaft) Gorbatschow und seine Berater, daß offene Unterstützung des ungarischen Anliegens in der Sowjetunion und in der Tschechoslowakei wie auch in manchen anderen Ostblockstaaten den nationalen Leidenschaften einen zusätzlichen Auftrieb geben würde.

Wie dem auch sei, es erweist sich nun der zum Teil vererbte, zum Teil durch Jahrzehnte der Verlogenheit und Verdrängung zusätzlich verschärfte Nationalismus der kleinen Staaten des östlichen Mitteleuropas und des Balkans nicht nur als eine Bedrohung, sondern in mancher Hinsicht auch als eine Stütze der sowjetischen Vorherrschaft. „Die Vergangenheit ist niemals tot, sie ist nicht einmal vergangen", schrieb einmal William Faulkner. Die massenweise Vertreibung der Türken aus Bulgarien, die brutale Unterdrückung der Albaner in der südserbischen autonomen Provinz Kosovo, die Verfestigung – statt des von Marxisten-Leninisten prophezeiten Absterbens – der Vorurteile, ja der Feindbilder, welche die vermeintlichen Freunde und Bündnispartner voneinander hegen, liefern täglich handfeste Beweise dafür, daß die historischen Faktoren weiter wirken und daß sich die Nationalitätenkonflikte, keineswegs nur zwischen Rumänien und Ungarn, enorm verschärft haben.

Von einer gemeinsamen Abwehr sowjetischer Pressionen oder gar Interventionsdrohungen im akuten Fall könnte also keine Rede sein. Allerdings darf man auch die Tatsache nicht übersehen, daß schwelende Unruheherde die außenpolitische Manövrierfähigkeit des Kremls einengen. Dies gilt zum Beispiel für die dem Vernehmen nach ohne sowjetische Zustimmung verfügte Ausweisung von Zehntausenden von Türken aus Bulgarien, die zwar durch das Aufputschen der nationalen und fremdenfeindlichen Gefühle die Position der Parteispitze in Sofia vorübergehend konsolidiert, zugleich aber die sowjetische Balkanpolitik und das Verhältnis zum strategisch wichtigen Nachbarn Türkei belastet.

Nicht nur die Reformer in Polen und Ungarn, sondern auch jene Führungsgremien, die sich, wie etwa in Bulgarien, Rumänien und in der ČSSR, noch immer der kommunistischen Phraseologie bedienen, müssen den Kurs der Verteidigung der nationalen Interessen und der traditionellen Staatsräson einschlagen, um einen Minimalkonsens mit der Bevölkerung zu erringen.

Die DDR bleibt nach wie vor ein Sonderfall, nicht wegen Honeckers Widerstand gegen Perestroika, sondern weil sie im Gegensatz zu allen Warschauer-Pakt-Staaten ein künstliches Gebilde ohne nationale Basis ist. Das Verhältnis zum größeren, freien und unvergleichlich wohlhabenderen Teil der gespaltenen deutschen Nation bedeutet eine permanente Destabilisierung der DDR, die mit der Errichtung der Berliner Mauer am 13. August 1961 die endgültige Niederlage im ideellen, politischen und wirtschaftlichen Wettbewerb eingestehen mußte. Was Honecker „Sozialismus" nennt, ist in der Tat die einzige Legitimation für das SED-Regime gegenüber der Bundesrepublik. An der Trennlinie zwischen zwei deutschen Staaten mit unterschiedlichen Gesellschaftssystemen müssen also die deutschen Kommunisten ihre Dogmen aufrechterhalten, ohne Rücksicht darauf, ob sie daran glauben oder nicht. Für die SED gibt es keine andere, „liberale" Option. Dieses Argument vertrat kürzlich mit Recht der polnische Ökonom Jan Winiecki in einem Leserbrief, in dem er die naiven und irreführenden Betrachtungen eines Artikels der *New York Times* über die „Erfolgsstory der DDR" korrigierte.

Das Einzigartige der derzeitigen Situation besteht darin, daß sowohl Bonn als auch Moskau auf Reformen in der DDR drängen und dadurch gewollt oder ungewollt die Instabilität im sowjetischen Machtbereich fördern. Angesichts der deutschen Zweistaatlichkeit und des grundsätzlichen Konsenses zwischen Ost und West, daß die internationale Stabilität die andauernde Teilung Deutschlands voraussetzt, würde eine „revolutionäre Umgestaltung" der politischen, wirtschaftlichen und sozialen Verhältnisse das Sicherheitsbedürfnis der Sowjetunion gefährden. Andererseits kann auf mittlere Frist die DDR in einem sich wandelnden Mittel- und Osteuropa kaum eine Insel der Stagnation bleiben.

Gorbatschows Kurs der Halbheiten hat nicht nur in der DDR, sondern in fast allen Paktländern eine gewisse „institutionelle Unsicherheit" geschaffen. Nach allen verfügbaren Informationen scheint die Entwicklung in den einzelnen Ostblockländern in den innersowjetischen Auseinandersetzungen eine immer wichtigere Rolle zu spielen. Widersprüchliche Signale einer mit den enormen innersowjetischen Problemen vollauf beschäftigten Moskauer Führung könnten die von Gorbatschow erwünschten dosierten und kontrollierten Reformen in einen für die Führung und für die Bevölkerung unberechenbaren Umbruch verwandeln.

Die Würfel fallen nun nicht in den westlichen Kanzleien, sondern in Osteuropa. Scheinlösungen und kosmetische Maßnahmen können den allgemeinen wirtschaftlichen Niedergang und den allgemeinen Verfall des kommunistischen Systems nicht mehr aufhalten. Die Reallöhne werden noch weiter sinken, die Talsohle ist noch nicht erreicht. Auch in Ungarn und Polen werden trotz aller zugesagten westlichen Hilfe die Reformen die Lage noch verschlechtern, indem sie die bereits beträchtliche Inflationsspirale weiter beschleunigen, offene Arbeitslosigkeit schaffen und die sozialen Unterschiede und Ungerechtigkeiten unter den Verhältnissen eines sich sozialistisch nennenden Systems ins Unerträgliche steigern.

Zu den offenen und unterschwelligen Spannungen in der Haltung gegenüber Moskau kommen noch weitere Faktoren zum Tragen, etwa die ungeklärten Führungsverhältnisse bzw. die Nachfolge-Problematik in allen Paktländern, der Generationswechsel und die dynamischen Folgewirkungen der Ost-West-Abrüstungsgespräche und der Reduzierung der Militärausgaben. Sowohl in der Sowjetunion als auch im Bündnissystem erfaßt die politische Gärung und, wenn auch zaghaft, die Kritik der Medien auch bisher als unantastbar geltende Säulen des Systems wie die Armee und den Geheimdienst. Angesichts des Ideologievakuums und des Bankrotts des Comecon (Singapur allein exportiert mehr Maschinen in den Westen als der gesamte östliche Wirtschaftsblock!) betrachtet die „Partei der Ordnung" die Verläßlichkeit und Einsatzbereitschaft der Armee und der bewaffneten Sicherheitskräfte als eine zentrale Frage.

Der Druck von unten und die Angst vor Instabilität von oben, die Dynamik der zentrifugalen Kräfte in der Politik, der wirtschaftliche Bankrott und die Machtkämpfe beschwören das Gespenst der Unregierbarkeit bereits heute in Polen und morgen vielleicht in Ungarn herauf. Die Bevölkerung beschäftigen überall unerträgliche Alltagssorgen und die sich abzeichnende Verschlechterung mehr als die ganze Reformdiskussion. Die größte Gefahr liegt vielleicht in einer sozialen Explosion, die mit der gleichermaßen fehlenden Glaubwürdigkeit des alten Regimes wie auch der neuen Opposition zusammenfallen könnte. Die Reformexperimente Gorbatschows könnten sich unter diesen Umständen als Zeitbomben entpuppen. Die sowjetischen Experten rechnen unter optimistischen Vorzeichen mit einer Übergangsperiode von ein oder zwei Generationen, um die Sowjetunion zu modernisieren. Ist aber dieses System überhaupt veränderbar? Wie lange können die höher entwickelten Länder Ostmitteleuropas noch warten? Es existieren weder im Osten noch im Westen realistische Szenarien für eine einigermaßen vernünftige Einschätzung des Unberechenbaren. Die größte Unbekannte in dieser sensiblen Gleichung der Macht bleibt aber die sowjetische Toleranzgrenze.

Das Ostbild des Westens, das Westbild des Ostens

Hoffnungen, Illusionen und Fehlurteile

November 1989

In den kommunistisch regierten Ländern hat sich aus einer inneren Dynamik heraus ein tiefgreifender Wandlungsprozeß entwickelt, der nach Polen und Ungarn nun auch in der DDR atemberaubende Überraschungen sozusagen am laufenden Band produziert. Es geschehen Dinge, die wir alle bis vor kurzem für unmöglich hielten. In Polen und in Ungarn vollzieht sich ein (zumindest bisher) friedlicher Systemwechsel. In der DDR hat der gewaltlose Aufstand der Massen nicht nur früher undenkbare politische Konzessionen erzwungen, sondern auch die Frage der deutschen Einheit auf die Tagesordnung der europäischen Politik gesetzt.

Das Element der Überraschung prägte mehr als einmal den geschichtlichen Ablauf und das politische Handeln in Mittel- und Osteuropa. Die geradezu verzweifelte Flucht nach vorn, die die sowjetischen und polnischen, ungarischen und deutschen Kommunisten angetreten haben, bestätigt, daß es hinter der Fassade der widersprüchlichen Vorgänge um die Zentralfrage kommunistischer Regime, nämlich um die Frage nach der Macht, geht.

Eine einzigartige Kombination von politischen, wirtschaftlichen, nationalen, sozialen und menschlichen Faktoren drängt die Hegemoniemacht und ihre Vasallen in Richtung von radikalen Reformen. Einerseits scheinen die Aussichten für grundlegende Änderungen von gesamteuropäischer Tragweite östlich der Elbe derzeit besser zu sein als vielleicht je zuvor seit der kommunistischen Machtübernahme nach dem Zweiten Weltkrieg. Immer mehr Politiker und Leitartikler sprechen von einer „historischen Chance" für den Westen, den Gang der Dinge in der kommunistischen Welt entscheidend zu beeinflussen. Anderseits haben Vorgänge wie vor allem die unkontrollierbare Dynamik der Selbstauflösung der herrschenden Parteien etwa in Polen und in Ungarn sowie der eruptive Freiheitsdrang der Deutschen in der DDR und das Aufbegehren der kleineren Nationen und

Volksgruppen in der Sowjetunion eine gefährliche und potentiell explosive Situation geschaffen.

Wir erleben im Grunde eine Flucht von historischer Tragweite aus dem Sozialismus leninistischer Prägung und zugleich aus dem russischen Kolonialreich. Die doppelte Krise des Sowjetsystems und seiner Einflußsphäre ist untrennbar mit der ungeahnten Beschleunigung des Desintegrationsprozesses der diversen Einparteiensysteme verbunden. Die Wechselwirkung zwischen diesen drei Krisen und den Optionen des Westens wirft grundsätzliche Fragen auf. Eine realistische Einschätzung der Reformfähigkeit, der Chancen und der Gefahren bei der Transformation kommunistischer Systeme und bei der Anbahnung systemübergreifender Zusammenarbeit zwischen Ost und West erfordert die Befreiung des Ostbildes des Westens und des Westbildes des Ostens sowohl von den Klischees des Kalten Krieges als auch von romantischen Illusionen.

Wer ökonomisch und letztlich politisch erfolgreich sein will, braucht einen kühlen Kopf, um bei der Betrachtung der rasanten Entwicklung weder das Ausmaß der Wandlungen noch aber ihre Grenzen und Risiken zu übersehen. Wenn man also dieser Tage so oft hört, der Umbruch im Osten werde gerade für die Investoren und Wirtschaftspolitiker zu einem „atemberaubenden Experiment“ werden, so muß man freilich am Beispiel Chinas, Rumäniens und nicht zuletzt Jugoslawiens auch die Gefahr eines Absturzes stets in Kalkül ziehen. Gewiß liegt es auch im eminenten Interesse des Westens, daß die Reformprozesse nicht in unkontrollierbare Turbulenzen mit unabsehbaren Gefahren münden.

So wird trotz der Beweiskraft der düsteren Realitäten die Kluft zwischen dem Wünschenswerten und dem Machbaren noch immer viel zu oft durch „rhetorische Lösungen“ verschleiert oder verdrängt. Zum Ostbild des Westens gehören etwa die Behauptungen eines amerikanischen Ökonomen, wonach mit westlicher Hilfe die Inflation (derzeit weit über 50 Prozent) in Polen in sechs Monaten unter Kontrolle gebracht und bis Ende nächsten Jahres sogar eine funktionierende Marktwirtschaft geschaffen werden könnte! In Wirklichkeit gibt es keine westliche Schocktherapie, die kurzfristig Erfolge bringt, und eine westliche Politik, die den Osteuropäern Hoffnung auf massive, schnelle, ja gar unbegrenzte Finanzhilfe macht, kann sich früher als erwartet als ein Bumerang erweisen. Projektkredite und handelspolitische Erleichterungen sind so wie die Förderung von Managementschulen und Lieferungen aus den Agrarüberschüssen der EG nicht unwichtig, doch haben sie mit den Erwartungen der Polen auf zehn oder zwanzig Milliarden Dollar (in drei bis fünf Jahren) kaum etwas zu tun.

Nach einer jüngsten Untersuchung des Wiener Instituts für internationale Wirtschaftsvergleiche gestaltete sich die Entwicklung Polens und Spaniens, Länder ähnlicher Struktur vor dem Zweiten Weltkrieg, in folgender Weise: Der Entwicklungsstand Polens war im Jahre 1929 um etwa 20 Prozent niedriger als der von Spanien. 1985 betrug die Differenz des Pro-Kopf-Bruttoinlandproduktes bereits 47 Prozent. Ähnliche Resultate über die wachsende Kluft bei der nach Kaufkraftparitäten gerechneten Pro-Kopf-Leistung erbrächten Vergleiche zwischen der Bundesrepublik und der DDR, zwischen der Tschechoslowakei und Ungarn einerseits und Österreich andererseits.

Was die Infrastruktur, Wohnraum, ärztliche Versorgung und die Lebensqualität betrifft, sind die Statistiken ebenfalls eindeutig: So brechen in Warschau die großen Wasser- und Heizungsrohre etwa 1500mal im Jahr, in München nur etwa 20mal. Die Schwefeldioxidemissionen in der ČSSR oder der DDR sind rund viermal höher als in der Bundesrepublik oder in Frankreich. In Ungarn ist die Rate der Säuglingssterblichkeit zweimal so hoch wie in Österreich, und umgekehrt gibt es, pro Kopf gerechnet, 3,5mal weniger Telefone.

Vor diesem Hintergrund erweisen sich die Aufrufe für einen „Marshallplan für Osteuropa“ als Leerformeln, die mit der Wirklichkeit in diesen Ländern nichts zu tun haben. Geht es doch nicht um einen „Wiederaufbau“ der Wirtschaft, sondern um deren totale Umstrukturierung im Sinne eines Systemwechsels. Die amerikanische Wirtschaftshilfe nach dem Zweiten Weltkrieg diente dem Aufbau einer konkurrenzfähigen Industriestruktur und nicht dem Konsum bzw. der unmittelbaren Hebung des Lebensstandards. Vor allem geht es aber darum, daß Kredite, wie das wiederholt gezeigt wurde, die fehlende Motivation der Bevölkerung nicht ersetzen können.

Eine der großen Gefahren für alle diese Systeme war und ist zum Teil noch der Dilettantismus der Entscheidungsträger in den Schaltzentralen der Macht und oft auch an der Spitze der Großbetriebe. In den vergangenen Jahrzehnten haben die kommunistischen Regime jede unternehmerische Kompetenz, Geschäftserfahrung, Handelskenntnis, marktorientiertes Handeln und Risikobereitschaft zerstört. Die Männer, die heute in Moskau, in Budapest, aber auch in Warschau die wichtigsten Funktionen bekleiden, sind – mit wenigen Ausnahmen – Theoretiker oder Bürokraten, die nie bei einer Firma oder Bank gearbeitet haben. Ihnen allen galt die kürzlich ausgesprochene Warnung Gorbatschows, daß die Einführung der Marktwirtschaft „innerhalb von zwei Wochen das ganze Volk auf die Straße bringen und jede Regierung hinwegfegen würde, auch eine, die erklärt, zum Wohl des Volkes zu handeln."

Die übertriebenen Erwartungen westlicher Medien hinsichtlich einer Privatisierung des Staatseigentums und der Chancen für *Joint ventures* entspringen auch der Unkenntnis des Dschungels dieser Wirtschaftssysteme. Selbst im reformfreudigen Ungarn waren bis vor kurzem nicht weniger als 50.000 verschiedene Gesetze, Erlässe und Verordnungen hinsichtlich der Wirtschaftsverwaltung in Kraft. Nun weisen Zeitungen immer häufiger darauf hin, daß es sich oft um eine Privatisierung durch und für die sogenannte Nomenklatura, also für die Staats- und Wirtschaftsbürokratie, handelt, wobei weder die Kontrolle von außen noch die Beteiligung der Belegschaft gesichert wird.

Trotz unzähliger Untersuchungen wird die tatsächliche Dimension des Ost-West-Handels oft maßlos überschätzt. Wer außer wenigen Experten weiß, daß das kleine Österreich allein fünf Prozent, dagegen der ganze Ostblock mit einer Bevölkerung von rund 400 Millionen bloß 4,7 Prozent der westdeutschen Exporte abnimmt oder daß die Schweiz allein um 20 Prozent mehr in die EG exportiert als der gesamte Ostblock? Gerade in einer Zeit, in der westdeutsche Zeitungen über ein „DDR-Wirtschaftswunder" mit Hilfe der Bundesrepublik phantasieren und die Börsen mit einer „ausgesprochen euphorischen Stimmung" auf die „Wiedervereinigungshoffnungen" reagierten, muß man darauf hinweisen, daß die DDR innerhalb des Warschauer Paktes ein Sonderfall ist. Die Menschen sind besser ausgebildet, die Infrastruktur ist unvergleichlich höher entwickelt und die DDR verfügt dank dem dichten innerdeutschen Handel und den laufenden Zahlungen der Bundesrepublik sowohl über mehr harte Devisen als die anderen Blockstaaten als auch über vielfältige Kontakte zur Wirtschaft der Bundesrepublik und der Europäischen Gemeinschaft.

Trotzdem scheinen die von manchen deutschen Publizisten angestellten Spekulationen, daß zum Beispiel die DDR für die Sowjets endgültig entwertet sei und daß eine großangelegte Lösung samt deutscher Einheit im wohlverstandenen Interesse Moskaus läge, zumindest voreilig, wenn nicht verfehlt zu sein. Einerseits handelt es sich um das Kernstück des Imperiums und darüber hinaus um die sowjetische Vormachtstellung in Mittel- und Osteuropa. Andererseits – und das wird oft übersehen – tragen die DDR und die anderen Comecon-Staaten entscheidend zur sowjetischen Wirtschaftskraft und zum militärischen Potential bei. Trotz der Diskussionen über die osteuropäische Bürde bleibt die Tatsache unbestritten, daß in der ersten Hälfte der achtziger Jahre die Sowjetunion dreimal so viele Maschinen von den Comecon-Partnern als vom Westen importierte, wobei die Lieferungen der „Bruderländer" rund 20 bis 25 Prozent der gesamten sowjetischen Aufrüstungsinvestitionen betragen haben.

Die Krise des Sowjetsystems löste direkt und indirekt jene Destabilisierung der kleineren Paktländer aus, die nicht nur Gorbatschow und die sowjetische Führung, sondern auch der Westen vermeiden wollte. In diesem Zusammenhang spielt die Kommunikationsrevolution eine ungeheuer wichtige Rolle. Daß die ungarischen und polnischen Medien seit längerer Zeit viel über den wirtschaftlichen und sozialen Verfall des Sowjetsystems, also über ein Land, das seit 40 Jahren als das Beispiel für den „sozialistischen Aufbau" hingestellt wurde, berichten, trug zur Erschütterung der Einparteiendiktatur in diesen Ländern bei. Umgekehrt kann man im sowjetischen Fernsehen und vor allem in den reformfreudigen sowjetischen Publikationen immer häufiger offenherzige Berichte über die Lage in Polen, Ungarn und neuerdings auch in der DDR antreffen.

Die massive Beeinflussung der Menschen in der sowjetischen Einflußsphäre durch die westlichen Fernseh- und Radiosender hat das Westbild des Ostens in einem bedenklichen Maße verzerrt. Für den Durchschnittsbürger in den Ländern des Warschauer Paktes ist die Wirtschaftskrise sowohl die Folge des Versagens des kommunistischen Planungssystems als auch die des erzwungenen Zusammenschlusses mit der rückständigen Hegemoniemacht im Rahmen des Comecon, der Wirtschaftsorganisation des Ostblocks. Zugleich wurden Millionen von Westtouristen im Osten und die steigende Flut von Osttouristen im Westen zu Trägern der Aufweichung und zur tödlichen Herausforderung für die Legitimität der ideologisch starr strukturierten Ostsysteme. Man kann sich unter diesen Umständen kaum wundern, daß die vielgeprüften Bürger in Ungarn und Polen anläßlich der Besuche von westlichen Spitzenpolitikern Illusionen über das Ausmaß und das

Tempo der Westhilfe hegen. Diese Kluft zwischen Wirklichkeit und Wahrnehmung wird von Zeit zu Zeit durch harte Fakten schlagartig in Erinnerung gerufen. Seit Jahren wird zum Beispiel die ungarische Öffentlichkeit in Wort und Schrift über die angeblich enorme Bedeutung der Gewährung der Meistbegünstigung durch die amerikanische Regierung für ungarische Exporte ohne Zeitlimit informiert. In Wirklichkeit betrifft diese Maßnahme etwa ein Drittel der ungarischen Exporte im Werte von 330 Millionen Dollar jährlich. Kurz: Die Ersparnisse durch die Ermäßigung werden maximal auf fünf bis sechs Millionen Dollar geschätzt. Zugleich beträgt das Zahlungsbilanzdefizit Ungarns in diesem Jahr nach offiziellen Schätzungen mindestens 1,4 Milliarden Dollar.

Ähnliche Enttäuschungen werden bezüglich westlicher Kapitalinvestitionen registriert. Der ungarische Handelsminister Tamás Beck ist zur Zielscheibe von Angriffen geworden, weil er auf seinen zahlreichen Reisen in den Westen dicke Mappen mit detaillierten Angaben über rund 50 zum Verkauf angebotene Staatsunternehmen verteilt hat. In Wirklichkeit will kaum jemand, abgesehen von patriotischen Auslandsungarn (oder Auslandspolen), defizitäre oder bankrotte Staatsbetriebe übernehmen. Laut Becks Angaben betrug allein im Jahre 1988 das Volumen der Auslandsinvestitionen in Griechenland das Vierfache des gesamten Nettokapitaleinganges in Ungarn in den letzten 15 Jahren. Im ersten Halbjahr 1989 belief sich der Kapitaleingang durch die Gründung von 400 gemischten Gesellschaften auf bloß 70 Millionen Dollar. Das Land muß indessen jährlich rund drei Milliarden Dollar Zinsendienst bzw. Kapitaltilgung bei einem jährlichen Exporteingang in Hartwährung von nur rund sechs Milliarden Dollar leisten …

Trotzdem richtet sich die Hoffnung überall noch immer auf den Westen. Es ist aber unvermeidlich, daß die zum Teil künstlich gesteigerten Erwartungen aus mehreren Gründen nicht erfüllt werden können. Die Haltung des Westens wird auch nach dem Pariser Gipfeltreffen nicht durch sorgfältig koordinierte selektive Aktionen, sondern von den jeweiligen innenpolitischen Prioritäten bestimmt. Es bleibt dabei meist bei mediengerecht präsentierten Lebensmittellieferungen. Gewiß sind auch Care-Pakete für die hungernden Menschen in den Wintermonaten höchst willkommen. Sie dürfen aber nicht mit unternehmerischem Engagement und Kapitalbeschaffungsmöglichkeiten verwechselt werden. So erklärten kürzlich in Budapest 70 Industrielle und Geschäftsleute ungarischer Herkunft, die aus 13 Ländern zu einer Konferenz angereist waren: „Wir applaudieren den schnellen politischen Veränderungen, aber wir investieren nicht in eine instabile Wirtschaft."

Die Interdependenz zwischen den Illusionen über die Hilfsbereitschaft des Westens und den Fehleinschätzungen über die Reformfähigkeit und Konsensbereitschaft des Ostens bildet eine oft unsichere Grundlage für von der Wirklichkeit abgehobene Zukunftsvisionen. „Noch nie war die wirtschaftliche Zukunft in Polen und Ungarn, aber auch in der Sowjetunion so düster und die politische Lage so verworren wie jetzt, doch zeigen manche angeblich so geschäftstüchtige westliche Wirtschaftspolitiker gerade jetzt die größte Bereitschaft, wieder einmal gutes Geld in ein Faß ohne Boden zu werfen. Marktwirtschaftliche Instrumente können nicht in kleinen Dosen den von Bürokraten gelenkten Monopolen und einer moralisch zerrütteten Gesellschaft aufgepfropft werden", erklärte kürzlich ein polnischer Ökonom im Privatgespräch.

Eine Marktwirtschaft ohne Waren, ein Kapitalmarkt ohne Kapital, eine Abkehr von der Kommandowirtschaft ohne Sanierung der Währung sind ein hoffnungsloses Unterfangen. Die Umstellung auf die Marktwirtschaft erfordert Voraussetzungen, unter denen am weitaus wichtigsten die menschlichen Faktoren wie Leistungs- und Opferbereitschaft, ökonomisches Denken, unbändiger Unternehmergeist, risikobereite Weltoffenheit sind. Statt eines solchen Wandels der Verhaltensmuster in den sich öffnenden kommunistischen Staaten und Gesellschaften zeigt der Augenschein in Moskau und Warschau, Budapest und Belgrad die Unfähigkeit des brüchigen Herrschaftsapparats, die rhetorisch angekündigte Umstellung auf die Marktwirtschaft ohne Kompromisse durchzuziehen und unpopuläre Maßnahmen durchzusetzen. Vor allem aber sieht und spürt man eine zunehmende Brutalisierung im Existenzkampf, sprunghaft steigende Kriminalität, wachsenden Egoismus der Menschen angesichts der zerbröckelnden und nur mehr auf Fiktionen gebauten sozialen Sicherung, das Chaos des Schwarzmarkts und eine aus den Fugen geratene Parallelwirtschaft.

Die Demotivation der Menschen kann auch durch die Schaffung einer repräsentativen Demokratie westlicher Art nur außerordentlich langsam und schrittweise überwunden werden. Selbst unter den günstigsten Umständen muß man also mit einer – von Land zu Land unterschiedlichen – langen Durststrecke rechnen, wobei eine spürbare Verbesserung der Lebensumstände fünf bis zehn Jahre dauern dürfte. Michail Gorbatschows ungebrochene Anziehungskraft auf die öffentliche Meinung im Westen ändert nichts an der Ausweglosigkeit der wirtschaftlichen, sozialen und nationalen Krise in der Sowjetunion.

Der Soziologe Norbert Elias hat sich unter anderem mit dem Problem beschäftigt, daß gesellschaftliche Prozesse in der Regel das Ungeplante hervorbringen, daß im Kampf um die Verwirklichung der von Gruppen und besonders von den Mächtigen gehegten Hoffnungen nie das herauskommt, was ursprüngliches Ziel war. Ein solcher ungeplanter und ungewollter Prozeß ist zum Beispiel die besorgniserregende Nationalisierung statt der im Westen so oft angekündigten Liberalisierung und Humanisierung der zerfallenden leninistischen Systeme. Die Möglichkeiten, die wieder auflebenden nationalen und sozialen Spannungen im Herzen und am Rande des Sowjetreiches unter Kontrolle zu bringen und den revolutionären Umbruch zu steuern, werden von Tag zu Tag geringer. Die „panische Furcht vor einem Umschlagen deutscher Apathie in Anarchie" (so ein kluger deutscher Beobachter in Moskau) und nicht die frivolen Sinatra-Sprüche sowjetischer Propagandisten spiegeln die wirkliche Stimmung im Kreml wider. Es geht nicht darum, ob wir „Gorbatschow trauen können", sondern darum, ob sein halbherziger Kurs den kommenden Krisenwinter überleben kann, ob Gorbatschow die doppelte Herausforderung eines um Macht und Pfründe kämpfenden Apparates und der zunehmend erbitterten Massen durch eine Flucht nach vorn, also eine beschleunigte Zentralisierung der Macht, bekämpfen wird.

Ob eine zunehmend entideologisierte und systemübergreifende Zusammenarbeit zwischen Ost und West in geordneten Bahnen verlaufen kann, hängt nicht nur und nicht mehr allein vom Dialog der Supermächte, sondern auch davon ab, ob und wie schnell die existierenden Feindbilder zwischen den mittel- und osteuropäischen Staaten abgebaut werden können. „Wir haben in der Nacht gelogen, am Tag gelogen, während der ganzen Zeit gelogen!" sagte kürzlich der frühere Präsident des ungarischen Parlaments. Die Verlogenheit galt auch hinsichtlich jener Ressentiments, ja Haßgefühle, die das Verhältnis zwischen so vielen Völkern und Volksgruppen in dieser krisengeschüttelten Region vergiften. Die Länder Mittel- und Osteuropas stehen an einem Wendepunkt. Bis zu welchem Punkt kann man den „Getriebenen“, den Regierungen, helfen, nicht im Chaos unterzugehen? Das vorhandene Konfliktpotential innerhalb und zwischen den Ländern könnte auch ohne eine sowjetische Intervention unkontrollierbare Turbulenzen auslösen. Deshalb ist Vorsicht, Flexibilität und langer Atem bei der Einschätzung der westlichen Optionen geboten.

Osteuropa zwischen Liberalismus und Nationalismus

Die Hoffnungen von morgen und die Gespenster von gestern

April 1990

Östlich der Elbe ist in den letzten Monaten und Wochen viel in Bewegung geraten. Nicht nur die deutsche Einheit, sondern auch die Befreiung der einzelnen mittel- und südosteuropäischen Staaten vom doppelten Joch der kommunistischen Diktatur und (in den meisten Fällen) auch der Sowjetisierung kommt in einer Weise, die niemand geplant oder auch nur vorausgesehen hat. „Wenn man lange lebt", sagte Ernst Jünger vor acht Jahren bei der Entgegennahme des Goethe-Preises, „erlebt man alles und auch das Gegenteil."

Der Ostblock und der Vielvölkerstaat Sowjetunion, seine Randstaaten und die eigenen Sowjetrepubliken sind, jeweils in unterschiedlichem Ausmaß, in Auflösung begriffen. Von Berlin bis Sofia, von Prag bis Bukarest ändert sich die ganze Szenerie in geradezu rasendem Tempo. Vom Systemwechsel bis zum (zumindest bisher) geordneten Rückzug der sowjetischen Truppen aus der Tschechoslowakei und Ungarn geschehen Dinge, die man bis vor kurzem für unvorstellbar hielt.

Die noch gestern zum vierzigsten Jahrestag der DDR herausgegebenen Bücher über die vermeintlich stabile Zweistaatlichkeit Deutschlands und die „Erfolgsstory" der DDR sind in kürzester Zeit zu Makulatur geworden. Heute steht die Frage im Mittelpunkt der Tagesordnung der europäischen Politik, ob und wie die Gefahr eines neu aufkeimenden deutschen Nationalismus gebannt werden kann.

„Nationalitäten bleiben, Regime vergehen", schrieb bereits vor einem Vierteljahrhundert Raymond Aron, in einer Zeit, als die meisten westlichen Wissenschaftler das Problem des Nationalismus ignoriert und die führenden Politiker bei ihren zahlreichen Ostbesuchen („Polit-Tourismus") erst recht die heikle Frage tabuisiert haben. Man darf nicht vergessen, daß es noch in der Neufassung des Parteiprogramms der KPdSU von 1986 heißt:

„Die nationale Frage, wie sie uns die Vergangenheit hinterlassen hatte, wurde in der Sowjetunion erfolgreich gelöst." Noch im November 1987 behauptete Gorbatschow, die nationale Frage sei im Prinzip gelöst. Infolge blutiger Unruhen und Pogrome in Aserbeidschan, Armenien, Georgien, Usbekistan, Kasachstan und zugleich angesichts der Unabhängigkeitsbestrebungen der baltischen Nationen ist die Nationalitätenfrage zum zentralen Problem der sowjetischen Politik geworden, und Gorbatschow selbst erkannte öffentlich, daß sie die „Lebensfrage des sowjetischen Staates" sei.

Während aber Größe und die Brisanz des sowjetischen Nationalitätenproblems, ja die mögliche „Libanisierung" der Sowjetunion (so Zbigniew Brzezinski in *Foreign Affairs*) bei dem Suchen nach einem neuen gesamteuropäischen Sicherheitssystem ebenso ins Kalkül gezogen wird wie die mögliche Neubelebung der nationalen Dynamik eines vereinigten Deutschlands, wird ein anderes Dilemma, nämlich die steigende Flut des Nationalismus in Osteuropa – möglicherweise aus falschem Takt –, oft verschwiegen oder unterschätzt. Gerade in und zwischen den kleineren ost- und südosteuropäischen Staaten hat sich aber soviel nationaler und sozialpsychologischer Sprengstoff angesammelt, daß das Wechselspiel der Nationalismen ihre erhoffte Rückkehr nach Europa hier und dort überlagern könnte.

Bei einem kürzlich an der Sorbonne organisierten internationalen Kolloquium über das Thema „Wohin steuert der Osten?" bezeichnete der Pole Adam Michnik (einst Dissident, heute Chefredakteur der *Gazeta Wyborcza,* der Tageszeitung der „Solidarität", und Sejm-Abgeordneter) die Polarisierung „Sozialdemokratie oder Liberalismus" im posttotalitären Mitteleuropa als im Grunde irrelevant. In diesen mittel- und osteuropäischen Staaten geht es laut Michnik nicht um einen Konflikt zwischen „Kapitalismus und Sozialismus", zwischen „rechts und links", sondern um die Entscheidung zwischen zwei Wegen, einem demokratisch-pluralistisch-toleranten und einem national-zentralistisch-autoritären.

Nun wäre es falsch, die nationale Selbstbehauptung, den Übergang vom marxistisch-leninistischen Klassenbegriff (die Rechtfertigung für die brutale Diskriminierung von Millionen) zum nationalen Grundkonsens, pauschal als eine ansteckende Krankheit aus der Vergangenheit abzuwerten. Der Nationalismus hat viele Gesichter und ist durchaus ambivalent. Er kann eine beharrende Kraft, aber auch ein revolutionärer Faktor sein, steril, doch auch schöpferisch, reaktionär, aber auch progressiv.

Was den Bürgern lange existierender Nationalstaaten im Westen wie ein beunruhigendes Überbleibsel der Vergangenheit und den Amerikanern sogar wie ein Gespenst aus dem finsteren Mittelalter vorkommt, stellt sich in Mittel-, Ost- und Südosteuropa auf ganz andere Weise dar. Die meisten dieser Nationen erreichten ihre Eigenstaatlichkeit erst im 20. Jahrhundert. Das Nationalgefühl war das wichtigste Mittel zum Überleben während jahrhundertelanger Fremdherrschaft und im Kampf zur Erlangung der Unabhängigkeit.

Daß das Aufputschen des verletzten Nationalbewußtseins vom Bindemittel zum Sprengstoff werden und die irrationale Gefühlsmacht der nationalen Sendungsideen aufgewühlter Massen in den Abgrund der totalitären Diktaturen führen kann, hat der österreichische Klassiker Franz Grillparzer bereits vor rund 150 Jahren in seinem Notizbuch mit dem berühmten Epigramm „Von der Humanität über die Nationalität zur Bestialität" vorausgeahnt. Im Zeitalter der totalitären Versuchung hat der virulente Nationalismus der Mehrheitsnationen (selbst in der Tschechoslowakei, der einzigen funktionierenden Demokratie, mit wenig Sensibilität für die Probleme der Slowaken, Deutschen und Ungarn) vor dem Hintergrund der permanenten Wirtschaftskrise und „der Panik des Mittelstandes" den Nährboden für antiliberale und autoritäre Regime mit wechselnden Etiketten gebildet, man denke an Horthy in Ungarn, Piłsudski in Polen, König Carol in Rumänien und König Boris in Bulgarien.

Statt der hier und dort geradezu modisch gewordenen Idealisierung der Vorkriegsvergangenheit muß man mit Nachdruck daran erinnern, daß sich mit den Worten Karl Dietrich Brachers die immer wieder erneuerte Denkfigur und Ideologie eines „dritten Weges" oder einer „dritten Kraft" im 20. Jahrhundert fast regelmäßig gegen die Demokratie richtet, sie durch rechts- und linksradikale Scheinalternativen unterminiert, gegenüber vorgeblich vollkommeneren Gesellschafts- und Staatsformen abwertet. Die Last des historischen Erbes, des Hasses, der Gewalt und der Massaker verleiht den nationalen Gegensätzen in dieser Region eine bedenkliche Brisanz.

Jugoslawien liefert ein besonders einprägsames Beispiel dafür, wie tief die historischen Erfahrungen bei fast allen Bürgern des heutigen Vielvölkerstaates in die eigene Familiengeschichte hineinreichen und zugleich die Probleme von heute mitprägen. Das einstige „Königreich der Serben,

Kroaten und Slowenen" brach 1941 vor allem wegen der ungezügelten und von der serbischen Vorherrschaft ins Unerträgliche gesteigerten nationalen Feindschaften auseinander. Im Zweiten Weltkrieg haben die Ustaschen, die extremen kroatischen Separatisten, die berüchtigten serbischen Tschetniks und muslimische Freischärler mehr Jugoslawen ermordet als die deutschen, italienischen und anderen Okkupatoren, mit denen sie abwechselnd kollaborierten. Ohne die Tragik der Vergangenheit kann man den psychologischen Krisenbefund der jugoslawischen Gesellschaft und die für viele Außenstehende als ein Rückfall in die Barbarei anmutende nationalistische Hysterie etwa seit 1988 in Serbien, aber auch bei der so lange unterdrückten albanischen Minderheit, die allerdings in der Krisenprovinz Kosovo 90 Prozent der Bevölkerung stellt, überhaupt nicht begreifen.

Jugoslawien ist im Grunde ein Land ohne Jugoslawen, da die Standortbestimmung national und nicht politisch ist. Gerade die beängstigende Intensität der politischen, wirtschaftlichen und sozialpsychologischen Konflikte zwischen der serbischen Mehrheitsnation einerseits und den Kroaten, Slowenen und Albanern andererseits bestätigt die für Jugoslawienkenner seit eh und je selbstverständliche, aber für so viele westliche Staatskanzleien überraschende Tatsache, daß in diesem Balkanland die grundsätzliche Scheidungslinie nicht zwischen „Linken" und „Rechten", sondern zwischen den Nationen und Minderheiten verläuft.

Wenn nun eine Zeitung der slowenischen Opposition vor einiger Zeit stolz proklamierte: „Unser Modell ist Litauen!", so ist das ein untrügliches Indiz dafür, wie stark die zwischennationalen Auseinandersetzungen in der Sowjetunion nicht nur die Entwicklung in den früheren Satellitenstaaten, sondern auch die nationale Gärung im blockfreien Jugoslawien beeinflussen. Umgekehrt betrachtet Michnik in seiner eingangs zitierten Rede mit Recht den antirussischen Fremdenhaß als die größte Gefahr für Polen und den nationalistischen Hader und die vom Fremdenhaß getragenen Bewegungen überhaupt als das komplizierteste und dramatischste Problem in Mitteleuropa.

Die Tatsache, daß es der Sowjetunion nicht gelang, Mittel- und Osteuropa zu russifizieren und in der Blütezeit ihrer Hegemonie die Bevölkerung zu ihrer Spielart des „Marxismus-Leninismus" zu bekehren, sollte den Blick für den ungeheuren moralischen, geistigen und kulturellen Schaden, der diesen Ländern zugefügt wurde, nicht verstellen. Ihre nationale Eigenart, ihre

Traditionen und ihre unverwechselbare Geschichte, ihre Lebensart und ihr Verhaltenskodex sind in einen künstlichen Schmelztiegel geraten. Die natürliche Vielfalt wurde durch das rückständige Modell des Sowjetkommunismus überlagert. Kein Lebensbereich ist gegen den Einfluß dieser Gleichschaltung immun geblieben. Es wird oft vergessen, daß sich die kleineren Nationen Ost- und Südosteuropas nur langsam und schmerzhaft von den als katastrophal zu bezeichnenden Auswirkungen der sowjetischen (und in der Sowjetunion selbst freilich von der großrussischen) Beherrschung erholen. Das Ausmaß der Schäden und der Grad der nationalen Erneuerung sind natürlich von Land zu Land verschieden. Das tiefverwurzelte Gefühl, von einer fremden Supermacht so lange ausgeplündert, erniedrigt und herumgestoßen worden zu sein, ist zwar erst in der Periode des Umbruchs offen zu einem politischen Faktor ersten Ranges geworden, die nationale Selbstbehauptung der kleinen Völker, ihr im Grunde defensiver Nationalismus, hat jedoch stets den Kern des Aufbegehrens gegen die sowjetische Vorherrschaft gebildet.

Gerade das Beispiel Jugoslawiens und die vielfältigen Anzeichen der wiederauflebenden Nationalismen in Osteuropa sollten uns allerdings vor der Illusion bewahren, daß die „Entsowjetisierung“ sozusagen automatisch eine Europäisierung dieser Kleinstaaten nach sich ziehen wird. Im Gegenteil, der Übergang ist nicht nur in der Politik und Wirtschaft, sondern auch im psychologisch-geistigen Bereich unvorstellbar schwierig, riskant und voller Gefahren.

Warum? Die Grenzstreitigkeiten und Minderheitenkonflikte zwischen den neuen Staaten, die aus dem Zusammenbruch der großen Reiche in Mitteleuropa und auf dem Balkan hervorgingen, sind ein Erbe der Geschichte. Die Entscheidungen über politische Grenzen wurden weder nach dem Ersten noch nach dem Zweiten Weltkrieg auf der Grundlage der erklärten Prinzipien ethnischer Grenzen, sondern oft aus machtpolitischen, strategischen und anderen Gründen gefällt. Wahr ist allerdings auch, daß die geographische Verteilung von Volksgruppen und die traditionellen Bindungen in diesen Gebieten so verworren sind, daß eindeutige und völlig befriedigende Abgrenzungen nicht möglich sind. Infolgedessen gibt es in jedem Land größere und kleinere Minderheiten, die sich einem jeweils anderen Land zugehörig fühlen. Selbst Polen, der national und religiös homogenste Staat, ist nicht nur mit dem Trauma einer durch Deutschland bedrohten Westgrenze, sondern auch mit dem Auf und Ab in den verschiedenen Grenzkonflikten mit Litauen, Weißrußland und der Ukraine konfrontiert.

Um eine Vorstellung von der ungeheuren Kompliziertheit unerfüllter territorialer Wünsche und nationaler Gegensätze zu bekommen, braucht man nur an den akuten Konflikt zwischen Rumänien und Ungarn wegen der Behandlung der großen, kompakten ungarischen Minderheit in Siebenbürgen, an die rumänischen Ansprüche gegenüber der Sowjetunion (Bessarabien und Nordbukowina) und Bulgarien (Dobrudscha), an das albanische Pulverfaß in Jugoslawien und den damit untrennbar verbundenen Streit mit Albanien, die bulgarischen Bestrebungen gegen Mazedonien und nicht zuletzt an das in den letzten Jahren virulent gewordene Problem der Türken in Bulgarien und der Muslime in Jugoslawien zu denken.

Im Gegensatz zur von manchen amerikanischen und deutschen Beobachtern vertretenen These, daß die sowjetische Vorherrschaft lokale Konflikte verhindert hätte, trug sie in Wirklichkeit zur Verschärfung der alten Gegensätze und zur Entstehung neuer Konflikte bei. Die kleinen Nationen wurden seit dem Zweiten Weltkrieg noch weiter voneinander getrennt, ihre wechselseitige Unkenntnis und ihr gegenseitiges Mißtrauen weiter gesteigert. Hinter der Fassade einer angeblich internationalistischen Doktrin hat der doppelte Druck – sowjetische Vorherrschaft und kommunistische Diktatur – neue Schranken zwischen den Kleinstaaten geschaffen, nicht aber die alten beseitigt.

„In diesem Europa, das ein Weltbewußtsein, eine Weltzivilisation und eine Weltgeschichte geschaffen hatte, blieben Nationalbewußtsein, Nationalkulturen und Nationalgeschichte das letzte absolute Maß des Denkens und Handelns, hoffnungslos unangemessen und im wahren Sinn des Wortes zurückgeblieben." Das schrieb Herbert Lüthy seinerzeit in einer Betrachtung über die Größe der Aufgabe, ein gemeinsames freies Europa nach dem Zweiten Weltkrieg zu errichten.

Erst wenn man bedenkt, daß der wirtschaftliche Aufstieg des freien Europa, politische Stabilität, erfolgreiche Kooperation und Völkerverständigung ohne die total veränderte geistige Situation, ohne die grundsätzliche Option für die freiheitlich-demokratische Position nicht möglich gewesen wäre, begreift man das ganze Ausmaß auch der psychisch-geistigen Verwüstung und nicht nur den so sichtbaren wirtschaftlichen Bankrott in jenen Regionen, die über 40 Jahre unter sowjetischer Vorherrschaft vegetierten.

Der revolutionäre Umbruch bedeutet geistig-moralisch eine „Stunde Null“ und ein Ende der Fiktionen, wonach zum Beispiel der Nationsbegriff oder das tabuisierte Problem des Antisemitismus überwunden worden sei. Nationalismus bedeutet nämlich keineswegs nur das von unten getragene Aufbegehren gegen die Dominanz einer Großmacht. Gerade deshalb, weil die Geschichte im Donauraum und auf dem Balkan, in den immer wieder vergessenen Regionen Mittel-, Ost- und Südosteuropas, von kleinen Nationen gestaltet wird, ist es wichtig, an die ungebrochene Tradition des Kleinstaaten-Imperialismus, an die gegeneinander gerichteten Nationalismen und die bis heute erschreckende Wirksamkeit der über Generationen gepflegten Vorurteile und Feindbilder zu erinnern.

Der unglaublich schnelle Zusammenbruch der von innen ausgehöhlten und von außen nicht mehr durch die Furcht vor einer sowjetischen Intervention geschützten Strukturen der leninistischen Diktaturen eröffnete den Weg zum gewaltenteiligen Rechtsstaat mit seiner offenen Gesellschaft.

Doch dieser gefährliche Übergang vollzieht sich nach jahrzehntelanger Abkapselung der dem Ostblock zwangsangeschlossenen Nationen – voreinander und vom ideologisch „feindlichen“ Westen. Es geschieht dies in einer Situation, in der die Wirtschaft von bizarren Auswüchsen geprägt wird: Auf der einen Seite stehen die beinahe gelähmten, aber immer noch dominierenden Staatssektoren, auf der anderen blühende Inseln eines ungezügelten und unkontrollierten (zum Teil bereits ausländischen) Spekulationskapitalismus. Schmerzlich spürt man zudem die Folgen der Vernichtung und Verfolgung der nationalen Elite. Es gibt keine Unternehmer, keine mittelständischen Betriebe, keine freie Bauernschaft.

„Nicht die leeren Regale jagen mir Angst ein, sondern die leeren Seelen der Menschen“, schrieb kürzlich ein bulgarischer Schriftsteller. Wenn auch die politischen und wirtschaftlichen, kulturellen und demographischen Voraussetzungen von Staat zu Staat, von Region zu Region ganz verschieden sind, so erhebt sich doch im Grunde überall die gleiche Frage: Wie werden die Menschen nach so vielen Jahren den Kulturschock der Öffnung ertragen? Wie wird das neue Osteuropa mit den steigenden Erwartungen inmitten einer dramatischen Wirtschaftskrise fertig?

Das wichtigste politische und geistige Phänomen ist nach wie vor die Erstarkung des Nationalismus, oft verbunden mit der Hinwendung zur Religion. Die katholische Kirche ist in Polen, Kroatien und (weniger kämpferisch) auch in der Tschechoslowakei und Slowenien Trägerin des nationalen Selbstbehauptungswillens gewesen. Anderswo, so in Ungarn und der DDR, in Rumänien und Bulgarien, waren die katholischen, orthodoxen, protestantischen, evangelischen und israelitischen Religionsgemeinschaften zum Teil oder in manchen Perioden gänzlich Opfer ihrer Anpassungstaktik. Die große und offene geistige Auseinandersetzung mit der Kirchengeschichte und mit der eigenen Mitschuld am zeitweiligen Erfolg der kommunistischen Gleichschaltungspolitik bleibt vielfach noch eine Aufgabe für die Zukunft. Die Verstrickung in politische und publizistische Rechtfertigungsversuche sowie in die Herrschaftspraxis der totalitären Regime ging natürlich über die Religionsgemeinschaften weit hinaus und betrifft als Problem die ganze Gesellschaft, wie das Václav Havel in seiner Neujahrsansprache und später wiederholt gesagt hat.

Ein besonderes und trauriges Kapitel bildet das Problem des Antisemitismus, wobei zwei erschwerende Umstände erwähnt werden müssen: Erstens sind die Juden seit dem Ende des Zweiten Weltkrieges – außer im Nahen Osten – nur in den Ländern des sogenannten sozialistischen Lagers institutioneller Diskriminierung und periodischen Verfolgungen ausgesetzt gewesen. Zweitens waren ein Abwehrkampf gegen den Antisemitismus oder eine wirklich tiefgreifende Aufklärungskampagne östlich der Elbe deshalb unmöglich, weil die kommunistischen Regime das Bestehen des Antisemitismus, ebenso wie andere soziale Probleme, leugneten. Die Wiederaufnahme diplomatischer Beziehungen mit Israel durch Ungarn, die Tschechoslowakei und Polen ist also eine erfreuliche Folge des großen Umbruchs.

Indessen mehren sich aber offene und versteckte, doch unmißverständliche antisemitische Aktionen, Erklärungen und Ausfälle in Ungarn und Rumänien, Polen und der DDR, wobei Sowjetrußland ein Kapitel für sich ist. Der Holocaust, die Auslöschung des Judentums, führte dazu, daß in Osteuropa von über fünf Millionen nur 730.000 Juden (ohne die Sowjetunion) den Zweiten Weltkrieg überlebt haben. Nach den diversen Auswanderungswellen verblieben schätzungsweise insgesamt nur weniger als 150.000 Juden in Ost- und Südosteuropa. Die Virulenz dieses „Antisemitismus ohne Juden" ist besonders bedenklich, weil die Intensität des Rassismus, des Fremdenhasses und vor allem der Judenfeindschaft immer ein untrüglicher Gradmesser für den jeweiligen psychisch-moralischen Zustand der Gesellschaften Osteuropas gewesen ist. Die Gewaltherrschaft der Nazis und ihrer osteuropäischen Ableger (Pfeilkreuzler in Ungarn, Eiserne Garde in Rumänien usw.) hat ihre Kraft stets aus der Ideologie oder den Mythen geschöpft. Der Nationalismus der spätgekommenen Staatsnationen und der bedrohten Minderheiten barg – neben den progressiv-revolutionären Zügen – von Anfang an eine rückwärtsgewandte, zutiefst antiliberale und später auch antimodernistische Richtung in sich.

Die völkisch-nationale „Dritter Weg"-Ideologie der ungarischen Populisten verkörpert, heute wie gestern, die Tendenz zur Ausschließung und Abgrenzung und nicht zur Kooperation und Verständigung; das gleiche gilt für die „nationaldemokratischen" Berater des polnischen Kardinalprimas Józef Glemp, die gegen den „fremden westlichen Liberalismus" und die „weltanschauliche Neutralität des Staates" wettern.

Daß man auch heute die Rechte der eigenen Nation und der fremden Minderheit mit zweierlei Maß messen darf, zeigt das eklatante Beispiel Mazedoniens. Einerseits demonstrieren Zehntausende von Mazedoniern, deren nationale Eigenart von Serben und Bulgaren stets bestritten wird, gegen die Unterdrückung ihrer angeblich 200.000 Landsleute in Bulgarien, andererseits proklamiert die neue Verfassung dieser jugoslawischen Teilrepublik, daß Mazedonien nur der Nationalstaat des mazedonischen Volkes sei, also nicht mehr auch Heimat der ein Viertel der Bevölkerung ausmachenden Albaner und Türken in dieser Republik. Erschwerend wirkt überall das Erbe des bequemen kollektiven Vergessens der eigenen Verbrechen, die sowohl während des Zweiten Weltkrieges als auch vor und nach der kommunistischen Machtübernahme begangen wurden. Die Opfer des einen Totalitarismus dürfen nicht gegen die des anderen aufgerechnet werden. Die Besinnung auf die eigene Geschichte und die eigenen Leistungen bleibt ein Torso ohne die Besinnung auf die eigene Mitschuld. Selbstkritisches Nationalbewußtsein darf nicht zur Anstachelung von fremden Nationalismen mißbraucht werden.

Der tschechoslowakische Staatspräsident und große Dichter Václav Havel hat mit seinen offenen und bewegenden Schuldbekenntnissen bezüglich der brutalen Vertreibung von Sudetendeutschen vor aller Welt gezeigt, wie man heute vorgehen soll, um „die Torheit der nationalen Selbstüberhebung auszujäten" (Herder). Die Epoche, in der sich ein guter Patriotismus in einen bösen Nationalismus gegen die Nachbarn verwandelte, liege hinter uns, sagte der deutsche Bundespräsident Richard von Weizsäcker in Prag.

Sind wir wirklich schon soweit? Fast zu gleicher Zeit berichtet man aus Warschau, daß nur knapp zwei Monate nach dem denkwürdigen Kanzlerbesuch die deutsch-polnischen Beziehungen wegen der unglücklichen Kohl-Erklärung zur polnischen Westgrenze und des Tempos der deutschen Einigung „ein Scherbenhaufen“ sind. „Die rumänischen Parteien segeln voll im nationalistischen Wind, und es ist bereits jetzt mit vielen Rumänen ebensowenig möglich, ein rationales Gespräch über die Ungarnfrage zu führen wie mit Serben über Kosovo“, bemerkte kürzlich ein kluger Beobachter in Bukarest.

Die nationalen Bewegungen werden in diesem Teil Europas traditionell von Emotionen und nicht von realpolitischen Erwägungen getragen. Nach den großen Irrungen und entsetzlichen Verbrechen der letzten Jahrzehnte hinkt die Bewußtseinsbildung dem politischen Durchbruch spürbar nach. Nur in den Institutionen und in der Öffentlichkeit der bürgerlichen, zivilen Gesellschaft können die nationalen und Minderheitenprobleme aufgefangen und überkommene „Feindbilder“ abgebaut werden. Hoffen wir, daß es diesmal nicht die Gespenster aus einer unseligen Vergangenheit sind, die die Leere in den Seelen, vor allem der jungen Generation, ausfüllen werden. Deshalb sollte der Westen, der ja nicht nur das Wirtschaftswunder, sondern auch die freiheitlich-demokratische Position für die Völker Mittel- und Osteuropas verkörpert, rechtzeitig und überall vor der Neubelebung eines aggressiven Nationalismus und seiner Begleiterscheinungen warnen.

Das Gespenst der Balkanisierung
Die ungezügelte Dynamik des nationalen Partikularismus in Osteuropa

Februar 1992

Es vergeht kaum ein Tag ohne Warnungen von Politikern und Intellektuellen, daß aus ihren zerfallenen oder zusammenbrechenden Zentralstaaten oder aus den heterogenen Bestandteilen, die im Entstehen begriffen sind, „ein zweites Jugoslawien" werden könnte. Václav Havel wies bereits im Spätsommer 1991 darauf hin, daß die jugoslawische Tragödie „morgen überall in der postkommunistischen Welt" möglich sei. Inzwischen wird das Gespenst der „Jugoslawisierung" als Schreckensszenario heraufbeschworen – für das Scheitern gewaltfreier Konfliktregelungen, für die ungezügelte Dynamik der territorialen Fragen und Minderheitenprobleme sowie die drohende Verwüstung durch blutige Nationalitätenkämpfe in zahlreichen Nachfolgestaaten der ehemaligen Sowjetunion, aber auch in Rumänien, Bulgarien und in der jüngsten Zeit sogar in der Tschechoslowakei.

Wenn sich auch die Verhältnisse von Land zu Land, von Region zu Region unterscheiden, sehen wir überall in Osteuropa die Störung, ja hier und dort bereits die Zerstörung des unendlich schwierigen demokratischen Umbauprozesses, des Überganges von leninistischer Kommando- zu sozialer Marktwirtschaft, von totalitärer Diktatur zu pluralistischer, bürgerlicher Gesellschaft *(civil society)* durch das plötzliche Aufflammen alter nationaler Konflikte sowie von Minderheiten- und Regionalkonflikten. Angesichts der Mannigfaltigkeit der Gefahrenquellen sehnen sich manche Beobachter sogar nach einem einzigen, halbwegs berechenbaren Zentrum in Moskau oder in Belgrad zurück.

Nach Jahrzehnten der verhängnisvollen Unterschätzung der Nationalität, des Nationalbewußtseins und des Primats des Nationalen in einer Konfliktsituation wirkt nun die atemberaubende Schnelligkeit dieser Wiederkehr der nationalistischen und partikularistischen Bewegungen als ein schwer erträglicher Kulturschock. Nicht nur für die Marxisten oder Sozialdemokraten, sondern auch für die Liberalen wurde doch noch gestern das „Ende der Geschichte“ und der Sieg der liberalen Demokratie, der vereinheitlichenden Kraft der Moderne über einen „zahnlosen und außenpolitsch völlig bedeutungslos gewordenen europäischen Nationalismus“ verkündet (Francis Fukuyama).

Daß die politische Wirklichkeit in Osteuropa weder den Visionen von einer Weltgeschichte, die nicht mehr von „Nationalstaaten“ und „Nationen“ geschrieben wird, noch den euphorischen Erwartungen nach dem Zusammenbruch des äußeren und inneren Sowjetreiches entspricht, dürfte wohl der tiefere Grund dafür sein, daß das Unabhängigkeitsstreben und der Drang nach regionaler Autonomie von westlichen Beobachtern mit verächtlicher Herablassung als Überbleibsel einer verflossenen Epoche verstanden und behandelt werden. Peter Handkes beißende Kritik an den Slowenen (und Kroaten), die sich „launenhaft, eilfertig und trotzig-dünkelhaft ... von einem trotz allem wohlbegründeten Jugoslawien“ losgesagt hätten, ja sich „den Zerfall ihres Staates von außen einreden“ hätten lassen, bleibt wohl ein Paradebeispiel für diesen nostalgischen Illusionismus.

Nun ist der Prozeß der Selbstbefreiung vom Kommunismus und von nationaler Unterdrückung durch ein nach außen hin supranationales Zentrum oder eine Staatsnation unumkehrbar. Es besteht kein Grund, den moralischen, politischen und wirtschaftlichen Bankrott des leninistischen oder titoistischen Staatsgebildes zu beklagen. Wer den Verlust an Stabilität bedauert und die Umkehr von Integration zum Partikularismus nach dem Zusammenbruch ausgehöhlter Strukturen mit Unbehagen verfolgt, muß sich darüber klar sein, daß in der Vergangenheit Kohärenz durch Unterdrückung erkauft und vorgetäuscht wurde. Das von manchen westlichen Beobachtern ernstgenommene Konzept „eines sich formierenden Sowjetvolkes“ entpuppte sich ebenso wie die so lange erfolgreich verbreitete Theorie einer „jugoslawischen Identität“ als gewaltiges Trugbild. Die Ereignisse der letzten Monate liefern zahlreiche Beispiele dafür, daß weder die Gewalt noch die Lüge, sondern nur das Zusammengehörigkeitsgefühl der Menschen als Kitt einen heterogenen Nationalstaat auf Dauer zusammenhalten kann.

Wird nun der unbestreitbare Sieg des Nationalen über den marxistisch-leninistischen Klassenbegriff unweigerlich den Vorrang nationalistischer vor demokratischer Politik erzwingen, die Dynamik des Partikularismus den

Rückfall in die Zwischenkriegszeit samt kollektiver Selbstverherrlichung bringen? Bedeutet die Wiederkehr der Nation als Hauptfaktor der europäischen Geschichte auch automatisch die Restauration des nationalistischen Imperativs, nämlich des absoluten Vorranges der Loyalität gegenüber der eigenen Nation vor allen anderen Bindungen und Loyalitäten, Werten und Forderungen?

Gerade angesichts des unvorstellbar riskanten Überganges von der Abschottung zur Öffnung, nicht nur in Politik und Wirtschaft, sondern auch, ja vor allem in psychologisch-geistiger Hinsicht, ist die Gratwanderung zwischen Verharmlosung und Dämonisierung des Nationalgefühls voller Gefahren. Die „Balkanisierung“ oder Fragmentierung von Staaten und Regionen und die daraus entstehendenen ethnisch-nationalen Konflikte lassen sich nicht einfach auf ökonomische oder soziale Gegensätze reduzieren. Zeitpunkt, Form und Intensität der akuten Konfliktsituationen und blutiger Zusammenstöße können auch nicht immer mit rationalen Argumenten erklärt werden.

Der Nationalismus hat viele Gesichter. Was den Bürgern der Nationalstaaten im Westen wie ein beunruhigender Anachronismus oder eine engstirnige Absonderung, vielen Amerikanern sogar wie ein Gespenst aus finsteren Zeiten vorkommt, stellt sich in „Osteuropa“ zwischen Elbe und Wolga, ja darüber hinaus in den kaukasischen und mittelasiatischen Regionen der ehemaligen Sowjetunion auf ganz andere Weise dar. Erst allmählich begreift ein oft verständnisloses Westeuropa, wieviel angesammelten nationalen, ethnischen und sozialpsychologischen Sprengstoff die Verwechslung von Ideologie mit Wirklichkeit, die leninistischen Mythen und die politischen Alibis der Machthaber verhüllt haben.

Was immer inzwischen geschehen ist und noch geschehen mag – ohne die einigende und mobilisierende Idee der Nation wäre die Befreiung vom kommunistischen System wahrscheinlich nirgendwo möglich gewesen. Die nationale Selbstbehauptung, der Übergang vom leninistischen Klassenkampf (die Rechtfertigung für die Ermordung und brutale Diskriminierung von Millionen) zum nationalen Grundkonsens erwies sich als das einigende Band jener zahlreichen heterogenen Koalitionen, die aus den politischen Revolutionen und nationalen Emanzipationsprozessen hervorgegangen sind. In der Vergangenheit, während jahrhundertelanger Fremdherrschaft, war das Nationalgefühl (für die Marxisten stets ein Teil des „falschen Bewußtseins“) das wichtigste Mittel zum Überleben. Für die „verspäteten“ oder geknebelten Nationen und Ethnien wurde das Nationalbewußtsein, die Rückbesinnung auf die eigene Identität, zum eigentlichen Kern des Aufbegehrens gegen die auch ideologisch strukturierte Vorherrschaft der Staatsnationen oder deren Vormachtstreben in den von kommunistischen Staatsparteien gelenkten Vielvölkerstaaten Sowjetunion und Jugoslawien.

Die Renaissance rivalisierender Nationalstaaten im Gefolge des Zerfalls der Einheitsstaaten, die Unterdrückung, ja Existenzbedrohung der als „fünften Kolonne“ eines Nachbarlandes verdächtigten Minoritäten und das Gefahrenpotential des „gerechte Grenzrevisionen“ verheißenden Kleinstaaten-Imperialismus überlagern so zusehends die optimistischen Erwartungen, daß der nationale Selbstfindungsprozeß zusammen mit der Systemtransformation zur Demokratie und zur „Rückkehr nach Europa“ führen wird. Wir erleben derzeit in fast allen Nachfolgestaaten der Sowjetunion und Jugoslawiens, aber auch in den meisten neuen Demokratien Tendenzen unterschiedlicher Intensität in Richtung Nationalisierung und Tribalisierung der Gesellschaft, nicht aber in Richtung Europäisierung und Humanisierung.

Notwendig ist in diesem Zusammenhang eine illusionslose und differenzierte Betrachtung der äußerst komplexen ethnischen Fragen und Minderheitenprobleme in nationalen Mischzonen, wo seit Generationen gepflegte Vorurteile und Feindbilder, Ängste und Ressentiments erschreckend wirksam geblieben sind. Unreflektierte Pauschalurteile erweisen sich deshalb oft als unbrauchbar, ja irreführend. Erschwerend wirkt überall das Erbe des kollektiven Vergessens der eigenen Verbrechen, des Verschweigens der Opfer der „anderen“ in der Zwischenkriegszeit, während des Zweiten Weltkrieges und vor und nach der kommunistischen Machtübernahme. Eine kritische und selbstkritische Vergangenheitsaufarbeitung bildet deshalb mehr denn je eine Vorbedingung für den wirklichen und nicht bloß rhetorischen Wandel der gestürzten oder versunkenen Diktaturen zu freiheitlich-pluralistischen Demokratien.

Der nahtlose Übergang vom Ersten Weltkrieg zu autoritären Regierungen, über NS-Herrschaft und Krieg zu Kommunismus und Sowjetimperialismus, hat jede gemeinsame und positive Wertgrundlage zerstört. Hinter der Fassade einer angeblich internationalistischen Doktrin wurden neue Mythen geschaffen, nicht aber die alten beseitigt, wurden die Nationen noch weiter voneinander getrennt, ihre wechselseitige Unkenntnis und ihr gegenseitiges Mißtrauen weiter gesteigert. Besonders verhängnisvoll wirkten Ignoranz und Unkenntnis der Untaten der eigenen Nation, die noch dazu vom Schlagwort des „Antifaschismus" überdeckt wurden.

Der Kommunismus hat durch die permanente Instrumentalisierung des Faschismus als Pauschalvorwurf gegen alle wirklichen oder erfundenen Gegner alle demokratischen Werte der Vergangenheit, also auch den wirklichen Kampf gegen den wirklichen Faschismus, diskreditiert. „Der Krieg wird beendet, wenn wir den Faschismus in Kroatien besiegt haben", sagte kürzlich ein serbischer General – eines der vielen abstoßenden Beispiele für die Manipulation von Begriffen durch die zum Nationalismus konvertierten kommunistischen Machteliten. Heute sehen wir von Kroatien bis Ungarn, von der Slowakei bis Polen, von den baltischen Staaten bis Rumänien Tendenzen einer unkritischen Verharmlosung, zuweilen sogar bedenkenlosen Heroisierung der autoritären, militaristischen und virulent nationalistischen Bewegungen der Zwischenkriegszeit und ihrer Leitfiguren: von Horthy und Piłsudski bis Antonescu und Pavelić. Zu diesem dunklen Kapitel gehört auch die betrübliche Rolle der Staaten von Hitlers Gnaden (Kroatien und Slowakei) und der faschistischen Bewegungen Ungarns und Rumäniens während des Zweiten Weltkrieges. Es ist wichtig, daran zu erinnern, daß die Grenzstreitigkeiten und Minderheitenkonflikte zwischen den neuen Staaten ohne diese historische Dimension nicht zu verstehen sind.

Das Ende der Sowjetunion wirft nicht nur die globale Überlebensfrage nach der Kontrolle über dreißigtausend nukleare Waffen auf, die über viele der bereits offen miteinander streitenden Republiken verteilt sind. Bereits vor dem endgültigen Zerfall haben Moskauer Politologen und Geographen 79 Nationalitätenkonflikte (davon 46 im Kaukasus und in Mittelasien) lokalisiert und 20 von 23 Grenzen zwischen den Republiken als potentielle oder akute Krisenherde bezeichnet. Der Soziologe und Balkanist Wladimir Wolkow prägte den Ausdruck „Ethnokratie" für jene nationalen Machteliten, die in den Republiken und Regionen Jugoslawiens und der früheren Sowjetunion mit Hilfe von Teilen der alten Nomenklatura, von Gruppen aus der Wirtschaft und dem Staatsapparat, von Vertretern der Schattenwirtschaft und des neuen Unternehmertums sowie der national gesinnten Intelligenz „neue Despotien unter national-demokratischen oder national-kommunistischen Vorzeichen" errichten.

Wenn auch seine Analyse und die angeführten Beispiele aus der Republik Moldau, Georgien und Litauen indirekt zumindest durch eine russische Betrachtungsweise mitgeprägt sind, so besteht doch kein Zweifel, daß die steigende Flut der alten und neuen Nationalismen, die neu entstandenen Minderheiten und die ungebrochene Tradition des Kleinstaaten-Imperialismus grundsätzlich einen permanenten Krisenzustand in Ostmittel-, Südost- und Osteuropa herbeigeführt haben. Der Krieg zwischen Armenien und Aserbaidschan um Berg-Karabach und zwischen Kroaten und Serben um die (nur zum Teil) serbischen Siedlungsgebiete innerhalb des historischen Kroatien sind nur zwei einprägsame Beispiele von vielen für die Stichhaltigkeit der Definition von Ernest Gellner: „Eine territoriale politische Einheit kann nur dann ethnisch homogen werden, wenn sie in solchen Fällen alle Angehörigen fremder Nationen tötet, vertreibt oder assimiliert. Deren mangelnde Bereitschaft, sich einem solchen Schicksal zu unterwerfen, dürfte die friedliche Durchsetzung des nationalistischen Prinzips einigermaßen schwierig gestalten.“

Die entsetzlichen Bilder aus den Krisengebieten Kroatiens und Mittelasiens zeigen, daß das skrupellose Entfachen nationaler Leidenschaften in einem ethnisch heterogenen Milieu durch die Massenkommunikationsmittel entscheidend verstärkt wird und eine gefährliche Kettenreaktion von internationaler Bedeutung auslöst.

Politische Unsicherheit, wirtschaftlicher Niedergang, soziale Demoralisierung, wachsende Kriminalität und andere Krisenerscheinungen bieten einen günstigen Nährboden für die historisch bekannte Umwandlung des Nationalismus von einer Befreiungsideologie zu einer Ablenkungsideologie. Demütigung und Drangsalierung einer einstmals gefürchteten oder beneideten Gruppe prägen in einem fatalen dialektischen Kreislauf das Verhältnis zwischen Minderheit und Mehrheit. Diesen Rollenwechsel vollzogen etwa 3,5 Millionen Ungarn nach dem Ersten und dem Zweiten Weltkrieg in Rumänien, in der Tschechoslowakei und in Jugoslawien dreimal: zuerst der jähe Fall von Herrschenden zu Gejagten; dann nach den Wiener Schiedssprüchen der Achsenmächte teilweise Zurückeroberung der verlorenen Gebiete von den zerschlagenen Nachbarstaaten und schließlich nach 1945 der Rückfall in die Position einer besonders verdächtigen, potentiell irredentistischen Minderheit ohne wirksamen Minderheitenschutz.

Während die Spannungen zwischen Rumänien und Ungarn in den letzten Jahren wiederholt auch international registriert wurden, lebten die Ungarn in der Tschechoslowakei (fast 600.000) und in Jugoslawien (über 450.000) im Windschatten der Weltpolitik. Vor allem das Wiederaufflammen des großserbischen Nationalismus in Jugoslawien und der zunehmende Separatismus der Slowaken setzte jene Ungarn, die in relativ kompakten, dem Mutterland benachbarten Siedlungsgebieten leben, wachsendem Assimilationsdruck und verstärkter Diskriminierung im Alltag aus.

Die Lage in der Tschechoslowakei ist so widerspruchsvoll, die Politik in so rascher Veränderung begriffen, daß eine Verselbständigung der Slowakei nicht mehr ausgeschlossen werden kann. Was die von Václav Havel befürwortete Konföderation betrifft, so verdient angesichts der Erfahrungen mit der Sowjetunion und mit Jugoslawien ein Ausspruch von Jean Monnet, dem „Vater" der europäischen Integration, über die Konföderation besondere Beachtung: „Es gibt zwei Arten: die einen wandeln sich um in eine Föderation, die anderen scheitern." In diesem zweiten Fall würden die Ungarn, die in vielen südslowakischen Ortschaften neunzig Prozent der Bevölkerung stellen, territoriale Autonomie verlangen. Tendenzen einer neuen Polarisierung bei der slowakischen Mehrheit könnten eine Radikalisierung von Teilen der Minderheit auch ohne Ermutigung durch die ungarische Schutzmacht und im schlimmsten Fall offene Forderungen nach Grenzkorrekturen zur Folge haben.

Anders liegen die Dinge in und um Rumänien. Hier symbolisiert das Schicksal Siebenbürgens, wo seit Jahrhunderten drei Völker (Ungarn, Rumänen und Deutsche) zusammenlebten, den ewigen Konflikt zwischen Geschichte und Land, zwischen historischem Anspruch und den Fakten der Demographie, zwischen ungarisch-deutsch bestimmter Hochkultur und dem immer stärkeren zahlenmäßigen Übergewicht der Rumänen. Der Anschluß Nordsiebenbürgens mit einer Bevölkerung von 2,2 Millionen Menschen (davon allerdings eine Million Rumänen) an das ungarische Mutterland am 30. August 1940 unter Hitlers Schirmherrschaft und das Andauern der ungarischen Verwaltung bis Herbst 1944 hinterließ tiefe Spuren. Diese prägen bis heute und ohne Rücksicht auf die jeweiligen politischen Systeme die Haltung der Rumänen gegen innere und äußere „Erbfeinde". Zu diesen gehören übrigens laut der von Ceauşescus Hofschriftsteller Corneliu Vadim Tudor redigierten, rechtsradikalen Wochenzeitung *Romania Mare* nicht nur die zwei Millionen Ungarn, sondern (wie zur Zeit der faschistischen Eisernen

Garde) auch die Juden, Zigeuner, kurz alle, die nicht „die Stimme des rumänischen Blutes" in sich tragen würden.

Aber nicht nur in Rumänien, sondern auch in den nationalistischen Kreisen Ungarns und der Slowakei, Polens und Litauens werden – wie in der Zwischenkriegszeit – die Adjektive „europäisch" oder „liberal", die Bezeichnungen „Europäer" oder „Weltbürger" abschätzig, negativ verwendet – als verschlüsselte Botschaft, daß man darunter der Nation „wesensfremde", kosmopolitische und meistens auch jüdische Kräfte zu verstehen habe. So beschwert sich der Rumäne Tudor darüber, daß die Nation durch innere und äußere Feinde zerstört würde. Der begabte ungarische Literat István Csurka formuliert die gleichen Gedanken poetischer: „Diese Regierung wird das Land aus der Krise hinausführen, und das wird für immer das Ende des Bolschewismus, des Kosmopolitismus, der in liberalen Fetzen verkleideten Fremdheit, der Beleidigung der Nation bedeuten … Dann werden die christlichen Mittelschichten das europäische Ungarn schaffen."

Die Neonationalisten prallen in vielen Teilen der postkommunistischen (aber noch keineswegs demokratischen) Welt aufeinander, wobei die traditionellen Sündenböcke – Juden und Deutsche – nach dem Holocaust und der Vertreibung keine übermäßig wichtige Rolle mehr spielen, wenngleich sie noch gelegentlich als Vorwand und Blitzableiter instrumentalisiert werden. Wenn man heute von der nachträglichen Begnadigung oder Rehabilitierung litauischer und lettischer Kriegsverbrecher hört, erinnern sich Zeitzeugen und Historiker an die Verstrickung so vieler osteuropäischer Völker in die Greueltaten der Nationalsozialisten.

Bei einem Wiener Symposion über Mitteleuropa betonte kürzlich der Historiker István Deák von der New Yorker Columbia-Universität die noch ausstehende Verarbeitung der „verheerenden moralischen Folgen dieser schrecklichen Entwicklungen. Zwar wurde die Endlösung der Judenfrage von den deutschen Nazis eingeleitet und überwacht, aber ohne die aktive oder passive Mitwirkung der meisten ostmitteleuropäischen Regierungen und Tausender von Ostmitteleuropäern wäre deren ‚Gelingen' nicht vorstellbar gewesen. Und obwohl die Ausweisung und Massakrierung der deutschen Minderheit von den Alliierten abgesegnet und zum Teil von der Roten Armee durchgeführt wurde, so wäre auch dies nicht möglich gewesen ohne die begeisterte Mitwirkung der ostmitteleuropäischen Regime und zahlreicher Ostmitteleuropäer."

Vor diesem Hintergrund muß uns die Erfahrung nachdenklich stimmen, wie bedenkenlos diese verdrängte Geschichte aus dem kommunistischen Tiefkühlfach geholt wird, um als willkommener Bezugspunkt und politische Legitimation zur Ausgrenzung und Abgrenzung im Zeichen des Kleinstaaten-Imperialismus zu dienen. Ein höchst aktuelles Modell für die gegensätzlichen Funktionen des Nationalismus ist Rumänien. Gegen die gerechten und vorsichtigen Forderungen der über zwei Millionen Ungarn nach kultureller und funktioneller Autonomie wird der Nationalismus als Integrationsmittel eingesetzt. In der benachbarten, nunmehr unabhängigen Republik Moldau ist das Bild vielschichtiger. Dort verwenden rebellierende Minderheiten an der Peripherie die Waffe eines defensiven Nationalismus gegen die rumänische Mehrheit (zwei Drittel der Bevölkerung) im alten Bessarabien, das im Juni 1940, im Einklang mit den geheimen Zusatzprotokollen des Hitler-Stalin-Paktes, von der Sowjetunion annektiert und zum Kerngebiet der späteren Sowjetrepublik Moldawien erklärt wurde. Die Bestrebungen Stalins und seiner Nachfolger – Breschnew war sogar zeitweilig Parteichef dieser Republik –, die Rumänen zu einem „neuen" Volk der Moldauer zu stilisieren, sind trotz der Einführung des kyrillischen Alphabets und nach Jahrzehnten der Indoktrination gescheitert. Bereits im August 1991 erklärte die Republik unter der Führung des rumänischstämmigen Mircea Snegur ihre Unabhängigkeit und wurde von Rumänien sofort anerkannt.

Nun kämpfen aber Russen und Ukrainer in dieser gemischten Region – trotz der immer schärfer zutage tretenden Streitigkeiten zwischen diesen beiden Völkern – gemeinsam gegen die entfesselte Dynamik des großrumänischen Nationalismus. Sie stellen zusammen etwa 27 Prozent der moldauischen Bevölkerung, aber am linken Ufer des Dnjestr sind sie die knappe absolute Mehrheit. Die düstere Aussicht, von Privilegierten zu Diskriminierten degradiert zu werden, führte zur Ausrufung einer „Republik Transnistrien" in diesem Gebiet, die unter dem bisherigen Schutz der russischen Armee den Weg zur „historisch unvermeidbaren Wiedervereinigung" (so kürzlich Rumäniens Präsident Iliescu nach einer Begegnung mit Snegur) mit allen Mitteln blockiert. In der südmoldauischen Region rebellieren zudem die Gagausen, ein Turkvolk, das zwar nur knapp vier Prozent der moldauischen Bevölkerung, aber über 75 Prozent der Einwohner in seinem Siedlungsgebiet stellt. Die Gagausen beklagen sich (wie die Osseten und

Abchasen in Georgien) über die Unterdrückung durch die Titularnation und suchen traditionell bei den Russen Rückendeckung.

Diese brisante Situation wird zusätzlich durch den umstrittenen Status der Nordbukowina kompliziert, einer Region, die zwischen 1775 und 1918 zum Habsburgerreich, sodann zu Großrumänien, aber nie zu Rußland gehörte. Trotzdem wurde 1940 auch dieses Gebiet zusammen mit Bessarabien kurzerhand von den Sowjets annektiert und der Ukraine zugeschlagen. Mit der Ausrufung der Unabhängigkeit der beiden einstigen Sowjetrepubliken Ukraine und Moldawien stellten rumänische Nationalisten bereits die Frage nach der Rückgabe der Nordbukowina mit den dort lebenden 450.000 Rumänen. Wenn auch Präsident Snegur – wie Iliescu ein schlauer exkommunistischer Funktionär – derzeit von der „Realität zweier rumänischer Staaten" ausgeht, so ist doch die Frage der Grenzrevision in diesen Randgebieten der einstigen Sowjetunion zu einem Politikum ersten Ranges geworden.

Daß man auch heute noch die Rechte der eigenen Nation und der fremden Minderheit mit zweierlei Maß messen darf, zeigt das eklatante Beispiel Serbiens. Politiker und Ideologen des großserbischen Nationalismus fordern für die „serbische Nation" – von der „Republik Krajina" in Kroatien bis zu den ethnisch heterogenen Bezirken Bosniens und sogar Mazedoniens – besonderen Status und Schutz durch die de facto serbische „Bundesarmee". Zugleich werden aber der drittgrößten ethnischen Minderheit in Osteuropa, den auf etwa 2,5 Millionen geschätzten Albanern – vor allem in Serbien und Montenegro, zum Teil auch in Mazedonien –, die elementarsten Minderheitenrechte zynisch vorenthalten. In der früheren autonomen Provinz Kosovo, wo sie neunzig Prozent der Bevölkerung stellen, werden die Albaner von der serbischen Soldateska brutal unterdrückt. Vor dem Hintergrund der empörenden Gleichgültigkeit der meisten westlichen Staaten bahnt sich in diesem unruhigen Wetterwinkel Europas eine Entwicklung mit unabsehbaren Folgen an. Das postkommunistische Albanien mag das Armenhaus Europas sein, doch könnte auf Dauer keine albanische Regierung die Existenzbedrohung der außerhalb des Mutterlandes lebenden Albaner – etwa vierzig Prozent des gesamten albanischen Volkes – tatenlos hinnehmen.

Statt einer Relativierung des Nationalstaats- und des Souveränitätsprinzips wie in Westeuropa tauchen im Osten die aus der Vergangenheit sattsam bekannten Methoden der Konfliktaustragung auf: „Ich bin ein Patriot – du bist ein Nationalist oder Tribalist“; „Meine Gemeinschaft ist eine Nation – deine ist eine Minderheit oder eine Nationalität!“ Die Logik der eifersüchtigen und immer häufiger haßerfüllten Rivalitäten in den zerfallenen oder in Desintegration begriffenen heterogenen Bundesstaaten und in den neuen Nationalstaaten bestätigt die unveränderte Gültigkeit der Folgerungen von Karl W. Deutsch und Ernest Gellner: Nationalitäten werden zu Nationen, beschimpfte Tribalismen zu respektierten Nationalismen, wenn sie, auf welchem Wege immer, die Macht erhalten, um ihre Bestrebungen durchzusetzen.

In dieser Umbruchsituation sehnen sich viele enttäuschte und emotionalisierte Menschen in der postkommunistischen Welt nicht nach politischer Partizipation und demokratischen Wertorientierungen in einer weltoffenen, zivilen Gesellschaft (wie es die niedrige Beteiligung bei freien Wahlen zeigt), sondern nach Konsens auf dem nationalen und partikularistischen Weg, nach einer starken Hand, die ihnen auf dem nationalen Sonderweg das Ende der „Unterdrückung und Ausbeutung“ durch die Fremden verspricht. Deshalb stehen die nationalen Symbolfiguren – oft exkommunistische Wendehälse wie der Serbe Milošević, der Kroate Tudjman, der Slowake Mečiar, der Ukrainer Krawtschuk, der Rumäne Snegur – so hoch im Kurs, während die im Westen mit Recht hoch angesehenen Leitfiguren der demokratischen Öffnung – die in der Vergangenheit auch persönlich viel riskiert haben – wie die Präsidenten Havel in Prag und Schelew in Sofia von der steigenden Flut der national gefärbten Intoleranz überflutet zu werden drohen.

Die Suche nach einer politisch und rechtlich durchsetzbaren Harmonie zwischen Menschenrechten und Minderheitenrechten, nach einer mit der Unverletzbarkeit der Souveränität zu vereinbarenden Internationalisierung des Minderheitenschutzes betrifft keine abstrakte Frage. Das berühmte Plädoyer Goethes für das Verständnis unter den Völkern gilt heute mehr denn je: „Sie sollen sich begreifen, und wenn sie sich wechselseitig nicht lieben mögen, sich einander wenigstens dulden lernen.“

Krisenzeichen in Südosteuropa*
Risiken und Chancen

Herbst 1993

Das Überraschende, das Unerwartete, das Unvorhergesagte in der Geschichte ist zur Regel geworden. Erst vorgestern hat man drei Jahre deutsche Einheit gefeiert. Wer hätte das vorher gedacht – große Persönlichkeiten, ehemalige Bundeskanzler, hatten doch bekanntlich diese Einheit erst nach dem Jahre 2000 erwartet. Und wer hätte voraussehen und erwarten können, daß im Herzen Moskaus das russische Parlament beschossen wird und sozusagen über Nacht bürgerkriegsähnliche Zustände herrschen?

Besonders einprägsam sehen wir, mit welcher ungeheurer Geschwindigkeit die Geschichte sich vollzieht, wenn wir in einem globalen TV-Dorf im Sinne von Marshal McLuhan leben. Deshalb ist es keine Übertreibung, wenn wir sagen, daß das Fernsehen, nicht zuletzt CNN, das *Cable News Network,* die Informationsrevolution vorangetrieben hat und auch zu einem politischen Faktor ersten Ranges geworden ist. Sie könnten kein besseres Beispiel dafür finden als die Ereignisse in Moskau, wo selbst die Moskauer durch die Übertragungen des CNN – zumindest jene, die eine Satellitenschüssel haben – die rätselhaften und manchmal beklemmenden Entwicklungen und Geschehnisse verfolgen können. Diese Ereignisse in Moskau, im Zentrum einer Weltmacht, sind also auch eine Lehre für uns, daß wir bei Voraussagen bescheiden sein müssen.

Zur derzeitigen Lage und zur Situation kann ich Ihnen nur sagen: Es ist nicht zum erstenmal in der Geschichte Rußlands und auch Osteuropas, daß die Verlierer von gestern die Sieger von heute werden und die Sieger von heute die Verlierer von morgen. Und ebenso besteht die Gefahr, daß der De-

* Rede, gehalten einige Tage nach dem Moskauer Putschversuch auf einem Kongreß in Wien

mokrat von heute der Diktator von morgen sein wird. Wir werden das daran bemessen können, wieweit die Wahlen im Dezember unter demokratischen Rahmenbedingungen abgehalten werden können und wie sechs Monate später die Präsidentschaftswahlen verlaufen. Einiges haben wir ja schon beobachten können – auch die interessanten Wandlungen bei den Persönlichkeiten. Michail Gorbatschow gehört zu den absoluten Megastars der Politik und der Medienwelt, aber wenige wissen im Westen, daß er zuhause in den letzten Jahren nicht annähernd so bewundert wurde wie etwa in Bonn, Paris oder San Francisco. Seine Popularität hat in Rußland fast einen Nullpunkt erreicht. Gestern erschien Gorbatschow im Fernsehen – in einem Lacoste-Hemd – und teilte kurz und bündig mit, daß er die Seite der Putschisten – er hat sie natürlich nicht als Putschisten bezeichnet, sondern als den Parlaments- und den Vizepräsidenten – ergreifen würde und daß für alles in Moskau sinngemäß Boris Jelzin verantwortlich sei.

Ich habe mir gestern in einem TV-Gespräch kurz zu bemerken erlaubt – es gilt dies natürlich auch für den Westen –, daß nichts trauriger, pathetischer und manchmal widerlicher ist als gescheiterte und eitle Politiker, die ihrer Frustration auf Kosten ihrer Nachfolger freien Lauf lassen. So ist es besser, wenn wir uns nicht von der Hochschätzung für einen Mann leiten lassen, der zwar historische Verdienste bei der Zerstörung eines unmenschlichen Systems und Imperiums erworben hat, aber – wie so viele andere kleinere und größere Politiker – nicht gerade der beste Richter bei der Beurteilung der Fehler oder der Verdienste seines Nachfolgers ist.

Eine zweite kurze Geschichte möchte ich Ihnen noch erzählen: Ich kam vor kurzem nach Wien aus Tirana/Albanien, wo ich mich eine Woche mit einer ORF-Delegation aufgehalten und auch ein Exklusiv-Interview mit Präsident Sali Berisha aufgenommen hatte. Er lud uns auch zum Mittagessen ein, und es war eigentlich ein unglaubliches Ereignis, wenn man bedenkt, daß dieses kleine Land das am vollkommensten abgeschlossene Land Europas war. Vor 25 Jahren waren dort alle Kirchen und Moscheen entweder abgerissen oder gesperrt oder in Sporthallen und Kinos umgewandelt worden – insgesamt 2.167. Jetzt erstrahlen alle im neuen Glanz. In diesem Land, wo pro Kopf der Bevölkerung die meisten Sicherheitspolizisten agierten, wo die politischen Kämpfe normalerweise durch Exekutionskommandos entschieden wurden, in diesem Land, in dem ich auf der schwärzesten aller schwarzen Listen war, weil ich eine Fernsehsendung und eine Dokumentation gemacht und auch aufgezeigt hatte, wie Geschichtsbücher umgeschrieben und frühere Heldenfiguren zu Unpersonen geworden waren – in diesem Land wurden wir als willkommene Besucher empfangen. Ja, nicht nur das – wir konnten sogar in der Residenz des früheren allmächtigen Diktators Enver Hodscha wohnen. Ich durfte sogar – als besonderes Entgegenkommen – im Bett von Neximije Hodscha, der Witwe von Enver Hodscha, schlafen. Frau Hodscha sitzt jetzt im Gefängnis, und wir Medienvertreter wurden, wie einst die Mächtigen, von Soldaten bewacht und ehrfürchtig begrüßt. Nun, wir schliefen zwar in diesem phantastischen Haus, aber – ich weiß nicht, ob es zu Enver Hodschas Zeit auch so war – nach 20 Uhr hatten wir kein Wasser, und erst um 3/4 7 in der Früh konnte man wieder Wasser haben. Auf meine kritische Anmerkung, da sollte man eher im Winter kommen und nicht im Sommer, sagte man mir: Im Sommer haben wir die Probleme mit dem Wasser, im Winter haben wir sie mit dem Strom.

Es erschließen sich viele interessante Aspekte, wenn man politische Wandlungen an persönlichen Karrieren abmessen kann. Ich war früher schon zweimal in Albanien, und damals war der Generaldirektor des Fernsehens ein mächtiger Mann, der gleichzeitig auch Präsident des Journalistenverbandes war, er hieß Marash Hajati. Er war jahrzehntelang in dieser Position, ungefähr in meinem Alter, und als erstes hörte ich bei meinem jetzigen Besuch von seinen ehemaligen Kollegen, er sei jetzt pensioniert worden und in der Privatwirtschaft tätig. Was macht nun der Ex-Generaldirektor Hajati? Er steht in einer Verkaufsbude und verkauft alles mögliche – von türkischen Kinderschuhen bis zum bulgarischen Sekt. Ich begrüßte ihn und sah, daß er wirklich gut verdient. Er ist nicht mehr Mitglied des Zentralkomitees, und er kritisiert nicht die Vergangenheit, denn man kann nie wissen, was passiert. Er habe inzwischen eine neue Frau, sagte man mir, eine jüngere, deren Eltern in Amerika leben. Früher einmal wurde man dafür erschossen – und da spürte ich: Ich bin doch ein sehr konservativer Mensch. Ich bin noch immer in der gleichen Position und mit derselben Frau verheiratet. Das ist auch einer der vielen Unterschiede zwischen Albanien und Österreich.

Jemand hat einmal gesagt: Ein Scharlatan ist einer, der vorgibt, mehr zu wissen, als er wirklich weiß. Ich persönlich spüre als jemand, der sich mit diesen Dingen jahrzehntelang beschäftigt hat, bei großen historischen Wendepunkten immer wieder ein Gefühl der Demut. Demut vor den irrationalen Kräften der Geschichte und Demut in der Erkenntnis, wie wenig wir von der Zukunft wissen. Wien ist als Beobachtungsposten für die Spannungen, die Entwicklungen, Zeitwenden, die wir in der postkommunistischen Welt erleben, besonders geeignet. Einer der Faktoren im Osten, und darüber möchte ich ein bißchen detaillierter sprechen, ist der Nationalismus, eine der mächtigsten Triebkräfte, die auch die Entwicklung in Rußland maßgeblich bestimmen wird. Wir alle sahen nämlich im Fernsehen diese Bilder, als zum erstenmal seit dem Zeiten Weltkrieg oder seit dem Bürgerkrieg Russen auf Russen schossen. Aber gleichzeitig, und das wissen nicht alle, die diese Entwicklungen mit angehaltenem Atem verfolgen, leben außerhalb Rußlands – in den Nachfolgerepubliken der ehemaligen Sowjetunion – rund 25 Millionen Russen, und umgekehrt – das wissen auch nicht alle – gehören in Rußland selbst 20 Prozent der 150 Millionen Einwohner zu verschiedenen Nationalitäten, sind also keine Russen. Der aggressive Nationalismus im Osten Europas mit seinen vielfältigen Folgewirkungen ist zu einem der zentralen Probleme der europäischen Politik geworden.

Die Ursachen, die Dimensionen des Konfliktes und die Suche nach Lösungsansätzen für die Beendigung des Krieges in Jugoslawien bzw. in und zwischen den Nachfolgestaaten der zerfallenen jugoslawischen Föderation beherrschen seit zwei Jahren offen und verschleiert die diversen Gipfeltreffen der EG-Staaten, der KSZE, der NATO und der diversen UNO-Gremien. Wer den Verlust der Stabilität bedauert – es gibt manche – und die Umkehr von Integration zum Partikularismus mit Unbehagen verfolgt, muß sich darüber klar sein, daß in der Vergangenheit Kohärenz, also Friedhofsruhe, durch Unterdrückung erkauft und vorgetäuscht wurde. Angesichts einer hier und dort – auch in Teilen der deutschen Presse – fühlbar gewordenen Nostalgie ist es nicht überflüssig zu betonen, daß kein Grund besteht, den moralischen, politischen und wirtschaftlichen Bankrott der leninistischen oder titoistischen Staatsgebilde zu beklagen.

Ebenso aktuell ist die Erinnerung daran, daß ohne die einigende und mobilisierende Idee der Nation die Befreiung vom kommunistischen System wahrscheinlich nirgendwo möglich gewesen wäre. Die nationale Selbstbehauptung, der Übergang vom Konzept des leninistischen Klassenkampfes zum nationalen Grundkonsens, erwies sich als das einigende Band jener zahlreichen heterogenen Koalitionen, die aus den politischen Revolutionen und den nationalen Emanzipationsprozessen hervorgegangen sind. Indessen erleben wir in fast allen Nachfolgestaaten der ehemaligen Sowjetunion und Jugoslawiens – aber auch in den meisten neuen postkommunistischen Demokratien – Tendenzen unterschiedlicher Intensität zur Nationalisierung und Tribalisierung der Gesellschaft. Die Ansätze politischer Partizipation und demokratischer Wertorientierung in einer zivilen Gesellschaft – einer bürgerlichen Gesellschaft *(civil society)* – drohen von der steigenden Flut einer nationalgefärbten Intoleranz überflutet zu werden. Notwendig ist in diesem Zusammenhang eine illusionslose und differenzierte Betrachtung der äußerst komplexen ethnischen Fragen und Minderheitenprobleme in nationalen Mischzonen.

Die entsetzlichen Bilder, die wir fast täglich aus den Krisengebieten Bosnien-Herzegowinas, Kroatiens und Mittelasiens zu sehen bekommen, zeigen die furchtbaren Folgen nationaler Leidenschaften, und diese Bilder gehen auch uns an. Deshalb ist die Suche nach einer politisch und rechtlich durchsetzbaren Harmonie zwischen Menschenrechten und Minderheitenrechten, nach einer mit der Unverletzbarkeit der Souveränität zu vereinbarenden Internationalisierung des Minderheitenschutzes keine abstrakte Frage. Die Nationalitätenprobleme und Minderheitenkonflikte in Osteuropa sind äußerst komplex und haben ein jeweils individuelles Profil. Aus diesem Grunde ist bei der Generalisierung Vorsicht geboten.

Nach dem Zerfall der Sowjetunion und Jugoslawiens und der Auflösung der Tschechoslowakei – allerdings einer friedlichen Auflösung – gibt es im ehemals kommunistisch beherrschten Osteuropa gegenwärtig 28 Staaten. Die Entwicklung steuert in all diesen Staaten auf den Nationalstaat zu, obgleich nur sechs von ihnen, Albanien, Armenien, Polen, Slowenien, Tschechien und Ungarn national homogen sind. Die übrigen sind ganz überwiegend Nationalitätenstaaten mit einem Minderheitenanteil von zum Teil weit über 10 Prozent. In bezug auf Kasachstan besteht die Hoffnung, daß der kasachisch-russische Dualismus im neuen nationalstaatlich orientierten Staatsverständnis einigermaßen aufgefangen wird, während in Bosnien-Herzegowina das auf drei Staatsnationen – Muslime, Serben und Kroaten – beruhende Staatskonzept vor unseren Augen blutig zusammengebrochen ist. Der Untergang des Mehrvölkerstaates Bosnien ist zu einer Tatsache geworden.

Von den gegenwärtig etwa 410 Millionen Einwohnern Osteuropas gehört etwa ungefähr ein Fünftel nationalen und ethnischen Minderheiten an. Die größten „alten“ Minderheiten stellen die Ungarn, die Deutschen, die Rumänen, die Albaner, die türkisch-muslimischen Volksgruppen und die Polen.

Ihr Identitätsbewußtsein ist allerdings unterschiedlich ausgeprägt. „Neue" Minderheiten sind im ehemaligen Jugoslawien vor allem die Serben, die südslawischen Muslime und die Kroaten. In der ehemaligen Sowjetunion sind vom neuen Minderheitenstatus vor allem die Russen – 25 Millionen, wie ich schon erwähnt habe – aber auch die Ukrainer und Weißrussen, die zahlreichen islamischen Turkvölker sowie die Armenier in unterschiedlicher Weise betroffen. Sonderfälle sind die Zigeuner und die Juden.

Als generelle Konfliktursachen können ermittelt werden

- die Transformationsprobleme im politischen und wirtschaftlichen System, der zeitgleiche Übergang zur Marktwirtschaft und zur Demokratie in Ländern, deren Menschen jahrzehntelang unter kommunistischen oder totalitären Diktaturen lebten,
- ein historisch begründeter nationalstaatlicher Nachholbedarf der meisten osteuropäischen Völker,
- die Spätfolgen der historischen und unter Verletzung des Selbstbestimmungsrechtes der Völker getroffenen Fehlentscheidungen der Westmächte bei der Neugestaltung der politischen Landkarte Osteuropas, vor allem nach dem Ersten Weltkrieg,
- Entkolonialisierungsprobleme – namentlich in der islamischen Region der ehemaligen Sowjetunion – und
- schließlich die Existenz von vier historisch bedingten Kulturregionen: Ost-, Mittel- und Nordosteuropa, Südosteuropa, Russisches Reich, islamischer Kulturkreis.

(Für eine detaillierte Analyse der hier zitierten Ursachen und eine aktuelle statistische Zusammenfassung siehe den Anhang zu diesem Buch bzw. das Arbeitspapier von Georg Brunner, *Nationalitätenprobleme in Osteuropa*. Gütersloh: Bertelsmann Stiftung 1993.)

Die Minderheitenkonflikte und Grenzstreitigkeiten zwischen den neuen Staaten sind ohne die historische Dimension nicht zu verstehen. Die Entscheidungen über politische Grenzen in Osteuropa und natürlich zwischen den einstigen Sowjetrepubliken wurden weder nach dem Ersten noch nach dem Zweiten Weltkrieg auf der Grundlage der erklärten Prinzipien ethnischer Grenzen, sondern oft aus machtpolitischen, strategischen und anderen Gründen gefällt. Das von US-Präsident Wilson verkündete Selbstbestimmungsrecht der Völker wurde also entweder grob mißachtet oder nur teilweise – und dann nur zu Lasten der Besiegten des Ersten Weltkrieges –

verwirklicht. Nach dem Zweiten Weltkrieg und dem Holocaust spielen Juden und Deutsche bei den aufeinanderprallenden Nationalismen nur mehr eine marginale Rolle, wenngleich beide Nationalitäten noch manchmal als Vorwand und Blitzableiter instrumentalisiert werden. So wird bei den Diskussionen um Auslandskapital in Polen und in Tschechien gelegentlich das Mißtrauen gegen die Deutschen geweckt. Nicht zuletzt behaupteten diese Nationalkommunisten oder Faschisten in den letzten Wochen vor dem Zusammenstoß in Moskau: An allem sind – in dieser Reihenfolge – Jelzin, die Amerikaner und die Juden schuld.

Abgesehen von der Tragödie der vertriebenen, zum Teil sogar massakrierten deutschen Volksgruppen in Mittel- und Osteuropa waren die Leidtragenden der beiden Weltkriege

- das ungarische Volk – durch den Friedensvertrag von Trianon kam ein Drittel der Ungarn unter Fremdherrschaft in den Nachbarstaaten,
- das albanische Volk – heute leben über 40% der Albaner unter serbischer Herrschaft im Kosovo bzw. in Montenegro im Staatsverband Rumpf-Jugoslawiens und ein kleiner Teil in Mazedonien, dort allerdings mit einem Bevölkerungsanteil von offiziell 21 Prozent, nach albanischen Angaben weit über 30 Prozent. Präsident Berisha hat mir gegenüber erklärt, man sollte unter den Auspizien der UNO dort ein Referendum abhalten, und
- nicht zuletzt das rumänische Volk, das den Verlust von Bessarabien und der Nordbukowina mit etwa 15 Prozent der rumänischen Gesamtbevölkerung an die Sowjetunion zu beklagen hatte.

In vielen Krisenregionen der postkommunistischen Welt ist allerdings – das muß man auch offen aussprechen – die demographische Verteilung so verworren, daß sich befriedigende Abgrenzungen nicht finden lassen. Das erleben wir heute täglich in Bosnien. Infolgedessen gibt es in fast jedem Land größere und kleinere Minderheiten, die sich einem anderen Land zugehörig fühlen.

Daß 73 Jahre nach den Pariser Vororteverträgen noch immer keine rechtsverbindlichen Instrumente und durchsetzbaren Regelungen für den Minderheiten- und Volksgruppenschutz geschaffen werden konnten, liefert den vielleicht eindrucksvollsten Beweis dafür, daß es sich hier um die Grundfragen des Vertrauens zwischen Mehrheit und Minderheit, um gegenseitige Loyalität vor dem Hintergrund der für viele Mehrheitsnationen umstrittenen Schutzmachtkonzeption handelt.

Die Schwierigkeiten beginnen bereits mit dem Minderheitenbegriff, der oft mit negativen Vorstellungen verbunden ist. Bei unseren Überlegungen müssen wir also per definitionem sowohl die besondere Problematik der Flüchtlinge, Asylanten, Gastarbeiter und Zuwanderer als auch die der Randgruppen, wie etwa der Homosexuellen, ausklammern. Obwohl der Antisemitismus nach wie vor ein untrüglicher Gradmesser für die Liberalität und eine unvermeidliche Begleiterscheinung des Fremdenhasses ist, wäre eine pauschale Einordnung der Juden als Minderheit mehr als problematisch. Zum Teil betrachten sie sich, etwa in Ungarn, Polen und der Tschechoslowakei, nicht als eine ethnisch-sprachliche Minderheit. Die Situation in den Nachfolgestaaten der Sowjetunion ist besonders vielschichtig, wobei die Auswanderung überwiegend durch die Krise und nicht durch das Bekenntnis zu Israel motiviert wird.

Anders liegen die Dinge mit den auf 5 Millionen geschätzten Roma oder Zigeuner, deren Existenz oft überhaupt bestritten bzw. deren Zahl drastisch verkleinert wird. Sie werden in jedem mittel- und osteuropäischen Land – das ist leider die bittere Wahrheit – diskriminiert und gehaßt, wobei die Regierungen das Problem ignorieren. Angesichts der wachsenden sozialen Spannungen und Massenabwanderungen der Roma aus Rumänien, Bulgarien und Jugoslawien über Ungarn und Polen in den Westen, vorwiegend nach Deutschland, kann man auf die Dauer die Brisanz dieser Problematik kaum verdrängen. Doch geht es auch hier nicht um eine nationale Minderheit im Sinne des ethnischen Begriffes.

Es wäre aber falsch zu glauben, daß nur bei diesen Gruppen manipuliert wird. Im Gegenteil: Die chronische Unfähigkeit, die Volksgruppenprobleme durch Minderheitenschutzbestimmungen zu regeln, beruht seit eh und je unter anderem auf den völlig unzureichenden Sprachen- und Nationalitätenstatistiken. Mit Recht weisen Experten darauf hin, daß nicht nur Diktaturen oder postkommunistische neue Staaten, sondern auch solche demokratischen Länder wie Frankreich, Griechenland und Belgien ihre Minderheitenprobleme verschleiern, indem sie oft keine relevanten Informationen über die ethnische Zusammensetzung der Bevölkerung sammeln.

Es gibt eine lange Tradition der Fälschungen, der Einschüchterung und der Auslassung durch Manipulation und Ignoranz. Gerade angesichts der Kontroversen um die Anerkennung und Existenzsicherung der Republik Mazedonien ist es nützlich, sich die seinerzeitigen Statistiken von Anfang des 20. Jahrhunderts in Erinnerung zu rufen: Bei der Arbeit an meinem Buch über den *Roten Balkan – Zwischen Nationalismus und Kommunismus* habe ich diese alten Statistiken aus der Zeit vor dem Ersten Weltkrieg gesehen. Damals fanden bulgarische Ethnographen in Mazedonien – in einem von ihnen begehrten Gebiet – 1,2 Millionen Bulgaren und sage und schreibe 700 Serben. Die Serben führten ihrerseits 2 Millionen Serben und 57.000 Bulgaren als Bewohner Mazedoniens an. Die Angaben über die Zahl der Türken schwankten zwischen 231.000 und 1,5 Millionen. Und viele dieser Ziffern werden in den Schulbüchern bis heute weitergegeben.

Daß auch heute vielfach die gleichen Methoden von den Kontrahenten angewendet werden, zeigen die Beispiele aus Griechenland, wo jeder, der im täglichen Umgang die griechische Sprache benutzt, als „Grieche" betrachtet wird – unabhängig davon, ob die Angehörigen der Minderheit zuhause türkisch oder eine slawische Sprache sprechen, und aus Bulgarien, wo die bulgarischen Türken und die Pomaken, das sind die zum Islam konvertierten Slawen-Bulgaren, bewußt in einen Topf geworfen werden, um den Anteil der türkischen Minderheit zu reduzieren. Auch Rumänien, wo man wiederholt den ungarischen Bevölkerungsanteil durch die Erfindung von künstlichen Unterschieden zwischen Ungarn, Szeklern und Csangos reduzieren möchte, läßt sich dafür als Beispiel anführen. Zugleich aber erleben wir immer stärkere Bestrebungen von unten, diskriminierte oder nachteilige Nationalitäten oder Abstammungen zu verleugnen. Im Zuge der großen Wanderungsbewegungen findet man Albaner, die sich als Griechen, Russen, die sich als Polen, und rumänische Roma, die sich als Ungarn deklarieren.

Eine Gegenüberstellung der niedrigsten offiziellen Schätzungen und der höchsten Schätzungen seitens der betroffenen Minderheit läßt entsprechende Differenzen erkennen, so schwanken z. B. im Falle der griechischen Minorität in Albanien die Zahlen zwischen 60.000 und 500.000, und bei den Roma, also den Zigeunern in Rumänien, zwischen 230.000 und 6 Millionen. Am einfachsten ist es natürlich, die Menschen zu fragen, wofür sie sich halten. Wobei die Frage nach der Muttersprache eine genauere Zuordnung ermöglicht als die Angabe der Umgangssprache. Eine möglichst internationale Kontrolle der Fragebögen und der Richtlinien bei der Volkszählung oder Minderheitenfeststellung wäre also ein wichtiger Schritt, um überhaupt die Grundvoraussetzungen für den Volksgruppen- und Minderheitenschutz zu schaffen. (Vgl. hierzu A. Sielich, Minorities in Eastern Europe: *Obstacles to a reliable count*, RFE/RL Research Report, Nr.20/1992)

Der Drang nach der Schaffung von Nationalstaaten in ethnischen Mischzonen wirft eine Reihe von Fragen auf, die keinesfalls theoretischer Natur sind, sondern eng mit Macht und Besitz, ja mit Leben und Tod verbunden sind. Sehen wir doch täglich, wie die Serben die Kroaten, beide gemeinsam die Moslems, die Moslems umgekehrt die Kroaten umbringen und die Häuser von anderen, mit denen sie vielleicht Jahrzehnte zusammengelebt haben, in ihrem Dorf anzünden und ihre Einrichtungen einfach stehlen.

Wann sind also die Forderungen nach ethnischen Grenzrevisionen gerechtfertigt? Darf einer Volksgruppe das Selbstbestimmungsrecht verweigert werden? Und kann unter Umständen der Minderheitenschutz, vor allem in Form territorialer Autonomie, ein Ersatz für die Nichtgewährung des Rechtes auf staatliche Unabhängigkeit bzw. für den Anschluß an das Mutterland sein?

Nach welchen Prinzipien sollen Grenzveränderungen im Zuge der Auflösung einer Föderation – etwa Jugoslawiens oder der Sowjetunion – legitimiert werden? Durch wen, wann und wie wird entschieden, ob das Recht auf Sezession, Autonomie oder andere Mittel des Minderheitenschutzes auf den konkreten Fall anzuwenden sind? Diese und ähnliche Fragen stehen im Mittelpunkt der Konflikte zwischen ethnischen Gruppen und Minderheiten und dem jeweiligen Staatsvolk. Es ist freilich kein Zufall, daß die brisantesten Situationen dann entstehen, wenn eine Minderheit Teil eines anderen Staatsvolkes ist und wenn die neue Mehrheitsnation nicht bereit ist, in ihrem eigenen Staat den gleichen Schutz für die Minderheiten zu bieten, den sie vorher für sich selbst beansprucht hatte.

Die steigende Flut der alten und neuen Nationalismen, die Intoleranz der auf das eigene Selbstbestimmungsrecht pochenden Mehrheit und die Rebellion der neu entstandenen Minderheiten, gekoppelt mit der militärischen Intervention – oder zumindest Pression – der Schutzmächte, haben einen permanenten Krisenzustand in Ost-, Mittel-, Südost- und Osteuropa herbeigeführt. Man sieht überall einen Siegeszug des nationalistischen Imperativs, nämlich des absoluten Vorrangs der Loyalität gegenüber der eigenen Nation vor allen anderen Bindungen, Werten und Forderungen. Man vergißt das, was Schopenhauer in einem Aphorismus vor 130 Jahren geschrieben hat: Jede Nation spottet über die andere, und alle haben recht.

Die Tragödie Jugoslawiens ist ein lehrreiches Beispiel dafür, daß weder die Gewalt noch die Lüge, sondern nur das Zusammengehörigkeitsgefühl der Menschen als Kitt einen heterogenen Nationalstaat auf die Dauer zusammenhalten kann. Ohne dieses Zugehörigkeitsgefühl kann keine Loyalität erwartet werden. Zeit, Geduld, Flexibilität und vor allem Bereitschaft zur Toleranz auf allen Seiten wären notwendig, um die heterogenen Gesellschaften in den neu entstandenen oder jetzt entstehenden Nationalstaaten zu stabilisieren. Statt dessen sehen wir fast überall den Vorrang nationalistischer vor demokratischer Politik, und das mit verhängnisvollen Folgewirkungen.

Für die Problematik der neuen Mehrheit und der neuen Minderheiten liefert also die zerfallene Sowjetunion besonders einprägsame Beispiele. Ich habe schon erwähnt, daß rund 25 Millionen Russen außerhalb Rußlands leben und Gefahr laufen, vom herrschenden Staatsvolk zur diskriminierten Minderheit zu werden. Besondere Krisenherde sind in diesem Zusammenhang die Republik Moldau und die baltischen Staaten, wo die großen russischsprachigen – zum Teil ukrainischen – Minderheiten bei der russischen Föderation und bei den in diesen Regionen stationierten russischen Truppen – und darin liegt die Brisanz – Rückendeckung gegen die sich abzeichnende oder befürchtete Unterdrückung durch die Mehrheitsnation suchen – und finden. Gleiches gilt auch für kleinere Volksgruppen in ehemaligen Sowjetrepubliken: den Minderheiten in der Minderheit, z. B. die Gagausen der Republik Moldau oder die Osseten und Abchasen in Georgien.

Ich habe mich lebenslang mit diesen Problemen beschäftigt, und selbst für mich war es z. B. eine Überraschung, welch große Rolle die Gagausen in Moldawien spielen, ein türkisches Volk mit 250.000 Menschen. Ich erinnere mich aber an ein Erlebnis in Moskau, als ich meinen Freund Bernard Guetta, damals Moskauer Korrespondent von *Le Monde,* der großen französischen Zeitung, besucht und ihm eine Petition der ungarischen Minderheit aus der Karpaten-Ukraine übermittelt habe: Er hat mich angeschaut und war ganz verblüfft, daß in der ehemaligen Sowjetunion so viele Ungarn leben, daß 200.000 Ungarn in der Karpaten-Ukraine registriert worden sind. Genauso verhält es sich für mich mit den Gagausen und anderen Völkern. Wie sollen sich nun zum Beispiel die baltischen Staaten zu den slawischen Minderheiten verhalten bzw. mit ihnen verfahren? Sollen die Russen, Ukrainer usw. die gleichen staatsbürgerlichen Rechte haben wie die Letten, die nur noch 52 Prozent der Gesamtbevölkerung in ihrer eigenen Republik bilden? Nicht deshalb, weil die Russen eine höhere Bevölkerungszunahme aufweisen und eine höhere Geburtenrate, sondern weil nach der Eroberung, nach der Auslöschung dieser Staaten, dort Hunderttausende von Russen oder Ukrainern angesiedelt wurden. Oder in Estland, wo die Esten 62 Prozent, oder in Litauen, wo die Litauer 80 Prozent der Bevölkerung ausmachen. Oder soll man die überwiegende Mehrheit der Nichtbalten aus dem Land verdrängen und einen Teil als Einwohner zweiter Klasse tolerieren? Das klingt hier sehr theoretisch. Ich war 1992 mit dem Bergedorfer Gesprächskreis unter der Leitung des leider verstorbenen großen Industriellen Körber in Tallinn. Die Diskussion wurde geleitet von Andreas Meyer-Landrut, dem Staatssekretär im Präsidialamt bei Bundespräsident von Weizsäcker, der früher in Moskau deutscher Botschafter war und in Tallinn geboren ist; er hat uns auch sein Geburtshaus gezeigt. Und plötzlich sieht man in diesem Estland – einem kleinen Land mit 1,5 Millionen Menschen – am Hauptplatz von Tallinn russische Soldaten vorbeimarschieren. Und Außenminister Kosyrew aus Rußland, ein aufgeschlossener, dem Westen gegenüber früher äußerst freundlich eingestellter Mann, hat in einem großen Artikel geschrieben, daß der russischen Minderheit in Estland die Auslöschung drohen würde. Im Norden gibt es Teile – übrigens sind dort in Narwa auch die größten Kraftwerke –, wo 95 Prozent der Bewohner Russen sind. Es geht nicht nur um das Wahlrecht, sondern auch um handfeste wirtschaftliche Interessen, die Vergabe von privatem Landbesitz, um die Zuteilung von Wohnungen, Privatisierung der Industrie. Darüber hinaus hat man die Lösung auf russischer Seite mit den Verhandlungen über den Abzug der im Baltikum stationierten Truppen der ehemaligen Sowjetarmee verbunden. Aus Litauen sind jetzt die letzten russischen Truppen abgezogen. Aber Litauen ist, angesichts der relativ homogenen Bevölkerung, ein nicht so gravierendes Problem – anders in Lettland und anders als in Estland. Da besteht jetzt die Gefahr, daß Jelzin, gewollt oder ungewollt, zur Geisel oder zum Gefangenen der Armee wird, die ihn ja im buchstäblichen Sinne politisch gerettet hat, die dann auftreten und die Regierung dazu drängen könnte, energischer für die Rechte der Russen im Baltikum aufzutreten und härtere Konzessionen zu verlangen. Genau darin liegt die große und unmittelbare Gefahr der „Jugoslawisierung“, im Einsatz der russischen Armee in diversen Randgebieten der ehemaligen Sowjetunion, um die russischen Minderheiten vor wirklicher oder befürchteter Unterdrückung zu schützen. Dabei dürfte es auch im eigenen Interesse der Militärs liegen, eine Kette von Stützpunkten weiterhin zu sichern und darüber hinaus die Konflikte zur Durchsetzung der Sonderinteressen im Zentrum der Macht ausnützen zu können. Wir müssen bedenken, daß nach dem Abzug der ehemals sowjetischen Truppen aus Deutschland und Polen über 300.000 russische Offiziere de facto obdachlos sind.

Im Schatten dieser enormen Gefahren darf man aber auch die Minderheiten nicht vergessen, die keine Schutzmacht haben, also weder die Gagausen in der Republik Moldau noch die Moslems in Bosnien. Ein besonderes Kapitel bleibt nach wie vor die brutale Unterdrückung von 2 Millionen Menschen der albanischen Minderheit in Serbien, die fast 90 Prozent der Bevölkerung der einstigen autonomen Provinz Kosovo und selbst nach offiziellen Belgrader Angaben 17 Prozent der Bevölkerung des neuen Rumpf-Jugoslawiens, also Serbiens und Montenegros, ausmachen. Das postkommunistische Albanien mag noch immer das Armenhaus Europas sein. Ich habe den Generalstabschef besucht und mit ihm gesprochen und dabei nicht den Eindruck gewonnen, daß diese Armee über die modernsten und schlagkräftigsten Waffen verfügt, doch könnte auf Dauer die Regierung des albanischen Mutterlandes die Existenzbedrohung der Albaner in Serbien nicht tatenlos hinnehmen, wenn z. B. zigtausende Menschen über die Grenze aus dem Kosovo nach Albanien flüchten würden. In der vorigen Woche wurden im Kosovo 30 politische Funktionäre eingesperrt – Albaner, die nichts angestellt hatten. Wenn man noch hinzurechnet, daß es auch Probleme mit dem umstrittenen Identitätsbewußtsein solcher Staatsnationen wie der Mazedonier, Montenegriner und bosnischen Moslems gibt, daß ein Fünftel der Bevölkerung des Nuklearstaates Ukraine aus Russen besteht und daß schließlich im zweiten großen Nuklearstaat Kasachstan der Anteil der Titularnation, also der Kasachen, 39,7 Prozent, also weniger als 40 Prozent beträgt und nur sehr knapp den Bevökerungsanteil der Russen von 37,8 Prozent übersteigt, wird die Vielfalt und Kompliziertheit der Nationalitätenprobleme als globale Bedrohung zumindest in Umrissen klar.

Bei einem Abendessen kürzlich hier in Wien hat ein stellvertretender Ministerpräsident der russischen Regierung – ganz jung, 38 Jahre alt, für die Privatisierung zuständig – im privaten Gespräch offen gesagt: Er betrachte

Kasachstan als äußerst gefährlich, schon 300.000 Russen seien von dort geflüchtet, sehr viele Kasachen sprächen nicht kasachisch sondern nur russisch, und gleichzeitig würden die Regierung und der ansonsten vernünftige Staatschef Nasarbajew jetzt überall die obligatorische Einführung der kasachischen Sprache forcieren.

Natürlich bedarf es der sorgfältigen Prüfung jedes konkreten Minderheitenproblems, da sowohl die Ursachen als auch die Lösungsmöglichkeiten unterschiedlich sind. Trotzdem zeigt das bisherige eklatante Versagen der Europäischen Gemeinschaft, der KSZE, also der Konferenz für Sicherheit und Zusammenarbeit in Europa, und nicht zuletzt der Vereinigten Staaten, der Führungsmacht des Westens, daß die in die Geschichte zurückreichenden Nationalitätenkonflikte Mittel- und Osteuropas zum Teil überhaupt nicht verstanden, zum Teil aber – wohl aus innenpolitischen Gründen – mutwillig unterschätzt bzw. verdrängt werden.

Man muß dabei freilich bedenken, daß noch vor einigen Jahren der amerikanische Politologe Francis Fukuyama in seinem berühmten Essay *Das Ende der Geschichte* – wir haben das in der Zeitschrift *Europäische Rundschau* hier in Österreich als erste in deutscher Sprache abgedruckt – behauptete, der Nationalismus sei in Europa seit dem Zweiten Weltkrieg zahnlos geworden und habe keine außenpolitische Bedeutung. Kürzlich entdeckte Fukuyama nach einer Rundreise in Europa: Er habe gar nicht gewußt, wie unterschiedlich die europäischen Länder seien. Er hbe sich Europa vorgestellt wie die Vereinigten Staaten, aber jetzt entdecke er nicht nur die Vielfalt in der Einheit, sondern tiefgehende Differenzen ohne viel Einheit. Er schrieb damals auch in seinem Essay und in einem späteren Buch, das ein Bestseller wurde, daß es jetzt nach dem Sieg des Liberalismus in der Politik und in der Geschichte ziemlich langweilig werden würde. Es gibt freilich auch einflußreiche Politiker, die diese Mischung aus Ignoranz und Arroganz als Meinung vertreten.

Man soll einmal auch offen sagen, daß es in der Europäischen Union und in den internationalen Organisationen sehr hochstehende Persönlichkeiten gibt, z. B. einen Generalsekretär des Europarates, die nicht wußten, daß in Jugoslawien nicht nur serbokroatisch oder kroatisch gesprochen wird oder daß die Slowenen nicht serbokroatisch sprechen. Ja, manchmal wird Slawonien mit Slowenien bzw. sogar mit der Slowakei oder die Provinz Kosovo mit der Vojvodina verwechselt. Meine Frau hatte eine Tante in England, die immer Bukarest mit Budapest verwechselte – aber sie hatte keine politische Funktion...

Die Entwicklung von der Euphorie nach dem Zusammenbruch des Kommunismus zum Stimmungstief und zu ohnmächtiger Empörung ging mit unvorstellbarer Geschwindigkeit vor sich. Daß dabei die Persönlichkeit eine große Rolle spielt, wird ebenso oft übersehen wie die ungeheure Bedeutung der Kommunikationsrevolution. Was das Wiederaufleben des alten Nationalismus im neuen Gewande besonders gefährlich macht, ist die Gleichzeitigkeit der Krisen in der postkommunistischen Welt. Die tiefe wirtschaftliche Strukturkrise fällt mit der Krise des Staates, der Gesellschaft und der Eliten zusammen. Vergessen wir nicht, daß fast alle, die heute unter verschiedenen parteipolitischen Etikettierungen an der Macht sind, entweder selbst Kommunisten waren oder in das System nahtlos kooptiert wurden. Der verstorbene ungarische bürgerliche Ministerpräsident József Antall machte – trotz Verfolgung nach 1956 – seine Karriere während des Kommunismus vom Unterreferenten, Referenten, Oberreferenten, Vizedirektor bis zum leitenden Direktor des Museums für Medizingeschichte. Herr Mečiar in der Slowakei, heute Ministerpräsident, war sogar zur Schulung in Moskau. Ich habe bei einem Mittagessen gefragt: Wie lange waren Sie in Moskau? Er hat mir offen und unverblümt gesagt: 12 Monate als Jungkommunist. Herr Brazauskas, der neue Staatspräsident in Litauen, war Sekretär des Zentralkomitees. Als er dazu vor dem Papstbesuch in Litauen befragt wurde, wie sich das eigentlich vertrage, hat er gesagt: Das spielte doch keine Rolle, 97 Prozent wären Mitglieder, aber nur 3 Prozent wären echte Kommunisten – und er selber hätte seine Kinder taufen lassen und wäre immer in der Kirche gewesen. Übrigens genauso wie der frühere ungarische Ministerpräsident Miklós Németh, der nicht einmal eine Drogerie geleitet hat, aber heute Vizepräsident der European Bank for Reconstruction and Development in London ist – jener Bank, die der französische Schriftsteller Jaques Attali so wunderbar geführt hat, mit Marmorverkleidung und Millionenausgaben mit den Geldern der Steuerzahler. Dieser Miklós Németh, der 5 Jahre ZK-Sekretär war bzw. Abteilungsleiter und die Reden mancher Parteiführer schrieb, erklärte auch, daß er eigentlich nie ein Kommunist gewesen sei.

Ein weiterer wichtiger Faktor bei der zunehmenden Radikalisierung ist die Unterschätzung der Komplexität des Reformprozesses: durch die neuen Regierungen und ihre westlichen Ratgeber einerseits und die Überschätzung der Bedeutung der Westhilfe und die dadurch entstandene maßlos übertriebene Erwartung der Bevölkerung im Osten andererseits. Die Harvard- oder die Columbia-Professoren, die nach Polen, nach Bulgarien, nach Rumänien gefahren sind oder in die Ukraine und dort Ratschläge erteilt haben, wußten sehr viel über die amerikanische Wirtschaft und die Theorie der Marktwirtschaft, aber sehr, sehr wenig über die Geschichte dieser Länder. Die brisante Mischung aus Enttäuschung, Sozialneid und der nostalgischen Sehnsucht nach der scheinbaren Sicherheit und Ordnung der Vergangenheit sind die tieferen – nach Land jeweils unterschiedlichen – Gründe für die Stärkung der Linken und das Auftauchen auch von rechtspopulistischen und fremdenfeindlichen Gruppierungen. Es geht ja nicht darum, daß nur Herr Chasbulatow, der übrigens kein Russe, sondern ein Tschetschene ist, oder Herr Ruzkoi die Wortführer dieser Gruppe in Moskau waren. Sie vertraten auch die unartikulierte Frustration von Tausenden und Hunderttausenden von Menschen, die heute unvergleichlich schlechter leben als vor 5 oder 10 Jahren. Ich war vor einiger Zeit bei einer Konferenz in Moskau. Wir fuhren im Taxi mit Hugo Bütler, dem Chefredakteur der *Neuen Zürcher Zeitung*, begleitet von einem Redakteur der damaligen noch sowjetischen Nachrichtenagentur zum Flughafen. Er erzählte uns, wie er mit seiner Frau lebt. Er war ein- oder zweimal in Deutschland gewesen, und ich fragte ihn: Nun, wie ist Ihr Lebensstandard, verglichen mit der Breschnew-Zeit? Und da sagte er – ein relativ junger Mann – wörtlich: Das waren goldene Zeiten für die Leute.

Es war zugleich die Gleichheit im Elend. Es genügt, auf das Beispiel der Problematik der deutschen Einheit hinzuweisen. Der Finanztransfer beträgt netto in Deutschland von West nach Ost in diesem Jahr, nach Abzug der Steuern und Gebühren, 138 Mrd. DM. Aber es gibt eben kein Westpolen oder Westungarn, keine Westukraine oder kein Westrußland – und das gilt auch für die Hilfe durch Beamte und Experten. Bedenken wir, über 16.000 deutsche Beamte und Experten, vom Ministerpräsidenten Biedenkopf angefangen, sind in den sogenannten neuen Bundesländern. Wie viele müßte man haben in Polen, in Rußland oder in allen diesen postkommunistischen Ländern – und dabei sind die Verhältnisse schlechter als in der ehemaligen DDR! Jahrzehnte wird es dauern – das ist die bittere Wahrheit – bis selbst die mitteleuropäischen Reformstaaten wie die Tschechische Republik, Ungarn und Polen, das deutsche und österreichische Sozialprodukt pro Kopf, das heutige Niveau, erreichen können. Und wenn wir bedenken, daß damals Berechnungen im amerikanischen Außen- und Finanzministerium im Umlauf waren, nach denen man etwa 5 Jahre für die Umstellung gebraucht hätte, dann sehen wir die wirkliche Dimension.

Zusätzliche Probleme werden natürlich durch die Korruption in diesen vergifteten Gesellschaften verursacht. Daß bei der Privatisierung der Sohn des kroatischen Staatspräsidenten und er selbst billig – im letzten Augenblick – Villen erwerben, das ist noch eine Kleinigkeit. Wenn wir aber bedenken, daß der russische Vizepräsident Ruzkoi und der erste Vizeministerpräsident Schumejko einander gegenseitig vorwarfen, der andere hätte 3 oder 5 Millionen Dollar beim Import von Kindernahrungsmitteln und Medikamenten verdient, wenn man sieht, wie der eine Minister den anderen beschuldigt, wie etwa der Außenhandelsminister, unterwegs in afrikanische Staaten, zurückbeordert wird, und wenn ich dann ein Mitglied der russischen Regierung frage: Also, was ist die Wahrheit? Und dieser sagt mir nach dem dritten Glas Wein: Ich glaube, daß alle etwas genommen haben. Ähnlich in Albanien – die Leute lernen sehr schnell, dieses Know-how geht sehr schnell von West nach Ost. Hier hat der frühere kommunistische, später sozialistische Ministerpräsident Nano zusammen mit den Italienern Hilfe für Albanien organisiert. Präsident Sali Berisha erzählte mir, statt 20 Millionen Dollar seien nur Güter im Werte von 11 Millionen Dollar angekommen. Trotzdem organisieren die Reformkommunisten, die sogenannten Sozialisten, Petitionen – angeblich haben 700.000 Leute unterschrieben –, in denen sie die Freilassung dieses aufrechten Mannes wollen.

Gerade angesichts der Dauerkrise muß der Westen vor allem den Zugang zu den Märkten sichern und darf die Oststaaten nicht total vor den Kopf stoßen. Deshalb ist es vor allem wichtig, daß das von jenen Beamten, etwa in Brüssel, Bonn und auch in Wien, verstanden wird, die zwar außergewöhnlich gut Bescheid über die Zahl der Käsesorten wissen, die importiert werden dürfen, aber die politische Bedeutung der Osthilfe oft nicht annähernd begreifen können. Als der Papst kürzlich Litauen besuchte, erklärte ein Geistlicher: Der wirtschaftliche Aufbau sei in einer Generation zu machen, doch die geistige Wiedergeburt brauche ein Jahrhundert. Der große französische Historiker Fernand Braudel schrieb in seiner Studie über die Geschichte, daß im Gegensatz zur auf die Rolle der Helden reduzierten

Geschichte die Menschen auch von der Geschichte gemacht werden – „von der anonymen, oft stillen Geschichte in der Tiefe." Er sagt weiter: „So wird unser erster Schritt darin bestehen, an die Ungleichheit, die Verschiedenartigkeit der Weltkulturen zu glauben, an die Fortdauer, das Fortleben ihrer Persönlichkeiten, was nichts anderes heißt, als der Untersuchung erworbener Reflexe, eingefahrener Haltungen, fester Gewohnheiten, eingefleischter Geschmäcker, wie sich sich nur aus einer langsam fortschreitenden, weit zurückreichenden, wenig bewußten Geschichte erklären lassen, höchste Bedeutung für die Gegenwart einzuräumen." Braudel, längst verstorben, warnte, daß uns andernfalls Fehlurteile und gröbliche Schnitzer drohen würden. Deshalb muß man eine Momentaufnahme aus der Geschichte auch anders sehen. Braudel erinnerte sich an eine Nacht in der Nähe von Bahia, in der ihn „phosphoreszierende Glühwürmchen mit ihren blassen, aufleuchtenden, verlöschenden und wieder aufleuchtenden Lichtern wie mit einem Feuerwerk umgaben, eine von Lichtpunkten durchbrochene Nacht, aber ohne wirkliche Klarheit. Genauso verhält es sich mit den Ereignissen. Jenseits ihres Lichtes bleibt die Dunkelheit siegreich", meinte der große Franzose.

Und in diesem Sinne sind wir – politische Schriftsteller, Journalisten und Medienmenschen, Analytiker – auch Glühwürmchen, die zumindest teilweise an die uns umgebende historische Dunkelheit erinnern müssen. Lichter also, aber ohne Klarheit. Gerade heute müssen wir also alle eine Gratwanderung zwischen zuviel Pessimismus und zuviel Optimismus vollziehen. Wir dürfen aufgrund der immer neuen Krisensituationen die tödlichen Gefahren der Vergangenheit (z. B. nukleare Konfrontation) nicht vergessen – und zugleich dürfen wir wegen des stets drohenden Rückfalls in Nationalismus und einen Extremismus aller Farben die bisherigen Erfolge und die neuen Chancen auf dem dornigen Weg zu einer bürgerlichen Gesellschaft und einer funktionierenden Marktwirtschaft in der postkommunistischen Welt nicht ignorieren und verniedlichen.

Jugoslawien – Das Laboratorium des Hasses

Aber das, was ich in Bosnien gesehen habe, ist etwas ganz anderes. Es ist nicht Haß als Moment der gesellschaftlichen Entwicklung und damit als ein unvermeidlicher Teil des historischen Prozesses, sondern ein Haß, der als selbständige Kraft auftritt und in sich selbst ein Ziel findet. Ein Haß, der den Menschen gegen den Menschen hetzt und dann beide Gegner zugleich in Elend und Unglück stürzt oder unter die Erde bringt.

Ivo Andrić, Brief aus dem Jahr 1920

Die hier abgedruckten Aufsätze und die vielen Berichte, die ich seit meinem ersten Besuch im Jahre 1960 im Lauf der letzten drei Jahrzehnte über Jugoslawien geschrieben habe, lassen klar erkennen, daß ich – wie so viele andere Beobachter – relativ lange an die Einheit in Vielfalt, an das Überleben des Zweiten Jugoslawien trotz der Umwälzungen und der anhaltenden Spannungen geglaubt habe. In meinem 1969 veröffentlichten Buch Der Rote Balkan – Zwischen Nationalismus und Kommunismus *habe ich das Jugoslawien-Kapitel mit folgenden Worten beendet: „Daher hängt die Zukunft nicht nur von dem Ergebnis einer ‚Kraftprobe' zwischen Kommunisten und Nicht-Kommunisten, zwischen der jungen und der älteren Generation, zwischen technokratisch denkenden Managern und politisch denkenden Bürokraten ab. Alle diese Konflikte und andere, ähnliche Probleme sind nur Bestandteile der großen und noch ungelösten Aufgabe: Jugoslawien in eine ‚Harmonie' seiner verschiedenartigen und dennoch zusammengehörigen Völker, das Land in eine Einheit in Vielfalt zu führen."*

Bereits im ersten Aufsatz, der Ende 1965 in der damals angesehensten deutschsprachigen Zeitschrift Der Monat *erschien, wies ich darauf hin, daß „der sozialwirtschaftliche Konflikt in einen selbstzerstörerischen nationalen Streit umschlagen könnte." Doch war ich damals und selbst fünf Jahre später in einem anderen* Monat-*Artikel mit dem symbolträchtigen Titel „Keine Brüderlichkeit ohne Brüder" noch immer der Meinung, daß eine „friedliche Koexistenz der Nationen" möglich sein könnte. Sogar nach den großen Säuberungen in Kroatien und dann in Serbien bzw. Slowenien 1971/72 schloß ich Ende 1974 eine Artikelserie für österreichische und Schweizer Zeitungen doch hoffnungsvoll ab, daß das Land „trotz anhaltender Kraftproben seine Einheit bewahren und seinen faszinierenden, wenn auch immer wieder von Rückschlägen unterbrochenen eigenen Weg weitergehen" würde.*

Es ist heute, also nachträglich, sehr schwer zu erklären, warum Titos Jugoslawien damals trotz allem für so viele – und keineswegs nur für die westliche Linke oder die osteuropäischen „Revisionisten" – als ein zumindest ernstzunehmender, in mancher Hinsicht anziehender Versuch einer föderativen Lösung zur Entschärfung der nationalen Spannungen und auch eines „dritten Weges" zwischen Kapitalismus und Kommunismus, zwischen Marktwirtschaft im Westen und Kommandowirtschaft im Osten, erschien. Gewiß hatten die Konfrontation der Blöcke und die permanente Gefahr aus dem Ostblock sozusagen automatisch auch einen „Vorschuß" an Sympathie für das bedrohte, weil blockfreie und unorthodoxe Balkanland bedeutet. Das Land, seine streitsüchtigen Volksgruppen und seine Experimente haben seit der Geburtsstunde des „Königreiches der Serben, Kroaten und Slowenen" niemanden gleichgültig gelassen.

Die unverändert abgedruckten und stellenweise aus heutiger Sicht naiv anmutenden Artikel zeigen jedenfalls, wie anregend und widerspruchsvoll das jugoslawische System damals für den Berichterstatter erschien. Fast fünfzehn Jahre später faßt der Essay Jugoslawien ohne Jugoslawen, *erschienen im November 1990 im* Europa-Archiv, *der Zeitschrift der Deutschen Gesellschaft für Außenpolitik, die tieferen Gründe für den nahen Zerfall zusammen: „Das Zweite Jugoslawien ist tot... Es bleibt nur der Ausweg einer lockeren Konföderation, eines von den demokratisch legitimierten Regierungen Sloweniens und Kroatiens gewünschten Staatenbundes. Die zwei anderen Optionen sind das Ausscheiden der beiden nördlichen Republiken und die Entstehung eines Rumpf-Jugoslawiens völlig unter serbischem Einfluß oder im Katastrophenfall eine Eskalation der Emotionen und nationalen Leidenschaften, die jeglicher rationaler Kontrolle entgleitet und den Weg in das Verderben eines blutigen Bürgerkrieges unvermeidlich macht... Das europäische Sicherheitsrisiko liegt in einer ‚Libanisierung' Jugoslawiens."*

Neun Monate später schrieb ich in der Hamburger Zeit, *daß eine „europäische Tragödie" drohe und „nur dauerhaftes internationales Krisenmanagement in und über Jugoslawien könnte noch verhindern, daß der kranke Staat an der Adria zu einem neuen Libanon wird."*

An dieser Entwicklung, wie überhaupt an der Entfesselung der nationalistischen Leidenschaften, trugen vor allem die serbischen, aber auch die kroatischen Intellektuellen ein gerütteltes Maß an Mitverantwortung. Mit dem „Verrat der Intellektuellen" (Julien Benda) beschäftigt sich der hier zum ersten Mal abgedruckte, erweiterte und aktualisierte Text eines Vortrages, den ich im Herbst 1993 vor einem internationalen Symposium der Österreichischen Gesellschaft für Literatur in Wien gehalten habe. Eine längere und für diesen Sammelband verfaßte Abhandlung analysiert schließlich aus der Sicht vom Frühjahr 1994 den Weg vom Zerfall zum Krieg – Die Tragödie des Zweiten Jugoslawien.

Symbol mutiger Experimentierlust

Ende 1965

George Kennan, der ehemalige amerikanische Botschafter in Belgrad, wies vor etwa zwei Jahren auf einen verborgenen, aber ungeheuer wichtigen Aspekt des Sonderfalles Jugoslawien hin: Die Tatsache, daß Tito nach seinem Zerwürfnis mit Stalin weder auf die Gegenseite übergewechselt sei, noch einen „kapitalistischen" Kurs eingeschlagen habe – was ihm viele Amerikaner noch immer nicht verzeihen könnten –, habe mehr als alles andere die Einheit des kommunistischen Blocks zerstört. Daß diese Beobachtung für den Hintergrund der zentrifugalen Tendenzen in Osteuropa tatsächlich gilt, zeigen die eigendynamischen Wechselwirkungen zwischen den kommunistisch regierten Ländern. Sie trifft zugleich den Kern der häufigen Fehleinschätzungen Jugoslawiens. Die von Kennan angedeuteten latenten und fast tabuisierten Vorurteile erklären, warum wir die Vorboten spektakulärer Umwälzungen oft am falschen Ort vermuten, während wir anderswo die wirklichen tiefgreifenden Wandlungen übersehen.

Im vergangenen Jahr unternahm ich mehrere längere Reisen in die Tschechoslowakei, nach Ungarn, Polen, Rumänien und Bulgarien. Die Fortschritte, die diese Länder in den letzten Jahren erzielt haben, sind unbestreitbar. In fast allen Städten, die ich besuchte, haben Künstler und Wissenschaftler einen größeren Spielraum gewonnen. Da und dort ist man mit Genehmigungen von Reisen großzügiger geworden. Das wirtschaftliche Leben läßt einen Zug zum Realismus erkennen. Überall vollzieht sich ein gewisser Individualisierungsprozeß, wenngleich sich das Wiedererwachen des nationalen Selbstbehauptungswillens nicht immer mit der geistigen „Entstalinisierung" deckt.

Was der Abbau des Terrors, die Verminderung der alltäglichen Schikanen auf ein „erträgliches Maß" bedeuten, kann sich wahrscheinlich nur jener ganz vorstellen, der den früheren Zustand selbst erlebt hat. Doch offenbar ist man sich mittlerweile nicht nur in Polen, sondern auch in der Tschechoslowakei und in Ungarn der engen Grenzen der geistigen „Liberalisierung" und ökonomischen Rationalisierung bewußt geworden. Wollten wir nun etwa Rumänien hauptsächlich nach seinen außenpolitischen Eskapaden gegenüber Moskau, die Tschechoslowakei nach den provokativen Stücken von Havel und nach ihren Kulturzeitschriften, Ungarn nach seinen Kabaretts und der Zahl der Westtouristen beurteilen, so wären wir in Gefahr, die unveränderte Substanz der autoritären Machtstruktur zu übersehen. Was der polnische Philosoph Leszek Kolakowski als „die traditionelle stalinistische Erpressung mit der einzigen Alternative im politischen Leben" beschrieb, wirkt, wenn auch in einer „zivilisierten" Form, weiter. „Der Stalinismus machte jede soziale Kritik dadurch wirkungslos, daß er sie ständig in eine konterrevolutionäre Position umzudeuten versuchte!"[1] Nach wie vor beansprucht die kommunistische Partei die totale Hegemonie und die unfehlbare Lehr- und Glaubensmacht, wenn es um ihre eigene Stellung, um die großen Probleme der Wirtschaftspolitik und Staatsführung oder um den Grundsatz geht, „die Öffentlichkeit möglichst breit an der Entscheidung über Dinge, die für das Leben der Allgemeinheit wichtig sind, zu beteiligen." Weder periphere Konzessionen noch die größere Beweglichkeit in der Wirtschaft haben an den grundsätzlichen antidemokratischen Elementen der uneingeschränkten Machtausübung etwas ändern können.

Maskiert die titoistische Ideologie der Arbeiterselbstverwaltung und Dezentralisierung nicht letzten Endes auch in Jugoslawien eine totalitäre Parteidiktatur? Zeigen nicht Fälle wie die noch immer andauernde Haft des Rebellen Milovan Djilas[2], das Verbot der aufsässigen slowenischen Zeitschrift *Perspektiven* im Jahre 1964 oder die Hexenjagd gegen Mihajlo Mihajlov[3] mit aller Deutlichkeit, daß die jugoslawische Wirklichkeit beklemmend stark von der eigenen Konzeption einer „sozialistischen Demokratie" abweicht? Beschränken sich also auch unter den Verhältnissen eines aufgeklärten Kommunismus titoistischer Prägung Opposition und echte Diskussion bloß auf bedeutungslose Episoden?

Nach längeren Aufenthalten im Lande, nach Gesprächen mit Fabrikdirektoren und Intellektuellen, Gewerkschaftern und Nationalökonomen, Politikern und Arbeitern, Hausfrauen und anderen „gewöhnlichen Sterblichen" entdeckt man, daß sich solche Mutmaßungen als unzutreffend erweisen. In Jugoslawien gibt es echte Ansätze zu einer unverkennbaren, wenn auch beschränkten Demokratisierung. Es kennzeichnet die gegenwärtige Situation, daß Jugoslawien nach dem Bruch mit Stalin und trotz aller Umwälzungen in der kommunistischen Welt zusehends zum Symbol mutiger Experimentierlust geworden ist. Der Umstellungsprozeß, der sich hier vollzieht, läßt die Wirtschaftsreformen und die Auflockerungstendenzen in den anderen kommunistischen Staaten als Palliativmittel von beschränktem Wirkungsgrad erscheinen.

Seitdem man in Jugoslawien mit der Selbstverwaltung in den Fabriken und Gemeinden experimentiert, besteht hier ein grundsätzlicher Widerspruch zwischen der Herrschaftsform der totalitären Parteidiktatur und der von dieser ins Leben gerufenen Staats- und Wirtschaftsordnung. Die Konflikte, die aus diesem immanenten Widerspruch zwischen der Logik einer dynamischen Marktwirtschaft und dem erstarrten Überbau einer schrankenlosen Parteidiktatur entstanden, wurden nicht gelöst, sondern verdrängt. Das Ergebnis waren immer unerträglichere Halbheiten, unbefriedigte Kompromisse und gefährliche Improvisationen. Bis zum Überdruß wiederholten sich in politischen Referaten und theoretischen Abhandlungen die Parolen „Die Fabriken den Arbeitern!" und „Leitung der Produktion durch die Produzenten!". Aber trotz der Absage an die „bürokratisch-etatistischen" Tendenzen ist den Partei- und Staatsbürokraten die faktische Verfügungsgewalt über die Fonds geblieben. „Die entscheidende Frage lautet: Wer kontrolliert die Investitionen? Bei uns ist aber ungeachtet der Fortschritte der Anteil der Unternehmungen unter 30 Prozent gehalten worden." Das sagte mir Herr B., der Sekretär des Gewerkschaftsbundes in Belgrad; und mit einem ironischen Lächeln erzählte er mir von seinem Gespräch mit einer Delegation französischer Kommunisten. Die Franzosen, wohl noch unter der Wirkung der stalinistischen Propaganda, zeigten sich von dem großen Einfluß des sozialistischen Staates freudig überrascht. Herr B. entgegnete ihnen, daß ihn dieser Grad des Zentralismus zutiefst erschrecke und der zögernde Abbau der Machtkonzentration sehr beunruhige.

Die von der Belegschaft gewählten Arbeiterräte und Verwaltungsausschüsse führen zwar die Betriebe und treffen tatsächlich alle grundlegenden Entscheidungen – von der Bestimmung der Produktion und der Gehälter bis zur Beschäftigungspolitik und zum Verkauf. Doch zwei grundsätzliche Faktoren behinderten die Entfaltung dieses großen Experimentes und rissen eine gähnende Kluft zwischen der Parole und der Wirklichkeit auf. Zum einen mußten die Unternehmen im Durchschnitt rund die Hälfte ihrer Gewinne in Form von Steuern und Abgaben an den Staat, die sechs Republiken und die 570 Kommunen (zu einer territorialen Verwaltungseinheit zusammengefaßte Gemeinden oder Stadtbezirke) abführen, wodurch die Bildung von Eigenkapital von vornherein abgewürgt wurde. Zum anderen waren die Betriebe, die über 200 Banken und die formell dezentralisierten Investitionsfonds einem ständigen politischen Druck ausgesetzt. Dazu kamen die Verzerrung der Preisstruktur durch künstliche Tiefhaltung der Rohstoff- und Energiepreise, die daraus resultierenden Fehlinvestitionen, die Subventionierung der Exporte mit jährlich fast 300 Millionen Dollar, die Vernachlässigung der Landwirtschaft, die Verschmähung der privaten Initiative und nicht zuletzt der durch hohe Zollmauern begünstigte Sog des Inlandsmarktes. Dabei darf freilich nicht übersehen werden, daß diese merkwürdige „Marktwirtschaft ohne Privatunternehmer“ der totalen Planwirtschaft „klassischer“ kommunistischer Prägung trotz einer Vielfalt von Konflikten unendlich überlegen ist. Jugoslawien verzeichnete in den Jahren 1952 bis 1962 die zweithöchste Wachstumsrate der Welt. Sein jährliches Nationaleinkommen vervierfachte sich (pro Kopf auf 500 Dollar). Dies und die Entwicklung der Infrastruktur sowie die eindrucksvolle Erhöhung des Lebensstandards in einem sozial, wirtschaftlich und technisch rückständigen Balkanland, das 1945 mit dem Jahre Null begonnen hatte, bezeugen die Vorteile der titoistischen Experimente. Des Marschalls größter Triumph aber dürfte es sein, daß die einst orthodoxen Genossen in den anderen kommunistischen Ländern heute krampfhaft versuchen, in einigen Punkten dem jugoslawischen Vorbild stillschweigend zu folgen.

Fast fünf Jahre lang stritten der fortschrittliche und der dogmatische Flügel der Partei um jene große Wirtschaftsreform, die den Hexenkreis der Widersprüche zwischen dem verbalen Bekenntnis zur Verselbständigung der Betriebe und dem praktischen Festhalten an der zentralen Lenkung durchbrechen sollte. Zwar war die Währungsreform von 1961 am zähen Widerstand jener Kräfte gescheitert, die, besorgt um ihr Machtmonopol, die administrative Kommandowirtschaft „bis zum letzten Dinar“ verteidigten. Doch das eiserne Gesetz einer, wenn auch beschränkten und kontrollierten, dezentralisierten Marktwirtschaft prallte immer heftiger gegen die „von oben“ oft nach politischen Gesichtspunkten durchgeführte Verteilung der zentralen Investitionsmittel. Die praktischen Folgen des auf allen Ebenen entbrannten Kampfes gaben den Differenzen zwischen Armen und Reichen, zwischen den höher entwickelten „westlicheren“ Bundesländern Kroatien und Slowenien und den unterentwickelten Republiken Mazedonien und Bosnien erst ihre Brisanz. Die Alarmzeichen für den bedenklichen Fortgang der internen Zerwürfnisse mehrten sich.

Die ganze Entwicklung hat den Reformern, allen voran dem kroatischen Parteiführer Dr. Vladimir Bakarić recht gegeben. Er warnte wiederholt vor dem Versuch, mit einem stumpfen Skalpell zu operieren und die Freiheit „löffelweise“ zu verabreichen. Sein enger Mitarbeiter Mika Spiljak, der jetzige Regierungschef Kroatiens, bemängelte in einer stürmischen Sitzung des Zentralkomitees Anfang 1964, daß es weder in der Praxis noch in ideologisch-politischer Hinsicht eine Bestätigung der proklamierten Prinzipien gäbe, und warf seinen Parteikollegen Mangel an Mut vor. Der junge Zagreber Parteisekretär Mika Tripalo nahm während des Parteikongresses Ende 1964 ebenfalls kein Blatt vor den Mund: „Eine gewisse Kluft zwischen den prinzipiellen Beschlüssen des Bundes der Kommunisten und der praktischen Arbeit einiger staatlicher und anderer Organe ist so sichtbar, daß die arbeitenden Menschen unzufrieden werden und sogar daran zweifeln, ob überhaupt etwas Ernsthaftes getan werden könne.“

Erst der 8. Parteikongreß, auf dem die Reformer, wie dem Besucher in Zagreb versichert wird, „einen endgültigen Sieg“ errungen hätten, gab das politische Startsignal für jenes Reformwerk, von dem sich Marschall Tito nicht zu Unrecht „eine Revolution“ in der Nachkriegsentwicklung des Landes verspricht. Jugoslawien steht gegenwärtig im Banne dieser großen Wirtschaftsreform, die wohl zum erstenmal in einem kommunistischen Land den künstlichen Vorhang, der bisher die ökonomischen Realitäten verhüllte, ohne Rücksicht auf Dogmen und frühere Irrwege niederreißen wird und Jugoslawien den tatsächlichen Anschluß an den Weltmarkt ermöglichen soll.

„Wir hatten“, so erklärte mir Herr W., der Direktor eines Planungsinstitutes, „im Sommer die Spekulationen und Hamsterkäufe eigentlich selbst durch die lange öffentliche Erörterung der geplanten Maßnahmen, auch der Dinar-Abwertung, ausgelöst. Man hätte aber nicht von einem Tag auf den anderen handeln können. Denn über Grundsatzfragen, die Millionen betreffen, können bei uns nicht mehr kleine Gremien hinter geschlossenen Türen entscheiden. Vom rein wirtschaftlichen Standpunkt aus ist das natürlich manchmal ein Nachteil, aber wir nehmen ihn gern in Kauf, um uns die Debakel der Vergangenheit zu ersparen." Der brillante politische Wissenschaftler und ehemalige Diplomat Herr M. dringt noch tiefer in die Problematik der politischen Willensbildung ein. Nach seiner Ansicht sind die mit der Wirtschaftsreform zusammenhängenden Probleme Teil des Prozesses, den er als einen Übergang von der „Regierung der Personen" zu einer „Regierung der Institutionen" bezeichnet. „Wir leben in einer dynamischen Gesellschaft. Es gibt immer weniger Deklarationen ex cathedra, über alles wird diskutiert, und die Leute können nicht mehr vor ein *fait accompli* gestellt werden. Nicht einmal der Marschall oder das Exekutivkomitee (die Führungsspitze der Partei) können nach Belieben Entscheidungen treffen. Schauen Sie die Parlamentsberichte in den heutigen Zeitungen an. Das Heldenzeitalter der aufgeblasenen Narren ist unwiderruflich vorbei. Die Minister sind keine kleinen Götter mehr, die über jede Kritik erhaben sind. Sie sind verantwortlich für ihr Ressort, sie müssen den Abgeordneten, die keineswegs die ehemaligen Jasager sind, Rede und Antwort stehen. Der Bergbauminister in Bosnien wird kein Einzelfall bleiben ..." Dieser Minister hatte bald nach dem schweren Grubenunglück im Jahre 1965 ohne irgendwelchen Druck demissioniert – ein Ereignis, das für viele Jugoslawen symbolische Bedeutung gewann.

Das Parlament ist während der letzten zwei Jahre immer mehr zum politischen Zentrum des Staates geworden. Anders als die üblichen kommunistischen „Volksvertretungen", die höchstens die schlechte Qualität von Kinderschuhen oder das Schneckentempo bei der Ernte bemängeln dürfen, diskutiert es die eigentlichen Lebensfragen (mit Ausnahme der Wehr- und Außenpolitik) in aller Öffentlichkeit, wobei krasse Unterschiede in den Auffassungen zutage treten. Jugoslawien ist der erste kommunistische Staat, dessen Exekutivspitze bereits in einem gewissen Maß von der Volksvertretung abhängig ist.

Als ich zur Zeit der Verfassungsreform und der ersten großen Welle der „Rotation" der Ämterbesetzung, die alle vier Jahre in sämtlichen politischen Institutionen vorgesehen ist, Jugoslawien bereiste, waren noch die meisten nichtkommunistischen Bürger der Meinung gewesen, die Erweiterung der Kompetenzen der gewählten Körperschaften und andere Reformen sollten nur die schlimmsten Schönheitsfehler beseitigen, sonst aber bleibe doch alles beim alten. „Was interessiert es uns, wenn nun Blažo Jovanović, statt an der Spitze der Partei in Montenegro zu stehen, als Präsident des neugeschaffenen Verfassungsgerichtshofes fungiert", bemerkte mit vielsagendem Lächeln die Frau eines bekannten Psychiaters. Viele eingefleischte Parteileute hofften in der Tat, daß jegliche Exekutivgewalt doch bei den zuständigen Parteigremien und letzten Endes bei der Parteispitze bleiben würde. Gewiß waren sogar manche der obersten Parteiführer davon überzeugt, daß die Parlamentsreform die Partei als Instrument totalitärer Machtausübung unangetastet lassen würde.

Die strukturelle Änderung des Einparteiensystems durch freie Parteienbildung bleibt zwar weiterhin ein Tabu, doch haben sich die Akzente der Willensbildung überraschend schnell verschoben. Die Formen, in denen sich, zumindest teilweise, ein Abbau totalitärer Strukturen vollzieht, sehen freilich anders aus als im Westen und sind vor allem viel differenzierter als die üblichen Unterscheidungsmerkmale – hier westliche Demokratie, dort totalitäre Diktatur. Einige Beispiele mögen aber illustrieren, daß die Freiheit der Diskussion und der öffentliche Charakter der dezentralisierten Beschlußfassung bereits ein Ausmaß angenommen haben, wie es früher unter einem kommunistischen Regime unvorstellbar gewesen wäre. Das Essentielle und eigentlich Politische des außerordentlich komplizierten Wahlsystems, das diesem sozialistischen Stände- oder Kammerstaat[4] angepaßt ist, besteht darin, daß die Wähler, wie es sich bei der Erneuerung der Hälfte der Abgeordneten im vorigen Jahr zeigte, durch die Liberalisierung der Nominierungsbestimmungen einen tatsächlichen Einfluß auf den filtrierten Ausleseprozeß ausüben können. Bereits bei diesem ersten Experiment übertraf in vielen Kommunen und Bezirken die Zahl der Kandidaten bei weitem die der Sitze. Die von den Parteiorganen kontrollierten Wahlkommissionen sorgen natürlich dafür, daß bei der endgültigen Kandidatenaufstellung „Feinde des Sozialismus" keine Chance haben. Sie konnten aber in vielen Fällen den Wählerwillen nicht ignorieren, und schließlich bewarben sich 41.000 Kandidaten um die 23.000 Mandate der Kommunalvertretungen. Für die fast 1.200 Sitze der Bundes- und Republikparlamente standen 1.650 Kandidaten zur Wahl. Im Jahre 1963 waren noch die Zahl der Kandidaten und jene der Mandate gleich gewesen.

Die politisch bedeutsamste Änderung zeigt sich in der praktischen Tätigkeit der Parlamentsorgane. Die Abgeordneten haben sich ein entscheidendes Mitbestimmungsrecht erstritten und die einst allmächtige Bundesregierung in wichtigen Fragen häufig desavouiert. Die Parlamentssitzungen besitzen nun einen Spannungsreiz, und die Parlamentskomitees und Plenarsäle sind Stätten eines fruchtbaren Streites geworden. Jede Gesetzesvorlage wird unter die Lupe genommen, und die Minister, Staatssekretäre und hohen Beamten müssen sich im Kreuzfeuer der Fragen bewähren. In welchem kommunistischen Land wäre es zum Beispiel denkbar, daß die Abgeordneten den Jahresplan verwerfen und eine zwölfmalige Abänderung des Entwurfes erzwingen? Von der Investitionspolitik bis zum Außenhandel, von den Landwirtschaftsplänen bis zu den Lohnfragen mußten die Vertreter der Regierung im Vorjahr eine beispiellose Flut von Kritik über sich ergehen lassen. Mit Stimmenmehrheit haben die Abgeordneten wiederholt Gesetzesentwürfe über die Bahntarife und die Finanzierung des Kraftwerkbaues abgelehnt. Bei den stürmischen Diskussionen über die Elektrizitätskrise und die Verzögerung beim Bau neuer Kraftwerke mußten sich der Industrieminister Pozderac und Bojanić, der Generaldirektor der größten Bank, vorwerfen lassen, daß sie die Verantwortung auf andere abzuwälzen und sich mit Ausreden zu rechtfertigen versuchten. Die Fragen waren scharf, und unbefriedigte Kritiker beantragten überdies die Einsetzung eines Untersuchungsausschusses. Der Abgeordnete Strizak bemerkte bissig: „Ich hatte erwartet, daß man uns erklärt, warum die Regierung zwischen 1961 und 1963 nichts hinsichtlich des Ausbaues der Energieversorgung unternommen hat.“ Ebenso kritisch werden die Subventionen, die Budgetvorschläge und die Lohnpolitik überprüft. Aus der Fülle der Beispiele könnte man noch vieles zitieren: von den Vorwürfen, daß unter dem Vorwand der Arrondierung und des Kraftwerkbaues oft überhaupt nichts oder nur ein Bruchteil des Marktpreises für das enteignete Land der Privatbauern bezahlt worden sei, bis zur Ablehnung der mittelfristigen Richtlinien für die Einkommenspolitik.

Daß die Tätigkeit des Parlaments allmählich ein Politikum ersten Ranges geworden ist, hängt natürlich auch mit dem öffentlichen Charakter der Diskussionen zusammen. Von Tag zu Tag berichten Zeitungen, Rundfunk und Fernsehen über die Debatten und veröffentlichen oft die heikelsten Passagen aus den Sitzungsprotokollen, was wiederum nicht ohne Wirkung auf die politische Position so mancher führender Persönlichkeiten bleiben dürfte. Gewiß sind die Präsidenten der Parlamente und der wichtigsten Komitees ebenso bewährte und bekannte Kommunisten wie die Regierungsmitglieder oder der Präsident des Verfassungsgerichtshofes (auch diese Institution ist ein prinzipielles Novum in einem kommunistischen System). Das ändert jedoch nichts an der Tatsache, daß die Möglichkeit eines gewissen Pluralismus (oder „Polyzentrismus“) innerhalb des Systems in der Praxis anerkannt wurde. Die Zeit der „monolithischen Einheit“ und der Meinungsdisziplin innerhalb der herrschenden Machtelite ist endgültig vorbei. Von einem gewaltenteiligen Rechtsstaat kann zwar noch keine Rede sein, aber man versucht, die Interessensgegensätze in Institutionen der Verhandlung und Schlichtung aufzufangen und im Rahmen der bestehenden Herrschaftsform, wie es heißt, „eine demokratische Alternative“ zu bieten. „Wir regieren eben nicht so bequem wie früher“, sagte mir ein Minister mit leichter Selbstironie. „Während der vergangenen Monate verbrachte ich mehr Zeit im Parlament als in meinem Büro. Wir müssen unsere Maßnahmen begründen und verteidigen. Es ist manchmal recht unangenehm, besonders dann, wenn wir ungerechtfertigten Angriffen ausgesetzt sind. Aber wir müssen unsere Autorität als Regierungsmitglieder und Staatsbeamte immer wieder neu erkämpfen.“

Im Meinungsstreit, der handfesten Interessen entspringt, ist die Partei nicht mehr Transmissionsriemen für die Entscheidungen kleiner Spitzengremien, sie wird selbst zur Trägerin vielschichtiger Interessenkonflikte, die mit der nationalen Frage, der Hauptsorge des Landes, unlösbar verbunden sind. Es hieße die Entwicklung falsch beurteilen, wenn man hoffte, daß die Parteiführung eine zweite oder gar mehrere „marxistisch orientierte Parteien“ zulassen werde. Andererseits geben aber auch führende kommunistische Funktionäre unumwunden zu, daß die Dynamik der allgemeinen Entwicklung die Partei in die Gefahr bringe, eher als Bremsklotz denn als „Motor“ des weiteren Fortschrittes zu wirken. Jetzt endlich soll mit der Idee von der rein ideell-erzieherischen und ausgleichende Rolle der Partei ernst gemacht werden. Mit anderen Worten, die Partei (sie zählt über eine Million Mitglieder und 35.000 Grundorganisationen) darf nicht als Richter in allen Sphären des Lebens auftreten und statt der Organe der Selbstverwaltung konkrete Entscheidungen treffen. Sie dankt nicht ab, sie wird reformiert.

Wie steht es nun mit der vielzitierten „inneren Demokratisierung“ der Partei? Der Kongreß hat die Versuche abgewehrt, eine „Legalisierung der Rechte der Minderheit“ – die Fraktionsfreiheit – durchzusetzen. Das neue

Statut und vor allem die Wirklichkeit zeigen aber, daß an die Stelle der blinden Gehorsamspflicht und der unbeschränkten Befehlsgewalt der Parteispitzen ein immer freierer Meinungskampf und der Konflikt der Ideen treten. Zum erstenmal wurde in einer regierenden kommunistischen Partei der berüchtigte Begriff des „demokratischen Zentralismus“ neu definiert. Danach haben die Mitglieder das Recht und die Pflicht, den Organisationen und Führungsgremien „Meinungen und Vorschläge“ zu bereits beschlossenen Resolutionen vorzulegen. Wenn man die Auseinandersetzungen der vergangenen Jahre um die Wirtschaftsreform und die jüngsten Ereignisse, auch Titos Wandlung vom Befürworter eines harten Kurses (1961–1963) zum Verbündeten der Reformer, verfolgt, muß man zur Schlußfolgerung kommen, daß die innerparteiliche Emanzipation der diversen Gruppierungen und Zentren in bedeutsamen Fragen stärker war als die hierarchische Struktur der Partei. Und was das Ringen um den nach außen hin einmütig proklamierten, aber in Wirklichkeit hart umkämpften neuen Kurs betrifft, so muß man sogar fragen, ob dieser „Bund der Kommunisten Jugoslawiens“ überhaupt noch als eine kommunistische Partei traditionellen leninistischen Typus bezeichnet werden kann.

Bei den „chirurgischen Eingriffen“ der Wirtschaftsreform, die das Alltagsleben der 19,5 Millionen Jugoslawen so direkt und fühlbar betroffen haben, geht es um fundamentale Fragen und nicht etwa nur um Preiskorrekturen oder eine „übliche Abwertung“. Der Staat selbst verzichtet auf zahlreiche direkte Eingriffe, und die Unternehmungen werden tatsächlich nach denselben marktwirtschaftlichen Grundsätzen und Spielregeln arbeiten müssen wie in einem modernen kapitalistischen System. Wohlgemerkt, es handelt sich nicht um eine Rückkehr zum Privateigentum in der Industrie; der Privatinitiative im Gewerbe und bei Dienstleistungen sind allerdings, vor allem in Kroatien und Slowenien, bereits ziemlich große Aktionsräume zugebilligt worden. Die Unternehmungen werden zu Hauptträgern der Investitionspolitik, da ihnen nunmehr 71 Prozent der Nettoerträge (statt der bisherigen 51 Prozent) zu freier Verwendung überlassen bleiben. Die staatliche Investitionsfinanzierung wird sich auf große Projekte und die Infrastruktur beschränken, die Festlegung mittelfristiger Richtlinien und die administrative Lenkung der Wirtschaft werden ad acta gelegt. Statt durch Plandiktatur wird der Staat durch einen verfeinerten, dem Einfluß der politischen Gremien entzogenen Kreditmechanismus und eine flexible Handelspolitik aufgrund bewußt forcierter ausländischer Konkurrenz die Wirtschaftspolitik bestimmen.

Die Unternehmungen müssen schwimmen lernen, wobei ihnen die Rettungsgürtel der Subventionen und der verzerrten Preise nach und nach ebenso verweigert werden wie die nach politischem Druck gewährten Kreditinjektionen. Bereits in der ersten Phase seit dem 24. Juli 1965 mußte man die bittere Lektion lernen, daß kostspielige Prestigeobjekte wie Kartenhäuser zusammenfallen, wenn man dem Wertgesetz und der Marktwirtschaft freien Lauf läßt. Daß die Wirtschaftsreform politischen Sprengstoff enthielt, der nur eines Funkens bedarf, um zu explodieren, dokumentiert die heftige öffentliche Diskussion um das Schicksal des „Iskra"-Konzerns, die zur Zeit meines Besuches in der slowenischen Hauptstadt Ljubljana in vollem Gange war.

Die 13.000 Arbeiter und Angestellten dieses Konzerns, eines der Aushängeschilder der jugoslawischen Industrialisierung, hatten seit fünf Monaten nur noch 80 Prozent ihrer früheren Gehälter bekommen. Die „Iskra"-Bankkonten waren gesperrt; sündhaft teure importierte Maschinen für eine Transistorenfabrik des Konzerns lagen im Zollager, weil die Firma trotz eines jährlichen Umsatzes von beinahe 200 Millionen Mark den Zoll nicht bezahlen konnte. Vor einem Jahr hatte ein ausländischer Experte erklärt, „Iskra" sei eine tüchtige und moderne Fabrik, in seinem Land aber wäre sie binnen einer Woche bankrott. Das Unternehmen produziert in seinen 14 Zweigbetrieben elektrische und elektronische Geräte. Im Einklang mit der kommunistischen Industrialisierungspsychose – „Fabriken in jedes Dorf" – und unter dem Druck der politisch-administrativen Gremien, die ihr Budget durch die diversen Abgaben und Steuern der auf ihrem Territorium tätigen Unternehmen decken, wurden, ohne Rücksicht auf Absatzmöglichkeiten, immer neue Zweigbetriebe gegründet. Statt großer Serien von marktgängigen Produkten hat „Iskra" bereits 8.000 verschiedene Erzeugnisse auf den Markt gebracht. Die politischen Organisationen und Interessengruppen, unter ihnen der mächtige Verband der Kriegsveteranen und „betriebsfremde" Verwaltungsgremien, mischten sich willkürlich in die Personalpolitik ein. Im größten Zweigbetrieb (4.000 Arbeiter) wurde der Generaldirektor, ein hervorragender Experte, durch die Kampagne solcher politischer Gruppen und gegen den Willen des Arbeiterrates zum Rücktritt gezwungen. Er hatte es abgelehnt, den innerbetrieblichen *pressure groups* gewisse Konzessionen zu gewähren. Auf dem Höhepunkt der Krise erklärte das Exekutivkomitee der KP Sloweniens, es denke nicht daran, dem Druck nachzugeben, in die inneren Angelegenheiten der Firma einzugreifen und irgendeine Entscheidung zu treffen. Die legitimen Organe der Selbstverwaltung und die Belegschaft sollten sich selbst aus der Misere heraushelfen.

Wie aber können sich die Manager gegen den Druck jener Interessengruppen behaupten, die sich aus alten Haudegen, Demagogen und nicht zuletzt aus den um ihren Einfluß bangenden, verknöcherten Berufspolitikern der Provinz zusammensetzen? Mika Tripalo, einer der Wortführer der Reform, sieht die doppelte Gefahr im Auftreten der kleinen, aber wortmächtigen Gruppe von Demagogen in den Betrieben und in der Einmischung außerbetrieblicher politischer Organisationen. Ein führender kommunistischer Journalist in Zagreb formulierte es so: „Wir brauchen heute sozialistische Bankiers und nicht verdiente Parteibonzen, die nur telefonieren können, fähige Administratoren und nicht Volkstribunen ohne eigentlichen Beruf!"

Eine Karikatur in der Belgrader Zeitung *Borba* spiegelte die allgemeine Stimmung nach der Einführung der konsumdrosselnden Maßnahmen wider: Sie zeigt vier Montenegriner, die beim Kellner eines Belgrader Kaffeehauses einen türkischen Kaffee und vier Gläser bestellen. Gleichzeitig mit der Abwertung des Dinars traten massive Preiserhöhungen sowohl für Agrarprodukte als auch für Grundstoffe, elektrischen Strom, Kohle, Wohnungsmiete und Kommunaldienste in Kraft. Viele Vergünstigungen des Wohlfahrtsstaates sind weggefallen, künstlich niedrig gehaltene Sozialpreise stiegen an. Nach einer langen Periode der krassen Diskriminierung der Landwirtschaft sind die Bauern die eindeutigen Nutznießer der längst überfälligen Preiskorrekturen zugunsten des Agrarsektors, in dem 83 Prozent des Landes privat bewirtschaftet werden. Den Pensionisten, Stipendiaten, Lehrern, Beamten und anderen Kleinverdienern aber hat die Umstellung fühlbare Opfer auferlegt, wobei zu berücksichtigen ist, daß 40 Prozent der Arbeiter noch immer in den Dörfern wohnen und zum Beispiel nicht weniger als drei Viertel der in Zagreb beschäftigten unqualifizierten Arbeiter auf dem Lande leben.

Der Weg zum freien Markt und die Umstellung des gesamten Wirtschaftsgefüges auf rein ökonomische Preis- und Wertverhältnisse erfordern einen politischen Preis, den aber auch viele Kommunisten in führenden Positionen nicht zahlen wollen. Die ökonomischen Faktoren prallen also auf soziale und politische Rücksichten, wobei viel, wenn nicht alles, vom ökonomischen Verständnis und Bildungsgrad der miteinander konkurrierenden Betriebsführer, von Beamten und Funktionären abhängt. Gerade auf diesem Gebiet gibt es aber im jugoslawischen Vielvölkerstaat, wo mitteleuropäisch bestimmte Landesteile wie Slowenien und Kroatien mit Gebieten koexistieren, die jahrhundertelang osmanischer Herrschaft ausgeliefert waren, ungeheure Schwierigkeiten. Dazu gehört das Analphabetentum. Fast 5 Prozent aller Beschäftigten können nicht schreiben und lesen, und die Zahl der „neuen" Analphabeten ist jährlich dreimal so hoch wie die der Erwachsenen, die an Kursen teilnehmen. In Bosnien und Mazedonien beträgt der Anteil der Analphabeten und der Halbanalphabeten 16 bzw. 12 Prozent und in dem von Skipetaren bewohnten Kosovo-Gebiet sogar über 40 Prozent. Der Mangel an qualifizierten Fachkräften führt dazu, daß selbst in der entwickelten Republik Kroatien etwa 7.000 vorbestrafte Personen verantwortliche Stellen bekleiden, darunter sind 500 Direktoren und etwa 2.000 Betriebsleiter. Man erzählte mir in Ljubljana, daß 40 Prozent der slowenischen Fabrikdirektoren nur die Grundschule absolviert hätten. Mit Hilfe der Interessengruppen wie etwas des Verbandes der Kriegsveteranen gelinge es ihnen, die Anstellung oder Beförderung junger qualifizierter Experten zu verhindern.

Die Auswirkungen der Reform werden erst allmählich fühlbar. Doch die nicht zuletzt aus dem Generationskonflikt zwischen den älteren und jüngeren Funktionären resultierenden Vorgefechte um nicht nur soziale, sondern auch eminent politische Probleme wie die Schließung unrentabler Betriebe spielen bereits eine dominierende Rolle. Im Fernzug Belgrad–Zagreb–Ljubljana–München habe ich Dutzende von jungen Menschen gesehen, die mit Reiseproviant und den traditionellen, mit Slibowitz gefüllten Korbflaschen gen Westen reisten. Jugoslawien ist das erste kommunistische Land, das „Wirtschaftsemigranten" unbehelligt verlassen können. Nach einigen Jahren kehren sie, meistens mit eigenem Auto und anderen Statussymbolen, zurück. Das Phänomen der Arbeitslosigkeit, auch unter den Bedingungen eines sozialistischen Systems, wird nicht nur zugegeben, sondern sogar ernsthaft untersucht. Schon vor der Reform waren etwa 200.000 Arbeitssuchende – die meisten allerdings ungelernte Arbeiter und über die Hälfte Frauen – registriert. Daß die Statistiken der Arbeitsämter noch keine drastischen Verschiebungen melden, hängt zum Teil mit der beschleunigten Abwanderung der Arbeiter in den Westen zusammen. Im Vorjahr soll die Zahl der im Ausland arbeitenden Jugoslawen um 60.000 gestiegen sein und damit die Grenze von 200.000 Menschen überschritten haben. Mit zunehmender Besorgnis beobachtet man die Tatsache, daß auch immer mehr Facharbeiter, Ingenieure und Architekten ihr Glück außerhalb der Landesgrenzen suchen. In Ljubljana hat zum Beispiel der ganze Mitarbeiterstab eines Projektierungsbüros angedroht, nach Kanada auszuwandern, nachdem die Firma eine große Bestellung nicht erhalten hatte. Obwohl die Überweisungen der Fremdarbeiter mit etwa 60 Millionen Dollar jährlich einen wichtigen Aktivposten in der angespannten Zahlungsbilanz darstellen, werden die Verluste an ohnehin noch seltenen qualifizierten Kräften keineswegs unterschätzt. Dennoch denkt in diesem Land mit offenen Grenzen niemand an administrative Eingriffe. Selbst das Präsidium des Gewerkschaftsbundes erklärte, sich dem Druck mancher bornierter Funktionäre widersetzend, daß nur bessere Arbeitsverhältnisse, höhere Wertschätzung und vor allem anständige Bezahlung der Fachkräfte der Abwanderung einen Riegel vorschieben könnten. Die *Borba* und andere Zeitungen vertreten dieselbe Ansicht und weisen auch auf die vielfältigen Auswirkungen der in den Fabriken verbreiteten „Herrschaft der Mittelmäßigen“ hin.

Der Generaldirektor einer großen feinmechanischen Fabrik in Belgrad teilte mir mit, sein Gehalt betrage nicht ganz das Zweieinhalbfache dessen, was die am schlechtesten bezahlte Aufwartefrau der 1.400köpfigen Belegschaft verdiene. Und in der Zagreber pharmazeutischen Fabrik „Pliva“ wird ein hochqualifizierter führender Forschungsingenieur kaum besser entlohnt als ein Facharbeiter. In diesem Zusammenhang darf nicht übersehen werden, daß die Einkommen der Belegschaften der Industrie, des Handels und sonstiger Dienstleistungsbetriebe tatsächlich weitgehend vom Geschäftserfolg des Unternehmens, aber auch vom Votum der Beschäftigten abhängen. Deshalb steht der vieldiskutierte Fragenkomplex der *uravnilovka,* der Tendenz zur Gleichmacherei, im Mittelpunkt der innerbetrieblichen, aber auch allgemeinen Debatten. Die zur ökonomischen Notwendigkeit gewordene „Entnivellierung“ der Löhne und Gehälter wird zwar immer wieder proklamiert, aber da gerade die Schlechterverdiener von den Preiserhöhungen am schmerzlichsten betroffen waren, bleibt es oft nur bei Parolen. In dieser Frage wie auch in Sachen des Betriebs- und Branchenegoismus oder der monopolistischen Auswüchse gibt es keine ein für allemal gerechte Lösung.

Diese Ärgernisse werden in dem Maße zunehmen, wie die Rationalisierung fortschreitet, denn der Übergang zu wirtschaftlicher Arbeitsweise in allen Bereichen müßte die Entlassung von über 500.000 Arbeitern, Angestellten und Beamten mit sich bringen. Es ist jedoch fraglich, ob sogar die stillschweigend zum Minimalziel gesetzte Ausgliederung von 200.000 Arbeitskräften erreicht werden kann.

Bei der Kanalisierung von Auseinandersetzungen, die aus der wirtschaftlichen und administrativen Dezentralisierung erwachsen, tun sich in der letzten Zeit die Gewerkschaften als Vertreter der sozialen Gesichtspunkte besonders hervor. Die 2,7 Millionen Mitglieder zählenden jugoslawischen Gewerkschaften, vor allem ihre Führungsgremien, sind – anders als in den anderen kommunistischen Ländern – keinesfalls reine Anhängsel des Staats- und Parteiapparates. Während die Arbeiterräte ihre Funktionen um so besser wahrnehmen, je weniger sie spezifische Gruppeninteressen vertreten und je mehr sie sich, gemeinsam mit den von ihnen bestellten Managern, für ihre Unternehmen verantwortlich fühlen, soll die Gewerkschaft eine Lücke im Rollensystem der Unternehmung füllen. Einstweilen entfaltet sie, vor allem auf gesamtpolitischer Ebene – und nicht immer zugunsten des Zukunftsträchtigen – als Verfechter der Sonderinteressen eine rege Tätigkeit. So hat sich zum Beispiel Svetozar Vukmanović-Tempo, der oberste Gewerkschaftschef, unter der Parole „Humanismus kontra Dinar" in einer Serie von Erklärungen gegen Entlassungen, im gleichen Atemzug aber auch für die Rationalisierung und das Reformwerk ausgesprochen. Noch vor wenigen Jahren war Vukmanović als Spitzenführer in der Wirtschaftsleitung für jene Investomanie verantwortlich, gegen deren Konsequenzen er nun als Interessenvertreter ankämpft.[5]

Gerade das beweist, daß der Elan des Titoismus trotz Schwankungen, Rückschritten und Heuchelei nicht gebrochen ist, daß die Existenz von Konflikten im sozialen und politischen Bereich offen anerkannt wird. Verschiedene höhere Persönlichkeiten, Gruppen und Kreise opponieren mutig gegen die marxistische Mythologie und Bigotterie. Nicht nur die um die offenherzige Zagreber Monatsschrift *Praxis* gruppierten jungen Philosophen, sondern auch viele Politiker, Wissenschaftler und Journalisten tragen, jeder auf seine Art, zu einer Entmythologisierung von Politik und Wissenschaft bei und beschränken sich nicht darauf, „Girlanden um die Gipsfassaden des sozialistischen Lebens zu winden" (Kolakowski). Mit verantwortlichen Persönlichkeiten kann man heute sehr offen über recht heikle und komplexe Fragen, ja auch über früher geheiligte Grundsätze der kommunistischen Glaubenslehre reden. Man hat die Angst vor der widerspruchsvollen Vielfalt der Wirklichkeit überwunden und entheiligt die Tabus. Statt Streiks als „konterrevolutionäre Aktionen" zu verdammen, hat kein Geringerer als der Vorsitzende der öffentlichen Kontrollkommission des Parlaments mitgeteilt, hie und da komme es zu Arbeitsniederlegungen, weil die Arbeiter über die niedrigen Löhne und die unzureichenden Informationen empört seien. Schwarz auf weiß war im Januar 1966 zu lesen, daß die 1.100 Arbeiter und Angestellten des großen Bauxitbergwerkes bei Mostar die Arbeit niedergelegt hätten, aus Protest gegen die krasse und nach ihrer Ansicht unberechtigte Erhöhung der Verladetarife durch die Hafenverwaltung von Ploče in Kroatien.

Wo liegt aber die Grenze des Zulässigen, und wo beginnt die Auflösung innerhalb eines von Interessengegensätzen durchwucherten Systems, dem die Institutionen der politischen Demokratie fehlen? An tragikomischen Exzessen ist kein Mangel: So wurden in Jugoslawien über zwanzig Bahnverwaltungen gegründet, die erst jetzt aufgrund von Referenden der Belegschaften mühsam integriert werden. Es gibt zwanzig Flug- und Flughafengesellschaften, mit dem Resultat, daß die Passagiere selbst ihr Gepäck tragen müssen. Allein in Mazedonien organisierten sich sechs Postverwaltungen, die unterschiedliche Postgebühren einführten, zwecks Kostenersparung Pferdefuhrwerke verwenden und Briefe nur auf „ihrem Territorium" zustellen lassen. Angesichts solcher Schildbürgerstreiche fragt man sich, ob die Dezentralisierung nicht doch zu weit getrieben wurde. Intellektuelle, deren Wortführer vor allem die Zagreber Philosophen sind, klagen über die trostlose Lage des Schulwesens, das in den Kommunen als die erste Zielscheibe der Einsparungen gilt. Sie mißbilligen die Kommerzialisierung des Geisteslebens, die Schwächung der moralischen Anreize im Sozial- und Gesundheitswesen, die auf ein schlechtverstandenes Profitmotiv umgestellt worden sind, und die Jagd nach Geld zum Schaden der Allgemeinheit.

„Die verkappten Zentralisten und die selbsternannten Verteidiger des reinen Sozialismus und eines abstrakten Humanismus ziehen oft unbewußt am gleichen Strang. Wir haben gewaltige ungelöste Probleme, aber das Heil kann man nicht in der Rückkehr zu einem administrativ-hierarchischen System finden. Das Vergangene war viel schädlicher und unvergleichlich gefährlicher als die gegenwärtig kritisierten Erscheinungen. Wir haben keine Illusionen. Diese Probleme spiegeln nur die gegebenen gesellschaftlichen Kräfteverhältnisse, unser niedriges Wirtschaftsniveau und den Grad des demokratischen Bewußtseins wider. Es gibt jedoch eben keinen anderen Weg als diesen, den wir aber mit mehr Mut und auch mehr Toleranz weitergehen müssen." So urteilte der Chefredakteur der Zagreber Zeitung *Vjesnik*, einer der unbestritten jüngeren Verfechter der Liberalisierung und der Dezentralisierung.

Die politische Frontenbildung ist in diesem heterogenen Vielvölkerstaat eng mit der nationalen Frage verknüpft. Das 1918 von den Siegermächten aus der Taufe gehobene „Königreich der Serben, Kroaten und Slowenen" brach 1941 in erster Linie wegen der ungezügelten und von den serbischen Hegemoniebestrebungen ins Unerträgliche gesteigerten nationalen Feindseligkeiten auseinander. Das Bekenntnis zur Föderation gleichberechtigter Nationen war einer der entscheidenden Faktoren, die der Partei Titos zur Machtergreifung verhalfen. Die Erweiterung der wirtschaftlichen Autonomie der Republiken und die zuweilen auch von Tito selbst verfochtene kulturelle und nationale „Integration" haben aber den alten Antagonismus wiederaufleben lassen und sogar neue Formen eines kommunistischen Nationalismus geschaffen. Die immer leidenschaftlicheren Appelle Titos, die beschwörenden Erklärungen der Parteiführer der Teilrepubliken und die persönliche Beobachtung der Verhältnisse lehren immer wieder: Das nationale Moment ist eine größere Kraft als das kommunistische.

Es wäre verfehlt, die Trennungslinie zwischen fortschrittlichen und dogmatischen Elementen mechanisch entlang der Republikgrenzen zu ziehen. Indessen ist es unbestritten, daß die Initiatoren des neuen Kurses in erster Linie unter den Kommunisten Sloweniens und Kroatiens zu finden sind. In den rückständigeren Landestteilen moniert man, daß von den Reformen vor allem die Slowenen und Kroaten, die Triebkräfte der Sanierungsoperation, profitieren werden. Die Beschuldigungen haben einen solchen Grad erreicht, daß das Zentralkomitee der Kommunisten Sloweniens sie verärgert und öffentlich als „böswillige Unterstellungen" zurückweisen mußte.

Es geht um das ererbte Problem des gewaltigen wirtschaftlichen, kulturellen und sozialen Gefälles zwischen den Landesteilen. Integration von oben durch administrative Verteilung der Regionen hat das Wirtschaftsniveau der Slowenen und Kroaten künstlich niedergehalten und zugleich zu gewaltigen Investitionen in „politische Fabriken“ ohne Rücksicht auf Rohstoffbasis, Transportmöglichkeiten und Kostenkalkulation geführt. In den letzten fünf Jahren wurden in den unterentwickelten Gebieten – Montenegro, Mazedonien, Bosnien-Herzegowina und in der Serbien angeschlossenen Provinz Kosovo – 28 Prozent der Gesamtinvestitionen getätigt, obwohl dort nur 15 Prozent der Gesamtbevölkerung leben. Ruhig und präzis schilderte mir ein slowenischer Chemieingenieur, der sechs Jahre in der montenegrinischen Hauptstadt Titograd gearbeitet hatte, haarsträubende Einzelheiten von ehrgeizigen Investitionsprojekten der kleinen Bergrepublik: „Man hatte Milliarden in den Bau eines großen Eisenwerkes bei Nikšić und von einem halben Dutzend Textilfabriken um Titograd gepumpt. Es gab aber keine Straßen und Eisenbahnverbindungen. Dann beschloß man den überdimensionierten Ausbau des Hafens Bar, der in keinem Verhältnis zu den tatsächlichen Bedürfnissen stand. Nun ist nach elfjähriger Bauzeit die Eisenbahnlinie fertiggestellt, doch wer kann die Verluste ausrechnen, die täglich entstehen, und die ausgebliebenen Erträge abschätzen, die wir hätten erzielen können, wenn wir mit diesem Kostenaufwand vernünftige Investitionen in Landesteilen mit entsprechender Infrastruktur unternommen hätten?“

Trotz dieser ungeheuren Investitionen hat sich aber die Kluft zwischen dem Lebensstandard eines Slowenen und dem eines Montenegriners nicht verringert. Seit 1950 hat sich am Verhältnis von drei zu eins hinsichtlich des pro Kopf gerechneten Nationaleinkommens nicht geändert. Mazedonien hat den Vorkriegsstand Sloweniens erreicht, doch bleibt dort der Lebensstandard um etwa ein Drittel unter dem Landesdurchschnitt, den Slowenien fast um das Doppelte übertrifft. Gleichzeitig führte die zügellose Investomanie zu einer Zersplitterung des Wirtschaftspotentials. Was aber geschieht mit der Entwicklungshilfe, wenn nun dem lebenswichtigen innerjugoslawischen Wettbewerb freien Lauf gelassen wird und die Unternehmungen in Zusammenarbeit mit den Banken tatsächlich über 70 Prozent der von ihnen erwirtschafteten Einkommen verfügen können? Ein neuer zentraler Entwicklungsfonds und Budgetzuschüsse sollen die beschleunigte Entwicklung der rückständigen Regionen sichern. Die Hilfe ist indessen nicht mehr allzu groß, und die Schwachen bangen um ihre Zukunft. Die Logik der Marktwirtschaft, die dem Ausgleich der Entwicklungsunterschiede zuwiderläuft, ist eines der größten staatspolitischen Probleme Jugoslawiens. Ständig droht dabei die Gefahr, daß der sozialwirtschaftliche Konflikt in einen selbstzerstörerischen nationalen Streit umschlagen könnte.

Das Verhältnis zwischen den Landesteilen und die Beziehungen zwischen Zentralgewalt und Republiken sind – abgesehen von den Spannungen um die Entwicklungshilfe – auch deshalb reich an Konflikten, weil in dieser Föderation Völker zusammenleben, die sich bis in die jüngste Vergangenheit als Herrschende und Unterdrückte fremd und feindlich gegenüberstanden. Dem Ausländer fällt immer wieder die Priorität der nationalen Abstammung vor der Parteizugehörigkeit auf. „Das Problem mit den Serben ist, daß sie, auf welchem Posten immer, zuerst Serben und erst dann jugoslawische Kommunisten sind“, sagte mir der Zagreber Professor S., kein Parteimitglied, wohl aber ein kroatischer Patriot. In seinen Worten schwang die aus der Geschichte ererbte Furcht vor den hegemonistischen Bestrebungen der Serben mit, die 42 Prozent der Gesamtbevölkerung stellen. Er sieht die Gefahr einer „Serbisierung“ in Rundfunk, Theater, Universität und Wirtschaft, da so manche führende Posten in Kroatien nicht von Kroaten, sondern von Serben besetzt wurden. Herr S. beklagte sich auch über die bedrängte Lage der 700.000 Kroaten in der Republik Bosnien-Herzegowina, wo die Serben (1,4 Millionen) zahlenmäßig stark überlegen sind. Andere Gesprächspartner berichten über den leidenschaftlichen Applaus des Publikums bei der Aufführung der kroatischen Nationaloper *Zrinjski* und von sporadischen Flugblattaktionen jugendlicher Nationalisten. In Kroatien werden Leute selten verhaftet, aber dann fast immer wegen „chauvinistischer Ausschreitungen“, nicht wegen Antikommunismus. Das Wechselspiel zwischen großserbischen Hegemonietendenzen und kroatischem Nationalismus erhielt nicht zuletzt durch die existentielle Gefährdung vieler unrentabler Unternehmungen seit dem Anlaufen der Reformen neue Impulse.

Im Gegensatz zum aggressiven kroatischen Nationalismus spürt der Besucher in dem westlichsten Bundesland Slowenien auf Schritt und Tritt die defensive Abwehrreaktion einer kleinen Nation. Die 1,6 Millionen Slowenen, die sich einst gegen die Germanisierung zur Wehr setzten, bangen um den Bestand ihrer Nation, um die Überlebenschancen der slowenischen Kultur in einem fremdsprachigen Land, um die Möglichkeiten der eigenen Filmindustrie, des Fernsehens und des Zeitungs- und Verlagswesens. Das Ziel des sogenannten „jugoslawischen Integralismus“ – das heißt der serbischen „Hegemoniebestrebungen“ – kommt in der Parole von der „jugoslawischen

Nation" zum Ausdruck, wobei man im Namen des Internationalismus und der beschleunigten Integration praktisch die kulturelle Assimilierung der kleinen Nationen und ihre indirekte Liquidierung befürwortet.

Diese auf parallelen Geleisen laufenden gegensätzlichen Positionen des „Jugoslawismus" und des nationalen Selbstbehauptungswillens bremsen auch den Prozeß der politischen Demokratisierung. „Entpolitisierung" der Wirtschaft und freiere politische Willensbildung sind die einzigen Mittel, die nationalen Interessengegensätze in Institutionen des kontrollierten Konflikts aufzufangen. Ohne das Beharrungsvermögen der kommunistischen Machtapparate zu unterschätzen, kann man das jugoslawische System bereits nicht mehr als eine „geschlossene Gesellschaft" im klassischen Sinne der kommunistischen Parteidiktatur betrachten. Da die jugoslawischen Kommunisten auch in grundsätzlichen Fragen völlig verschiedene Meinungen öffentlich vertreten können, gerät die Dynamik der Selbstverwaltung gewissermaßen außer Kontrolle. Die Betriebszellen und Gebietskomitees der Partei geben immer häufiger der Förderung der lokalen Interessen den Vorrang vor der Parteidisziplin gegenüber den oberen Instanzen. Der sich anbahnende Pluralismus innerhalb der herrschenden Partei selbst ersetzt noch keineswegs die fehlenden Institutionen der politischen Demokratie. Die Zerreißproben, denen die Partei, dieser Fremdkörper im titoistischen Wirtschafts- und Verwaltungssystem, ausgesetzt ist, zeigen, daß das Problem der Demokratie in der Praxis vielschichtig ist und immer mehr an Aktualität gewinnt. Die Herausbildung wahrhaft demokratischer Formen der politischen Willensbildung nach den Begriffen einer westlichen Demokratie dürfte in absehbarer Zeit kaum möglich sein. Ungeachtet aller politischen Rückschläge und Schwankungen beweist aber die ganze Entwicklung, daß die Verwirklichung der titoistischen Lehre auf die Dauer die Diktatur der Partei als Kampforganisation mit Sonderinteressen sprengen muß.

Anmerkungen:

1 Leszek Kolakowski, Der Mensch ohne Alternative. München 1961, S. 70

2 Milovan Djilas wurde 1962 zu dreizehn Jahren Gefängnis verurteilt und Ende 1966 aus der Haft entlassen. Insgesamt verbrachte er nach vier Prozessen zwischen 1956–1962 neun Jahre im Zuchthaus Sremska Mitrovica.

3 Mihajlov wurde auch mehrmals verurteilt und erst nach viereinhalb Jahren 1970 freige-

lassen. Im Oktober 1974 neuerlich verhaftet, wurde der frühere Slawistikdozent der Universität Zadar im Februar 1975 wegen „Verbreitung feindseliger Propaganda" gegen Jugoslawien in ausländischen Zeitungen zu einer Haftstrafe von sieben Jahren verurteilt. Dank einem längeren Hungerstreik Ende 1976 erregte sein Fall wieder weltweit Aufsehen.

4 Die jugoslawischen Bundesorgane haben in den folgenden Jahren zahlreiche Änderungen erfahren. Die neue, am 21. Februar 1974 verabschiedete Verfassung schuf eine völlig neue organisatorische Struktur: Die Versammlung der Sozialistischen Föderativen Republik Jugoslawien als „Organ der gesellschaftlichen Selbstverwaltung und höchstes Machtorgan im Rahmen der Rechte und Pflichten der Föderation" war aus zwei Kammern zusammengesetzt: Der Bundesrat auf Grundlage des Delegiertensystems bestand aus je 30 Delegierten der Selbstverwaltungsorganisationen und der sogenannten gesellschaftspolitischen Institutionen aus jeder Republik und aus je 20 Delegierten der beiden autonomen Provinzen. Im Rat der Republiken und Provinzen waren die Republiken durch Delegationen aus je 12 Delegierten und die Provinzen durch je 8 Delegierte vertreten. Verfassungsänderungen bedurften der Zustimmung aller Republiken und Provinzen. Die Verfassungsänderungen und die Bestimmung, wonach im neunköpfigen Staatspräsidium der Präsident und der Vizepräsident nur jeweils für ein Jahr gewählt und turnusmäßig abgelöst werden (Tito als Staats- und Parteipräsident auf Lebenszeit war eine Ausnahme), haben zweifellos den föderativen Charakter des Vielvölkerstaates unterstrichen. Das komplizierte Delegiertensystem wurde zwar als historischer Höhepunkt der Selbstverwaltung hingestellt, doch waren die Neuerungen in Wirklichkeit bloß organisatorischer Art. Die Kaderkommissionen der Partei bzw. der von ihr kontrollierten Sozialistischen Allianz konnten noch unbekümmerter als früher den Ausleseprozeß auf allen Ebenen manipulieren. Kurz, es handelte sich bloß um eine Scheinalternative zum Parlamentarismus.

5 Svetozar Vukmanović-Tempo amtierte bis 1967 als Gewerkschaftschef; 1969 schied er aus dem Parteipräsidium aus. Seine Memoiren (1971) haben für eine gewisse Aufregung gesorgt.

Keine Brüderlichkeit ohne Brüder

März 1970

Wie oft fahren Sie in den Westen?“ fragte ich kürzlich in Belgrad eine slowenische Journalistin. Ohne zu zögern, zählte die hübsche Kulturredakteurin, wenn ich mich richtig erinnere, vierzehn längere Aufenthalte in Wien und München, Graz und Mailand und anderen Städten etwa innerhalb dreier Jahre auf. „Wochenendausflüge nach Triest oder Kärnten rechne ich natürlich nicht mit“, fügte sie noch hinzu. Auf meine Frage, wie oft sie beruflich oder privat in Belgrad, in der Hauptstadt Jugoslawiens, sei, antwortete sie lächelnd, jetzt sei sie hier zum zweiten Mal in ihrem Leben. In den anderen Landesteilen sei sie noch nie gewesen.

Dies ist beileibe kein Einzelfall, sondern beinahe eine Regel in diesem Vielvölkerstaat. Die überwiegende Mehrheit meiner Bekannten in Zagreb und Ljubljana kennt aus eigenem Augenschein die westlichen Nachbarn recht gut. Alle, oder fast alle, haben aber keine Ahnung, was in den anderen Teilrepubliken geschieht. Der durchschnittliche Mazedonier, Montenegriner oder Albaner bekommt einen flüchtigen Eindruck von den „reichen“ nordwestlichen Gebieten nur dann, wenn er als Fremdarbeiter in die Bundesrepublik oder nach Österreich reist. Trotz der fortgeschrittenen Motorisierung sieht der Tourist südlich oder östlich von Belgrad kaum je einen Wagen mit slowenischem oder kroatischem Kennzeichen.

Die gegenseitige Abkapselung ist um so verblüffender, als Jugoslawien ein Fremdenverkehrsland par excellence mit offenen Grenzen geworden ist. Ein Land, in dem – im Gegensatz zu allen anderen osteuropäischen Staaten – Bewegungsfreiheit keine Einbahnstraße blieb. Die Zeitungskioske bieten eine Vielfalt von westlichen Zeitungen und Illustrierten an. Es ist in der Tat wesentlich leichter, ein deutsches oder englisches Blatt in Ljubljana zu bekommen als die offiziöse Zeitung *Borba* aus Belgrad. Als ich einmal im

Hotel Esplanade in Zagreb die Zeitungsverkäuferin bat, das einzige Exemplar des Belgrader Abendblattes *Politika*, der bestredigierten Zeitung des Landes, für mich zu reservieren, schaute sie mich verwundert, ja sogar mißtrauisch an. „Sie lesen kyrillisch? Wozu brauchen Sie die überhaupt? Es steht doch alles in unserem *Vjesnik*!" Dabei sprechen Serben und Kroaten im Grunde dieselbe Sprache, wenn auch die ersteren das kyrillische und letztere das lateinische Alphabet benützen und es in Wortschatz und Satzbau beträchtliche mundartliche Unterschiede gibt.

Obwohl dieser Vielvölkerstaat Jugoslawien heißt und seine Bewohner in der ganzen Welt als Jugoslawen bezeichnet werden, streiten sie selbst erbitterter als je über die Frage „Wer ist ein Jugoslawe?" Mehr als 25 Jahre nach der Gründung des neuen Jugoslawien veranstaltete unter dieser Überschrift die Belgrader Wochenzeitung *Nin* im Oktober des Vorjahres eine Umfrage. So seltsam es für die Uneingeweihten auch klingen mag: „Jugoslawismus" oder „jugoslawischer Patriotismus" ist ein heiß umstrittenes Thema im politisch-kulturellen Leben. Bei der letzten Volkszählung 1961 waren es weniger als zwei Prozent der Einwohner, nur etwa 300.000, die sich als „Jugoslawen ohne nationale Zugehörigkeit" bezeichneten. Und auch diese nicht etwa aus einem jugoslawischen „Nationalbewußtsein" heraus, sondern deshalb, weil sie sich nicht (wie eine Million islamischer Glaubensgenossen) als Moslems deklarieren wollten.

Der Besucher trifft kaum je einen Jugoslawen, der im Lande selbst als „Jugoslawe" gelten möchte. Die Standortbestimmung ist national und nicht politisch. Auf zahlreichen Reisen konnte ich immer wieder beobachten, daß die grundsätzliche Scheidungslinie nicht zwischen Kommunisten und Antikommunisten, zwischen „Linken" und „Rechten", sondern zwischen den Nationen und Nationalitäten verläuft. Darin liegt die entscheidende Bedeutung der nationalen Frage.

Die in so vielen Ländern bestehenden Gegensätze zwischen Zentralgewalt und Regionalismus, die Kluft zwischen Reichen und Armen, bekommen hier erst durch die tiefen und vererbten nationalen Gegensätze ihre bedenkliche Brisanz. Das einstige „Königreich der Serben, Kroaten und Slowenen" brach 1941 vor allem wegen der ungezügelten und von der serbischen Vorherrschaft ins Unerträgliche gesteigerten nationalen Feindseligkeiten auseinander. Im Zweiten Weltkrieg haben die Ustasche, die extremen kroatischen Separatisten, die berüchtigten serbischen Tschetniks und moslemische Freischärler mehr Jugoslawen ermordet als die deutschen, italienischen und anderen Besatzer, mit denen sie zudem kollaborierten. Deshalb lösten scheinbar unverfängliche sprachwissenschaftliche Auseinandersetzungen, wie etwa über die Gleichberechtigung der kroatischen Schriftsprache 1967, politische Skandale und fast hysterisch anmutende Gegenkampagnen aus. Was dem Ausländer als Haarspalterei über sprachliche Feinheiten erscheint, wird von vielen Kroaten mißtrauisch als „schleichende Serbisierung" ihrer Sprache betrachtet. Wie es ein bosnischer Schriftsteller treffend formulierte: „Es fängt bei uns immer mit der Sprache an und endet mit dem Messer."

Jugoslawismus und die Parolen von einer „jugoslawischen Kultur", ja sogar von einer neuen „jugoslawischen Nation", beschwören unheilvolle Erinnerungen herauf. Der von König Alexander 1929 verkündete „jugoslawische Integralismus" zielte auf eine serbische Hegemonie. Unter kommunistischem Deckmantel versuchte drei Jahrzehnte später ein anderer Alexander, der Kronprinz Titos und oberste Herr der Geheimpolizei, der Serbe Alexander Ranković, denselben Kurs einzuschlagen. Erst nach seinem Sturz 1966 konnten die kleineren Nationen durch institutionelle Sicherungen der drohenden serbischen Übermacht Sperren vorschieben. Zugleich erhielt aber das nunmehr offene Wechselspiel zwischen großserbischen Hegemonietendenzen einerseits und dem aggressiven kroatischen Nationalismus andererseits neue gefährliche Impulse.

Es gibt wohl kein anderes Land in Europa, das sich aus sechs im Prinzip völlig gleichberechtigten Republiken, fünf Nationen und einem Dutzend Volksgruppen, die 12 Prozent der rund 20 Millionen zählenden Bevölkerung ausmachen, zusammensetzt. Mitteleuropäisch bestimmte Landesteile wie Slowenien und Kroatien koexistieren mit Gebieten, die jahrhundertelang osmanischer Herrschaft ausgeliefert waren und oft mit einem Fuß im Mittelalter stehengeblieben sind.

Außer Slowenien sind die Republiken national nicht homogen. Jeder fünfte Bürger der Republik Serbien ist Albaner, Ungar, Türke, Kroate oder Angehöriger einer anderen Volksgruppe. Zugleich leben in Kroatien über 600.000 Serben, während in Bosnien Serben, Kroaten und Moslems miteinander um Macht und Pfründe ringen.

„Wenn es ihnen bei uns nicht gefällt, können die Slowenen oder die Kroaten ruhig abfallen; wir werden sehen, wie lange sie sich behaupten können!"

sagte mir spöttisch ein serbischer Ingenieur, als wir über separatistische Tendenzen sprachen. Die Redewendung „bei uns“ sagt alles. Die Serben, die 42 Prozent der Bevölkerung ausmachen und als erste ihren Staat hatten, identifizieren Jugoslawien – meistens insgeheim, nicht selten aber auch öffentlich – mit Groß-Serbien. In ihren Erklärungen schwingt das jahrhundertealte Gefühl der nationalen Überlegenheit gegenüber ehemaligen Provinzen der österreichisch-ungarischen Monarchie und gegenüber so „zweifelhaften“ Volksgruppen wie Mazedoniern oder Albanern immer mit.

Kein Geringerer als der bosnische Präsident Branko Mikulić erklärte kürzlich offen: „Die serbischen Nationalisten sagen, sie hätten Mazedonien und den Kosovo (die autonome Provinz) verloren und sie müßten den Verlust Bosniens verhindern.“ Und der Chef der serbischen Parteiorganisation, der frühere Außenminister Marko Nikezić, warnte davor, daß sich alle antisozialistischen Strömungen – von den Tschetniks und den Anhängern des Kominform bis zu der neuen Linken – um die Fahne des serbischen Nationalismus gruppieren könnten. Die serbische öffentliche Meinung sei gekränkt und zur „Verteidigung Serbiens“ erwacht, die Vertreter der Kroaten, der zweitstärksten Nation, und der anderen Volksgruppen seien jedoch ebenfalls keineswegs zufrieden. Vom Arbeiter und vom Universitätsprofessor bekommt der Besucher im Norden dieselbe Antwort: „Belgrad nimmt uns ab, was es nur kann.“

Das Wort Belgrad bedeutet serbische Vorherrschaft. Das Pro-Kopf-Nationalprodukt in Kroatien liegt um mehr als ein Fünftel über dem Landesdurchschnitt, aber das persönliche Einkommen ist nur etwa sechs Prozent höher. Der Zagreber Nationalökonom Professor Djodan, ein Mitglied des republikanischen Zentralkomitees, sprach kürzlich die Wahrheit unverblümt aus: „Der Zentralismus wurde nicht zusammen mit Ranković (dem gestürzten Kronprinzen Titos) zerstört. Er ist personifiziert in der Stellung Belgrads als doppeltem Zentrum (Jugoslawiens und Serbiens), das ein Monopol über alle Wirtschaftshebel (Banken, Außenhandel, Devisen, Massenmedien, Außenpolitik usw.) ausübt. In der Bundesverwaltung dominieren die Serben, die mit drei Vierteln aller Beamten wirklich herrschen.“

Das Verhältnis zwischen Serben und Kroaten war und bleibt das Schlüsselproblem Jugoslawiens, dessen Existenz von diesem Gleichgewicht abhängt. In den letzten Jahren sind aber neue Akteure auf der nationalen Bühne erschienen: Es sind dies die „reichsten“ und die „ärmsten“ Volksgruppen, die Slowenen und die Albaner. Diese zusätzlichen Desintegrationstendenzen hängen mit dem Konflikt zwischen ökonomischen Faktoren und den sozialpolitischen Rücksichten zusammen. In den letzten zwanzig Jahren erhielten die unterentwickelten Gebiete (Bosnien, Mazedonien, Montenegro und die autonome Provinz Kosovo), also ein Drittel der Bevölkerung, bedeutende Investitionsspritzen. Allein das aus den Kreditrückzahlungen akkumulierte Staatskapital, das heißt der zentrale Investitionsfonds, beträgt über 15 Milliarden Mark; man streitet nun leidenschaftlich um die Kontrolle dieses Vermögens.

Trotzdem ist das Verhältnis zwischen den Reichen und den Habenichtsen im wesentlichen dasselbe geblieben. Im Pro-Kopf-Bruttosozialprodukt liegen die südlichen Gebiete noch um ein Drittel hinter dem jugoslawischen Durchschnitt zurück, während Slowenien fast das Doppelte erreicht. Das Verhältnis zwischen Slowenien und dem Kosovo, der am weitesten zurückgebliebenen Provinz, ist fast fünf zu eins. Beide – die massiv ausgebeuteten Slowenen und Kroaten, aber auch die Vertreter der Unterentwickelten – nehmen kein Blatt vor den Mund. Während die ersten darauf hinweisen, daß man nicht mit Pro-Kopf-Ziffern operieren könne, weil die Bevölkerungszunahme im Süden zweimal so hoch sei wie im Norden, pochen die Albaner und die Mazedonier auf die unbestrittene Tatsache, daß die Kluft noch immer bestehe, ja sich sogar langsam vergrößere. Dazu kommen noch die enormen Unterschiede im Bildungsniveau. In Slowenien gibt es keine Analphabeten, aber jeder vierte Mazedonier und jeder dritte in Bosnier und fast jeder zweite Einwohner der Provinz Kosovo kann nicht schreiben und lesen. Trotzdem bekamen diese Gebiete lange Jahre hindurch mehr Investitionen pro Kopf als jene Landesteile, die ohne weiteres mit der wirtschaftlichen Entwicklung Westeuropas hätten konkurrieren können. „Bei uns blüht noch immer und trotz aller schönen Parolen die Investomanie, die Mentalität, daß neue Fabriken Statussymbole sind", sagte mir Professor B. aus Ljubljana. In unserem technisierten Zeitalter führt dies zu einer Zersplitterung des Wirtschaftspotentials eines relativ kleinen Landes: Es operieren in Jugoslawien gegenwärtig vier Fluggesellschaften, die – um Kunden voneinander abzuwerben – fast zur gleichen Zeit die Hauptstrecken befliegen. Die Republiken bauen gleichzeitig eine Vielzahl von Raffinerien und Aluminiumwerken, petrochemischen Anlagen und Stahlwerken. In einem Land, dem die Institutionen einer politischen Demokratie fehlen, hat man noch nicht die Grenze des Zulässigen zwischen lokalen und zentralen Interessen gefunden. Die Serben fragen: „Welchen Preis für den Föderalismus?“, und die anderen entgegnen: „Welchen Preis für den Zentralismus?“

Der nationale Selbstbehauptungswille und die wirtschaftlichen Gegensätze sind untrennbar miteinander verbundene Aspekte des jugoslawischen Problems. Nirgends ist dies besser zu beobachten als in dem „westlichen“ Bundesland Slowenien. Als im Sommer vorigen Jahres die Regierung die Zuteilung von Weltbankkrediten für den Ausbau der Straße Sentilj–Nova Gorica verweigerte, kam es fast zu einem Aufstand der 1,6 Millionen Slowenen, eines Volkes, das für seine Besonnenheit, seine Sparsamkeit und seinen Fleiß berühmt ist. Die „Schweizer Osteuropas“ demonstrierten in Protestversammlungen. Ihr Ministerpräsident und die Fabriksbelegschaften verurteilten einmütig den Beschluß der Bundesregierung, deren Vorsitzender überdies selbst ein Slowene war.

„Was wollen die Slowenen denn?“ fragten Belgrader Journalisten spöttisch. Das Präsidium des Bundes der Kommunisten Jugoslawiens verurteilte in einer hochtrabenden Erklärung die „politischen Druckversuche“. Der Straßenkonflikt brachte dann eigentlich das Faß nur zum Überlaufen; er lieferte einen Vorwand für den so lange angehäuften Groll und die Erbitterung des kleinen Volkes. Immer wieder zitieren slowenische Gesprächspartner die bittere Wahrheit: „Wir sind nur acht Prozent der Bevölkerung, aber der Bund nimmt von uns das Zweifache unseres Sozialproduktes. Ein Fünftel der Industrieproduktion und fast ebensoviel des gesamten Außenhandels wird von uns aufgebracht.“ In der Tat wurde kaum ein Volk in der Nachkriegszeit (abgesehen von den sowjetischen Satelliten) von anderen so kraß um die Früchte seiner Arbeit gebracht wie das slowenische. Der slowenische Redakteur der Parteizeitung zeigt mit hochrotem Kopf auf die unvollendeten Hochhäuser im Stadtzentrum und erinnert daran, daß das einzige große Investitionsvorhaben in seiner Heimat, das Gaswerk in Velenje, aufgegeben werden mußte. „All das wegen Geldmangels – oder so sagt man uns“, fügte er ironisch hinzu.

Da die slowenische Sprache vom Serbokroatischen erheblich abweicht, bangen die Slowenen auch um den Bestand ihrer Nation, um die Überlebenschancen der slowenischen Kultur in einem fremdsprachigen Land. Es dauerte über 20 Jahre, bis man anfangen konnte, die Gleichberechtigung der Sprachen der kleineren Nationen in der Verwaltung, im Zollwesen und in den Lehrbüchern durchzusetzen. Es handelt sich um einen defensiven Partikularismus, der sich jedoch nicht gegen die Existenz Jugoslawiens richtet. Slowenien war nie ein selbständiger Staat. Aber die Slowenen haben immer ihre nationale Eigenständigkeit sowohl gegenüber der Germanisierung als auch gegenüber den slawischen Brudervölkern bewahrt. „Was wir wollen, ist kein Separatismus, sondern Gleichberechtigung. Hätte man uns nicht so lange und so stark geschröpft, stünden wir heute zumindest auf dem österreichischen Entwicklungsniveau. Wir wollen nicht mehr als bloß einen vernünftigen Anteil an den von uns erwirtschafteten Werten und Devisen." So ein hoher kommunistischer Würdenträger im Privatgespräch.

Die Zustände in Slowenien sind aber trotz allem geradezu idyllisch im Vergleich zu der permanenten Explosionsgefahr in der mehrheitlich von Albanern bewohnten autonomen Provinz Kosovo. Hier geht es in der Tat nicht um die Verteilung der Bundesmittel, sondern um einen aggressiven Separatismus, der die Gefahr der Abtrennung dieses fast 11.000 km^2 großen Gebietes und seine Vereinigung mit dem albanischen Mutterland heraufbeschwört. Es gibt fast ebenso viele Albaner (über eine Million) wie Mazedonier und doppelt so viele wie Montenegriner. Sie stöhnten und litten unter serbischer Herrschaft; viele wurden während der Ranković-Ära ermordet, obwohl sie über 70 Prozent der Einwohner der Provinz Kosovo ausmachen. Als die Zügel gelockert wurden, folgte der trügerischen Stille das Aufbrechen der nationalen Leidenschaften. Ende 1968 ereigneten sich Demonstrationen und Straßenschlachten in mehreren Städten. Einen Monat später gingen auch die in Mazedonien ansässigen Albaner auf die Straße.

Was für die Serben zuviel ist, betrachten die Albaner als zuwenig. Sie wollen nicht nur mehr Entscheidungsbefugnisse für die Provinz, sondern die Bildung einer eigenen Teilrepublik. Von hier wäre es nur ein Schritt zum Recht auf Selbstbestimmung und zur nationalen Wiedervereinigung. Die albanische Minderheit im Kosovo macht fast 40 Prozent der numerischen Gesamtstärke der albanischen Nation aus – ein auf der ganzen Welt seltenes Phänomen. „Wenn wir die albanischen Fahnen auf unseren Straßen sehen, bangen wir um unser Heim und unsere Kinder. Manche meiner Freunde sind bereits abgewandert", sagte mir kürzlich ein serbischer Angestellter des großen Bergwerkes Trepča. Dabei gilt das umstrittene Gebiet für die Serben als nationales Heiligtum. Jedes Jahr wird der Jahrestag der schicksalhaften Schlacht bei Kosovo Polje (auf dem Amselfeld), in der 1389 der serbische Fürst Lazar von den Türken entscheidend geschlagen wurde, gefeiert.

Die Wortführer der Skipetaren bei den großen Demonstrationen waren sechs Studenten, ein Journalist, ein Techniker und ein Lehrer. Ein Toter, viele Verwundete, 70 Menschen zu relativ kurzen Strafen verurteilt – dies war die Bilanz. Die nationalen Feindseligkeiten schwelen weiter. Fast ein Jahr später organisierte man „politische Hochzeiten". In der Stadt Djakova feierten etwa 200 Gäste, unter ihnen 20 Parteifunktionäre, mehrere Fabrikdirektoren und Beamte eine „albanische Hochzeit". Sie hätten durch eine Schweigeminute, wie die Parteizeitung in einem empörten Leitartikel enthüllte, „die toten Konterrevolutionäre und die Verhafteten geehrt." Sie hätten auf innere und äußere Feinde Toasts getrunken und chauvinistische Lieder gesungen. Hochzeiten geben übrigens auch der bisherigen serbischen Herrenschicht Anlaß, ihren Groll abzureagieren. In der kleinen Stadt Matruska Banja wurde am 7. September 1969 eine serbische Hochzeit gefeiert, bei der Parteigenossen und Beamte anti-albanische Lieder sangen und den albanischen Nationalhelden Skanderbeg schmähten. Der Provinz-Staatsanwalt selbst wurde wegen seiner Sympathien für die albanischen Chauvinisten abgesetzt.

In einer ganz merkwürdigen Lage befinden sich die Mazedonier. Ihre nationale Eigenständigkeit wird von den Bulgaren bestritten und vom serbischen Hegemoniestreben latent bedroht. Zugleich muß aber ihre junge Teilrepublik mit dem Problem der großen albanischen und türkischen Minderheit fertig werden. Einer von je drei Bewohnern gehört diesen beiden Volksgruppen an. Die mazedonischen Vorkämpfer der nationalen Gleichberechtigung versuchen, mit drakonischen Strafen das Aufbegehren der Albaner zu unterdrücken. Auch hier waren die Drahtzieher der Demonstrationen noch nicht 30 Jahre alt – fünf Lehrer, ein Student, ein Dentist, zwei Angestellte und drei Arbeiter. Jene, die auf ihrem Arbeitsplatz „die Brüderlichkeit und Einigkeit" der Völker Jugoslawiens untergraben, werden in der Regel zu mehrjährigen Gefängnisstrafen verurteilt.

Fast jede Woche berichten auch die Zeitungen in Belgrad, Zagreb und Sarajevo über Prozesse gegen Chauvinisten, die manchmal Verbindungen zu den extremen Emigranten-Organisationen der kroatischen und serbischen Nationalisten unterhalten. Nicht die Richtungskämpfe im Kommunismus, sondern solche Fragen wie „Wer hat größere Opfer im Krieg gebracht?",

„Wer hat einen eigenen Staat und seit wann?", „Wessen Sprache ist höher entwickelt?" und vor allem „Wer beutet wen aus?" erhitzen die Gemüter auch an der Schwelle der siebziger Jahre.

In einer umstrittenen Kurzgeschichte des berühmten kroatischen Schriftstellers Petar Šegedin, *Der Verräter*, schreiben um die Substanz ihrer Nation besorgte Mittelschüler an ihren Professor Briefe, in denen es unter anderem heißt: „Niemand will verstehen, daß es keine Brüderlichkeit ohne Brüder geben kann." Die zerstrittenen Nationen und Minderheiten sind eher Partner einer Vernunftehe als Brüder. Doch es wäre verfehlt, die Lage zu dramatisieren. Der Unterschied zur Vergangenheit: Die eigentlichen Lebensprobleme der Föderation werden nicht mehr verschwiegen, sondern offen diskutiert. Keiner kann den nationalen Konflikt „gewinnen". Abgesehen von den extremen kroatischen Separatisten und vielleicht den Albanern sind selbst die entschiedensten Verfechter der nationalen und regionalen Interessen nicht bereit, den Bundesstaat mutwillig zu zerstören, da eine Sezession von Teilen oder ein Zerfall die Volksgruppen einer noch gefährdeteren Zukunft aussetzen würden.

Seit den letzten Verfassungsänderungen ist Jugoslawien in Wirklichkeit, wenn auch nicht formell, eine Konföderation, in der das Prinzip der Einstimmigkeit und nicht der Mehrheitsentscheidungen, der Kompromiß und nicht das Diktat von oben gilt. Die Staatspartei ist eine Rahmenorganisation der selbständigen republikanischen Parteiführungen geworden. Es geht nicht mehr um den Nachfolger Titos, des „letzten Habsburgers" (so der britische Historiker A. J. P. Taylor), sondern darum, die nationalen Interessengegensätze in Institutionen des kontrollierten Konflikts aufzufangen. Alle anderen Probleme, so wichtig sie auch sein mögen, sind nur Teile der großen Aufgabe, die friedliche Koexistenz der Nationen auf annehmbare Weise zu regeln.

Die abgebrochene Wachablösung

November 1974

Der Besucher in Jugoslawien bemerkt dieser Tage fast überall Zeichen einer unverkennbaren Nervosität. Die Zeit der freimütigen Gespräche mit führenden Persönlichkeiten scheint einstweilen vorbei zu sein. Die Spitzenpolitiker empfangen praktisch keine westlichen Journalisten. Statt eines Dialogs überschütten sie die Auslandspresse je nach Bedarf mit einer Flut von Schimpfwörtern. Die Beamten lassen eine gewisse Ratlosigkeit erkennen, wenn sie auf jugoslawische Innen- und Außenpolitik angesprochen werden. Es scheint sich hier eine Kettenreaktion abzuzeichnen, die dem internationalen Ansehen Jugoslawiens kaum nützlich sein kann.

Worum geht es? Das neue Jugoslawien hat seit dem Bruch mit Stalin 1948/49 in der ganzen Welt ein stets wachsendes Prestige genossen. Das System der Selbstverwaltung wurde auch von vielen kritischen Beobachtern als ein ernstzunehmender Versuch zur Demokratisierung und Humanisierung des Einparteiensystems kommunistischer Prägung betrachtet. Verglichen mit den Zuständen in den Ostblockländern, hat das Tito-Regime den Freiheitsraum für den einzelnen Staatsbürger, nicht zuletzt auch im Bereich der Mobilität, spürbar vergrößert. Zugleich konnte niemand am Willen, den Weg der Blockfreiheit zu gehen, zweifeln.

Seit etwa drei Jahren wird von oben jedoch der politische Rückwärtsgang eingeschaltet. Die Krise in Kroatien im Jahr 1971 war der Auftakt zu den Kreuzzügen gegen „Nationalisten", „Technokraten", „Liberale" usw., die schließlich zum Sturz jener Männer führten, die die dynamische Entwicklung des letzten Jahrzehnts geprägt hatten. Die Straffung der Zügel fiel mit Akzentverschiebungen in der Außenpolitik zusammen. Immer öfter und immer freundlicher berichteten die Zeitungen des Ostblocks über die „Festigung der ideologischen Positionen und die Abrechnung mit den feindlichen Kräften" in Jugoslawien.

Deshalb schlug die Affäre der sogenannten „kominformistischen Verschwörung“ im September 1974 wie eine Bombe ein. Es ging dabei nicht in erster Linie um die Verhaftung und Verurteilung von 32 Verschwörern, die in Montenegro eine kommunistische Gegenpartei gegründet hatten, sondern um jene Drahtzieher, die aus Kiew und Prag die Befehle erteilten und Geld und Propagandamittel zur Verfügung stellten. Es handelt sich bei ihnen um etwa 40 bis 50 politisch aktive jugoslawische Emigranten, die nach 1948 als brave Stalinisten in die Sowjetunion bzw. in die benachbarten Satellitenstaaten flüchteten.

Daß die etwa eine Million Parteimitglieder über die Hintergründe der Verschwörung und die Verwicklung der Sowjetunion, der Tschechoslowakei und Ungarns in die Affäre informiert wurden, zeigte zugleich die ganze Doppelbödigkeit der Politik der Moskauer Zentrale gegenüber Jugoslawien auf. Weder das Kommuniqué der Staatsanwaltschaft nach dem Prozeß noch die wenigen autorisierten Pressekommentare enthüllten Details über die Verantwortung der osteuropäischen Regierungen. Diese Diskretion stand natürlich in auffallendem Gegensatz zu den Angriffen, die die führenden Funktionäre und die Massenmedien zum Beispiel in der letzten Zeit gegen den neutralen Nachbarn Österreich richteten. Dies ändert aber nichts an der Tatsache, daß die stalinistische Verschwörung als ein heilsamer Schock wirkte. Sie erinnerte nämlich die Öffentlichkeit daran, daß die Zielsetzung des Kremls, die Rückgliederung Jugoslawiens in den sowjetischen Einflußbereich, im Grunde unverändert geblieben ist.

„Wir sind die Zielscheibe eines ungeheuren psychologischen Krieges“, sagte uns ein hoher Beamter, der diese Worte auch zum Teil als Entschuldigung für die kaum verhüllte Aggressivität so mancher offizieller Stellen meinte. Es geht in der Tat kaum eine Woche vorbei ohne irgendwelche „Zeitungsenten“ über Jugoslawien. Einmal liegt der greise Staatschef im Sterben, ein anderes Mal berichtet man über Übungen sowjetischer Fallschirmjäger in der Umgebung Belgrads! Daß hier nicht nur journalistische Verantwortungslosigkeit und redaktionelle Naivität im Spiel sind, liegt auf der Hand. Angesichts der Kontakte zwischen dem weitverzweigten sowjetischen Auslandsapparat und den diversen jugoslawischen Emigrantenzentren gehen jene Belgrader Beobachter kaum fehl, die hinter der psychologischen Kriegsführung gegen das von Krisen und Konflikten heimgesuchte Jugoslawien die Hand des sowjetischen Geheimdienstes vermuten.

Doch ist Jugoslawien selbst auch ein idealer Nährboden für üppig wuchernde Gerüchte, Spekulationen und Intrigen. Die Serie von kleineren und größeren Prozessen ist ebenso Tagesgespräch wie die periodisch aufflammenden und alsbald wieder abkühlenden Konflikte mit den Nachbarn. Im Frühjahr war die Triest-Frage die Lunte, die das Pulverfaß der nationalen Leidenschaften zur Explosion bringen sollte. Dieser Tage ist das kleine Österreich der Prügelknabe wegen der „brutalen Unterdrückung der slowenischen und kroatischen Minderheiten". Im neutralen Nachbarland dulde die Regierung „neonazistische Umtriebe" und die Umwandlung der österreichischen Massenmedien „in ein internationales Zentrum antijugoslawischer Propagandatätigkeit." Daß Österreich die Bestimmungen des Staatsvertrages von 1955 über den Schutz der Minderheiten nicht gänzlich erfüllt hat, ist eine unbestrittene Tatsache. Zugleich steht aber der Text der letzten jugoslawischen Note wie auch die Kampagne der jugoslawischen Presse in solch krassem Mißverhältnis zu der wirklichen Lage, daß diese Vorwürfe nur mit innerjugoslawischen Überlegungen erklärt werden können. Durch außenpolitische Kraftakte gegen den neutralen Nachbarn, den niemand expansionistischer Gelüste verdächtigen kann, soll einerseits zum Teil die slowenische Teilrepublik an die Rückendeckung durch die Belgrader Zentrale erinnert werden, andererseits will man von den brennenden innenpolitischen Problemen ablenken und zugleich auch den benachbarten Ostblockstaaten zeigen, daß Jugoslawien an allen Fronten seine Interessen mit maximalem Einsatz verteidigt.

Es fragt sich allerdings, ob die Taktik der hochgepeitschten Emotionen auf lange Sicht den elementaren Interessen dieses Vielvölkerstaates, der mit so gut wie allen seinen Nachbarn seit eh und je in latente oder akute Konflikte verwickelt ist, dienen oder im Gegenteil Schaden zufügen wird.

Manchmal glaubt der Besucher, die Mentalität einer „belagerten Festung" zu spüren. Der im Gegensatz zur Vergangenheit so offensichtliche Mangel an Selbstbewußtsein ist nur zum Teil die Folge der Wirtschaftskrise. Zum anderen entspringt die Nervosität der Unsicherheit, was die Zukunft nach dem Ableben des im 83. Lebensjahr stehenden Staats- und Parteichefs betrifft. Marschall Tito mag für sein Alter rüstig wirken, doch sind die Spekulationen über „die Zeit nach Tito" wohl oder übel zu einem politischen Faktor ersten Ranges geworden.

Die Existenz eines unabhängigen Jugoslawien ist eine der Grundvoraussetzungen für die Aufrechterhaltung des Kräftegleichgewichtes in Europa. Nichts deutet darauf hin, daß Jugoslawien dem sowjetischen Lager Konzessionen gemacht hat, die seine Unabhängigkeit und Bewegungsfreiheit in Frage stellen würden. Allen bewußt lancierten Gerüchten zum Trotz ist es Moskau nicht gelungen, militärische Stützpunkte, sei es an der Adria, sei es im Inneren des Landes, zu errichten. Die außenpolitische Position des blockfreien Jugoslawien hängt aber im Grunde von der inneren Abwehrkraft des Vielvölkerstaates, vom Zusammenhalt seiner Führungsgremien und von der Bewältigung der schwierigen Übergangszeit nach dem Tod Titos ab.

Der Drang nach Wohlstand, die Jagd nach Statussymbolen und eine nach wie vor zügellose Baukonjunktur bestimmen das Straßenbild und den Alltag in Belgrad. Das in diesem Jahr eröffnete 25stöckige Büro- und Warenhaus *Palata Beograd*, ein neues Wahrzeichen der Stadt, spiegelt im reichhaltigen Warenangebot die Dynamik der jugoslawischen Wirtschaft und die vielfältig sichtbaren Folgen der Öffnung nach dem Westen wider. Den Touristen und den offiziellen Besuchern aus den osteuropäischen Ländern mögen die Geschäfte in der jugoslawischen Hauptstadt wie ein Konsumparadies vorkommen. Man kann in diesem merkwürdigen Land, das von ständigen Krisen heimgesucht wird und doch mit ungebrochener Energie vorwärtsschreitet, alles kaufen, buchstäblich alles, von modernsten dauerhaften Konsumgütern bis zu den Gesammelten Werken des in der kommunistischen Welt verfemten und unbekannten Leo Trotzki.

Die Zahlen zeigen einen Wirtschaftsaufschwung: Die Industrie erzeugte in den ersten neun Monaten um 10 Prozent mehr als in derselben Periode des Vorjahres, und die Hälfte dieser Steigerung geht auf erhöhte Produktivität zurück; die Beschäftigung stieg um 4,6 Prozent, und eine Rekordgetreideernte macht heuer die Weizeneinfuhr überflüssig.

All dies ist aber nur eine Seite der Medaille. Die Kehrseite sind eine sich immer schneller drehende Inflationsspirale, ein Zahlungsbilanzdefizit, das heuer (1974) eine Milliarde Dollar übersteigen dürfte, und die drohenden Schatten eines immer größer werdenden Energiemankos. Die neuerliche Abwertung des Dinars hing mit der dramatischen Verschlechterung des jugoslawischen Außenhandels zusammen. Das Handelsdefizit wird in diesem Jahr etwa 3,5 Milliarden Dollar erreichen, weil die Importpreise um 52 Prozent anstiegen, während die Exporterlöse nur um 34 Prozent höher geworden sind. Brenn- und Rohstoffe machen etwa zwei Drittel der jugoslawischen Einfuhren aus, und die Preisexplosion zog deshalb die ganze Außenwirtschaft des Landes in Mitleidenschaft. Um die industrielle Wachstumsrate aufrechterhalten zu können, mußten die Einfuhren gesteigert werden. Zugleich reichen die Erlöse aus dem Fremdenverkehr und die Überweisungen einer Million Gastarbeiter im Ausland nicht aus, das ganze Defizit abzudecken.

Offizielle Gesprächspartner und auch die jugoslawischen Zeitungen machen kein Hehl aus den tiefreichenden Ursachen des Ungleichgewichtes in der Handels- und Zahlungsbilanz. Ein Entwicklungsland wie Jugoslawien kann sich eine Stagnation nicht leisten. Zum erstenmal in vielen Jahren ist die Zahl der aus dem Ausland zurückgekommenen Jugoslawen größer als die der ausgereisten. Ohne Expansion kann man jedoch keine neuen Arbeitsplätze schaffen. Gleichzeitig muß aber das Land einen hohen Preis für den quantitativen Sprung nach vorne zahlen. Der Konsumentenpreisindex ist 30 Prozent höher als vor einem Jahr. Wenn auch der sogenannte Lebenshaltungskostenindex im Oktober „nur" eine Steigerung von 24 Prozent für dieses Jahr aufweist, so ist dies kein Trost, zumal auch dieser Index bis Jahresende den vorjährigen Stand um 30 Prozent übersteigen wird. Die hohe Wachstumsrate führt also automatisch zu einer gefährlichen Inflation, die in absehbarer Zeit nicht unter Kontrolle gebracht werden kann.

Kann aber Jugoslawien eine Politik der Deflation einschlagen, ohne dabei noch größere Arbeitslosigkeit und die Gefahr einer sozialen Explosion in Kauf zu nehmen? Die früheren Experimente mit der Stabilisierung scheiterten kläglich, weil die Regierungen wohl oder übel aus politischen und sozialen Gründen auf das Gaspedal treten mußten. Nun ist Jugoslawien natürlich kein Einzelfall. Alle Regierungen in Europa sind mit ähnlichen Problemen konfrontiert, und sie zeigen auch keine größere Zivilcourage als die Belgrader Führung, wenn es um höchst unpopuläre Maßnahmen geht. Es besteht allerdings ein gravierender Unterschied: Die jugoslawische Inflationsrate war nämlich auch im Schnitt der letzten zehn oder zwanzig Jahre eine der höchsten in Europa. Dazu kommt noch die jahrelange Vernachlässigung der Energie-, Rohstoff- und Lebensmittelerzeugung in Jugoslawien, obwohl das Land alle Möglichkeiten hätte, diese Probleme in den Griff zu bekommen.

Die endlosen Diskussionen und Auseinandersetzungen um die Standorte von Kraftwerken und Anlagen entsprangen natürlich in erster Linie den Konflikten zwischen den Regionen und Republiken. Die handfesten Interessengegensätze bekamen eine besondere Brisanz, wenn es um verschiedene Nationen ging. Früher beschwerten sich die Kroaten und Slowenen darüber, daß sie Rieseninvestitionen in den unterentwickelten Gebieten und in Serbien mitfinanzieren müßten. Nun spürt aber der Besucher auch in Serbien wachsende Unzufriedenheit. Serbische Intellektuelle behaupten zum Beispiel, die große Autofabrik bei Kragujevac sei deshalb mit Absatzschwierigkeiten konfrontiert, weil zu viele Autos in Slowenien erzeugt bzw. Bestandteile importiert würden. In ähnlicher Weise beklagt man sich, daß die serbische Elektroindustrie, also die große Unternehmung bei Niš, durch die Konkurrenz des slowenischen „Iskra"-Konzerns von den Binnen- und Auslandsmärkten verdrängt werde.

Diese pauschalen Behauptungen stimmen natürlich in dieser Form nicht. Sie drücken aber nichtsdestoweniger eine weit verbreitete Stimmung aus, die als politischer Faktor in Betracht gezogen werden muß. Immer wenn sich die wirtschaftliche Situation verschlechtert, kommt es zu einer Verschärfung der regionalen und nationalen Gegensätze. Zur Zeit droht aber die Hauptgefahr in Form von Streiks oder anderen Kampfmitteln der erbitterten Arbeiterschaft. Ein strenger Winter könnte die latenten Gefahren, deren sich die offiziellen Stellen durchaus bewußt sind, in eine dramatische Realität umwandeln.

Offizielle Gesprächspartner geben offen zu, daß brauchbare Instrumente zur Lenkung der Wirtschaft in Einklang mit der neuen Verfassung, vor allem auf den Gebieten der Preis- und Kreditpolitik, noch immer nicht ausgearbeitet worden sind. Gewiß haben die Ölkrise und ihre Folgewirkungen eine große Rolle in der Beschleunigung der Inflation gespielt. Trotz aller Sympathien für die Araber und trotz Marschall Titos zahllosen Begegnungen mit arabischen Würdenträgern genoß Jugoslawien keine Sonderbehandlung, was die Ölpreise betrifft.

Dem Land steht selbst unter den besten Bedingungen eine lange Durststrecke bevor. Um die Wirtschaft zumindest langsam und schrittweise sanieren und die Energie- und Rohstoffbasis ausbauen zu können, braucht Jugoslawien eine starke Regierung mit den fähigsten Männern in den Schlüsselpositionen. Dies ist aber heute nicht mehr der Fall, zumindest was die gesamtjugoslawische Bundesregierung betrifft. Viele der besten Köpfe findet man in den Regierungen der Republiken beziehungsweise an der Spitze der Banken und großer Unternehmungen.

Gerade im Hinblick auf die schwierige Wirtschaftslage bedauern viele Jugoslawen, daß den Fraktionskämpfen der letzten Jahre, vor allem in Kroatien und Serbien, so viele fähige Politiker und Beamte zum Opfer gefallen sind. Im Grunde handelt es sich hier um einen fundamentalen Widerspruch der jugoslawischen Entwicklung. Das große Experiment mit Arbeiterselbstverwaltung und administrativer Dezentralisierung wurde von oben durch jene Männer eingeleitet, deren Position letzten Endes durch die von ihnen entfesselte Revolution bedroht wurde. Der Erfolg des Experiments beschwor die Gefahr einer Wachablösung der einstigen Initiatoren herauf. Dasselbe gilt für die 1965 angelaufene, aber später zusehends verwässerte Wirtschaftsreform. Trotzdem war der Versuch Marschall Titos, von einem Tag auf den anderen die Uhr sozusagen um 20 Jahre zurückzustellen, von Anfang an zum Scheitern verurteilt. „Jugoslawien ist eine unwiderruflich permissive sozialistische Gesellschaft“, sagte uns eine der scharfsinnigsten und kritischsten Persönlichkeiten des Landes. Die Strukturen der Gesellschaft und der Wirtschaft können nicht in das Prokrustesbett des orthodoxen Kommunismus hineingezwängt werden, auch wenn an der Partei- und Regierungsspitze die Schar der müden Bürokraten noch den Ton angibt. In Wirklichkeit spricht oder spekuliert jeder über die große bevorstehende Bewährungsprobe der Führungsspitze, nämlich die gefahrengeladene Übergangszeit nach dem Abgang des greisen Marschalls.

„Wohin geht die Reise des jugoslawischen Schiffes?“ so wurde kürzlich eine bekannte jugoslawische Persönlichkeit von ausländischen Freunden gefragt. „Nirgendshin; das Schiff ist auf eine Sandbank aufgelaufen“, sagte der Jugoslawe trocken. „Und wann wird das Schiff wieder flottgemacht?“ fragten die Freunde. „Wir warten auf die Flut ...“

Wenn auch diese ironisch gewürzte Diagnose von offiziellen Sprechern vehement abgelehnt werden würde, so gewinnt der Besucher doch den Eindruck, daß sich der Vielvölkerstaat in einer Übergangsphase befindet, deren Ende noch nicht abzusehen ist. Nach außen hin wurden die Weichen mit der Verfassungsreform und mit der Rezentralisierung der Führungsspitze „für die Zeit nach Tito“ gestellt. Die Staatspartei wird wieder von einem 39köpfigen Parteipräsidium und einem 166 Mann starken Zentralkomitee geführt. Marschall Tito nimmt seinen dominierenden Platz als Präsident der Partei (und des Staates) „ohne Begrenzung der Funktionsperiode", also auf Lebenszeit, ein. Das zwölf Mitglieder (bisher neun) umfassende Exekutivkomitee, bestellt durch das Präsidium, wird vom 49jährigen Slowenen Stane Dolanc geleitet, während fünf andere Mitglieder für einzelne Ressorts wie Ideologie und Propaganda, internationale Fragen, Wirtschaft usw. verantwortlich sind.

Seit dem Ende Mai 1974 abgehaltenen 10. Parteitag ist die Konzentration der Macht in wenigen Händen der wichtigste Faktor in der jugoslawischen Innenpolitik. Das vor nicht allzulanger Zeit noch so oft beschworene Prinzip der „Rotation", also die periodische Ablösung der Spitzenfunktionäre, und der strikten Trennung zwischen Partei und Staatsspitze ist aus dem politischen Vokabular verschwunden.

Die Mitglieder des neunköpfigen Staatspräsidiums gehören auch dem Parteipräsidium an. Unter den mächtigsten Männern Jugoslawiens fungieren solche „alten Kämpfer" wie zum Beispiel der Mazedonier Lazar Koliševski und der Serbe Petar Stambolić, die während der Reformära der sechziger Jahre aus der aktiven Politik, zumindest was die Spitzenfunktionen betrifft, ausgeschieden waren. Ihre Rückkehr an die Macht nach der Krise in Kroatien und Serbien stellte auch einen symbolischen Auftakt für die ganze alte Garde dar. Es ist bezeichnend, daß von den 52 Mitgliedern des im Jahre 1969 gewählten Parteipräsidiums nur 23 wiedergewählt wurden, während die anderen den Säuberungswellen zum Opfer gefallen sind, weniger bedeutsame Staatsämter erhielten oder ganz einfach wie Mijalko Todorović, der frühere Sekretär des Exekutivkomitees und spätere Präsident des Bundesparlaments, ohne Erklärung in der Versenkung verschwanden. Diesem letztgenannten serbischen Spitzenführer und Partisanenhelden hat der greise Marschall nie verziehen, daß er nach der Invasion der Tschechoslowakei bei einer ohne vorherige Absprache mit Tito organisierten Belgrader Massenversammlung eine flammende antisowjetische Rede und dann einige Jahre später bei einem Treffen der jugoslawischen Botschaftsangehörigen in Moskau eine nüchterne Ansprache über die Innen- und Außenpolitik Jugoslawiens gehalten hatte.

Die scheinbar herausragende Figur bleibt der 64jährige Slowene Edvard Kardelj, den ausländische Beobachter, die zwischen dem Protokoll und den Realitäten der Macht nicht immer zu unterscheiden vermögen, für den sicheren „Kronprinzen“, den natürlichen Nachfolger Titos, halten. In der Tat gilt Kardelj als der führende Ideologe und der Schöpfer der ebenso komplizierten wie häufig revidierten Verfassungen Jugoslawiens. Nach außen hin scheinen also zwei Slowenen, Kardelj und Dolanc, die dominierenden Persönlichkeiten und Titos engste Mitarbeiter zu sein.

Wie so oft in der jugoslawischen Geschichte trügt der Schein auch diesmal. Kardelj, der trockene Schullehrer und Autodidakt, gehört zwar seit Jahrzehnten und noch aus der Moskauer Zeit zum engsten Kreis um Tito, doch ist er kein Praktiker der Politik. Noch schwerer wiegt die Tatsache, daß er keine eigentliche Hausmacht besitzt, da er von seinen engeren Landsleuten als ein „Belgrader Slowene“ betrachtet wird. Er verbrachte nämlich sein ganzes Leben in der Bundeshauptstadt, wo er wiederum von der serbischen Mehrheit doch als ein Slowene angesehen wird. Noch mehr gilt all dies für den jüngeren Stane Dolanc, einen ausgezeichneten Organisator, der aber nur dank der ihm von Tito verliehenen Autorität im zentralen Parteiapparat innerhalb weniger Jahre eine kometenhafte Karriere machen konnte.

Das Schicksal des zeitweilig einflußreichsten Mannes in der Umgebung des Staatschefs, des für Verteidigung und Staatssicherheit verantwortlichen Generals Ivan Mišković, der Mitte 1973 von einem Tag auf den anderen alle Befugnisse verlor, zeigt, daß ein scheinbar schwindelerregender Aufstieg oft von der augenblicklichen Gunst Titos und nicht notwendigerweise von echtem Machtzuwachs abhängt.

Deshalb bezweifeln die meisten jugoslawischen Gesprächspartner, daß in einem Land, in dem die Slowenen bloß knapp über acht Prozent der Bevölkerung vertreten, zwei Slowenen auf lange Sicht die Spitzenrollen im Partei- und Staatsapparat einnehmen könnten. Kardelj mag nach dem Abgang oder Tod des im 83. Lebensjahr stehenden Marschalls als Symbol der Kontinuität das Aushängeschild bleiben. Doch meinen gerade die bestinformierten Politiker und Intellektuellen, daß heute niemand wissen kann, wer oder welche Gruppen die Oberhand gewinnen, falls sie frei vom beherrschenden Einfluß Titos agieren können. Dazu kommt, daß in einem Vielvölkerstaat das Funktionieren einer kollektiven Führung noch schwieriger sein muß, als es etwa in der Sowjetunion der Fall war.

Diese Überlegungen ändern nichts an der Tatsache, daß angesichts der drohenden Gefahren von außen ein Post-Tito-Führungsgremium ein Minimum an Konsens bewahren muß. In diesem Zusammenhang ist an die folgende Geschichte zu erinnern, die Parteisekretär Dolanc selbst Anfang 1973 in einem Fernsehinterview erzählte: Er, Dolanc, führte ein Gespräch mit einem hochgestellten westlichen Besucher und versuchte ihm die Lage in Jugoslawien zu erklären. Schließlich sagte Dolanc: „Wenn jemand uns angreifen oder unsere Unabhängigkeit bedrohen sollte, dann würden wir keine Zwistigkeiten untereinander haben, sondern geschlossen dem Angriff von außen standhalten." Der Gesprächspartner hörte zu und sagte sehr höflich, er hätte nur eine Frage: „Und was wird geschehen, wenn niemand Jugoslawien angreift?"

Diese Frage deutet zugleich die Chancen, aber auch die Gefahren der Zukunft an. Das Szenarium entspricht nämlich kaum den Spekulationen so mancher westlicher Massenblätter: Tito schwer krank oder tot, Machtkampf in Belgrad und Auf- und Einmarsch der Warschauer-Pakt-Truppen. Kurzfristig wird die gesamtjugoslawische Führung demonstrativ ihren Zusammenhalt zeigen. Daß im Zentralkomitee die Armee institutionell und durch führende Generäle auch im Präsidium vertreten ist, soll ja nicht zuletzt die Rolle der Armee als Klammer unterstreichen. Außerdem erklären gerade die kompetentesten Gesprächspartner, daß es nach menschlichem Ermessen kaum jemanden in der obersten Armee- und Parteiführung geben dürfte, der bereit wäre, mit Moskau zusammenzuspielen. Ebenso wird die Möglichkeit einer Machtübernahme durch das Militär nach Titos Abtreten verneint. Wenn aber dessen Nachfolger, also die Politiker, scheitern sollten, dann könnte unter Umständen die Armee aktiver in den Vordergrund treten.

Vorderhand bleibt aber Präsident Tito das Zentrum des politischen Geschehens. Seine Politik – „Ordnung im Inneren, Prestige im Ausland" – ist die Konstante in der gegenwärtigen Phase, die von Nervenkrieg, Gerüchten und nicht zuletzt von einer nichtartikulierten Angst vor einer unsicheren Zukunft geprägt wird. Ein Augenschein in diesem spannungsgeladenen Herbst hinterläßt als vorherrschenden Eindruck doch die Hoffnung, daß das neue Jugoslawien trotz anhaltender Kraftproben seine Einheit bewahren und seinen faszinierenden, wenn auch immer wieder von Rückschlägen unterbrochenen eigenen Weg weitergehen wird.

Jugoslawien ohne Jugoslawen
Die Wurzeln der Staatskrise

Oktober 1990

Jugoslawien ist ein Paradebeispiel dafür, wie schwierig es ist, „den Schleier der Begriffe“ (Norbert Elias) zu durchbrechen.[1] Dieser Prozeß der Entschleierung kam erst im Krisenjahrzehnt der achtziger Jahre wirklich in Schwung. Wer hätte noch in den sechziger oder siebziger Jahren gedacht, daß Jugoslawien gerade in einer Zeit der Überwindung der Ost-West-Spaltung und angesichts des praktisch totalen Verschwindens der Bedrohung von außen in die tiefste Krise seiner Nachkriegsgeschichte geraten würde? Wer hätte etwa im Jahre 1980 gedacht, als Josip Broz Tito starb und der befürchtete Zusammenbruch nicht erfolgte, daß dieser Schein, diese trügerische Ruhe nur eine ganz kurze Zeit andauern und daß das Land der Südslawen bald wieder an der Schwelle eines Zusammenbruches stehen würde?

Damals, ja noch in den siebziger Jahren, galt Jugoslawien aus mehreren Gründen als eine Ausnahmeerscheinung im von Krisen geschüttelten kommunistischen Osten. Zu diesen Gründen zählte der Bruch 1948 zwischen Tito und Stalin, ein weithin sichtbarer und schließlich für das Zusammenhalten des Ostblocks zutiefst zerstörerisch wirkender Beweis dafür, daß man sich zum Kommunismus, zum Leninismus bekennen und zugleich von der Moskauer Zentrale unabhängig bleiben konnte. Ein weiterer, wichtiger Faktor hinter dem heute für so viele so unverständlich erscheinenden Prestige des titoistischen Jugoslawien war auch die sogenannte Blockfreie Bewegung und die bahnbrechende Rolle, die dabei Jugoslawien und namentlich Tito, zusammen mit Gamal Abdel Nasser und Jawaharlal Nehru, spielte. Schließlich bestand ein dritter Grund für die Bewunderung, gerade in den linken Kreisen im Westen und unter den kommunistischen Reformern im Osten, in der Tatsache, daß Jugoslawien einen „dritten Weg“ zwischen dem Staatssozialismus sowjetisch-orthodoxer Prägung und der westlichen freien Marktwirtschaft durch die Selbstverwaltung der Wirtschaft und die Dezentralisierung der Verwaltung symbolisierte.

Die Sonderposition Jugoslawiens sowohl in der praktischen Politik als auch – und das ist noch wichtiger – im Bereich der Ideologie wurde freilich nicht nur durch diese drei Komponenten, also Unabhängigkeit, Blockfreiheit und innenpolitische Experimente, begründet. Vieles vom Mythos um Jugoslawien ging auf den Zweiten Weltkrieg zurück. Damals und auch danach galt Jugoslawien als das erste Land, das sich aus eigener Kraft befreit und durch eine mächtige Partisanenbewegung mehr als jeder andere besetzte Staat zum Sieg über Hitler-Deutschland beigetragen hatte. Daß später die Sieger, die kommunistischen Partisanen, nicht nur die ganze Macht eroberten, sondern auch die Geschichte dieses widerspruchsvollen Landes im Sinne einer Vereinfachung neu schrieben, spielte und spielt noch heute bei den Fehlurteilen und Mißverständnissen bezüglich der Entwicklung in Jugoslawien eine große und im Westen oft übersehene Rolle.[2]

Wunschträume, Heilserwartungen und Stigmatisierungen haben stets das Bild Jugoslawiens geprägt. Wir sprechen hier von Bildern, die im Ausland über Jugoslawien entstanden sind, aber auch von einem Bild der Nationen Jugoslawiens, das die jeweiligen Volksgruppen innerhalb des jugoslawischen Staatsverbandes voneinander gewonnen haben. Wenn man heute darüber Mutmaßungen anstellt, daß Jugoslawiens Zerfall als einheitlicher Staat nur eine Frage der Zeit ist, und wenn man heute nur darüber diskutiert, ob dieser unaufhaltsam erscheinende Zerfall mehr oder weniger friedlich oder mehr oder weniger blutig, also in Form eines Bürgerkrieges, über die Bühne gehen wird, so muß man die Wurzeln dieser nur scheinbar verblüffenden Situation in der Geschichte suchen. Es handelt sich hier nicht um abstrakte und etwa für heute handelnde Politiker irrelevante Betrachtungen, sondern um das Wiederaufleben von Faktoren, Kräften, historischen Traditionen, die trotz der trügerischen Fassade des Titoismus in Wirklichkeit auch die Jahrzehnte nach dem Zweiten Weltkrieg geprägt haben. Deshalb kann die für so viele Beobachter in ihrer Heftigkeit und Dramatik überraschend gekommene Entwicklung ohne ohne einen Blick auf die historische Dimension nicht verstanden werden.[3] Die Ausgangsposition ist in der von so vielen so lange verdrängten Tatsache zu sehen, daß Jugoslawien ein Land ohne Jugoslawen ist, das heißt ohne Menschen, die bereit sind, sich zum „Jugoslawentum" und nicht zu einer Volksgruppe oder Nationalität zu bekennen. Laut der letzten Volkszählung (1981) haben sich nur etwa 1,2 Millionen Personen (bei einer damaligen Gesamtbevölkerung von 22,4 Millionen) als Jugoslawen bezeichnet.

Wer waren diese Menschen, diese „Jugoslawen"? Sie waren in erster Linie Partner oder Kinder aus einer sogenannten „Mischehe", also etwa aus Ehen zwischen Kroaten und Serben oder Slowenen und Mazedoniern, ferner Angehörige der jugoslawischen Volksarmee, vor allem natürlich Offiziere und Unteroffiziere, Beamte und Diplomaten. Die Zahl der „Jugoslawen" war früher etwas höher. Die Akzeptierung der moslemischen Bevölkerung, also der bosnischen Moslems, als eigenständige Nation hat diese Zahl reduziert. In der Republik Bosnien-Herzegowina haben sich 40 Prozent der Menschen als Moslems im Sinne einer Nation (also nicht in dem einer Religion) bekannt.

Hintergrund der nationalen Probleme Jugoslawiens ist der grundsätzliche Konflikt zwischen Föderalismus und Zentralismus, zwischen den übergreifenden Machtansprüchen der größten Nation und der Verteidigung der Interessen der kleineren Nationen und Volksgruppen. Zugleich werden diese zum Teil ererbten, zum Teil in den Jahrzehnten des Titoismus indirekt verschärften nationalen Gegensätze durch den Bankrott des sogenannten Selbstverwaltungssozialismus, durch die Wirtschaftskrise und durch den innerjugoslawischen Nord-Süd-Gegensatz ins Unerträgliche gesteigert. Vergleiche mit der Situation und mit der serbisch-kroatischen Frontstellung im Ersten, im Vorkriegs-Jugoslawien sind heute jedoch irreführend. Es stimmt zwar, daß das 1918 aus den Trümmern der Habsburgermonarchie entstandene „Königreich der Serben, Kroaten und Slowenen" vom Anfang an unter keinem guten Stern stand, weil sich hier die jugoslawische Idee, der Zusammenschluß der Südslawen, sehr bald als eine herbe Enttäuschung entpuppte. Ebenso unbestritten bleibt die Tatsache, daß an Stelle der von „jugoslawisch" gesinnten kroatischen Persönlichkeiten ersehnten und erkämpften Föderation dieser drei anerkannten Nationen das Jugoslawien der Zwischenkriegszeit in Wirklichkeit ein von Serbien regierter und beherrschter Staat, ein „Groß-Serbien" war. Ein Staat, in dem weder die Mazedonier noch die anderen Volksgruppen, wie etwa die Albaner, ein Minimum an Rechten hatten. Daß letzten Endes die Kroaten diesen von Serben dominierten zentralistischen Staat mehr gehaßt haben als die deutschen und italienischen Angreifer im April 1941, war die Folge dieses erzwungenen (und erniedrigenden) Zusammenlebens ohne Rechte und ohne Gleichberechtigung. Trotz der Tatsache, daß es sich nicht um einen totalitären, sondern um einen autoritären Staat mit Marktwirtschaft und Privateigentum handelte, war das Erste Jugoslawien ein auf Sand gebautes Gebäude, das an den Widersprüchen seiner Gründung und seines Entstehungsprozesses scheiterte. Die jugoslawische Idee wurde bereits vor dem Zweiten Weltkrieg in den Augen der Nichtserben diskreditiert.

Während des Krieges trug die Schaffung eines sogenannten kroatischen Nationalstaats unter der Schirmherrschaft der deutschen und italienischen Besatzer zum anhaltenden Mißtrauen der Serben bei, und auch die Erinnerung an Hunderttausende von Serben und Juden, die während dieser Zeit ermordet wurden, ist ein politisches Faktum geblieben. Dazu kommt noch die Grundproblematik, daß Serben und Kroaten, Slowenen und Mazedonier, Albaner und Bosnier nie zusammen in einem einheitlichen Staat gelebt haben, sondern historisch unterschiedliche Wege gegangen sind. Diese unterschiedlichen Traditionen wurden durch die serbische Unterdrückung und den kroatischen Widerstand in der Zwischenkriegszeit und erst recht durch den Krieg politisch höchst relevant. Letzten Endes darf man nicht übersehen, daß während des Zweiten Weltkrieges mehr Menschen im Laufe des Bürgerkrieges an nationalem Hader gestorben sind als in Kampfhandlungen gegen die ausländischen Besatzer. Eines der heute noch politisch wirksamen Paradoxe war die Tatsache, daß, obwohl in der Person Titos ein Kroate (mit einer slowenischen Mutter) der Schöpfer eines neuen, des Zweiten Jugoslawien war, die Kroaten wegen ihrer Haltung im Krieg eine „Nation auf Bewährung" geblieben sind. Fest steht, daß nach der kommunistischen Machtübernahme die in Kroatien lebende serbische Minderheit (11,6 Prozent) eine überproportional wichtige Rolle in der Teilrepublik Kroatien gespielt hat und der Prozentsatz der Serben in Partei und Staatsadministration und vor allem in der Polizei und in der Armee weit über ihre tatsächliche numerische Stärke hinausgegangen ist.[4]

Warum sagen wir dann also, daß ein Vergleich mit Vorkriegs-Jugoslawien, mit den Spannungen, die schließlich zum Zusammenbruch des Königreiches führten, nicht zielführend sei? Einfach deshalb, weil heute die Situation in vieler Hinsicht noch komplizierter, noch brisanter ist als in der Zwischenkriegszeit. Damals führte ein Angriff der Achsenmächte und ihrer Vasallen zur Zerstückelung und zur Aufteilung Jugoslawiens. Das bittere Erbe dieser Jahre des Krieges und des Bürgerkrieges durfte nicht verarbeitet werden. Auch in Serbien und in Montenegro gab es Kollaboration; es gab keine „schuldige“ und keine „heldenhafte“ Nation. Was heute die jugoslawische Situation so besorgniserregend erscheinen läßt, ist die Vertiefung und Ausdehnung des nationalen Konfliktes, wobei neue Akteure auf der politischen Bühne auftreten. Zusätzliche Komponenten der Krise sind die noch immer fehlende Entmythologisierung und „Enttitoisierung“ der Kriegs- und Nachkriegsgeschichte einerseits und die inneren Widersprüche der von Tito geschaffenen neuen föderativen Struktur und des politischen Systems andererseits.

Worin liegen die eingebauten Widersprüche, die jetzt mit geradezu explosiver Kraft die Fundamente des Zweiten Jugoslawien vor den Augen der Welt bedrohen? Vor allem darin, daß das Zweite Jugoslawien bewußt als eine Föderation von sechs Republiken und zwei zur Republik Serbien gehörenden autonomen Provinzen geschaffen wurde, mit der ausdrücklichen Möglichkeit der Sezession, also der Abspaltung konstitutiver Teile dieser Föderation. Zugleich bildete aber die Grundlage dieses Systems die uneingeschränkte Herrschaft der zentralistischen und von Belgrad aus geführten kommunistischen Partei. Die Staatspartei diente als einigende Klammer, vor allem in der Person des charismatischen Führers Josip Broz Tito. Das gleiche galt für die Armee und für die Geheimpolizei. Die dramatische Konfrontation mit Stalin zwischen 1948 und 1953 und dann wiederum die politischen Kontroversen mit dem Kreml in den fünfziger und sechziger Jahren haben den eingebauten Widerspruch zwischen der föderativen Staatsstruktur und dem Machtmonopol der zentralisierten Parteiführung, zwischen der Dynamik der Selbstverwaltung und der Beharrungskraft des Parteiapparats verschleiert. Trotzdem waren schon während des Krieges innerhalb der kommunistischen und antifaschistischen Bewegung die Keime der späteren Zerwürfnisse sichtbar geworden. Die Reaktion auf die Säuberung des gefürchteten serbischen Polizeichefs und Tito-Stellvertreters Aleksander Ranković im Jahre 1966 zeigte schon damals für kundige Beobachter das Primat des Nationalen vor dem Klassenstandpunkt. Zwei Jahre später kam es zu den ersten offenen Zusammenstößen im Zusammenhang mit der bereits damals von einer albanischen Mehrheit bewohnten Kosovo-Provinz.

Zu jener Zeit genügte ein Machtwort Titos, um den Ausschluß aus dem Zentralkomitee und die Kaltstellung der wortgewaltigsten serbischen Kritiker, der beiden Altkommunisten Dobrica Ćosić und Joco Marjanović durchzusetzen. Als dann die kroatischen Intellektuellen im Jahre 1967 mit einer Deklaration zugunsten der verfassungsmäßigen Gleichstellung der kroatischen Sprache (anstelle des Serbokroatischen) hervortraten, folgte ebenso schnell die scharfe Reaktion aus Belgrad. Es war nicht zuletzt Tito, der 1971/72 mit Hilfe der Armee die nationale Bewegung des sogenannten „Kroatischen Frühlings", damals noch unter der Führung von Reformkommunisten, im Keim ersticken ließ. Kurz nach den in Kroatien angelaufenen massiven Säuberungen wurden auch in Serbien, Mazedonien und schließlich auch in Slowenien die progressiven Kräfte aus der politischen Führung entfernt.[5]

In der Zwischenzeit zeichnete sich allerdings eine neue Entwicklung ab: Die eher als Formalität gedachte föderative Struktur der Partei entpuppte sich mit der Verschärfung der wirtschaftlichen Interessengegensätze, mit dem Wiederaufleben des „alten" Nationalismus und mit der Schwächung der alten kameradschaftlichen Bande zwischen den Partisanen und alten Kämpfern als die vielleicht wichtigste zentrifugale Kraft. Die Partei oder, wie es offiziell hieß, der Bund der Kommunisten Jugoslawiens, wurde zur wichtigsten Trägerin der aus traditionellen und neuen Quellen gespeisten Kräfte der nationalen Eigenständigkeit.

Nach dem Tode Titos kam es paradoxerweise in jener autonomen Provinz, nämlich im Kosovo, zum gewalttätigen Ausbruch der nationalen Leidenschaften, in der eigentlich die den überwiegenden Teil der einheimischen Bevölkerung bildende albanische Volksgruppe allen Grund gehabt hätte, mit der Situation zufrieden zu sein. Was aber für die Belgrader Zentrale und vor allem für die Serben schon zuviel war, erschien für die überwiegend jungen Menschen im Kosovo noch als viel zuwenig. Sie wollten nicht nur einen de facto, sondern auch den de jure verankerten verfassungsmäßigen Status einer Teilrepublik. Nach übereinstimmender Ansicht der nichtserbischen Beobachter inner- und außerhalb Jugoslawiens sprachen wichtige Gründe für den Republikstatus der Provinz, zumal heute allein in Kosovo mehr Albaner leben als Slowenen, Mazedonier oder Montenegriner in ihren jeweiligen Siedlungsgebieten, die alle trotzdem ihre eigenen Republiken haben.[6] Die Ausweglosigkeit, Tragik und Unberechenbarkeit der Krise um Kosovo kann nur dann begriffen werden, wenn man sie als den Zusammenstoß zweier Nationalismen, als den Konflikt zwischen dem wiedererwachten Hegemoniestreben der Serben und der Dynamik der Nationwerdung der Albaner betrachtet. Für die Serben, ohne Rücksicht auf ihre politische Einstellung, stellt die Erinnerung an den Kosovo als Wiege des mittelalterlichen serbischen Großreiches einen vitalen Faktor des nationalen Selbstverständnisses und die nie versiegende Kraftquelle der großserbischen Idee dar. Für die Albaner, ein nichtslawisches Volk mit einer völlig eigenständigen (von allen anderen Sprachen unterschiedlichen) Sprache, ist das Gebiet von Kosovo ein Kernstück ihres historischen Siedlungsgebietes. Wegen der außerordentlich hohen Geburtenrate stieg der Anteil der Albaner auf 90 Prozent der Bevölkerung Kosovos (und auf über ein Viertel der Bevölkerung der benachbarten Teilrepublik Mazedonien).

Die von Tito und seinem slowenischen Stellvertreter Edvard Kardelj nach der Zerschlagung der national und modern agierenden Gruppen in der kroatischen, serbischen und slowenischen Führung durchgesetzte Verfassung von 1974 versuchte die formale Integrität des serbischen Staates zu bewahren, aber gleichzeitig den autonomen Provinzen (Kosovo und Vojvodina) eine sehr weitgehende Autonomie einschließlich des direkten Mitspracherechtes auf Bundesebene (vor allem durch unter Umgehung Serbiens direkt entsandte Vertreter in die föderativen Organe, so auch in das Staats- und Parteipräsidium) zu gewähren.[7]

Die Demonstrationen im Kosovo nach dem Tode Titos für eine Umwandlung der Provinz in eine Teilrepublik erwiesen sich trotz der Niederschlagung der Bewegung als die eigentliche Lunte, die dann einige Jahre später das Pulverfaß der so lange unterdrückten nationalistischen Gefühle der serbischen Mehrheit zur Explosion brachte. Slobodan Milošević, der neue starke Mann Serbiens, wurde und wird in seiner skrupellosen Ausnützung der verletzten Nationalgefühle der Mehrheitsnation noch immer von einer Grundwelle der Zustimmung und Begeisterung getragen. Die Einschränkung und schließlich die De-facto-Aufhebung der Autonomie der Provinz, aber auch die brutale und vom Europäischen Parlament verurteilte Unterdrückung der Menschenrechte der albanischen Volksgruppe findet die einhellige Zustimmung der serbischen Öffentlichkeit, einschließlich jener Philosophen und Soziologen, die jahrzehntelang an westeuropäischen und amerikanischen Universitäten als Mitglieder der sogenannten „Praxis"-

Gruppe (nach der gleichnamigen Zeitschrift) über den humanistischen Kern des Marxismus doziert hatten …[8]

Der hinhaltende Widerstand der gesamten albanischen Bevölkerung in der Provinz Kosovo und die totale Diskreditierung der projugoslawisch eingestellten albanischen Politiker lassen darauf schließen, daß die Chancen für eine friedliche Lösung geringer als jemals zuvor seit 1945 sind und daß Gewaltmaßnahmen eine folgenschwere Radikalisierung der überwiegend jugendlichen Albaner auslösen würden. Die früheren Behauptungen der Belgrader Propagandisten, daß sich eine Teilrepublik Kosovo Albanien anschließen würde, waren damals völlig aus der Luft gegriffen. Noch vor einigen Jahren haben die albanischen Behörden Kosovo-Flüchtlinge an Jugoslawien ausgeliefert. Sollte aber in Albanien der sich abzeichnende Kurs der inneren Auflockerung und Öffnung nach außen fortgesetzt, ja beschleunigt werden, könnte die der jugoslawischen Idee zutiefst entfremdete und unterdrückte albanische Volksgruppe auf lange Sicht als einzigen Ausweg doch die früher verpönte Vereinigung mit Albanien als politische Zielsetzung proklamieren.

Das Gespenst eines Großalbaniens bedeutet nicht zuletzt eine direkte Bedrohung der Teilrepublik Mazedonien, da die Albaner hier bereits mehr als ein Viertel der Gesamtbevölkerung, in dem an Albanien grenzenden Westmazedonien sogar die Mehrheit ausmachen. Die Mazedonier, deren nationale Eigenart ebenso wie die separate Nationalität der bosnischen Moslems und der Montenegriner erst im titoistischen föderativen Jugoslawien anerkannt wurde, fühlen sich sowohl von der Dynamik der albanischen nationalen Bestrebung als auch vom Wiederaufleben des großserbischen Nationalismus bedrängt. Daß die Mazedonier (nicht nur insgeheim von den meisten Serben), aber praktisch von allen Bulgaren und Griechen als eine „künstliche Nation" betrachtet werden, liefert den tieferen Grund für die aggressive „Vorwärtsverteidigung" der Republik Mazedonien, die zu periodischen Belastungen der zwischenstaatlichen Beziehungen zu Griechenland und Bulgarien führt.

Die zügellose Belgrader Propaganda zum Aufputschen der nationalen Gefühle der „bedrohten Serben" löste nicht nur im Kosovo, sondern auch in Bosnien und Kroatien (jeder vierte Serbe lebt außerhalb der eigentlichen serbischen Republik) zum Teil eine Destabilisierung, zum Teil auch mächtige Gegenbewegungen in Kroatien und Slowenien aus. Der von der serbischen Elite unter Milošević vollzogene Bruch mit der Politik des nationalen Konsenses, die mit dem Tito-Kardelj-Kurs und der Verfassung von 1974 identifiziert wurde, gab den entscheidenden Anstoß für den Sieg der national gesinnten und überwiegend antikommunistischen politischen Gruppen bei freien Wahlen in Kroatien und Slowenien.

Während Slowenien national homogen ist, bleibt Bosnien ein Spiegelbild Jugoslawiens: Die Moslems machten 1981 fast 40 Prozent der Bevölkerung aus, die Serben 32 und die Kroaten 18 Prozent. Die Schlüsselposition dieser multinationalen Republik läßt die Brisanz der serbischen Drohungen über eine Neuziehung der innerjugoslawischen Grenzen erahnen. Eine weitere und in der letzten Zeit besonders gefährlich gewordene Komplikation stellen die Forderungen der in der Republik Kroatien lebenden serbischen Volksgruppe nach Sonderregelungen und Autonomie dar. Die immer offenere Einmischung aus Belgrad in Kroatien und Bosnien schafft böses Blut und ist Wasser auf die Mühlen jener Kräfte im Norden, die nicht mehr für eine qualifizierte Unabhängigkeit im Rahmen einer Konföderation, sondern für eine volle Sezession, also Austritt aus dem Staatsverband, eintreten.

Das gefährliche Aufschaukeln der Nationalismen überschattet alle anderen Probleme und führt auch zu einer bedenklichen Lähmung der jugoslawischen Außenpolitik. Trotz der Teilnahme an der „Pentagonale", der Zusammenarbeit zwischen Italien, Österreich, Ungarn, der Tschechoslowakei und Jugoslawien sowie trotz der Mitwirkung Sloweniens und Kroatiens an der Alpen-Adria-Gruppe der Regionen (mit Bayern, mehreren österreichischen Bundesländern, norditalienischen und westungarischen Regionen) ist die internationale Rolle Jugoslawiens mit seiner früheren Bedeutung für das Gleichgewicht zwischen Ost und West nicht mehr vergleichbar. Der Zusammenbruch des Kommunismus in Mittel-, Ost- und Südosteuropa hat das Ostbild des Westens total verändert. Heute interessiert man sich bei der EG, aber auch in Washington, Bonn und Paris mehr für die außenpolitischen Schritte der Tschechoslowakei, Ungarns oder Polens als für Stellungnahmen aus einem halbdemokratischen, halbautoritären Vielvölkerstaat, dessen Regierung mit mehreren Zungen spricht. Da Jugoslawien heute nur von innen her gefährdet und nicht mehr von außen bedroht ist, hängt sein Schicksal im Grunde von der Kompromißbereitschaft der Protagonisten der verschiedenen Volksgruppen und Regionen ab. Es besteht kein Zweifel, daß die größte Nation, also das serbische Volk, auch die größte Verantwortung trägt. Es wäre jedenfalls ein verhängnisvoller Trugschluß zu glauben, daß nach dem De-facto-Zerfall der Partei und des von ihr geschaffenen Systems die Armee (über zwei Drittel der Offiziere und Unteroffiziere sind Serben) imstande sein könnte, Jugoslawien unter zentralistischer Kontrolle zusammenzuhalten.

Das Zweite Jugoslawien, Titos Jugoslawien als föderativer Staat mit permanenter Rotation und mit einem ausgeklügelten „Nationalitätenschlüssel", der die Majorisierung der Schwachen durch die Starken ausschließen sollte, ist tot. Es bleibt nur der Ausweg einer lockeren Konföderation, eines von den demokratisch legitimierten Regierungen Sloweniens und Kroatiens gewünschten Staatenbundes. Die zwei anderen Optionen sind das Ausscheiden der beiden nördlichen Republiken und die Entstehung eines Rumpf-Jugoslawiens völlig unter serbischem Einfluß oder im Katastrophenfall eine Eskalation der Emotionen und nationalen Leidenschaften, die jeglicher rationaler Kontrolle entgleitet und den Weg ins Verderben eines blutigen Bürgerkrieges unvermeidlich macht. Es ist fürwahr ein tragisches Paradoxon: Niemand will heute in Europa den Zerfall Jugoslawiens, aber niemand weiß, wie die inneren Kräfte der Zerstörung gebändigt werden können. Das europäische Sicherheitsrisiko liegt in einer „Libanisierung" Jugoslawiens.

Anmerkungen

1 Vgl. Norbert Elias, Über sich selbst. Frankfurt 1990, S. 50–55.

2 Vgl. Paul Lendvai, Der Rote Balkan, Zwischen Nationalismus und Kommunismus. Frankfurt 1969, S. 35–64, S. 156–190

3 Siehe für die Kontinuität der nationalen Probleme Lujo Tončić-Sorinj, Jugoslawien– das Land der Widersprüche. In: *Europäische Rundschau*, Nr. 90/2 und Christopher Cviic, Ein geplagtes Land nüchtern gesehen. Die Nationen Jugoslawiens. In: *Europäische Rundschau*, Nr. 90/3.

4 Laut *Frankfurter Allgemeiner Zeitung* vom 11. 8. 1990 (S. 5) waren 67 Prozent der Polizisten in Kroatien Serben. In der kommunistischen Partei Kroatiens waren 1987 19,4 Prozent der Mitglieder Serben, und Cviic schätzt, daß ein großer Teil der fast 18 Prozent ausmachenden „Jugoslawen" in Wirklichkeit auch Serben waren.

5 Vgl. MIKO TRIPALO, Hrvatsko Proljeće (Kroatischer Frühling). Zagreb 1990. Tripalo war 1970/71 der höchstrangige Reformkommunist an der Spitze der national gesinnten „Massenbewegung“. Siehe auch IVAN SUPEK, Crown witness against Hebrang. Chicago 1983; Krivo-vjernik na levice (Häretiker der Linken). Bristol o. J.

6 Nach den letzten offiziellen Angaben gibt es bereits 2,4 Millionen Albaner, *Frankfurter Allgemeine Zeitung*, 3. 8. 1990.

7 Vgl. JENS REUTER, Die Albaner in Jugoslawien. München 1982.

8 Vgl. für die Säuberung JENS REUTER, Die albanische Intelligenz im Kosovo. In: *Südost-Europa*, Nr. 5/1990. Der Autor schätzt, daß in den vergangenen drei Jahren etwa 5.000 Posten in allen Bereichen des Lebens im Kosovo neu besetzt worden sind. Nähere Angaben über die Allianz zwischen Milošević und den früheren kritischen Marxisten siehe MILAN ANDREJEVICH: Milošević and the Socialist Party of Serbia. In: Report on Eastern Europe, 3. 8. 1990. Bei dem Gründungskongreß der Sozialistischen Partei Serbiens, die aus der Vereinigung der früheren serbischen KP und ihrer Frontorganisation, der Sozialistischen Allianz, hervorgegangen ist, wurden zwei bekannte frühere Dissidenten, die Professoren Mihajlo Marković und Ratko Marković, ins neue Führungsgremium gewählt. *Vecernje Novosti*, Belgrad, 20. 7. 1990.

Scheidung auf jugoslawisch

Die erzwungene Einheit des Balkanstaates ist nicht mehr zu retten

Juli 1991

Was sich in diesen Wochen und Tagen in Jugoslawien abspielt, kann sich zu einer europäischen Tragödie ausweiten. Knapp fünfzig Jahre nach dem von Hitler befohlenen Überfall der Deutschen auf das Erste Jugoslawien erlebt eine staunende Welt den Todeskampf des Zweiten Jugoslawien in seiner letzten Phase. In den siebziger Jahren und selbst in der Zeit nach Titos Tod im Mai 1980 meinten Beobachter, daß ungeachtet all der Heuchelei über „Brüderlichkeit und Einheit" und trotz der Hektik der nationalen und regionalen Konflikte eine illusionslose Vernunftehe zwischen den Völkern Jugoslawiens und vor allem zwischen ihren Eliten noch möglich sei.

Doch warum ist Jugoslawien gerade in einer Zeit der Überwindung der Ost-West-Spaltung in Europa und angesichts der verschwindenden Bedrohung von außen in die gefährlichste Krise seiner Nachkriegsgeschichte geraten? Was ist also mit dem Land der Südslawen geschehen?

Das titoistische Jugoslawien galt als Ausnahmeerscheinung in der von Krisen geschüttelten kommunistischen Welt. Der Bruch zwischen Tito und Stalin im Jahre 1948 war eine historische Zäsur. Er zeigte den Völkern des Ostblocks, daß ein kommunistischer Staatslenker sich zum Leninismus bekennen und zugleich von der Moskauer Zentrale unabhängig bleiben konnte. Eine Stütze für das Prestige des Balkanstaates war zudem die Rolle, die Tito zusammen mit Nasser und Nehru bei der Gründung der sogenannten Bewegung der Blockfreien gespielt hat. Schließlich verkörperte das jugoslawische Selbstverwaltungssystem den „dritten Weg" zwischen dem Staatssozialismus sowjetischer Prägung und der kapitalistisch freien Marktwirtschaft und wurde von der Linken im Westen wie den Reformern im Osten bewundert.

Vieles vom Mythos um die jugoslawische „Einheit in Vielfalt" ging auf den Zweiten Weltkrieg zurück. Nirgends sonst im Nachkriegseuropa waren der Ruf und die Entwicklung eines Staates so lange und so eng mit einer Person verbunden wie die Geschichte Jugoslawiens mit Marschall Tito. Das Land hatte sich aus eigener Kraft befreit. Mit seiner mächtigen Partisanenbewegung trug es mehr als jeder andere besetzte Staat zum Sieg über Hitlerdeutschland bei. Dennoch müssen wir davon ausgehen, daß dieses komplizierte Staatsgefüge auch in der sogenannten Blütezeit des Titoismus ein „Jugoslawien ohne Jugoslawen" war. Die überwiegende Mehrheit hatte und hat kein jugoslawisches Nationalbewußtsein. Bei der letzten Volkszählung (1981) bezeichneten sich nur etwa 1,2 Millionen Bürger (von einer damaligen Gesamtbevölkerung von 22,4 Millionen) als Jugoslawen. Ihre Standortbestimmung war und ist national, nicht politisch. Innerster Kern bleibt die Bindung des einzelnen Menschen an die Volksgruppe, in der seine persönliche Identität verankert ist und der in erster Linie seine Loyalität gilt.

Bei fast allen Bürgern des heutigen Vielvölkerstaates reichen solche Bindungen tief in die eigene Familiengeschichte hinein. Die Last des historischen Erbes, des Hasses, der Gewalt und der unbeschreiblichen Massaker verleiht den nationalen Gegensätzen eine bedenkliche Brisanz. Vor allem in den Krisenregionen Serbiens, Kroatiens und Bosniens ist die demographische Verteilung so verworren, daß sich befriedigende Abgrenzungen nicht finden lassen.

Weil die Scheidungslinie nicht zwischen Klassen, nicht zwischen „Linken" und „Rechten", sondern zwischen Nationen verläuft, ist auch die für so viele Staatskanzleien in ihrer Heftigkeit und Dramatik überraschende Entwicklung ohne die historische Dimension nicht zu verstehen.

Der jugoslawische Gedanke, die Vereinigung der Südslawen, die vor dem Zusammenbruch der Habsburgermonarchie und des Osmanischen Reiches nie in einem eigenen Staat zusammengelebt hatten, fand seine Krönung 1918 in dem von den Siegermächten aus der Taufe gehobenen „Königreich der Serben, Kroaten und Slowenen". Dieses künstliche Gebilde bestand aus so heterogenen Teilen wie den schon unabhängigen Königreichen Serbien und Montenegro, Kroatien und Slowenien, den christlich-habsburgischen Bollwerken gegen den Islam, aus Bosnien und Herzegowina (seit 1878 unter habsburgischer Kontrolle) und aus den einstigen türkischen Provinzen Kosovo und Mazedonien.

Der Zusammenschluß der Südslawen mündete sehr bald in eine herbe

Enttäuschung. Statt der ersehnten Föderation entstand de facto ein „Groß-Serbien", ein von Serbien regierter und beherrschter Staat, in dem weder die Albaner noch die Mazedonier irgendwelche Rechte besaßen. Von 1918 bis 1941 waren in jeder jugoslawischen Regierung die Ämter des Ministerpräsidenten, des Kriegsministers, des Außenministers und – mit einer Unterbrechung von achtzehn Monaten – des Innenministers in den Händen von Serben. Die im Jahre 1929 proklamierte Diktatur „Königreich Jugoslawien" änderte nichts an der serbischen Vorherrschaft.

Als deutsche Truppen am 6. April 1941 Jugoslawien überfielen, wurden sie (so Hermann Neubacher in seinen 1956 veröffentlichten Erinnerungen) „in Slowenien und Kroatien freundlich und sogar mit Begeisterung begrüßt... Es blieb der schlechten Politik der Achsenmächte vorbehalten, dieses Kapital rasch zu vergeuden." Von der Zerschlagung Jugoslawiens innerhalb weniger Tage profitierten Italien, Ungarn und Bulgarien, die jeweils bedeutende „Gebietsgewinne" vorweisen konnten.

Das für die Zukunft schicksalhafte Ereignis war die Schaffung eines kroatischen „unabhängigen" Staates unter der Schirmherrschaft der deutschen und italienischen Besatzer. Die als unerträglich empfundene serbische Vorherrschaft öffnete jetzt die Schleusen für den „reinen", extrem übersteigerten Nationalismus der Kroaten. Für die Abtretung der adriatischen Küste an Italien wurde der von der faschistischen und rassistischen Ustascha-Organisation beherrschte Staat mit ganz Bosnien und der Herzegowina samt ihrer serbisch-moslemischen Mehrheit „entschädigt".

Das Ustascha-Regime wollte aber ein Kroatien, in dem „kein Platz mehr war für Serben, Juden und Zigeuner". Der berüchtigte Ante Pavelić, Ustascha-Chef und *Poglavnik* (Staatsführer), gab das Signal für die gnadenlose Jagd auf die orthodoxen Serben. Neubacher schätzt die Zahl der wehrlos Abgeschlachteten auf eine Dreiviertelmillion.

Auch die Albaner, die am schlechtesten behandelte Volksgruppe vor 1941, waren vorübergehend Nutznießer der Zerschlagung Jugoslawiens. Diese ältesten Bewohner der Balkanhalbinsel, die keine Südslawen sind und deren Sprache keiner anderen gleicht, gewannen nach den Jahrzehnten der serbischen Unterdrückung ein gewisses Maß an lokaler Autonomie. Die schon damals mehrheitlich von Albanern bewohnte Provinz Kosovo, das einstige Kernstück des mittelalterlichen serbischen Reiches (heute beträgt der albanische Anteil an der Bevölkerung bereits 90 Prozent), sowie die albanisch besiedelten Landstriche Westmazedoniens wurden von den Italienern mit dem eigentlichen Staat Albanien zu einem „Großalbanien" unter italienischem Protektorat zusammengelegt.

Die Sieger reduzierten Serbien auf ein Rumpfprotektorat, das noch kleiner war als der alte serbische Staat vor den Balkankriegen. Deutschland und Italien teilten sich Slowenien, Montenegro kam an Italien, die Kerngebiete der Vojvodina, die Batschka und die Baranja, fielen an Ungarn, Mazedonien an Bulgarien. Obwohl Tito, der Schöpfer des Zweiten Jugoslawien, ein Kroate war (mit einer slowenischen Mutter), blieben die Kroaten wegen ihrer Haltung im Krieg eine „Nation auf Bewährung".

Freilich gab es auch in Serbien und Montenegro Kollaboration. Und auch die serbischen Tschetniks von Draža Mihajlović, dem königstreuen Oberst (der noch vor den Kommunisten den Widerstand organisiert hatte), begingen entsetzliche Greueltaten an Kroaten, Muslimen und Albanern. Fest steht jedenfalls, daß während des Zweiten Weltkrieges mehr Menschen bei internen Kämpfen und Mordaktionen ums Leben kamen als in Kampfhandlungen gegen die ausländischen Besatzer. Insgesamt starben im Zweiten Weltkrieg 1,7 Millionen Menschen auf jugoslawischem Boden.

Der Schlüssel zum Sieg Titos und der kommunistischen Partisanen lag in ihrer Einstellung zur nationalen Frage. Sie waren die Bannerträger eines kommunistischen Nationalismus gesamtjugoslawischer Prägung, der sich sowohl gegen den großserbischen als auch gegen den separatistischen kroatischen Nationalismus richtete, wie er jeweils von den Tschetniks und der Ustascha in übersteigerter Form vertreten wurde. Bis Ende 1942 bestanden die Partisaneneinheiten überwiegend aus Serben, vor allem aus der serbischen Bevölkerung Bosniens und Kroatiens, die sich in die Wälder zurückgezogen hatte, um ihr nacktes Leben zu retten.

Die führenden Kader der an Stalins Geburtstag gegründeten Ersten Proletarischen Brigade und anderer Eliteeinheiten ebenso wie der späteren siegreichen „proletarischen Revolution" bestanden überwiegend aus Serben aus jenen Bezirken, die heute den Kern der sogenannten „Krajina", des serbischen autonomen Gebietes in Kroatien, bilden, sowie aus Montenegrinern und jugoslawisch denkenden Kroaten, oft aus Mischehen stammend. Viele dieser Kämpfer der ersten Stunde oder ihrer Kinder und Verwandten gehörten zu jener „neuen Klasse", die später durch Inkompetenz und Filz das Land in die wirtschaftliche und soziale Sackgasse führen sollte. Darüber hinaus waren die Serben in Kroatien (etwa 600.000 oder knapp 12 Prozent der Bevölkerung) in der Partei, in der staatlichen Verwaltung und vor allem bei der Geheimpolizei und der Abwehr überproportional vertreten.

Die jahrzehntelang privilegierte Stellung der Serben in Kroatien und im Kosovo, in Bosnien und in der Zentralverwaltung (Belgrad ist auch und vor allem die Hauptstadt der Republik Serbien) ist von großer Bedeutung für das Verständnis der vielfältigen Konflikte, die eine von allen gebilligte Neuordnung Jugoslawiens so sehr erschweren. Rund 24 Prozent der Serben und 22 Prozent der Kroaten bzw. 1,9 Millionen und 980.000 Menschen leben außerhalb ihrer Republiken.

Die Entmythologisierung und „Enttitoisierung" der Kriegs- und Nachkriegsgeschichte und die inneren Widersprüche der von Tito und seinem slowenischen Stellvertreter Edvard Kardelj geschaffenenen neuen föderativen Struktur bildeten einen zusätzlichen Anlaß für nationale Gärung. Das zweite Jugoslawien wurde bewußt als Föderation aus sechs Republiken und zwei zur Republik Serbien gehörenden autonomen Provinzen geschaffen. Zugleich war aber die uneingeschränkte Herrschaft der Staatspartei als einigende Klammer die Grundlage dieses Systems, vor allem durch den Kult des charismatischen Führers. In der Zwischenzeit wurden die zum Teil vererbten, zum Teil während des Titoismus indirekt verschärften nationalen Gegensätze durch den Bankrott des sogenannten Selbstverwaltungssozialismus, durch die permanente Wirtschaftskrise und durch den innerjugoslawischen Nord-Süd-Gegensatz ins Unerträgliche gesteigert.

Die Tito-Kardelj-Verfassung von 1974 versuchte, den föderativen Staat durch permanente Rotation der Ämter, durch einen ausgeklügelten „Nationalitätenschlüssel", der die Majorisierung der Schwachen durch die Starken ausschließen sollte, zu retten. Die formale Integrität des serbischen Staates wurde zwar bewahrt, doch nun gewährte die Verfassung den autonomen Provinzen Vojvodina und Kosovo unter Umgehung des serbischen Kernstaates auch ein direktes Mitspracherecht auf Bundesebene (vor allem die Entsendung direkter Vertreter ins Staatspräsidium).

Das für Verfassungsfragen vorgesehene Prinzip der Einstimmigkeit im Staatspräsidium, das zugleich das oberste Befehlsorgan der Streitkräfte sowie Schiedsrichter zwischen dem Bundesparlament und der Bundesregierung einerseits und den Parlamenten und Regierungen der Teilrepubliken andererseits ist, sollte dafür sorgen, den brodelnden Kessel aus nationalen und regionalen Rivalitäten durch langwierige Schlichtungsprozesse abzukühlen und die Gegensätze in Institutionen des kontrollierten Konflikts aufzufangen.

Doch die Sprengkraft des serbischen Nationalismus hat die Tabus und Richtlinien über die Unverletzlichkeit des Föderalismus hinweggefegt. Getragen von einer Welle der Zustimmung und Begeisterung seiner Landsleute, hat Slobodan Milošević, der neue starke Mann Serbiens, seit 1989 einen folgenschweren Bruch mit der traditionellen Politik des nationalen Konsenses vollzogen. Die Autonomie der Regionen Kosovo und Vojvodina wurde weitgehend außer Kraft gesetzt und die albanische Mehrheit, die die Schaffung einer eigenen Republik fordert, brutal unterdrückt. Die Gewaltmaßnahmen werden wohl eine folgenschwere Radikalisierung der überwiegend jungen Albaner auslösen, die zudem rund ein Drittel aller jugoslawischen Rekruten stellen.

Im Rückblick entpuppt sich die aggressive Politik von Milošević, sein forcierter Appell an die angeblich verletzten Nationalgefühle der Serben, als Bumerang. Der Griff nach der totalen Macht über die jugoslawische Staatspartei im Zeichen serbischen Hegemoniestrebens wurde Anfang 1990 durch den energischen Widerstand der Slowenen und Kroaten, aber auch der Bosnier und Mazedonier, abgewehrt. Dieser Versuch beschleunigte die lautlose Auflösung der Staatspartei mit zwei Millionen Mitgliedern.

Das zügellose Aufputschen der nationalen Gefühle der „bedrohten Serben“ nicht nur im Kosovo, sondern auch in Kroatien und Bosnien, wirkte destabilisierend und wurde zum Katalysator für mächtige Gegenbewegungen in Kroatien und Slowenien. Der Sieg der national gesinnten und überwiegend antikommunistischen Parteien und Gruppen in Slowenien und Kroatien, Bosnien-Herzegowina und Mazedonien zeichnete eine neue politische Landkarte. Die Trennlinien verlaufen wieder einmal klar und unmißverständlich zwischen dem serbischen Block und den anderen Völkern.

Die Unabhängigkeitserklärungen Sloweniens und Kroatiens haben trotz aller Kritik seitens westlicher Regierungen Klarheit geschaffen. Es geht nicht mehr um Bundesstaat versus Staatenbund. Es bleibt jetzt nur der Ausweg der Umwandlung Jugoslawiens in eine völkerrechtlich zu begründende Konföderation unabhängiger Staaten. Die andere Alternative ist die Eskalation der nationalen Leidenschaften, die in den Brandherden gemischtnationaler Regionen jeglicher rationalen Kontrolle entgleiten werden und den Weg in einen blutigen Bürgerkrieg unvermeidlich machen.

Die führenden Politiker – keineswegs nur der Serbe Milošević – sehen sich in der Rolle von Zauberlehrlingen. Die Geister, die sie riefen, werden sie nicht mehr los. „Der Nationalismus unterscheidet sich vom Nationalbewußtsein darin, daß er den Vorrang der Nation gegenüber allen anderen Forderungen und Werten postuliert" (Isaiah Berlin). Es geht nicht nur um die Abspaltung des national homogenen Slowenien. Die Schlüsselposition der multinationalen Republik Bosnien-Herzegowina (44 Prozent der viereinhalb Millionen Einwohner sind Muslime, 31 Prozent Serben und 17 Prozent Kroaten) läßt die Brisanz der serbischen Drohungen über eine neue Festlegung der innerjugoslawischen Grenzen erahnen. Jugoslawien braucht Bosnien, in welcher Form immer, zum Überleben.

Auch andere Volksgruppen sind vom Zerfallsprozeß direkt betroffen. Die Mazedonier, deren nationale Eigenart ebenso wie die separate Nationalität der bosnischen Muslime und der Montenegriner erst im titoistischen föderativen Jugoslawien anerkannt wurde, fühlen sich von der enormen Dynamik der albanischen nationalen Bestrebungen bedrängt. Über ein Viertel der Bevölkerung sind Albaner. Gleichzeitig fürchten sie den wiederauflebenden großserbischen Nationalismus. Die kleineren Volksgruppen, vor allem die über eine halbe Million Ungarn (sie stellen fast 20 Prozent der Gesamtbevölkerung der serbischen Provinz Vojvodina), sind über den Drang zur nationalen Ausschließung und Abgrenzung statt zu Kooperation und Verständigung ebenfalls besorgt.

Wie geht es weiter? Anfang des Jahres noch schätzte der slowenische Politologe Anton Bebler die Wahrscheinlichkeit eines klassischen Militärputsches als „im Moment eher gering" ein. In diesen Tagen werden die Aktivitäten der Armee, die sich als Garant der Einheit, als Ordnungsmacht, aber auch als Retter des „wahren Sozialismus" betrachtet, immer undurchsichtiger und bedrohlicher. Das serbisch dominierte und kommunistisch indoktrinierte Offizierskorps bleibt, trotz der ethnischen Vielfalt der Wehrpflichtigen, ein Unsicherheitsfaktor. Man darf nicht vergessen, daß im November 1990 hohe Militärs wie der Verteidigungsminister und der Innenminister (und frühere Generalstabschef) zusammen mit Altpartisanen und ehemaligen Kommunisten den Bund der Kommunisten als „Bewegung für Jugoslawien“ gegründet haben.

Es besteht kein Grund, den wirtschaftlichen, politischen und moralischen Bankrott des Staatssozialismus und des von den Kroaten, Slowenen und Albanern unwiderruflich abgelehnten titoistischen Staatsgebildes zu beklagen. Eine europäische Tragödie könnte daraus nur deshalb werden, weil der Spielraum für eine friedliche und einvernehmliche, demokratisch ausgehandelte Verhandlungslösung, für ein Auseinandergehen ohne Blutvergießen in Slowenien und erst recht in Kroatien und Bosnien-Herzegowina gering ist. Wohl nur ein dauerhaftes internationales Krisenmanagement in und über Jugoslawien könnte noch verhindern, daß der kranke Staat an der Adria endgültig zerfällt und in Krieg versinkt..

Für diese Wetterecke des Balkans gilt heute mehr denn je die Warnung Arnold Toynbees: „Niemand ist in der Lage zu garantieren, daß jedermann gegen jede Verführung gefeit ist. Unter bestimmten Voraussetzungen mag der Vulkan ausbrechen, selbst wenn sein Feuer so lange Zeit schlief, daß man es für erloschen hielt.“

Der Verrat der Intellektuellen

Herbst 1993

Ich danke für die Einladung, vor der Österreichischen Gesellschaft für Literatur und vor so vielen bedeutenden Vertretern aus allen Nachbarländern bzw. aus Mitteleuropa zu sprechen. Ich habe meinem Vortrag diesen etwas provokanten Titel gegeben, weil ich das Thema für außerordentlich wichtig halte, auch wenn man bei einer Beschäftigung mit ihm freilich zwischen allen Stühlen endet, was eigentlich die einzig normale Position für einen Liberalen – im echten, also englischen und nicht deutschnationalen Sinne – sein müßte. Dort, zwischen allen Stühlen, landet man, wenn man sich mit den Entwicklungen im ehemaligen Jugoslawien, in Ungarn usw. auseinandersetzt.

Nur einige Beispiele aus der letzten Zeit: Bei einem Empfang in Schönbrunn stellte mich ein Industrieller ungarischer Herkunft im rüden Ton zur Rede, weil ich in einem TV-Kommentar Miklós Horthy, den einstigen Reichsverweser Ungarns, und das mit seinem Namen identifizierte System nicht als das Beste aller möglichen qualifiziert hatte. Vor anderthalb Jahren bekam ich den Kulturpreis der Österreichisch-Kroatischen Gesellschaft für „meine fundierte Berichterstattung über Südosteuropa und vor allem über Kroatien". Dafür und für meine diversen Kommentare über den Krieg im ehemaligen Jugoslawien wurde ich dann von serbischer Seite zuweilen scharf kritisiert. Nun, da ich, wie so viele andere Beobachter und Publizisten, seit einiger Zeit die politische Entwicklung in Kroatien und insbesondere die kroatische Regierungspolitik bezüglich der Spaltung Bosnien-Herzegowinas aufs Korn genommen habe, wurde ich von kroatischer Seite ebenso scharf angegriffen oder mit der vorwurfsvollen Frage konfrontiert: „Müssen auch Sie diese Kampagne gegen die kroatische Nation mitmachen?" Schließlich bedankte sich der Imam in Wien in einem Schreiben für mein humanistisches Engagement für die bosnisch-muslimische Gemeinschaft.

Jetzt hege ich Befürchtungen, daß, wenn ich von Zeit zu Zeit auch die in letzter Zeit leider häufigen Ausschreitungen bosnisch-moslemischer Einheiten erwähne, auch die mir so freundlich gesinnten Bosnier zu Kritikern werden, ebenso wie manche griechischen Zuschauer, die äußerst allergisch auf jede Erörterung der Probleme des jungen mazedonischen Staates oder der albanisch-griechischen Beziehungen reagieren, die nicht mit der Athener Sprachregelung übereinstimmt. Umgekehrt wurde ich kürzlich in Albanien, wo mich die kommunistischen Behörden wegen meiner Bücher und TV-Dokumentationen einst auf die schwärzeste aller schwarzen Listen gesetzt hatten, von den Medien und sogar vom Staatspräsidenten als „Freund Albaniens" begrüßt. Die Albaner sind eine sehr kleine Volksgruppe, und wenn man selbst in mehr als einer Hinsicht zu einer Minderheit gehört, hat man sozusagen eine besondere Antenne für die Ängste der Schwachen.

Nun, zurück zu unserem Thema: Der Haupttitel dieses Symposiums heißt zwar „Intellektuelle gegen den Kommunismus", doch spiegelt bereits der Untertitel weise Vorsicht wider: „Zwischen Erfolg und Scheitern, alte Strukturen und neue Demokratien." Zur Einleitung muß man auch für den Zynismus – was uns Intellektuelle betrifft – wie so oft Robert Musil, den vielleicht größten und oft zitierten Zyniker kakanischer Prägung zu Hilfe rufen: „Wenn man ein bißchen achtgibt, kann man wohl immer in der soeben eingetroffenen letzten Zukunft schon die kommende alte Zeit sehen." Ich habe angesichts der oft chaotischen und widerspruchsvollen Ereignisse in allen Ländern – von der Slowakei über Ungarn bis Polen – immer wieder an dieses Musil-Zitat gedacht.

Wir Analytiker, Politologen, politische Schriftsteller usw. sind irgendwo auch Opfer der sich mit atemberaubendem Tempo entfaltenden Weltgeschichte. Es gibt fürwahr genug Anlaß zur Selbstbescheidenheit, ja zur Demut. Ich bewundere die Leute, die angeblich alles vorausgesehen und vorausgesagt haben – den Sturz Chruschtschows 1964, den Abfall Jugoslawiens 1948 oder Albaniens 1961, die Revolutionen von 1989, kurz, die immer alles gewußt haben. „Sehen, um vorauszusehen, vorauszusehen, um zuvorzukommen", so hieß das Motto der Soziologie, von ihrem Gründer Auguste Comte formuliert. Nach diesem Zitat, das ich einer Aufsatzsammlung von Wolf Lepenies entnehme, fügt der Autor hinzu, daß sich die Soziologie trotzdem und wieder einmal in der Rolle desjenigen sieht, der nichts vorausahnte und hinterher alles besser weiß. Freilich, für alle von uns, die den politischen, gesellschaftlichen und wirtschaftlichen Entwicklungen nachjagen, dürften die Worte der weisen Gelassenheit von Helmuth Plessner, dem in die Emigration gezwungenen deutschen Denkers, gelten: „Man kommt immer noch früh genug zu spät."

Erst recht müssen wir also vor jenen hochbezahlten Scharlatanen, vor jener sattsam bekannten Mischung aus Ignoranz und Arroganz transatlantischer Provenienz warnen, die Thesen über „das Ende der Geschichte" vertreten und über einen „zahnlos gewordenen europäischen Nationalismus" und „die drohende Langeweile der Geschichte" Bestseller fabuliert haben. Ich meine natürlich – ohne ihn persönlich beleidigen zu wollen – den Amerikaner Francis Fukuyama. Wir hatten hier in Wien das Glück gehabt, in der von mir redigierten Vierteljahresschrift *Europäische Rundschau* als erste im deutschen Sprachraum den vollständigen Text seines ursprünglichen Essays, aber auch die sehr interessanten, zuweilen vernichtenden, Kommentare und Kontroversen darüber abzudrucken. Inzwischen hat Fukuyama ein Buch geschrieben, das in den Vereinigten Staaten zeitweilig ein Bestseller geworden ist, und darin hat er bereits gewisse Aussagen relativiert und umgeschrieben. Unlängst weilte er in Europa, und laut Tagebuchnotizen von Ralf Dahrendorf soll er unter anderem gesagt haben, es sei alles ganz interessant, er habe sich Europa als so eine Art Vereinigte Staaten vorgestellt und sei über die Vielfalt der Nationen sehr überrascht gewesen.

Angesichts der warnenden Zitate von Musil und Plessner will ich also hier nicht so sehr über den Kommunismus und die Intellektuellen, sondern über die Lehren und die Folgen sprechen, vor allem über die Nationalisierung von Kultur und Kunst in der Maske der frischgebackenen Europäer, über die Gefahren der Rückkehr nach dem Europa der Zwischenkriegszeit. Von einem Autor, der heute als so diskreditiert gilt, daß es sich wieder lohnt, ihn zu zitieren, nämlich von Karl Marx, stammt die treffende Bemerkung: „Die Menschen machen ihre eigene Geschichte, aber sie machen sie nicht aus freien Stücken, nicht unter selbstgewählten, sondern unmittelbar vorgefundenen, gegebenen und überlieferten Umständen. Die Tradition aller toten Geschlechter lastet wie ein Alp auf den Gehirnen der Lebenden. Und wenn sie eben damit beschäftigt scheinen, sich und die Dinge umzuwälzen, noch nicht Dagewesenes zu schaffen, gerade in solchen Epochen revolutionärer Krise beschwören sie ängstlich die Geister der Vergangenheit zu ihrem Dienste herauf, entlehnen ihnen Namen, Schlachtparolen, Kostüme, um in dieser altehrwürdigen Verkleidung und mit dieser geborgten Sprache die neue Weltgeschichtsszene aufzuführen." (Zitiert aus *Der 18. Brumaire des Louis Bonaparte.*)

Wenn man manche politisierenden Schriftsteller, Publizisten und Medienmacher östlich der Elbe Revue passieren läßt, müssen wir, wie es Golo Mann in einem anderen Zusammenhang sagte, mit einem etwas „melancholischen Realismus" an die Arbeit gehen. Natürlich gibt weder die Gnade der späten Geburt noch die der Geographie noch die des frühen Bruches mit einem verbrecherischen System das Recht, sich als Moralapostel aufzuspielen. Ich möchte das für meine Person besonders unterstreichen, zumal ich hier in diesem Saal einige Menschen, auch Freunde, unter Ihnen sehe, die lange Jahre, manchmal sogar unter zwei verbrecherischen Diktaturen, im KZ oder hinter Gittern leben mußten. Ich war in Ungarn nur weniger als ein Jahr im Gefängnis bzw. im Internierungslager, lebe bereits seit dem 4. Februar 1957 in Wien, und es ist daher auch für mich verhältnismäßig leicht, über Vorgänge zu sprechen, die in den darauffolgenden 35 Jahren geschehen sind.

Die Intellektuellen haben auch drei oder vier Jahre nach den wahrhaft revolutionären Veränderungen mehr denn je Anlaß, über sich und über ihre Rolle nachzudenken. Wie so oft in der Geschichte Mittel- und Osteuropas waren sie Rebellen und waren sie Anpasser, oft Verräter, waren sie Kritiker der Obrigkeit und waren sie Diener der Macht. Manche, z. B. in Polen und in Böhmen und Mähren, haben mutig gesprochen, und viele, z. B. in Ungarn und der Slowakei, haben zur falschen Zeit gesprochen oder noch öfter zu lange geschwiegen. Nun erleben wir aber von der ehemaligen DDR und von Serbien bis Ungarn, Kroatien und Rumänien ein geradezu unheimlich häufiges Auftreten von Personen, die mit wenigen Ausnahmen nicht aktive Regimegegner waren bzw. noch vor nicht allzulanger Zeit das Gegenteil dessen predigten, was sie heute lukrativ vermarkten. Es ist nur in Deutschland der Fall, daß die Geheimdienstdossiers wirklich aufgehoben wurden und tatsächlich den Betroffenen und den interessierten Behörden zugänglich gemacht werden. Indessen werden freilich bestimmte echte Unterlagen, aber – falls nützlich oder notwendig – ebenso „frisierte" oder erfundene Schriftstücke veröffentlicht bzw. bestimmten Zeitungen zugespielt. Die unendliche Geschichte von und um Manfred Stolpe, derzeit Ministerpräsident von Brandenburg, ist immer wieder diskutiert und untersucht worden. Wer kann aber verfolgen und registrieren, was alles täglich in Budapest und Tirana, Warschau und Bratislava im Zuge der Begleichung alter oder neuer Rechnungen passiert?

Aufmerksame Zeitungsleser erfuhren zum Beispiel vor einiger Zeit in Ungarn über einen Minister, der als Vorsitzender eines Komitees zur Wiedererrichtung des Vorkriegsdenkmals für den „Revisionismus", d. h. für die Wiederherstellung der alten, durch den Friedensvertrag von Trianon 1920 ausgelöschten Grenzen, fungierte. Der gleiche Mann hatte noch drei oder fünf Jahre vorher die Bücher eines Kollegen als „subversiv" und „nationalistisch" verurteilt. Oder eine andere unbedeutende und doch zugleich zutiefst symbolträchtige Fußnote: Jemand stellt, auch in Ungarn, ein sogenanntes „schwarzes Lexikon" über die Vergangenheit aller möglichen „bösen", weil heute liberalen oder sozialistischen Persönlichkeiten, bzw. über ihre Eltern zusammen. Eines schönen Tages wird in der auflagenstärksten Tageszeitung der Brief eines Mannes veröffentlicht. Danach soll der Autor, dieser heute wortgewaltige Kämpfer gegen die Exkommunisten, als seinerzeitiger Abteilungsleiter im Unterrichtsministerium höchstpersönlich den Briefschreiber, damals noch Gymnasiast, denunziert haben, weil dieser sich in einer Straßenbahn mit abfälligen Bemerkungen über den auf Besuch weilenden sowjetischen Parteichef Leonid Breschnew lustig gemacht hatte. Der Junge wurde sofort aus dem Gymnasium geworfen und aus allen Mittelschulen des Landes verbannt. Das alles änderte nichts an der Tatsache, daß der Mann weiter in einer rechtsradikalen, nationalistischen Wochenzeitung schreibt, deren Chefredakteur inzwischen zugab, daß er als ehemaliger langjähriger Spitzel der kommunistischen Geheimpolizei in den späten fünfziger und sechziger Jahren tätig war.

Dieser skrupellose Maskenwechsel vieler Schriftsteller, Wissenschaftler und Journalisten in der postkommunistischen Welt vollzieht sich im Zeichen einer demonstrativen Absage an die Werte des Humanismus, der Toleranz, der Internationalität, der Offenheit, der Europäisierung des Geistes. Ersetzt werden diese Werte des europäischen Humanismus durch demonstrative Bekenntnisse zu verschiedenen Spielarten der Blut- und Bodenideologie, zu einem aggressiven Nationalismus, zur Ausgrenzung der Fremden. Kurz, es handelt sich um das, was Julien Benda in seinem berühmten, freilich selten gelesenen Buch den „Verrat der Intellektuellen" (*La trahison des clercs*) nannte. In seiner Einleitung zu diesem Buch, das übrigens genau 50 Jahre nach der französischen Ausgabe erst 1977 auf deutsch vorlag, schrieb Jean Amery: „Ich stehe nicht an zu behaupten, daß sein radikal-rationalistischer Intellektualismus, seine strikte Absage an alles Irrationale, sein Beharren auf einem Universellen, das niemals aufgeht in partikularen Erscheinungsformen, heute belangvoller ist, denn je." Heute – das war 1977! Um wieviel aktueller sind diese Worte 1993, im Jahr der blutigen Ausschreitungen gegen Ausländer und der Epidemie des mörderischen Nationalismus.

„Julien Benda – der unzeitgemäß Überzeitliche", so überschrieb Amery seine Einleitung. In einer Rezension der französischen Ausgabe schrieb Walter Benjamin: „Benda nimmt im Augenblick der schwersten Krise aller im Humanismus ehemals gesicherten Begriffe von Gerechtigkeit, Wahrheit und Freiheit die besten Traditionen seines Landes auf, um die Intelligenz, die diese Losungen verraten hat, von neuem unter ihnen zu sammeln." Im umfangreichen Vorwort zur Neuauflage von 1946 in Paris betont Benda: Das Anliegen, für das die *clercs* (also Gelehrte, Experten, Hochgebildete, Intellektuelle, Künstler und Philosophen, Juristen und Journalisten) damals ihren Verrat begingen, war vorwiegend das der Nation. Demokratie impliziert gerade Kraft ihres Oktrois der individuellen Freiheiten ein Moment von Unordnung …", und er zitiert Montesquieu: „Wenn sie in einem Staat keinerlei Lärm von Streitigkeiten vernehmen, so können sie sicher sein, daß es in ihm keine Freiheit gibt."

Deshalb bin ich zum Beispiel – im Gegensatz zu einigen polnischen Freunden – gerade wegen des „Lärmes" zwischen so vielen Parteien noch immer optimistisch über die Zukunft Polens. Deshalb glaube ich auch – und nicht weil die Botschafterin hier sitzt –, daß es großartig ist, daß wir aus Slowenien – kaum daß das Land unabhängig geworden ist – den Lärm von politischen Streitigkeiten vernommen haben. Aber man muß an Montesquieu denken und daran, daß dann in der Gesellschaft wirklich Freiheit herrscht. Dagegen sei das Ideal des Ordnungsstaates, so Julien Benda, Stärke, nicht Gerechtigkeit. Das Nationalgefühl werde zu Nationalstolz und nationalem Ressentiment. Man braucht sich nur die teuflische Dialektik von Zerfall und Krieg in Jugoslawien in Erinnerung zu rufen, um zu sehen, wieviel die Konfliktparteien dadurch „an reiner Leidenschaftlichkeit, an totaler Irrationalität und folglich an Kraft" gewonnen haben. Jeder Kampftag in Bosnien bestätigt die zeitlose Gültigkeit von Bendas Diagnose: „Daß übrigens der Stolz entgegen der üblichen Meinung eine stärkere Leidenschaft ist als das Interesse, wird einem rasch klar, wenn man sieht, wie oft sich die Menschen weit eher wegen einer Verletzung ihres Stolzes als wegen einer Schädigung ihrer Interessen umbringen lassen.“

Diesen Warnungen zum Trotz möchte ich aber betonen, daß ich stets zu jenen Beobachtern gehörte, die immer die Bedeutung und die positive Kraft des Nationalen unter den Bedingungen der ideologisch strukturierten Diktaturen hervorgehoben habe. Ohne die Dynamik des nationalen Selbstbehauptungswillens wäre der Zerfall des kommunistischen Systems, des russischen Imperiums und des Ostblocks nicht möglich gewesen. In diesem Teil Europas, und nicht nur hier, hat das Nationale oder der Nationalismus – darüber haben von Ernest Gellner bis Robert Kann manche ehemalige Tschechen und Österreicher außerordentlich lesenswerte Bücher geschrieben – viele Gesichter, sehr viele Gesichter. Wir sehen eben auch die häßliche Fratze. Wir sehen auch immer wieder die Wiederholung der sattsam bekannten Geschichte aus der österreichisch-ungarischen Monarchie: Das, was die Ungarn von Wien wollten, wollten sie nicht den Kroaten geben, was die Kroaten von den Ungarn wollten, wollten sie wiederum nicht den Serben geben, und das alles erleben wir heute im ehemaligen Jugoslawien.

Es ist nichts so niederschmetternd für jemand, der diese Länder kennt und liebt, der jahrzehntelang gesagt hat, der Haß gelte nicht für die Jugend, wie dann auf den Bildern zu sehen, wie junge Leute, die wirklich in einer anderen Atmosphäre aufgewachsen sind, Menschen umbringen und mit welcher Brutalität das alles passiert. Wir sehen nicht nur einen Krieg der Volksgruppen, da tobt auch ein Krieg der Kulturen, und das ist nicht eine Erfindung unserer Zeit. Dieser romantische Patriotismus, der Wunsch der Völker, vor allem der kleineren Völker, sich in ihrer Vergangenheit eingebettet zu fühlen, diese nationale Leidenschaften und dieser Hang zur Mystik und zur religiösen Verehrung bildeten schon 1927, als Benda sein Buch schrieb, eine große Gefahr. Er hat vorausgesehen, wie die intellektuellen Handlanger des Rechtsradikalismus agieren würden.

Man kann damit aber keineswegs jene freisprechen, die auch dann, als es offensichtlich wurde, daß es sich hier nicht um einen Traum, sondern um ein verbrecherisches System handelt, noch immer die sogenannten Werte des Kommunismus verteidigt haben. Gerade darin liegt zum Teil die historische Schuld des Bolschewismus und ihrer Propheten, daß sie auch wichtige und allgemein gültige Werte diskreditiert haben. Mit den leeren Worthülsen des sogenannten „Antifaschismus“ haben sie dann auch den wirklichen Faschismus, dessen Wurzeln natürlich weiter existieren, zu einem Popanz gemacht. Dadurch, daß man unter dem Deckmantel der Internationalität und des Internationalismus die nationalen Werte besudelt und die berechtigten nationalen Gefühle auf Schritt und Tritt überall verletzt hat, gerade dadurch hat man auch die an sich löbliche Idee der Internationalität diskreditiert. Deshalb sieht man auch heute noch überall die gleichen instinktiven Reaktionen und ähnliche Verhaltensweisen, von Moskau bis Bratislava, von Budapest bis Warschau.

Wenn wir hier über das ehemalige Jugoslawien oder Ungarn sprechen, bedeutet das natürlich nicht, daß wir in Österreich oder in Deutschland, wo auch immer im Westen, als Moralapostel auftreten dürfen. „Es fängt schon damit an, daß sich die *clercs* politische Leidenschaften zu eigen machen..., kräftig ins rassisch oder politisch motivierte Haßgejohle einstimmen..., den politischen Passionen mit allen Merkmalen der Leidenschaftlichkeit frönen..., mit Tatendrang und mit der Gier nach unmittelbaren Resultaten, mit bornierter Zielstrebigkeit, die Argumenten unzulänglich ist, mit Maßlosigkeit, Haß und fixen Ideen.“ Diese Worte von Julien Benda aus dem Jahr 1927 sind zeitlos gültig geblieben. Er fügte noch etwas Wesentliches hinzu: „Der *clerc* verrät mit dem Hinabsteigen auf den Schauplatz der Politik seine Aufgabe nur, wenn er sich dorthin begibt, um einer realitätsverbundenen Klassen-, Rassen- und Nationalleidenschaft zum Triumph zu verhelfen. Ein weiterer Charakterzug des Patriotismus beim neuzeitlichen *clerc* ist die Xenophobie, der Haß auf den ‚Fremden‘ *(den Außen-seiter),* die Mißachtung dessen und Verachtung für alles, was von ‚draußen‘ kommt.“ Und Benda zitiert Ernest Renan, der gesagt hat, der Mensch gehöre weder seiner Sprache noch seinem Volk, er gehöre allein sich selbst, er sei ein freies, d. h. ein moralisches Wesen. Ich spreche also in diesem Sinn über den neuzeitlichen *clerc,* der seine intellektuelle Tätigkeit zum Handlanger politischer Leidenschaften macht.

Einige traurige Beispiele für die intellektuellen Wendehälse aus dem ehemaligen Jugoslawien: Im Sommer 1967 fuhren wir auf einer Fähre von Orebić an der dalmatinischen Küste nach Korčula, der malerischen Adria-Insel. Auf dieser Fähre traf ich zum ersten Mal die damals im Ausland noch relativ unbekannten jugoslawischen Philosophen und Soziologen, wie Mihajlo Marković, Svetozar Stojanović, Ljubomir Tadić, Rudi Supek, Predrag Vranicki, Veljko Rus, Dušan Pirjevec usw. aus Belgrad, Zagreb, Ljubljana, aber auch Lucien Goldmann und Serge Mallet aus Paris, Ágnes Heller aus Budapest sowie manche anderen bekannten Persönlichkeiten aus dem Westen. Wir alle waren unterwegs nach Korčula zur „Sommerschule" der berühmten Zeitschrift *Praxis.* In den folgenden Jahren haben Marković, Stojanović und die anderen zahlreiche mutige Aufsätze gegen das totale Machtmonopol und seine ideologische Rechtfertigung geschrieben und die Idee eines humanistischen Marxismus gegen den Nationalismus vertreten. So schrieb zum Beispiel Mihajlo Marković: „Die nationale Bürokratie versucht durch Mobilisierung der bodenständigen Kräfte für ausgesprochen nationale Ziele das politische Interesse der apathischen Arbeiter und Bauern zu wecken; über die echten sozialen Probleme den Schleier des Vergessens zu breiten, sich selbst zur führenden Kraft einer wirklichen Massenbewegung aufzuspielen. Die übliche Strategie, eine nationalistische Bewegung zu schaffen, besteht darin, daß man einerseits den Haß gegen eine andere Nation – den ‚Hauptschuldigen' – schürt, andererseits Selbstmitleid mit der eigenen Nation, dem ‚Hauptopfer', nährt. Ist von der Bürokratie erst einmal die Initiative ausgegangen, dann übernimmt eine ganze Armee national gesinnter Ökonomen, Statistiker, Historiker und Journalisten die Aufgabe, entsprechende einseitige Daten und Ansichten auszugraben und sie den Hirnen einzuhämmern." (Heft 75/1 der *Europäischen Rundschau.*)

Ich könnte noch viele ähnliche Zitate über die moralische Skrupellosigkeit der Diktatur, die fatalen Auswirkungen des Dogmatismus, die Korrumpierung durch das Machtmonopol und die Bedrohung der allgemein humanen Werte aus jugoslawischen Diskussionsbeiträgen bei der Sommerschule auf Korčula oder aus der Zeitschrift *Praxis* wiedergeben. War doch das Ziel dieser damals freimütigsten Zeitschrift in der kommunistischen Welt „radikale, unbarmherzige, schonungslose, aktive und effektive Kritik und Negation alles Bestehenden, was alt, nicht sozialistisch, unmenschlich, unhaltbar und überholt ist." Man hat feierlich proklamiert: „Kunst und Wissenschaft dürfen keine Handlanger der Masse sein, ohne freie Schöpfung ist kein freies Leben möglich." Man findet auch zahlreiche ähnliche Artikel meines Freundes Svetozar Stojanović, der sich oft mit der Wechselwirkung zwischen den Intellektuellen und der Mentalität der Machtelite im titoistischen System beschäftigt hat: „Es gibt auch einen Unterschied zwischen kritischen und apologetischen Intellektuellen. Die letzteren sind realistisch, da das Resultat ihr Eintritt in die Hierarchie ist. Diese Korrumpierung der Intellektuellen, die Begrenzung ihrer Möglichkeiten wegen der Struktur der Hierarchie stellt zweifellos eine große Gefahr nicht nur in Jugoslawien dar."

Die Zeitschrift wurde im Januar 1975 nach einem politischen Kesseltreiben und der Streichung der Subventionen eingestellt. Marković, Stojanović, Tadić und fünf andere Professoren in Belgrad verloren zeitweilig ihre Lehrstühle. Anläßlich eines TV-Interviews mit dem damals mächtigen serbischen Ministerpräsidenten Ivan Stambolić habe ich für eine (wiederholt abgelehnte) Ausreisegenehmigung für meinen damaligen Freund Marković nach den Vereinigten Staaten interveniert. Wir, d. h. die Wissenschaftler und Journalisten, die mit der sogenannten *Praxis-Gruppe* bekannt oder befreundet waren, haben über das Schicksal der gemaßregelten Professoren geschrieben, Unterschriften gesammelt und Fernsehberichte organisiert. Sie alle lebten freilich in Wirklichkeit nicht schlecht, weil sie aufgrund ihrer Konflikte mit dem Tito-Regime bzw. den Nachfolgern des Marschalls an zahlreichen renommierten westlichen Hochschulen, von Tübingen und Graz bis Oxford und Princeton, als Gastprofessoren wirken konnten. Abgesehen von Sonderfällen, wie etwa der wegen eines angeblichen Interviews verhängten zeitweiligen Ausreisesperre gegen Marković, durften sie in der Regel Einladungen annehmen oder im Ausland publizieren. Sie wurden nie verhaftet, wie etwa der Kroate Franjo Tudjman oder der Serbe Vojislav Šešelj in Bosnien, die offen nationalistische Thesen verfochten. Die sprach- und weltgewandten *Praxis*-Professoren traten stets als Bannerträger eines linken, humanistischen Marxismus auf. Vor allem in Deutschland und in den Vereinigten Staaten, aber nicht nur dort, fanden Marković, Stojanović und ihre Kollegen viel mehr Widerhall bei vielen einflußreichen Zeitschriften und an Universitäten als die herkömmlichen kroatischen oder serbischen Nationalisten und jene osteuropäischen Intellektuellen, die sich gegen jede Spielart des Kommunismus (also auch gegen die titoistische Variante) aussprachen.

Jahre vergingen; Tito starb, und in Jugoslawien zeichnete sich im Laufe der achtziger Jahre der Zerfall des Systems und des Vielvölkerstaates ab. Ich war zuerst persönlich überrascht und dann zunehmend unangenehm berührt, als wir im Herbst 1988 bei einer Club-2-Diskussion (also praktisch ohne Zeitlimit) über Jugoslawien (auch über die Provinz Kosovo und das

Schicksal der Albaner) Svetozar Stojanović, den sonst wortgewaltigen Professor und Philosophen des humanistischen Marxismus, im Laufe von fast drei Stunden nicht dazu verleiten konnten, ein einziges gutes oder verständnisvolles Wort über die Lage der Albaner in Serbien zu sagen. Er hat es durch allgemeine Floskeln immer wieder vermieden, eine klare Stellung zugunsten der Gleichberechtigung der in Jugoslawien lebenden Albaner zu beziehen.

Zwei Jahre später haben wir im ORF-Europastudio eine einstündige Diskussion über den bereits zerfallenden Vielvölkerstaat geführt. Neben einer slowenischen und einer kroatischen Intellektuellen (erstere ist derzeit Botschafterin Sloweniens in Wien) und einem albanischen Journalisten und politischen Aktivisten aus dem Kosovo nahm auch der bekannte serbische Schriftsteller Radomir Smiljanić aus Belgrad daran teil. Während des spannenden Streitgespräches spürte man nicht nur am Schirm, sondern auch im Studio fast physisch den knisternden Haß. Dann fuhr Smiljanić nach Hause und schrieb einen ganzseitigen Artikel in der führenden Belgrader Zeitung *Politika* über „die Medienverschwörung gegen das serbische Volk". Diese ist auch später sein Lieblingsthema geblieben. Nach einer offenen und von jedem Zuschauer jederzeit kontrollierbaren freien Diskussion hat er sich seines heroischen Kampfes gegen die „Verleumder" gerühmt und mit seinen schrecklichen Erfahrungen in Wien wichtig gemacht. Im Laufe des Krieges in Jugoslawien verwandelte sich Smiljanić in einen „von nationalem Verfolgungswahn besessenen Ideologen", der die weltweite Empörung über die serbischen Konzentrationslager in Bosnien mit dem Hinweis zurückwies, diese seien „harmlose Sammellager, um die Menschen zu ernähren und zu kleiden."

Doch die drei herausragenden Beispiele für den „Verrat der Intellektuellen" im Sinne Julien Bendas sind der bekannte serbische Schriftsteller Dobrica Ćosić (der 1992/1993 sogar Staatspräsident Rumpf-Jugoslawiens wurde) und die bereits erwähnten ehemaligen *Praxis*-Philosophen und früheren internationalen Aushängeschilder der „humanistischen Vision" des jugoslawischen Sozialismus, nämlich Svetozar Stojanović und Mihajlo Marković. Ćosić, geboren 1922, wird von allen ernstzunehmenden ausländischen Kennern immer wieder als der „geistige Vater" des Krieges in Jugoslawien und als Wegbereiter von Slobodan Milošević betrachtet. Politkommissar im Partisanenkrieg, wie übrigens auch Mihajlo Marković, spielte

Ćosić eine zentrale Rolle bei der Anfachung des großserbischen Nationalismus sowie bei der Formulierung der Forderungen nach einer „Vereinigung aller serbischen Länder“ im berüchtigten Memorandum der Serbischen Akademie der Wissenschaften aus dem Jahre 1986. Mit der griffigen Behauptung: „Die Serben verlieren stets im Frieden, was sie im Krieg gewonnen haben“, hat er in den späten siebziger und in den achtziger Jahren immer wieder den Heldenmut und das nationale Leiden des angeblich von aller Welt verlassenen, mißverstandenen und unterdrückten serbischen Volkes beschworen.

Als ein enger Freund Titos und Autor von zahlreichen Artikeln, die den Marschall mit überschwenglichem Lob überschütteten, wurde er im Mai 1968 wegen seiner Kritik am albanischen Nationalismus in Kosovo aus dem Zentralkomitee des Bundes der Kommunisten Serbiens und später aus der Partei ausgeschlossen. Im Westen wegen seiner oppositionellen Haltung zum Tito-Regime hoch geachtet, war er freilich, im Gegensatz zu Milovan Djilas, Václav Havel oder Andrej Sacharow, nie wirklich verfolgt, hatte als „Dissident“ zahlreiche Bücher herausgegeben und war zum Akademiemitglied aufgestiegen. Andere bekannte serbische Schriftsteller wie Antonije Isaković, Milorad Pavić usw. gingen den gleichen Weg vom Kommunismus zum serbischen Nationalismus. Sie nannten plötzlich Tito, der 1964 „mit seinem Namen und Werk die entscheidendste Epoche“ Jugoslawiens markiert hatte, zwanzig Jahre später einen „Despoten und Serbenfresser“, einen „Kroaten, der Gebiete, in denen die Serben jahrhundertelang lebten, bevor der jugoslawische Staat 1918 gegründet wurde, während des jugoslawischen Bürgerkriegs dem kroatischen Territorium angegliedert hat“ – so Pavić in der Hamburger *Zeit* (26.7.1991). Pathetisch, aber zugleich die zukünftige Entwicklung vorausahnend, fügte Pavić noch hinzu: „Wenn Europa heute in diesem Land, im Moment der Auflösung Jugoslawiens, einen neuen Bürgerkrieg verhindern will, dann müssen diese serbischen Gebiete an Serbien zurückgegeben werden. Das ist der Weg zur möglichen Reintegration Jugoslawiens.“

Ćosić und Konsorten dienten in einer kritischen Phase also als intellektuelles Feigenblatt für das Milošević-Regime. Die von vielen unparteiischen Seiten erhobenen und vielfach bewiesenen Anschuldigungen über die systematische Vergewaltigung bosnischer moslemischer Frauen wies Ćosić während seiner Präsidentschaft als eine „ungeheuerliche Beleidigung des serbischen Volkes" zurück, und er lobte den bosnischen Serbenführer Radovan Karadžić (den inzwischen hohe UNO-Beamte und Vermittler als einen pathologischen Lügner verurteilten), weil er „viel für unsere Wahrheit und für unseren Befreiungskampf" getan hätte. Ćosić überschüttete dafür Václav Havel mit wüsten Beschimpfungen, weil der tschechische Dichterpräsident ein „militanter Kosmopolit" sei. Er, Ćosić, träume von einem Europa „ohne Finkielkraut, ohne Bernard Henry-Levy, ohne Bernard Kouchner, ohne deutsche Journalisten, ohne CNN" etc.

Der *Praxis*-Philosoph Svetozar Stojanović fungierte während der Präsidentschaft von Ćosić als dessen Berater und Dolmetscher bei den sogenannten Friedensgesprächen. In Reden an zahlreichen westlichen Hochschulen, an denen er früher als Gastprofessor gewirkt hatte, sprach sich Stojanović gegen Druck auf Serbien aus. In Interviews vertrat er, im gemäßigten Ton und elegant verpackt, im Grunde die Milošević- und Karadžić-Linie, ohne ein Wort des Bedauerns oder gar des Verständnisses für das Leiden der anderen Volksgruppen. Im Juni 1993 ließ Milošević den unbequem gewordenen Ćosić und damit auch automatisch Stojanović vom sogenannten jugoslawischen Parlament absetzen. Nun erst trat der beleidigte Ćosić offen gegen den starken Mann Serbiens auf: Milošević „sei ein machtbesessener Gewaltmensch". Die späte Distanzierung verhallte ohne Wirkung.

Die zwei Männer sind zwar in der politischen Versenkung verschwunden, aber das Urteil, das Julien Benda seinerzeit über den Verrat der französischen Intellektuellen fällte, gilt für alle – keineswegs nur die serbischen Intellektuellen –, die „das Unrecht tolerierten, die sich zum Steigbügelhalter von Philosophien machten, die jegliche Idealität grundsätzlich verachten ... und das Unrecht Recht hießen, weil es nun einmal den augenblicklichen ‚Willen der Geschichte' verkörperte. Das Gesetz des *clerc* lautet – selbst, wenn das ganze Universum vor dem zur Weltherrschaft gelangten Unrecht in die Knie fällt – aufrecht zu bleiben und ihm das menschliche Gewissen entgegenzuhalten."

Es gibt freilich couragierte Bürger, die diesem Gesetz gefolgt und auch als Serben gegen den serbischen Nationalismus mutig aufgetreten sind, wenn sie auch leider viel zu selten erwähnt werden. Zu diesen bemerkenswerten Intellektuellen gehört der frühere Belgrader Bürgermeister, der Architekt Bogdan Bogdanović, der in seinem äußerst lesenswerten und kürzlich auf deutsch erschienenen Buch (*Die Stadt und der Tod*) über die Zerstörung der Städte schreibt: „Es handelt sich um schöne, sehr schöne, um die schönsten Städte: Osijek, Vukovar, Zadar, jetzt sind Mostar und Sarajevo an der Reihe. Die Angreifer erinnern an einen Wahnsinnigen, der einer schönen Frau Salzsäure ins Gesicht schüttet und ihr dabei ein neues, schöneres Antlitz verspricht ..." Bogdanović hat Milošević und den großserbischen Nationalismus wiederholt öffentlich verurteilt: „Rohe und grausame Menschen, Städtemörder, Menschen ohne Unterbewußtsein sind in großer Zahl am Werk. Sie zerstören, brennen nieder, morden die Stadtbevölkerung, stecken Archive und Bibliotheken in Brand, vernichten Museen und Gotteshäuser. Was bedeutet es in Wirklichkeit, eine Stadt zu morden, es bedeutet, ihre physische Kraft zu ersticken, ihren metaphysischen Eros auszulöschen, ihren Lebenswillen, ihr Gedächtnis, ihr Selbstbewußtsein."

Bogdanović war und ist nicht allein, wenn auch die Namen der wenigen Intellektuellen, die ihre Stimme gegen den Chauvinismus erhoben haben – Miladin Zivotić, Zagorka Golubović, Nebojsa Popov, Vesna Pešic usw. – entweder nicht bekannt sind oder durch die zwar anti-Milošević, aber im Grunde substantiell ebenso nationalistisch eingestellte Opposition von Vuk Drašković und anderen ehrgeizigen Politikern überschattet werden. Abgesehen vom Wochenblatt *Vreme* und von Zeit zu Zeit, je nach der politischen Großwetterlage, von der Tageszeitung *Borba*, haben diese humanistischen und anti-chauvinistischen Intellektuellen keinen Zugang zu den Printmedien, geschweige denn zum fest unter zentraler Kontrolle gestellten Fernsehen.

Schließlich noch einige Worte über den noch immer aktiven, schon früher erwähnten und einst im Ausland vielleicht angesehensten *Praxis*-Philosophen, Professor Mihajlo Marković. Dieser ehemalige Partisan, dann Armeeoffizier und schließlich in den sechziger und siebziger Jahren Parademarxist und Humanist, wurde als Vizepräsident der in „Sozialistische Partei" umbenannten Nachfolgeorganisation der einstigen KP der wortgewaltigste und ungezügeltste Verteidiger des Milošević-Regimes und des Krieges. Marković sprach sich auch für die Politik von Saddam Hussein aus und begrüßte als erster in Serbien den gescheiterten Putsch im Sommer 1991 gegen Gorbatschow. Kein Wunder also, daß er sich im Dezember 1993 auch für die Fortsetzung der verhängnisvollen Wirtschaftspolitik (Inflationsrate zur Zeit seiner Erklärungen monatlich 20.000 Prozent !!) als die Grundlage der Kriegswirtschaft eingesetzt hat. Dem Korrespondenten der Londoner Wirtschaftszeitung *Economist* teilte er kühl mit: „Der Krieg und das wirtschaftliche Chaos werden so lange dauern, bis alle Serben in einem Staat vereint sind." (10. Dezember 1993).

In einem offenen, sehr persönlichen Brief schrieb Milo Dor, der gebürtige Serbe und seit dem Krieg in Wien lebende Schriftsteller, seinem einstigen Mitschüler und späteren Parteigenossen im Widerstand: „Ich wundere mich, daß Du die radikale nationalistische Politik Deiner Partei unterstützt hast, die einem unsäglich primitiven Faschismus balkanischer Prägung Tür und Tor geöffnet hat ,.. Du hättest nach den Erfahrungen unserer Jugend wissen müssen, daß die entfesselten nationalen Emotionen zum blinden Haß und einem von niemandem mehr kontrollierbaren schmutzigen Krieg führen und schließlich ein allgemeines Gemetzel hervorrufen, an dem bezahlte Mörder und echte Verbrecher teilnehmen und für ihr blutiges Werk noch als Helden der Nation gefeiert werden. Die Bilanz der Politik Deiner sogenannten sozialistischen Partei, die Du mit Deinem international bekannten Namen zu decken versuchst, ist schlicht gesagt katastrophal." *(Leb wohl, Jugoslawien).*

Daß der extreme Nationalismus von Anfang an als der eigentliche Motor der Machtergreifung von Milošević als Führer aller Serben diente, wird in dem kaum bekannten, von den in Belgrad bzw. Berlin geborenen Autoren Rajko Djurić und Bertolt Bengsch (beide Roma) verfaßten Buch *Der Zerfall Jugoslawiens* (Berlin 1992) in allen Einzelheiten geschildert. Und hier wird bezeichnenderweise auch eine Bewertung der berühmten Milošević-Rede am 25. März 1987 auf dem Amselfeld im Kosovo durch den Oppositionsführer Vuk Drašković zitiert: Mit dieser Rede „ritt Milošević ein Pferd, das die serbische Intelligenz schon längst gesattelt hatte."

Trotz der Betonung der großen, ja entscheidenden Rolle der serbischen Intellektuellen und der Belgrader Machtelite bei der Entfachung der nationalistischen Leidenschaften ging das Tudjman-Regime in Kroatien letzten Endes den gleichen Weg des Hasses und der undifferenzierten Verachtung und Ausgrenzung der Fremden, zuerst der Serben in Kroatien und dann auch der Moslems in Bosnien. Durch die totale Kontrolle des Fernsehens und des Hörfunks sowie der wichtigsten Zeitungen und Zeitschriften wurden die kritischen Stimmen zum Verstummen gebracht. Jene, die für eine demokratische Option eingetreten sind und sich dem Chauvinismus widersetzten, wie zum Beispiel Žarko Puhovski und Slavenka Drakulić, können nur im Ausland ihre Schriften publizieren.

Wir im ORF wurden oft kritisiert, daß wir zu „pro-kroatisch" berichten und „anti-serbische" Stimmung machen würden. Zwar habe ich den Kulturpreis der Kroatisch-Österreichischen Gesellschaft erhalten, ich sprach mich aber stets sowohl gegen den kroatischen als auch gegen den serbischen Nationalismus aus. Vor den Folgen der „Serbisierung" der kroatischen Kultur unter dem Tito-Regime habe ich immer latent Angst gehabt. Leider löste die Politik der nationalen Phraseologie und der theoretischen Rechtfertigung der nationalen Homogenität auch in Kroatien verhängnisvolle Folgen aus, auch wenn wir nie die Tatsache übersehen dürfen, daß fast ein Drittel des kroatischen Territoriums besetzt ist; „Wo nationale Einheit sich, wie unmerklich auch immer, vor die Tore der Freiheit schiebt, zerstört am Ende leicht die Einheit die Freiheit." (so Hauke Brunkhorst in *Der entzauberte Intellektuelle*, Hamburg 1991).

Sechs führende kroatische Intellektuelle, unter ihnen Professor Ivo Banac von der Universität Yale, Chris Cviic, der angesehene britische Publizist, Vlado Gotovac, der Dichter, der nach 1971 Jahre im Gefängnis verbringen mußte, und Slavko Goldstein, der Verleger und Vorsitzende der Jüdischen Gemeinde Kroatiens, haben im Herbst 1993 in einem offenen Brief Präsident Tudjman zu „einem würdigen Rücktritt" aufgefordert und gewarnt, daß seine verheerende Politik das Land an den Rand einer nationalen Tragödie brächte. Sie prangerten die Spaltung Bosniens, den autoritären Regierungsstil und die Zulassung der faschistischen Ustascha-Symbole an. (Zitiert in *Der Standard,* 8. 10. 1993). So betrübliche Tatsachen wie das Auftreten des ehemaligen Pressesprechers von Ante Pavelić, dem Ustascha-Führer, im kroatischen Jugendfernsehen, wie die Rede der Pavelić-Tochter im kroatischen Parlament, wie die Umbenennung von Schulen und Straßen nach Mile Budak, der bei dem Massaker der Serben 1942 eine führende Rolle gespielt hatte, wie die Ehrenämter für Vinko Nikolić, einen anderen Würdenträger des Pavelić-Regimes, erleichtern das Werk der serbischen Aggressoren, weil ihnen sozusagen auf silbernem Tablett Argumente geliefert werden. Durch die fehlende Distanzierung von solchen „Altlasten" macht man es den Heuchlern und vor allem den Aggressoren leichter, den Unterschied zwischen Angreifern und Opfern zu verwischen und das kroatische Volk pauschal als „faschistisch" zu diffamieren.

Das ehemalige Jugoslawien ist in der Tat ein Laboratorium des nationalen Hasses. Die Dämonen der Vergangenheit sind aber auch in anderen Ländern, etwa in der Slowakei, in Ungarn und Rumänien noch nicht zur Ruhe gekommen. Nicht wenige bekannte Dichter, Schriftsteller und Wissenschaftler huldigen der Verschwörungstheorie völkischer und nationalsozialistischer Prägung. Es handelt sich um Leute, die noch mit den Rezepten der dreißiger Jahre die Probleme der neunziger Jahre „lösen" möchten. Und so wurde auch Peter Handke kritisiert, weil er in einem Interview mit einem slowenischen Journalisten zur Zeit der „Hochkonjunktur" Mitteleuropas gesagt hatte, er betrachte Mitteleuropa bloß als ein „meteorologisches Phänomen".

Wir sehen leider nicht die von György Konrád seinerzeit prophezeite übernationale *garden party*, sondern eine zunehmende Nationalisierung statt Humanisierung Mitteleuropas. Alle blicken, drängen und laufen nach Brüssel, aber es gibt kaum Dialog untereinander. Die *Frankfurter Allgemeine* schrieb anläßlich der letzten Buchmesse über „die Ohnmacht der Schriftsteller", aber wir sehen auch, wie die Macht blendet. Paul Valéry bemerkte einmal: „Macht ohne Mißbrauch verliert an Reiz." Deshalb ist der Kampf um die Medien, gegen Bevormundung und Gängelung, von Zagreb und Belgrad bis Bratislava und Budapest auch ein eminent wichtiger Kampf um Toleranz, um die zivile Gesellschaft. Der Verrat der Intellektuellen bleibt – und leider nicht nur in Ex-Jugoslawien – ein ungemein aktuelles Thema, wenn man auf Schritt und Tritt sehen muß, wie die Anpasser von gestern mit einem neuen Parteibuch oder Auftrag in der Tasche als die Bannerträger des Fortschritts und der bürgerlichen Gesellschaft von heute auftreten. Wie Gottfried Keller im Mai 1850 in seinem *Grünen Heinrich* schrieb, ist es gesünder, „nichts zu hoffen und das Mögliche zu schaffen, als zu schwärmen und nichts zu tun." Angesichts der jüngsten bedenklichen Entwicklungen gibt es heute mehr denn je Anlaß, daß die Intellektuellen über sich und ihre Rolle als *clercs* nachzudenken beginnen, zumal der Kampf gegen nationale Engstirnigkeit, Intoleranz und Ausgrenzung auch eine elementare Vorbedingung für die Rettung der humanen und intellektuellen Werte ist.

Vom Zerfall zum Krieg
Die Tragödie des Zweiten Jugoslawien

Frühjahr 1994

War der Weg vom Zerfall zum selbstmörderischen Krieg unvermeidlich? Hätte man das Zweite Jugoslawien überhaupt noch, etwa in der Form einer Konföderation, retten können? Hat der Westen, was immer man unter diesem schwammigen Begriff verstehen mag, versagt, oder war der Spielraum für eine rechtzeitige Vermittlung oder Intervention von vornherein minimal? Wie kann man im Rückblick die Verantwortung der innerjugoslawischen politischen Akteure, das jeweilige Maß an Schuld festlegen? Mit anderen Worten: War die von Slobodan Milošević und seinen Verbündeten verkörperte politische Klasse Serbiens die Haupt- oder gar Alleinschuldige an der Tragödie des zweiten großen Experiments, die Südslawen samt anderen nicht-slawischen Volksgruppen in einem gemeinsamen Staat zu vereinigen? Gab es in Wirklichkeit eine geteilte Schuld, vor allem was den Krieg in und um Bosnien-Herzegowina betrifft? Darf man schließlich nach drei Jahren Krieg eine Wende zum Besseren erwarten, oder werden wir früher oder später einen Balkankrieg, d. h. eine Erweiterung der von Kampfhandlungen betroffenen Gebiete und Nationen, befürchten müssen?

Diese Hauptfragen über die Vergangenheit werden mit Sicherheit Generationen von Historikern beschäftigen. Die in den vergangenen Jahren und Monaten veröffentlichten unzähligen „Schnellschüsse“ unterschiedlicher Qualität in vielen Sprachen dürften dafür nützliches und weniger nützliches Rohmaterial liefern. Jene, die sich mit diesem Land und seinem Umfeld am Balkan lebenslang beschäftigt haben, tun sich freilich besonders schwer bei der Suche nach möglichen Antworten auf die obigen Fragen.

Selbst nach dem Tode Titos, jener zweifellos charismatischen Persönlichkeit, die als symbolische Klammer der Staatspartei und des Vielvölkerstaates galt, hat man die jugoslawische Tragödie in dieser Form der blutigen Abrechnung des „jeder gegen jeden“ kaum voraussehen können. Was man aber in den achtziger Jahren immer klarer sehen mußte, war der unaufhaltsame Niedergang des Bundesstaates und der Bundespartei im Zeichen einer gesamtjugoslawischen Pattsituation. Die endlosen Sitzungen, die nichtssagenden, aber alles versprechenden Beschlüsse und das für die Durchschnittsbürger, nicht zuletzt infolge der entlarvenden Fernsehbilder, unerträglich wirkende Agieren der führenden Politiker ließen sehr deutlich erkennen, daß – wie es König Alexander ein halbes Jahrhundert vorher ausgedrückt hatte – „die Maschine nicht mehr funktioniert.“ Rückblickend kann man jedenfalls feststellen, daß die Desintegration und letzten Endes der Zerfall des Bundesstaates titoistischer Prägung unter den gegebenen Umständen unvermeidlich war. Im Gegensatz zum Zusammenbruch des ersten jugoslawischen Staates im Jahre 1941 kam aber der entscheidende Anstoß nicht von außen. Die Auflösung des ganzen Systems wurde von innen durch historische, psychologische, politische, wirtschaftliche und persönlichkeitsbedingte Faktoren ausgelöst, die sichtbar oder unsichtbar mit der nationalen Frage verbunden waren.

Die Entwicklung hat mit aller wünschenswerten Deutlichkeit immer wieder die unvermindert brennende Aktualität des historischen Erbes, das Fehlen der gemeinsamen Loyalität zum gemeinsamen Staat und die nicht verarbeitete Geschichte des Zweiten Weltkrieges in den Vordergrund geschoben. Das Experiment des Zweiten Jugoslawiens scheiterte im Grunde an der Unfähigkeit der Völker bzw. ihrer politischen Eliten, die Bedingungen für ein dauerhaftes Zusammenleben zu schaffen. Mit dem Wegfall der Bedrohung von außen riß auch der bis jetzt schützende Vorhang über den jugoslawischen Realitäten.

Für die im Inferno des Zweiten Weltkrieges in der bosnischen Stadt Jajce am 29. November 1943 proklamierte und zwei Jahre später ebenfalls am 29. November in Belgrad feierlich gegründete „Sozialistische Föderative (zuerst hieß es Volksrepublik) Republik Jugoslawien“ galt der ursprünglich für das Österreich der Zwischenkriegszeit geprägte Ausspruch von Hellmut Andics noch viel stärker: Es war „ein Staat, den keiner wollte“! Handelt es sich hier aber nicht doch um ein nachträgliches Pauschalurteil? Haben sich nicht doch noch im Jahre 1981 immerhin über 1,2 Millionen Menschen oder 5,4 Prozent der Gesamtbevölkerung als „Jugoslawen“ deklariert? Selbst unter den chaotischen politischen Verhältnissen der wohl nur bedingt stichhaltigen Volkszählung von 1991 waren es noch immer 712.000 Bürger oder 3 Prozent! War das Bild auf der Titelseite vieler Zeitungen Ende Mai 1993 nicht symbolträchtig genug? Es zeigte ein junges Liebespaar, noch im Tod vereint in der letzten Umarmung am Ufer des Miljacka-Flusses in Sarajevo. Beide waren 25 Jahre alt, er Serbe, sie Moslemin. Mit offizieller Erlaubnis der bosnischen Regierung und der serbischen Belagerer hatten sie die Linien passieren wollen. Die beiden wurden zur gleichen Zeit, kurz nach 16 Uhr, erschossen. Sie lagen fast eine Woche im Niemandsland, bis sie geholt und begraben werden konnten. „Liebe hat ihnen den Tod gebracht“, sagte der Vater des Mädchens. „Das ist kein Krieg zwischen Serben und Moslems, das ist ein Krieg zwischen Verrückten.“

Es hatte doch unzählige Mischehen zwischen Serben und Kroaten, Moslems und Serben, Slowenen und Serben, Kroaten und Moslems gegeben. Bosko und Admira aus Sarajevo waren kein Sonderfall. Selbst Josip Broz Tito, einst Symbol der „Brüderlichkeit und Einheit“, heute von kroatischen bzw. serbischen Nationalisten lautstark als „Verräter des kroatischen Volkes“ und zugleich als „eingeschworener Feind des Serbentums“ beschimpft, war der Sohn einer slowenischen Mutter und eines kroatischen Vaters. Viele von uns hatten Freunde gehabt oder Intellektuelle getroffen, die sich als „Jugoslawen“ bezeichneten oder so nebenbei die Bemerkung fallen ließen, daß sie Ehepartner verschiedener Nationalität seien. Die zwei Millionen Deutschen und Österreicher bzw. andere Touristen aus dem Ausland, die jährlich ihren Urlaub an der Adria verbracht hatten, bzw. jene Menschen in Deutschland, Österreich und in der Schweiz, die mit den 700.000 bis 800.000 jugoslawischen Gastarbeitern zu tun gehabt hatten, glaubten bei keiner Gelegenheit von jenem abgrundtiefen Haß etwas gemerkt zu haben, der seit dem Sommer 1991 allabendlich die Schreckensbilder in den Fernsehnachrichten, zunächst aus Kroatien, dann aus Bosnien, in die Wohnzimmer rund um die Welt bringt. Trotzdem, trotz allem, trotz der Jugoslawien-Nostalgie Peter Handkes und bei so vielen wohlwollenden Menschen „draußen“ und wohl hier und dort auch im Inneren des geschundenen Landes war Jugoslawien als einheitlicher Staat, in welcher Form immer, nicht zu retten. Die unbekannten Heckenschützen, die das junge Liebespaar in Sarajevo ermordeten, töteten auch den jugoslawischen Traum, die Vorstellung, daß Menschen ohne Rücksicht auf ihre ethnische Herkunft friedlich zusammenleben und arbeiten können.

Woher kommt „die Logik des Wahnsinns“ (Thomas Brey), dieser „Krieg zwischen Verrückten“, wie es der Vater des erschossenen Mädchens in der bosnischen Hauptstadt formulierte? Aus den tiefen Schichten der tradierten historischen, nationalen und familiären Erinnerungen, aus dem massenpsychologisch und mythisch überhöhten Kult der oft Jahrhunderte zurückliegenden Siege und Niederlagen (bei den Serben z. B. die Verherrlichung der Niederlage gegen die Türken auf dem Amselfeld 1389), aus der unbedingten Bereitschaft zur Gewalt und zur Vernichtung des Feindes.

In den Büchern der großen Schriftsteller Ivo Andrić und Miroslav Krleža kann man aufschlußreiche Passagen über die Haltung zu den Fremden und zu den stets als Feind mißtrauten Nachbarn, aber auch zum eigenen Volk, zu den durch Verrat verlorenen, aber immer durch ausschließlich eigenes Heldentum gewonnenen Kriegen, zur Gewalt als einzigem Mittel der Konfliktlösung, zum Fehlen kritischer Reflexion und zur Überhöhung der eigenen Rolle in der Geschichte nachlesen.

In seinem großen historischen Roman „Die Brücke über die Drina“ beschrieb Nobelpreisträger Andrić – übrigens ein bosnischer Kroate, der seine Werke in der serbisch-kyrillischen Variante verfaßt hat – dieses allgegenwärtige Klima der Angst. In der kleinen bosnischen Stadt Višegrad, wo die im 17. Jahrhundert unter einem türkischen Wesir erbaute Brücke die islamische mit der christlichen Welt zusammenführt, herrscht überall und immer die Angst: „Die einrückenden Schwaben fürchten einen Hinterhalt. Die Türken fürchten sich vor den Schwaben, die Serben vor den Schwaben und Türken. Die Juden fürchten sich vor allem und jedem …“ Dieser Ausschnitt, einer von vielen ähnlichen, liest sich, als wäre er ein Bericht aus dem heutigen umkämpften Mittelbosnien. Türken nannte Andrić in diesem Roman die slawischen Nachkommen mittelalterlicher Ketzer, der Bogomilen, die Ende des 15. Jahrhunderts massiv zum Islam übertraten.

In seinem erschütternden „Brief aus dem Jahr 1920“ untersucht Andrić den „bosnischen Haß“. Wenn man diese Zeilen liest und sich den historisch-psychologischen Hintergrund vor Augen hält, dann, aber nur dann, erscheint der gegenwärtige Rückfall in die Barbarei nicht mehr so verblüffend: „Bosnien ist ein Land der Angst und des Hasses … In Bosnien und der Herzegowina gibt es mehr Menschen, die aus verschiedenen Motiven und mit den verschiedensten Ausreden in den Ausbrüchen dieses Hasses bereit sind, zu töten und sich töten zu lassen als in viel größeren Ländern. Der Haß gibt

Kraft, und der Zorn ist ein Motor. Es gibt veraltete und tiefeingewurzelte Ungerechtigkeiten und Mißbräuche, die nur eine Flut von Haß und Zorn ausrotten und fortschwemmen kann. Diesen spezifisch bosnischen Haß müßte man studieren und bekämpfen wie eine gefährliche und weitverbreitete Krankheit ..."

Was Angst, Mißtrauen und Haß in einem bewaffneten Konflikt an Brutalität und Grausamkeit produzieren können, haben bereits die Balkankriege von 1912/13 erahnen lassen. Erst die Neuauflage des Berichtes einer hochkarätigen Untersuchungskommission der Carnegie-Stiftung aus dem Jahre 1913 zeigt in erschreckender Deutlichkeit die Parallelen, die von massenhaften Vergewaltigungen bis zur Zerstörung von ganzen Landstrichen reichen: „... nicht nur die Armeen, sondern die Nationen selbst führten Krieg ... Deshalb sind diese Kriege so blutig, deshalb kommt es zu so großen Menschenverlusten, und deshalb enden sie in der Ausrottung der Bevölkerung und im Ruin ganzer Regionen ... Das Ziel des bewaffneten Konfliktes war die vollständige Ausrottung einer feindlichen Bevölkerung." All das bildet den tieferen Hintergrund zur melancholischen Feststellung von Ivo Andrić: „Manchmal fragt man sich, ob nicht der Geist der meisten Balkanvölker für immer vergiftet ist und ob sie vielleicht nichts anderes mehr können als eines: Gewalt erdulden oder ausüben."

Daß dabei vor allem die Denk- und Verhaltensweisen der Serben, des zahlenmäßig größten Volkes in Jugoslawien, zum Teil unbewußt, von allgegenwärtigen Feindbildern und historischen Stereotypen, von der Furcht vor Verschwörungen, ja von subjektivem Verfolgungswahn und deshalb auch von ständiger Kampfbereitschaft geprägt wurden, geht zum Teil auf das Bewußtsein von der einstigen Größe der mittelalterlichen serbischen Reiche zurück. Zu diesen Klischees des romantischen Nationalismus gehört etwa der folgende oft zitierte Ausspruch des bekannten Schriftstellers und Akademiemitglieds Milorad Pavić: „... in Serbien hat man im 13. Jahrhundert schon mit goldenen Gabeln gegessen, während in Westeuropa das Fleisch noch roh und mit den Fingern verzehrt wurde." Die Einstellung gegenüber den bosnischen Moslems und den Albanern, in einem anderen, kultur- und tiefenpsychologischen Sinn auch gegenüber den Kroaten und Slowenen, wird aus der verklärten und mythisch überhöhten Vergangenheit des „stolzen, heroischen und mißverstandenen serbischen Volkes" gespeist. Seit eh und je sprach man von einer besonderen Bedrohung und deshalb auch von einem besonderen Schutz für die serbischen Flüchtlinge und Zuwanderer in den ethnischen Mischzonen, vor allem in der Krajina entlang der ehemaligen Militärgrenze in Kroatien, in Slawonien, in der Provinz Kosovo und im serbisch-kroatisch-moslemischen Dreieck in Bosnien. Es war deshalb folgerichtig, daß die Schubkraft der übersteigerten nationalen Reaktion auf die ihnen angeblich drohende Ausrottung durch die zahlenmäßig überlegenen Kroaten bzw. Moslems bzw. Albaner zuerst die serbischen Volksgruppen in diesen Landesteilen erfassen mußte. Dieser „Genozid- und Märtyrerkomplex“ (Immanuel Geiss) hängt freilich nicht nur mit den älteren Faktoren einer glorifizierten Vergangenheit, sondern auch, ja vor allem, mit den – in den früheren Aufsätzen detailliert beschriebenen – grausamen Massakern an Serben unter dem kroatischen Ustascha-Regime im Zweiten Weltkrieg eng zusammen.

Diese serbische „Urangst“ hat also einen berechtigten historischen Kern; sie reicht – ebenso wie die komplexe Mischung aus Abwehr und Aggression gegenüber dem römisch-katholischen Glauben der Kroaten und Slowenen einerseits und dem Islam andererseits – in emotionale Tiefen. Außerdem fühlen sich die meisten Serben als Träger, Diener und schließlich Opfer der jugoslawischen Idee, weil das Zweite Jugoslawien unter dem Deckmantel des kommunistischen Internationalismus durch die ausgeklügelte Konstruktion der autonomen Provinzen und Republiken die serbische Staatsidee, die Vereinigung aller Serben in einem Staat, verneinte.

Es wäre aber falsch und höchst unklug, die balkanischen Atavismen und die durch einen romantischen Nationalismus unablässig reproduzierten Feindbilder ausschließlich bei den Serben zu suchen. Von Miroslav Krleža, dem vielleicht größten kroatischen Schriftsteller, stammt der Ausspruch: „Wenn im Balkanwirtshaus die Lichter ausgehen, greifen die Gäste zum Messer.“ Jene kultur- und ethnopsychologischen Untersuchungen, die eine Trennlinie ziehen zwischen den von der „christlich-abendländischen Moral geprägten Vorstellungen von ‚gut‘ und ‚böse‘, ‚Schuld‘ oder ‚Unschuld‘“ bei den Kroaten und „einer vormodernen Denkungsart, nämlich derjenigen vom heroischen, sittlich motivierten, ja rituellen Kampf“ bei den Serben, spiegeln auch unbewußte Denkmuster wider (Miedling). Daß der tödliche Haß gegen die serbische Vorherrschaft im Ersten Jugoslawien durch die Repression aus Belgrad ausgelöst wurde, ist ebenso eine von allen ernstzunehmenden Historikern bestätigte Tatsache wie die Feststellung, daß dieser Jugoslawien-Krieg durch die Aggression der serbischen Führung und der von ihr kontrollierten Armee vom Zaune gebrochen wurde und daß die Serben bzw. die serbischen Truppen und die sogenannten „Freischärler" in Kroatien und vor allem in Bosnien mit den wahnwitzigen Greueltaten angefangen haben. Diese durch unzählige übereinstimmende UNO-Berichte, Reportagen und Zeugenaussagen bestätigten Schandtaten dürfen uns jedoch nicht dazu verleiten, die Bestialitäten, die kroatische Truppen und sogenannte „Freischärler" in Kroatien und in diesem Fall in Bosnien-Herzegowina begangen haben, zu verniedlichen oder gar zu verschweigen. Das gleiche gilt für die an Zivilisten oder Gefangenen begangenen Morde und Repressalien aller Art, die auf das Konto bosnischer Moslemeinheiten gehen.

Wenn wir uns diesen Amoklauf aus Massakern und Racheakten in den Balkankriegen, im Zweiten Weltkrieg, nach 1945 (mit Zehntausenden von Todesopfern unter den Kroaten, Slowenen und bosnischen Moslems) und erst recht in den letzten drei Jahren, die militärisch oft sinnlosen Terroranschläge gegen Menschen und Städte, gegen Kirchen und Moscheen in Erinnerung rufen, dann verstehen wir vielleicht die zeitlose Gültigkeit der Ratschläge des vor Jahrzehnten verstorbenen französischen Historikers Fernand Braudel: „So glauben wir nicht mehr, daß sich die Geschichte aus nur einer Wurzel befriedigend erklären läßt, wie wichtig diese auch sein mag." Weder der Rassenkonflikt, noch die Wirtschaftszyklen, noch die sozialen Spannungen, noch ein diffuser Spiritualismus, noch die Herrschaft der Technik, noch das Bevölkerungswachstum beherrschen für sich allein die Geschichte, meint Braudel und hebt dazu die Rolle des in einer vielschichtigen Wirklichkeit verwurzelten Menschen hervor. Zugleich spricht er sich gegen „eine willkürlich auf die Rolle der Helden reduzierte Geschichte" aus. „Nein, die Menschen werden auch von der Geschichte gemacht, die ihr Schicksal mitbestimmt – von der anonymen, oft stillen Geschichte in der Tiefe ...", schreibt Braudel und zieht die auch für den Fall Jugoslawien so bedeutende Schlußfolgerung: „So wird unser erster Schritt darin bestehen, an die Ungleichheit, die Verschiedenartigkeit der Weltkulturen zu glauben, an die Fortdauer, das Fortleben ihrer Persönlichkeiten, was nichts anderes heißt, als der Untersuchung erworbener Reflexe, eingefahrener Haltungen, fester Gewohnheiten, eingefleischter Geschmäcker, wie sie sich nur aus einer langsam fortschreitenden, weit zurückreichenden, wenig bewußten Geschichte erklären lassen, höchste Bedeutung für die Gegenwart einzuräumen (ähnlich wie es ja auch bei der Psychoanalyse geschieht)." In der Umgangssprache wird all das vereinfacht, aber prägnant als „Mentalität", „Verhaltensweise", „Lebensauffassung" usw. bezeichnet. Die wechselseitigen blutigen Abrechnungen leben als Erinnerungen im kollektiven Bewußtsein aller Balkanvölker weiter. Die Vergiftung der zwischenmenschlichen Beziehungen in ethnischen Mischzonen wurde zusätzlich durch nationale Ideologen, meist Historiker, deren auf Lügen oder Anachronismen gestützte Studien als „Bomben" (Eric Hobsbawm) wirken konnten, ins Unerträgliche gesteigert.

Die Eskalation der historischen Haß-, Neid- und Angstkomplexe läßt sich also nicht durch Einzelereignisse von außen erklären. Der Sprengstoff zur Selbstzerstörung des jugoslawischen Vielvölkerstaates hatte sich lange angehäuft, er bedurfte nur der Entzündung. Unter den Bedingungen der kommunistischen Parteidiktatur titoistischer Prägung hatte man die nationale Frage als „gelöst" betrachtet und alles aus der brisanten und schmerzhaft nahen Vergangenheit unter den Teppich gekehrt. Statt klärender Diskussionen war die Vergangenheit, solange Tito lebte, tabuisiert worden. Die vorhandenen Konflikte um Macht und Pfründe zwischen den regionalen und nationalen Machteliten hatte über kurz oder lang stets ein Machtwort Titos entschieden.

Nach seinem Tod am 4. Mai 1980 wurde die Vergangenheitspräsentation in jeder Republik und Provinz, aber vor allem in Serbien und Kroatien, als willkommener Fundus für Argumente im Konflikt der aggressiven nationalen Egoismen mißbraucht. Die Kommunikationsrevolution, im besonderen der Siegeszug des Fernsehens, sorgte dafür, daß lange vor dem Ausbruch des Krieges die nunmehr neu drapierten, im Grunde aber alten Feindbilder täglich, ja sogar stündlich quer durch Jugoslawien verbreitet wurden. Damit konnte, so wie in der Zwischenkriegszeit, keine gesamtjugoslawische Reformbewegung entstehen. Nur naive oder ignorante ausländische Politiker vermochten jetzt noch an einen marktwirtschaftlichen Durchbruch ohne tragfähige politische Basis zu glauben. Zugleich gab es nie einen durch freie Parlamentswahlen legitimierten und von allen Republiken mitgetragenen Konfliktmechanismus oder ein Krisenmanagement für die Schlichtung der virulent gewordenen Interessengegensätze zwischen den Republiken und autonomen Provinzen.

Bevor wir den Weg vom Zerfall zum Krieg nachvollziehen, scheint es uns wichtig, noch konkrete Beispiele für die Gewaltbereitschaft anzuführen, um die psychologische Situation bereits vor dem Krieg richtig einschätzen zu können. Daß in der Vergangenheit Attentate und Mordanschläge in der jugoslawischen Geschichte immer wieder blutige Spuren hinterließen, zeigen die tragischen Schicksale des ersten Innenministers Milorad Drašković, der, nachdem er die KP verboten hatte, 1921 erschossen wurde, und des kroatischen Parteiführers Stjepan Radić, der zusammen mit zwei anderen kroatischen Abgeordneten unter den Revolverschüssen zweier montenegrinischer „Kollegen" 1928 starb. Schließlich fiel König Alexander 1934 zusammen mit dem französischen Außenminister Louis Barthou in Marseille einem Attentat zum Opfer. Auch in den 45 Jahren der kommunistischen Ordnung blieben hinter der Fassade der Rhetorik die Blutrache und die vielfältige Bereitschaft zur Gewaltanwendung im Grunde unangetastet. Erst nach der Entmachtung der UDBA, der gefürchteten Geheimpolizei, erfuhr die Welt von den unglaublichen Übergriffen der Polizei, überall im Lande, aber vor allem in der Provinz Kosovo. Das bekannte Freund-Feind-Syndrom in totalitären Systemen wurde hier in einer Balkan-Variante praktiziert. Jugoslawien verfügte nicht nur über eine der stärksten und bestausgerüsteten Armeen der Welt, sondern wohl auch pro Kopf der Bevölkerung über die größte Zahl von Waffen im Privatbesitz: Bei einer Bevölkerung von knapp über 22 Millionen gab es Ende der achtziger Jahre 1,5 Millionen offiziell registrierte Waffenbesitzer und rund 600.000 „staatliche" Feuerwaffen für Jagdvereine und Wächter. Die Zeitungen berichteten regelmäßig über spektakuläre Fälle von Waffengebrauch, lange vor Ausbruch der Feindseligkeiten. Daß Politiker auch heute bereit sind, zur Pistole zu greifen, zeigt der im zitierten Werk berichtete Vorfall in einer Sitzung des sogenannten Parlaments der bosnischen Serben. Bei einem Wortwechsel bedrohte Serbenführer Radovan Karadžić, von Beruf Psychiater und Dichter, der bei seinen Auftritten vor der Weltpresse in Genfer Luxushotels gewöhnlich alle Register seiner Schauspielkunst zieht, einen lästigen Gegner mit den verräterischen Worten: „Dich sollte man erschießen!" (Brey) – kein Wunder, daß es den Beobachtern der politischen Machtkämpfe während der Agonie des Bundesstaates kalt über den Rücken lief. Erst wenn die Archive geöffnet werden, werden künftige Historiker feststellen können, wie oft gegenseitiger Haß und Vernichtungswillen auch bei den Sitzungen der kollektiven Staatsführung in den Jahren 1989–1991 Drohungen im ähnlichen Ton provoziert und das Land an den Rand eines Flächenbrandes gebracht haben.

Die langwierigen und für Außenstehende zuweilen als Haarspalterei anmutenden und letzten Endes erfolglosen Verhandlungen, zuerst innerhalb der Parteispitze und dann im jugoslawischen Staatspräsidium, drehten sich nicht um hochtrabende ideologische Fragen, ethnische Konflikte oder gar um den Stellenwert der Religion, sondern um die Macht, um die Neuaufteilung der politischen Macht und der knappen Ressourcen, um die Rolle des Staates und des Marktes in einem Land mit enormem Entwicklungsgefälle zwischen Nord und Süd, das aber nur zum Teil mit den ethnischen Trennlinien zusammenfiel. Man sprach oft von der Formel 6 + 2, also von Konsens oder Lähmung in der Entscheidungsbildung zwischen den sechs Republiken und den zwei zu Serbien gehörenden, aber in den Grundfragen weitgehend selbständigen autonomen Provinzen Vojvodina und Kosovo.

Seit dem Jahr 1990 war es klar, daß ein Drittes Jugoslawien nur als eine Konföderation souveräner Staaten, als ein Staatenbund und nicht als Bundesstaat, hätte überleben können. Es ist in unserer schnellebigen Zeit häufig vergessen oder verdrängt worden, daß die Initiative zur Umwandlung des stets – wenn auch oft maskiert – vom großserbischen Führungsanspruch bedrohten Bundesstaates in eine Konföderation von der slowenischen Führung ausgegangen ist. Das wirtschaftlich höchstentwickelte und national homogene Slowenien war stets Vorhut der wirtschaftlichen und politischen Reformen gewesen. Kroatien schloß sich erst später der slowenischen Verfassungsinitiative an. Fest steht jedenfalls, daß die beiden Staaten einen Kurs einschlugen, der durch freie Wahlen und Volksabstimmungen überzeugend legitimiert wurde.

Wenn man aber von der Sezession Kroatiens und Sloweniens spricht, darf das auslösende Moment, nämlich der mit dem Namen von Slobodan Milošević zu identifizierende neue militante, chauvinistische und großserbische Kurs Belgrads nicht vergessen werden. Wie es die in London lebende linke kroatische Historikerin Branka Magaš in ihrem grundsätzlichen Werk *Die Zerstörung Jugoslawiens* formuliert, ist Jugoslawien nicht eines natürlichen Todes gestorben, sondern im Interesse Groß-Serbiens zerstört worden. Im Namen einer „starken Föderation“ wollte das Milošević-Regime in Wirklichkeit die Grundlagen der auf dem Prinzip der nationalen Gleichberechtigung errichteten Nachkriegsordnung vernichten. In diesem Sinne wurde Belgrad das Hauptquartier eines neuen jugoslawischen Zentralismus und einer „serbischen nationalen Erneuerung“. Wenn auch ihre

These von einer „Konterrevolution“ ins rhetorische Niemandsland führt, bleibt die Tatsache unbestritten, daß Milošević durch die Massenmobilisierung auf ethnischer Basis und durch die mit Gewalt und Manipulation erzwungene Abschaffung der Autonomie der Provinzen Kosovo und Vojvodina die Verfassung von 1974 zerstört und die innerjugoslawische Machtbalance entscheidend verändert hat.

Mit der Gleichschaltung des Kosovo (nur 10 Prozent der Einwohner Serben) und der Vojvodina (55 Prozent Serben) und nach dem von Belgrad eingefädelten und durch Massendemonstrationen vollzogenen Sturz der eigenständigen Führung der Republik Montenegro hatte der sogenannte „serbische Block“ (Serbien und Montenegro) zusammen mit den zwei gleichgeschalteten Provinzen vier Stimmen gegenüber den vier Stimmen der anderen Republiken Slowenien, Kroatien, Bosnien-Herzegowina und Mazedonien. Dieses oberste Staatsorgan war gleichzeitig (nominell) Oberbefehlshaber der Jugoslawischen Volksarmee. Die Manipulationen und Intrigen um das Staatspräsidium in dieser Phase der beschleunigten Desintegration dienten in Wirklichkeit dazu, die Armee als scheinbar überparteilichen und übernationalen, also gesamtjugoslawischen Ordnungs- und Schlichtungsfaktor einzusetzen. Bevor wir uns aber der entscheidenden Rolle der Armee zuwenden, ist es wichtig, die im In- und Ausland noch immer vertretene und bis heute relevante Argumentation der serbischen Führung kurz darzustellen:

Während den Kosovo-Albanern mit ihrer 90prozentigen Mehrheit unter Berufung auf historische Besitzrechte das Selbstbestimmungsrecht und seit 1989/90 sogar die elementarsten Minderheiten- und Menschenrechte verweigert werden, forderten die Serben in Kroatien einen autonomen Status. Was also die Belgrader Führung den Albanern verweigert, fordert sie mit pseudowissenschaftlichen Argumenten für ihre serbischen Landsleute in Kroatien und Bosnien. Für Bosnien wurde die neue Begründung erfunden, es sei „ein Staat der drei konstitutiven Völker“, d. h. unabhängig von zahlenmäßiger Stärke beharren die Serben auf einem Vetorecht. Die Albaner seien (nach dieser Logik) kein Staatsvolk, sondern nur eine nationale Minderheit, die ja schon in der Republik Albanien über einen eigenen Staat verfüge. Die serbischen Minderheiten in Kroatien und Bosnien dürften deshalb ihre eigene Republik proklamieren und würden das Recht auf Anschluß an das (im Jahre 1992) neugegründete Restjugoslawien im Sinne ihrer Selbstbestimmung besitzen. Die serbische Politik geht also von einem Sonderstatus des serbischen Volkes aus, denn überall, wo Serben lebten und wo serbische Gräber lägen, dort sei auch Serbien, lautet die selbstherrliche Devise des Milošević-Regimes. Im Zusammenhang mit der griechischen Kampagne gegen den aus der gleichnamigen früheren jugoslawischen Teilrepublik entstandenen neuen Staat Mazedonien und der serbischen Haltung gegenüber dem Kosovo wies der britische Historiker Eric Hobsbawm darauf hin, daß der „gewöhnlichste ideologische Mißbrauch der Geschichte eher auf Anachronismus als auf Lügen gebaut ist." „Dänemark zum Beispiel erhebt keinen Anspruch auf jenen großen Teil Ostenglands, der vor dem 11. Jahrhundert durch die Dänen besiedelt und beherrscht wurde, obwohl er weiterhin Danelaw heißt und die Ortsnamen philologisch gesehen dänisch sind."

Daß die Ereignisse im Kosovo, im mehrheitlich von Moslems bewohnten Sandžak und in der Vojvodina bereits zwischen 1987 und 1991 die kleineren Nationen erschütterten und ihnen zeigten, welches Schicksal die nichtserbischen Volksgruppen in einem serbisch dominierten „Dritten Jugoslawien" erwartet, wurde im Westen vielfach übersehen. Die Logik des großserbischen Nationalismus führte zum Anspruch auf alle Gebiete, in denen Serben leben. Deshalb betonen Milošević und alle Vertreter Serbiens bzw. der serbischen Volksgruppen immer wieder, daß die im Tito-Jugoslawien verfassungsmäßig verankerten innerjugoslawischen Grenzen der einzelnen Teilrepubliken lediglich administrative Grenzen gewesen seien. Wenn man nun die Frage aufwirft, ob der Krieg, also nicht nur die Auflösung des Bundesstaates, unvermeidlich war und warum Serbien bzw. die serbischen Volksgruppen in Kroatien und in Bosnien in relativ kurzer Zeit so bedeutende Erfolge auf dem Schlachtfeld erringen konnten, dann muß zuerst die besondere Rolle der sogenannten Jugoslawischen Volksarmee unter die Lupe genommen werden.

Als nach dem Auszug der slowenischen Delegierten am letzten (14.) Parteitag des Bundes der Kommunisten Jugoslawiens Ende Januar 1990 die Staatspartei schnell zerfiel, blieb offenbar nur eine einzige Klammer übrig: die Jugoslawische Volksarmee. Sie war neben den Republiken und autonomen Provinzen institutionell im Parteipräsidium vertreten. Ihr unterlag laut Verfassung, und das hat auch Tito wiederholt erklärt, nicht nur der Schutz der territorialen Integrität und Souveränität des Landes, sondern auch der sozialistischen Ordnung. Daß die Armeeführung, an der Spitze mit Verteidigungsminister Armeegeneral Veljko Kadijević (selbst ein Serbe aus Dalmatien), in der kritischen Periode 1990/91 aktiv an der serbischen Doppelstrategie – Blockierung einer Verhandlungslösung und wachsender Druck, gekoppelt mit Provokationen, später Eroberungskrieg gegen die unbotmäßigen kleineren Nationen – mitgewirkt hat, war eine der Hauptursachen der jugoslawischen Tragödie.

Im Gegensatz zu den anderen kommunistischen Staaten hatten in Jugoslawien die Staatspartei und die politische Polizei seit Jahrzehnten keine Kontrolle über die Berufsmilitärs ausgeübt. Hinter der Fassade einer persönlichen Kontrolle durch Tito wurde die Armee zum Staat im Staate mit einer autonomen und privilegierten Stellung. Angesichts ihrer institutionellen Privilegien traten die Militärs, auch die meisten nichtserbischen Offiziere, für die Erneuerung einer „zentralistischen" Föderation ein. Obwohl viele Militärs neben ihren Standesinteressen ursprünglich auch von echter Sorge um das Überleben Jugoslawiens als Bundesstaat motiviert wurden, stimmten ihre Interessen doch weitgehend mit den Prioritäten der serbischen Führung unter Milošević überein. In seinen scharfsinnigen Analysen zur Rolle des Militärs in der Staatskrise und im Jugoslawien-Krieg wies der slowenische Politologe und Militärexperte Anton Bebler, Universitätsprofessor in Ljubljana, bereits vor dem Ausbruch der bewaffneten Konflikte auf die grausame Ironie des Schicksals hin, daß nämlich gerade die Aktivitäten und Drohungen der Berufsmilitärs, die sich für den wichtigsten Integrationsfaktor des Staates hielten, den Zerfall nicht verhinderten, sondern vielfach beschleunigten.

Daß es zu einem engen politischen und persönlichen Bündnis der Armeespitze mit dem Milošević-Regime kam, entsprach nicht nur den gemeinsamen Interessen bezüglich der Kontrolle des militärisch-industriellen Komplexes, sondern auch den ideologischen und mentalitätsmäßigen Gemeinsamkeiten zwischen den handelnden Personen. Der Anteil der kommunistischen Parteimitglieder unter den Offizieren betrug damals 96 Prozent. Die über 100.000 Mann umfassende Organisation der Partei in den Streitkräften war praktisch eine eigene Zweigorganisation, die ebenso wie die Republiken und Provinzen in den Organen der Gesamtpartei statutarisch vertreten war. Nach der Auflösung der Bundespartei und ihrer Organisation in den Streitkräften gründeten Verteidigungsminister Kadijević, Generalstabschef Blagoje Adžić und andere hohe Offiziere, übrigens zusammen mit Mirjana Marković, der Ehefrau von Milošević, einen neuen „Bund der Kommunisten – Bewegung für Jugoslawien". Verschiedene Rundschreiben und auch „geheime", aber den Zeitungen zugespielte „Informationspapiere" warnten vor „einer internationalen Verschwörung", lehnten den „von außen gesteuerten" politischen Pluralismus ab und bekannten sich zum Sozialismus und zum jugoslawischen Bundesstaat.

Darüber hinaus hatte die Armeeführung bereits im Frühjahr 1990 durch einen Präventivschlag die Territorialverteidigung in Kroatien vollständig (durch den Entzug von 200.000 leichten Waffen) und in Slowenien teilweise (dort hatte Präsident Milan Kučan die Hälfte der Waffen vor der Beschlagnahme retten können) entwaffnet. Die Aktivitäten der militärischen Abwehr und des Geheimdienstes der Bundesarmee trugen durch eine geschickte Mischung aus unsichtbaren Intrigen und Desinformationspropaganda nach bewährtem kommunistischem Muster viel zur Schwächung der Kampfkraft und zur Infiltrierung der Kommandostellen der eilig aufgestellten kroatischen Einheiten bei. Die Tatsache, daß z. B. 62 Prozent der Polizisten in Kroatien aus den Reihen der serbischen Minderheit stammten, erleichterte maßgeblich die aus Belgrad gelenkte und durch pensionierte serbische Generäle koordinierte Bewaffnung und Einsetzung der serbischen paramilitärischen Einheiten in Kroatien im Frühjahr 1991. Unter dem Vorwand, daß die Volksarmee „unter keinen Umständen bewaffnete Zusammenstöße zwischen den Volksgruppen oder einen Bürgerkrieg zulassen würde", kündigte die Armeespitze bereits im März 1991 die später erfolgten Schutzmaßnahmen für die bewaffneten Rebellen und sogar die aus Serbien eingesickerten Freischärler in der Krajina und Ostslawonien sowie später in Bosnien an. Dann kamen die Zusammenstöße und Überfälle auf kroatische Polizisten in Pakrac in Slawonien, im Nationalpark Plitvice und schließlich als trauriger Höhepunkt die Ermordung von 13 kroatischen Polizisten bei Borovo Selo in Ostslawonien, die man in eine Falle gelockt hatte. Bereits damals und erst recht während der akuten Kriegsphasen in Kroatien und später in Bosnien entwaffnete die Jugoslawische Volksarmee diese illegale Militärformation nicht nur nicht, sondern sie wurde aus Waffendepots der Armee bewaffnet, in Reserveuniformen eingekleidet, und die „Befriedung" durch die Armeepanzer bedeutete den Schutz der Rebellen. Es gab keinen einzigen bekannten Fall, bei dem – abgesehen von Versehen – Volksarmee-Einheiten auf die serbischen paramilitärischen Formationen bzw. bewaffneten Freischärler je das Feuer eröffnet, geschweige denn diese entwaffnet oder in Haft genommen hätten. Auf die von kroatischer und bosnisch-moslemischer Seite begangenen Fehler bzw. Provokationen, die den Boden für das Zusammenspiel zwischen der Armee und den irregulären Banden bereitet haben, kommen wir noch zurück. Fest steht jedenfalls, daß der überwiegende Teil der Bewaffnung, der Rüstungsbetriebe und der Munitionsvorräte bereits vor dem Ausbruch der Feindseligkeiten von der Armeeführung kontrolliert wurden. Daß es aber den serbischen Kommunisten gelang, nicht nur die nationale Frage als politische Karte im Spiel um die Macht zu instrumentalisieren, sondern auch das gesamtjugoslawische Symbol, die aus der Partisanenarmee mit roten Sternen und rotem Banner entstandene Jugoslawische Volksarmee, zum Werkzeug zuerst der zentralistischen Bestrebungen und bald danach der großserbischen Hegemonialansprüche zu benützen, hing mit der nationalen Zusammensetzung der Berufsoffiziere und Unteroffiziere zusammen. Bereits im Jahre 1981 hatten die Serben bei einem Bevölkerungsanteil von 39,7 Prozent rund 60 Prozent, die Montenegriner bei einem Anteil von bloß 2,5 Prozent sogar dreimal soviel, nämlich 6,2 Prozent, und die „Jugoslawen“ bei einem Bevölkerungsanteil von 1,3 Prozent fünfmal soviel, also 6,7 Prozent, der Berufsmilitärs gestellt. Die Kroaten, Slowenen, Moslems und erst recht die seit eh und je als unzuverlässig betrachteten Albaner und Ungarn waren stark unterrepräsentiert. Im Laufe der achtziger Jahre gestaltete sich dieses Übergewicht der Serben und Montenegriner zum Teil aus wirtschaftlichen Gründen, zum Teil aus wachsenden Ressentiments in den nördlichen Republiken und auch im Kosovo gegen die ausschließliche Benützung der serbischen Sprache und gegen die „gesamtjugoslawische“ Kulturorientierung in den Streitkräften noch ausgeprägter (siehe Bebler). Erst vor diesem ethnischen Hintergrund mit den bereits vorher angeführten, zum Teil aus der balkanischen Stammesgesellschaft, zum Teil aus dem „Genozidkomplex“ gegenüber den Moslems und den Kroaten stammenden Feindbildern kann man begreifen, warum der Krieg von Anfang an jenseits aller anerkannten Prinzipien des Völkerrechts geführt wurde und warum – um einen Ausdruck von Immanuel Geiss zu verwenden – die nichtserbischen Bürger des ehemaligen Jugoslawien „bestraft“ werden mußten, wenn sie nicht mehr unter serbischer Herrschaft leben wollten. Die Kriege der Eroberung, Vertreibung, Zerstörung und Plünderung gegen die schwächeren Nationen machten die Wirklichkeit des großserbischen

Hegemonie- und Herrschaftsanspruches hinter der anfänglichen pseudojugoslawischen Rhetorik viel zu spät für die gesamte zivilisierte Welt deutlich. Für die Radikalisierung der Kriegsführung und die schnelle Umwandlung der Volksarmee in eine offen serbische Streitmacht sowie darüber hinaus für den endgültigen Untergang Jugoslawiens gaben die Ereignisse in Slowenien den eigentlichen Ausschlag. Am 25. Juni 1991 erklärten Kroatien und Slowenien ihre Unabhängigkeit, aber nur die slowenische Regierung beschloß die sofortige Übernahme der Zoll- und Grenzabfertigung an den Grenzübergängen nach Italien, Ungarn und Österreich. Das jugoslawische Staatspräsidium war zu diesem Zeitpunkt unvollständig. Die Bundesregierung unter Ante Marković (ein gebürtiger Kroate) erklärte am 26. Juni die Unabhängigkeitserklärungen für null und nichtig. In der Nacht zum 27. Juni rollten die Panzer, und es kam zu heftigen Kämpfen. Dieser „Minikrieg" (Bebler) brachte eine empfindliche und erniedrigende Niederlage der Jugoslawischen Volksarmee. Der Generalstab hatte die Kampfbereitschaft, die Volksstimmung und die außerordentlich effektiven Vorbereitungen der slowenischen politischen und militärischen Führung unterschätzt. Die zehntägigen Kämpfe alarmierten die Welt, kosteten 74 Tote, 350 Verletzte und fügten der slowenischen Volkswirtschaft direkt und indirekt Schäden in der Höhe von 3 Milliarden US-Dollar zu. Die Jugoslawische Volksarmee bestand bei diesem „Minikrieg" die Bewährungsprobe als eine Bundesarmee nicht: Die zahlreichen Überläufer (7.900) waren überwiegend Nichtserben. Zusammen mit den rund 4.600 Gefangenen verlor die Bundesarmee die Hälfte ihrer Mannschaftsstärke in Slowenien (Bebler).

Die Kämpfe führten zu einer Internationalisierung des bisher innerjugoslawischen Konflikts und zu ersten Vermittlungsmissionen der Europäischen Gemeinschaft. Vor allem bedeutete aber der Krieg in Slowenien eine politische Niederlage der Belgrader Regierung und machte Sloweniens Entscheidung, aus dem jugoslawischen Staatsverband auszuscheiden, unwiderruflich. Darüber hinaus stärkte der Ausgang dieses blutigen Kräftemessens die Hand jener in Belgrad, die wie Serbiens Präsident Milošević und die Armeeführung der Meinung waren, der Abfall Sloweniens und der Abzug der Einheiten nach Serbien und Bosnien-Herzegowina würden nur die politische Stellung Serbiens in einem von Milošević angestrebten Rumpf-Jugoslawien stärken. Außerdem – und das dürfte das wohl wichtigste Argument für den schnellen Beschluß gewesen sein – würde der Rückzug aus

Slowenien die Umgruppierung der Bundesarmee und die Konzentration auf eine gewaltsame Lösung in Kroatien wesentlich erleichtern.

Wie dem auch sei, der „Minikrieg" stellte einen Wendepunkt in der slowenischen und zugleich der jugoslawischen Geschichte dar. Der Kern des jugoslawischen Konflikts lag in der Entschlossenheit (zuallererst) Sloweniens und dann der anderen kleinen Nationen (Kroaten, Bosnier, Mazedonier), nicht in einem von Serben beherrschten, rezentralisierten jugoslawischen Staat leben zu wollen. Ohne Slowenien wäre aber die Position Kroatiens angesichts des serbischen Blocks noch aussichtsloser gewesen. Die Haltung des oftmaligen Bundesgenossen bei innerjugoslawischen Auseinandersetzungen stärkte also Kroatiens Entschlossenheit, sich ebenfalls von Jugoslawien zu verabschieden. All das löste letzten Endes eine Kettenreaktion aus.

Für Slowenien besiegelte die Anerkennung der Unabhängigkeit durch die internationale Staatengemeinschaft am 15. Januar 1992 und acht Monate später auch durch Restjugoslawien die Richtigkeit des eigenen Weges. Die auffallende Zurückhaltung Kroatiens während des Konfliktes zwischen der Bundesarmee und Slowenien sowie die darauffolgenden Spannungen um Grenzziehung, Fischerboote und diverse Entschädigungen haben überzeugend gezeigt, wie brüchig in Wirklichkeit diese Waffenbrüderschaft und politische Kooperation gegen den gemeinsamen Gegner gewesen sein mußte. Wenn man bei der jugoslawischen Tragödie überhaupt Gewinner oder Verlierer klassifizieren will, so dürfte die slowenische politische Führung, völlig unabhängig von den späteren Intrigen und Machtkämpfen in Ljubljana, auch von künftigen Historikern gute Noten für ihre mutige, geschickte und stets von eminenten staatspolitischen Interessen motivierte Politik vor und während der Krise bekommen.

In Kroatien entwickelten sich die Dinge völlig anders. Trotz hektischer internationaler Bemühungen, wobei die beiden gesamtjugoslawischen Spitzenvertreter, Ministerpräsident Marković und Außenminister Lončar, bewußt oder unbewußt die westlichen Vermittler irreführten und, wie schon vorher, den Eindruck einer trotz allem handlungsfähigen Belgrader Bundesregierung vortäuschten, begann am 1. August 1991 die Offensive der „jugoslawischen" Panzerverbände gegen die Republik Kroatien. Durch das bereits im Juli 1991 von der EG und dann im September von der UNO verhängte Waffenembargo gegen Jugoslawien wurde die Überlegenheit der serbischen Armee zementiert und die angegriffenen kleineren Staaten in eine hoffnungslose Position versetzt. Nach Schätzungen waren bis November 1991 auf beiden Seiten rund 300.000 reguläre Soldaten, bewaffnete Polizisten, Angehörige von paramilitärischen Einheiten usw. in die Kampfhandlungen involviert. Das Waffenembargo bedeutete faktisch eine Ermunterung für die Bundesarmee, mit schwerer Artillerie, Panzern und Luftwaffe die industrielle Infrastruktur und die historischen Städte in Slawonien, Dalmatien und in der Krajina zu zerstören und dabei nicht einmal die unter den Schutz der UNESCO gestellte Altstadt von Dubrovnik zu verschonen. An diesem Krieg nahmen auch die paramilitärischen und irregulären Verbände der Krajina-Serben teil, die später völlig unter das Kommando der Bundesarmee gestellt wurden. Der Vorwand, das unbewaffnete serbische Volk zu schützen, war zu einer „abstoßenden Farce" geworden (so Bebler).

Einen symbolischen Höhepunkt des Kroatienkrieges stellte die Eroberung der fast gänzlich zerstörten ostslawonischen Stadt Vukovar dar. Hier hatten vor dem Krieg rund 80.000 Menschen gelebt: 43 Prozent Kroaten, 37 Prozent Serben und 20 Prozent Ungarn und andere Nationalitäten. Insgesamt fielen dem Krieg in fünf Monaten rund 20.000 Menschen (überwiegend Zivilisten) zum Opfer. Laut kroatischen Angaben wurden 40 Prozent der Industrie zerstört, und die direkten materiellen Schäden betrugen rund 20 Milliarden US-Dollar. Seitdem sind die materiellen Verluste noch viel größer geworden, zumal der kroatische Fremdenverkehr in den letzten Jahren nur einen Bruchteil der früheren Deviseneinnahmen erwirtschaften konnte. Rund 500 historische Denkmäler, 200 Kirchen, unzählige Hotels und Wohnanlagen wurden zerstört. Es ging also bereits im Sommer 1991 nicht mehr um die „Rettung Jugoslawiens", sondern um die „Bestrafung Kroatiens"! Ganze Landstriche wurden von Banden, angeführt von international gesuchten Kriminellen, und paramilitärischen serbischen Verbänden terrorisiert, die Einheimischen ermordet oder vertrieben.

Die Leidtragenden waren keineswegs nur die Kroaten oder, in geringerem Ausmaß, die Ungarn. Auch die Kroaten selbst haben, zum Beispiel in Westslawonien, die serbische Bevölkerung systematisch vertrieben, und es gab viele Greueltaten, die an Serben verübt wurden. All das stand aber in keinem Verhältnis zu den Opfern der nichtserbischen Bevölkerung in Kroatien. Trotzdem muß man offen aussprechen, daß für die überwiegende Mehrheit der Serben, keineswegs nur in Kroatien selbst, sondern auch in Serbien, ja darüber hinaus für die im Ausland lebenden Landsleute, die Politik der bei den ersten freien Wahlen mit einem überwältigenden Vertrauensvotum ausgestatteten nationalkonservativen Regierung Franjo Tudjmans unzumutbar erschien. Gewiß wurden Fehler, Unterlassungen und Exzesse, die die „Kroatische Demokratische Union“ (HDZ), die siegreiche Sammelbewegung Tudjmans, begangen oder zumindest toleriert hatte, von den gleichgeschalteten Belgrader Medien ausgenützt. Gewiß schlachteten die bereits vor Jahren zur politischen Offensive zugunsten eines Groß-Serbiens angetretenen Milošević-Leute und ihre Handlanger im In- und Ausland die Entgleisungen während der nationalen Euphorie in Kroatien weidlich zum Schüren der Angst, des Argwohnes und des Zornes vor allem der unmittelbar betroffenen rund 600.000 Serben (12 Prozent der Gesamtbevölkerung) aus.

Es handelte sich aber nicht bloß um Exzesse, sondern um eine konsequente politische Linie, die bereits in der geänderten Verfassung des unabhängigen Kroatiens zum Ausdruck kam. Die serbische Gemeinschaft galt nicht mehr als gleichrangiges Staatsvolk, und die serbokroatische Sprache wurde durch die „kroatische Literatursprache“ als Amtssprache ersetzt. Erst später, unter dem Druck der Europäischen Gemeinschaft und auch als Preis für die internationale Anerkennung, wurden den Serben Minderheitenrechte und Kulturautonomie zugestanden. Die Wiedereinführung alter, aber auch während der Ustascha-Zeit benützter staatlicher Symbole wie des rot-weißen Schachbretts im Wappen der Republik, später auch des Namens der kroatischen Währung (Kuna statt Dinar), die Hinweise auf eine historische Kontinuität zwischen dem unseligen Pavelić-Staat und dem neuen kroatischen Staat, salopp hingeworfene Bemerkungen Tudjmans im Frühjahr 1990, daß er „glücklicherweise weder mit einer Serbin noch mit einer Jüdin verheiratet“ sei, und auch das überstürzte Vorgehen bei der Ablöse der weit über ihren proportionalen Anteil vertretenen serbischen Funktionäre in Verwaltung, Polizei und Wirtschaft usw. riefen blitzschnell Erinnerungen an die traumatischen Erfahrungen der Serben in der „Krajina“, entlang der alten Militärgrenze der Habsburgermonarchie, wach.

Die gewalttätige Reaktion der von den Belgrader Medien aufgehetzten Serben im dalmatinischen Hinterland, vor allem um die Stadt Knin und in deren Umgebung, den historischen Landschaften Lika und Kordun, wo einst die scheußlichsten Greueltaten der Ustasche an orthodoxen Serben verübt worden waren, aber auch in Ost- und Westslawonien, bildete, wie bereits erwähnt, den Auftakt zum Kroatien-Krieg. Ein sogenannter „Serbischer Nationalrat" mit Sitz in Knin erklärte bereits im Oktober (nach einer Volksabstimmung) die serbische Minderheit für unabhängig, baute eine eigene Verwaltung auf und verlangte später den Anschluß an Serbien und Montenegro. Es ist aber wichtig, noch einmal zu betonen, daß es keine Vertreibung oder Verfolgung der Serben gegeben hat und daß die schweren politischen Fehler der kroatischen Regierung in der Minderheitenfrage als willkommener Vorwand und fadenscheinige Rechtfertigung für die von langer Hand vorbereitete politische und später auch militärische Offensive der großserbischen Nationalisten ausgenützt wurden (für Details siehe Bebler, Brey, Djurić-Bengsch, Grotzky, Libal).

Nachdem die Volksarmee ihre Maske fallengelassen hatte und mit unvorstellbarer Brutalität in enger Zusammenarbeit mit den Freischärlerverbänden und trotz 14 Waffenstillstandsvereinbarungen rund ein Drittel des kroatischen Staatsgebietes unter ihre Kontrolle gebracht hatte, wurde Anfang Januar 1992 das fünfzehnte Waffenstillstandsabkommen für Kroatien unterzeichnet und diesmal auch eingehalten. Seit dem Frühjahr 1992 werden UNO-Schutztruppen (UNPROFOR, nach der englischen Abkürzung) in den besetzten Gebieten stationiert. Bis zur Stunde dieser Niederschrift interpretieren die beiden Kontrahenten diese UNO-Präsenz (14.000 Mann aus fast 30 Staaten) völlig unterschiedlich. Die Serben behaupten, daß dadurch ihre territorialen Ansprüche auf die von niemandem anerkannte „Serbische Republik Krajina" bestätigt würden. Die kroatische Seite vertritt die Auffassung, daß alle UNO-Resolutionen, auch über die Stationierung der Schutztruppen, von der unveränderten und unantastbaren Souveränität Kroatiens über das „Krajina-Gebiet" ausgingen. Eine endgültige Lösung, etwa im Sinne der Rückkehr der kroatischen Flüchtlinge und der Wiedereingliederung des Gebietes in die kroatische Wirtschafts- und Verkehrsinfrastruktur, zeichnet sich für die absehbare Zukunft nicht ab.

Die Bilanz nach drei Jahren Unabhängigkeit in der Tudjman-Ära ist für Kroatien militärisch, politisch und aus internationaler Sicht nahezu verheerend. Der 1922 geborene Franjo Tudjman war seinerzeit der jüngste Partisanengeneral Titos, kämpfte gegen die Ustasche und fiel, wie so manche anderen alten Kämpfer, dann in Ungnade, als er für die nationale Sache der Kroaten einzutreten wagte. Er saß insgesamt vier Jahre im Gefängnis, um dann in der Umbruchphase zum richtigen Zeitpunkt mit einer national gesinnten Sammelbewegung die Wahlen zu gewinnen und Kroatien nach fast neunhundert Jahren ungarisch-österreichisch-serbischer Vorherrschaft in die Nationalstaatlichkeit zu führen. Tudjman, der mutige Kämpfer gegen die Diktatur, war aber wesentlich erfolgreicher als Tudjman, der zaudernde Staatsmann, den die serbische Aggression politisch und militärisch überforderte. Mit einer für viele Beobachter unbegreiflichen Naivität hatte Tudjman bei gleichzeitiger flammender nationaler Rhetorik – im Gegensatz zu den Slowenen – die rechtzeitige Bewaffnung versäumt und erst viel zu spät die Verteidigung des von allen Seiten angegriffenen Landes den Fachleuten anvertraut. Vetternwirtschaft, Korruption, Großmannssucht, das Abwürgen der Pressefreiheit, die totale Kontrolle von Fernsehen und Hörfunk, fehlende Toleranz gegenüber Kritikern und Instabilität in der Regierung prägten die Periode 1991–1994. In zwei Jahren drehte sich das Postenkarussell im Einklang mit einer Kette politischer und militärischer Niederlagen immer schneller: fünf Regierungschefs, sechs Außenminister und vier Verteidigungsminister lösten einander ab, letztere sogar innerhalb eines einzigen Jahres.

Fast drei Jahre nach der Ausrufung der Unabhängigkeit ist Kroatien amputiert, die Wirtschaft zerrüttet, das Bruttosozialprodukt mindestens um die Hälfte unter dem Niveau der späten achtziger Jahre, die Hauptstadt und der Kern des Landes sind von Süd-Dalmatien abgeschnitten, und Zagreb liegt in Reichweite serbischer Raketen. Angesichts der herrschenden Kriegspsychose und des Primats der nationalen Sache braucht Präsident Tudjman, ebenso wie Slobodan Milošević in Belgrad, jedoch keine politische Opposition zu fürchten.

Umso erstaunlicher ist, daß Tudjman, wohl unter dem Einfluß der sogenannten „Herzegowiner Mafia", d. h. der aus der Herzegowina stammenden, zum Teil aus der Emigration zurückgekehrten, extrem rechtsnationalistischen Politiker, folgenschwere Fehler in der kroatischen Bosnien-Politik begangen hat. Er hat den während des serbisch-kroatischen Krieges gewonnenen moralischen Kredit verspielt und sein Land zeitweilig sogar der Gefahr internationaler Sanktionen ausgesetzt. Durch die Teilnahme an der Aufteilung der Vielvölkerrepublik Bosnien im Krisenjahr 1993 und die kurzsichtige Absage an die „administrativen Grenzen" in und um Bosnien zugunsten der Verwirklichung des Traums eines „Groß-Kroatiens" hat die kroatische Führung ihren Anspruch auf Wahrung der territorialen Integrität Kroatiens vor der internationalen Öffentlichkeit selbst torpediert und in der Folge der militärisch nach wie vor massiv überlegenen serbischen Führung für die Zukunft unschätzbare Argumente in die Hände gespielt.

Damit sind wir bei dem tragischen Kapitel des Untergangs von Bosnien-Herzegowina, dem Teilstaat des alten Jugoslawien mit der historisch tief verwurzelten und zugleich brisantesten ethnischen Siedlungsstruktur. Vor dem Ausbruch des Bosnien-Krieges im April 1992 lebten in dieser Teilrepublik über 4,3 Millionen Menschen. Bei der letzten Volkszählung im Frühjahr 1991 wurden folgende Zahlen erfaßt: Moslems, die seit 1971 als eigene Nationalität anerkannt sind, 1,9 Millionen oder 43,7 Prozent, Serben, fast 1,3 Millionen oder 31,4 Prozent und schließlich Kroaten, 756.000 oder 17,3 Prozent der Gesamtbevölkerung. Es gab noch 240.000 Menschen oder 5,5 Prozent, die sich als „Jugoslawen“ deklarierten. Es geht aber nicht nur um diese Zahlen, sondern in erster Linie darum, daß diese drei Nationen quer durch Bosnien so vermischt miteinander leben, daß weder die im vieldiskutierten Vance-Owen-Plan (nach der Genfer Friedenskonferenz Anfang Januar 1993 vorgelegt) vorgesehenen zehn Kantone noch die vorher und später dann wieder diskutierten drei Teilstaaten nach ethnischen Gesichtspunkten gerecht zu teilen gewesen wären. Es sei denn, die bisherigen Mehrheitsverhältnisse ließen sich durch „ethnische Säuberung“, d. h. die gewaltsame Vertreibung eines Teils der Einwohner durch den oder die Stärkeren, verändern. Was die letzten zwei Jahre an menschlichen Tragödien – und keineswegs nur in und um Sarajevo – bewirken mußten, sieht man im Spiegel der Volkszählung: Von 109 Gemeinden wiesen 35 eine moslemische absolute Mehrheit, 32 eine serbische und 14 eine kroatische auf. In weiteren 15 Gemeinden verfügten die Moslems, in sieben die Kroaten und in fünf die Serben über die relative Mehrheit. Da die Bevölkerung dieser 27 Gemeinden, in denen keine Volksgruppe die absolute Mehrheit erreichte, fast zwei Millionen Menschen umfaßte, war von vornherein klar, daß eine Art „Kantonisierung“ den Kern der Identität eines bosnischen Staates zerstören würde. Selbst nach dem Vance-Owen-Plan wäre rund ein Drittel der jeweiligen moslemischen, serbischen und kroatischen Bevölkerung außerhalb „ihrer“ Regionen und des Großraums Sarajevo geblieben (Karger, Magaš).

Diese Zahlen lassen die fatalen Folgen der nationalistischen Hetze durch die führenden Politiker Serbiens und später Kroatiens bzw. der jeweiligen Volksgruppe in Bosnien-Herzegowina erahnen. Die Tragödie des moslemischen Präsidenten Alija Izetbegović lag darin, daß er die Sprengkraft des aufbrechenden Nationalismus und vor allem die Entschlossenheit der serbischen Führung zur faktischen Zerstörung der Eigenständigkeit eines multikulturellen und multinationalen „Jugoslawien im kleinen" unterschätzte und die Rückendeckung bzw. die tatkräftige Unterstützung des neuen Staates durch die internationale Staatengemeinschaft überschätzte. Kenntnisreiche Beobachter wie Anton Bebler, der slowenische Politologe, meinen sogar, daß sich die hinhaltende Taktik der Moslems und der bosnischen Führung (wie übrigens auch der Kroaten) während des Krieges gegen Slowenien und auch nachher als kontraproduktiv erwiesen hätte und daß Izetbegović und seine Berater die militärischen Vorbereitungen für den sich seit geraumer Zeit abzeichnenden serbischen Großangriff sträflich vernachlässigten.

Wie dem auch sei, die Serben waren entschlossen, nach dem Abfall Sloweniens und Kroatiens sowie nach der Besetzung fast eines Drittels des kroatischen Staatsgebietes Bosnien-Herzegowina entweder durch Drohungen in ein großserbisches Restjugoslawien einzubeziehen oder – im Falle der Ausrufung eines unabhängigen Staates – einen möglichst großen Landesteil durch militärische Gewalt abzutrennen und früher oder später mit Serbien und eventuell mit der kroatischen Krajina zu verschmelzen.

Der Wendepunkt war das Referendum über die Unabhängigkeit Bosnien-Herzegowinas. Davon hing die Anerkennung des neuen Staates durch die EG ab. Mehr als 63 Prozent der Bevölkerung, praktisch alle Moslems und Kroaten, stimmten für die Unabhängigkeit. Die Serben boykottierten die Abstimmung und riefen eine eigene „Serbische Republik", wie schon vor Monaten angekündigt und vorbereitet, aus. Die Europäische Gemeinschaft und die USA versuchten am 6. April 1992 mit der diplomatischen Anerkennung des neuen Staates den Krieg in letzter Minute zu verhindern. Dies war kaum ein probates Druckmittel, standen doch hinter diesem Schritt kein ernsthafter Wille und keine glaubwürdige Drohung eines militärischen Eingreifens. Manche meinen, daß die Anerkennung übereilt war und ihr eine politische Fehlkalkulation zugrunde gelegen hätte. Doch weder eine Anerkennung noch eine Nicht-anerkennung hätten meiner Meinung nach den Krieg verhindern können, weil damals Milošević und seine bosnischen

Freunde, Radovan Karadžić und der Oberbefehlshaber der serbischen Truppen, General Ratko Mladić, bereits davon ausgingen, daß die internationale Staatengemeinschaft nicht intervenieren würde, um den neuen Staat gegen einen serbischen Angriff zu schützen. Präsident Izetbegović hatte wiederholt, aber vergeblich, die Vereinten Nationen aufgefordert, so wie in Kroatien, auch in Bosnien UNO-Truppen zu stationieren. So wie vordem Slowenien, Kroatien und Mazedonien blieb schließlich auch Bosnien nur die Wahl zwischen einer Unterwerfung unter den serbischen Vormachtanspruch innerhalb eines Rumpf-Jugoslawien oder dem Weg in die Unabhängigkeit von Serbien. Schon Ende Juli 1992 kontrollierten die bosnischen Serben rund 70 Prozent der Fläche von Bosnien-Herzegowina. Durch die massive Überlegenheit ihrer von Serbien, nicht zuletzt von der serbischen Luftwaffe, militärisch unterstützten Einheiten, die laut einer Studie des deutschen Verteidigungsministeriums im Sommer 1992 rund 100.000 Mann stark waren und über einige hundert Panzer, 50 Flugzeuge und Hubschrauber, 200 Schützenpanzer und hunderte Artilleriegeschütze sowie große Mengen Munition und Kraftstoff verfügten, war die bosnische Armee von Anfang an in einer aussichtslosen Lage (zitiert nach Grotzky).

Um den Schein der Nichteinmischung aufrechtzuerhalten, hatte Belgrad nach der Proklamierung des Dritten Jugoslawien durch Serbien und Montenegro Ende April 1992 mit einem geschickten Schachzug das militärische Oberkommando formell an lokale Kommandanten abgegeben, die nicht aus Bosnien stammenden Soldaten und Offiziere abgezogen und die oben aufgezählten Waffen, die Mannschaften und die gesamte Technik an die „neue" serbische Armee der „Serbischen Republik" übergeben. Gleichzeitig wurde der bereits aus den Kämpfen in der Krajina bekannte und berüchtigte Scharfmacher General Mladić zum Oberbefehlshaber ernannt. Obwohl die bosnischen Regierungstruppen weder schwere Waffen noch Flugzeuge zur Verfügung hatten, blieb das gegen ganz Jugoslawien verhängte Waffenembargo bis zur Stunde in Kraft. Der mit äußerster Grausamkeit geführte Vernichtungskrieg forderte nach bosnischen Regierungsangaben 140.000 Tote in Bosnien allein, die Zahl der Vertriebenen und Flüchtlinge in ganz Jugoslawien dürfte bei weit über drei Millionen liegen.

Ende 1992 brach die von Anfang an brüchige Koalition der Moslems und der Kroaten auseinander. Mit der Ausrufung der „Kroatischen Gemeinschaft Herzeg-Bosna" mit der Stadt Mostar als Hauptstadt (in der die Kroaten vor dem Krieg nur ein Drittel der Bevölkerung stellten; 34,8 Prozent waren Moslems und 19 Prozent Serben) wurde der Freundschaftspakt zwischen Kroatien und Bosnien-Herzegowina zur endgültig Makulatur. Mit der Billigung und tatkräftiger militärischer Hilfe der Tudjman-Regierung versuchten die Kroaten ein möglichst großes Territorium zu erobern. Dies führte in Mittelbosnien zu mörderischen Kämpfen, Vertreibungen und ähnlichen Grausamkeiten, wie bisher zwischen Serben und Kroaten bzw. Serben und Moslems. Die erschütternden Berichte der Medien, vor allem des Fernsehens, über die Belagerung und Vernichtung des moslemischen Teils der Stadt Mostar und die gezielte Zerstörung der weltberühmten alten Brücke über die Neretva durch die Kroaten haben vielleicht mehr als alles andere zur Relativierung der bestialischen Kriegsführung (Konzentrationslager, Massaker, Vergewaltigungen) der serbischen Eroberer in Nord- und Ostbosnien beigetragen. Auch die Berichte des UNO-Menschenrechtsbeauftragten, des früheren polnischen Ministerpräsidenten Tadeusz Mazowiecki, wiesen auf die Gefahr der Ausrottung der moslemischen Volksgruppe durch Serben und Kroaten, ferner auf die Übergriffe gegen Serben in Kroatien hin. Die kroatischen Angriffe lösten wiederum schreckliche Repressalien der Moslems gegen die Kroaten aus. Als Folge der tödlichen Eskalation des „jeder gegen jeden"-Konfliktes waren die verschiedenen Abmachungen, Unterschriften und UNO-Resolutionen das Papier nicht wert, auf dem sie geschrieben standen.

Es würde den Rahmen dieser Betrachtungen sprengen, wenn wir die verschiedenen und immer wieder gescheiterten Phasen der Friedensinitiativen aufzählen, geschweige denn analysieren würden. Die erfreulichen, im Frühjahr 1994 registrierten Erleichterungen des Lebens in und um Sarajevo, die Rückkehr vom Krieg zu neuerlichen Föderationsplänen zwischen Kroaten und Moslems, erste Schritte zur Beruhigung zwischen Serben und Kroaten in der Krajina sowie der anhaltende internationale Druck auf die Serben, die angesichts ihres militärischen Übergewichts und ihrer territorialen Gewinne allerdings kaum Anlaß zu substantiellen Kompromissen sehen, fügen sich in diese Politik der Schadensbegrenzung und der Linderung der größten Not ein.

Hinter einem Vorhang aus Heuchelei und leerer Rhetorik, meistens zur Beruhigung der durch TV-Bilder aufgescheuchten eigenen Öffentlichkeit, geht es den wichtigsten Staaten darum, eine regionale und deshalb unkontrollierbare Ausweitung des Krieges auf Mazedonien, den Kosovo und die angrenzenden Staaten Albanien, Bulgarien, Griechenland und eventuell sogar auf die Türkei zu verhindern. Eine Zerstückelung Bosnien-Herzegowinas, in welcher Form immer, scheint nach wie vor unvermeidbar zu sein. Die begrüßenswerte Gründung eines internationalen Strafgerichtshofes durch einen Beschluß des UNO-Sicherheitsrates vom 25. Mai 1993 zur Verfolgung der Personen, die im ehemaligen Jugoslawien seit 1991 Kriegsverbrechen begangen haben, die amerikanische Luftbrücke, die in 20 Monaten 100.000 Tonnen Lebensmittel und Medikamente für die Menschen in den belagerten bosnischen Städten lieferte, die Entsendung von 30.000 Blauhelmen nach Kroatien und Bosnien und die vielfältige humanitäre Hilfe durch zahlreiche internationale und nationale Organisationen waren und sind einige der wichtigsten positiven Folgen des internationalen Engagements im ehemaligen Jugoslawien.

Andererseits darf man sich die Tatsache nicht verhehlen, daß die internationale Staatenwelt, allen voran die westlichen Großmächte, keine Chance sieht, die territorialen Eroberungen und die furchtbaren „ethnischen Säuberungen" im Sinne einer Rückkehr der Flüchtlinge und Vertriebenen rückgängig zu machen sowie die Rückgabe ihres Eigentums zu veranlassen. Was immer man vielleicht in Zukunft noch der serbischen Führung in Belgrad bzw. ihren keineswegs immer gefügigen Trabanten in Bosnien und in Kroatien durch „Zuckerbrot und Peitsche" (Aufhebung der Sanktionen und Androhung von militärischer Gewalt) an Konzessionen abhandeln wird können, ein „gerechter Friede" ist nicht in Sicht.

Trotz der politischen Isolierung – erstmals schlossen die Vereinten Nationen im September 1992 ein Vollmitglied aus, nämlich das fünf Monate vorher gegründete Rumpf-Jugoslawien –, trotz des intellektuellen Aderlasses (weit über 100.000 Studenten und gebildete junge Serben verließen 1991–1993 ihr Land) und trotz des wirtschaftlichen Bankrotts und der moralischen Diskreditierung in den meisten demokratischen Ländern der Welt bleibt nach menschlichem Ermessen Serbien der Gewinner dieses bisher noch begrenzten Balkankrieges. Abgesehen von den blamablen Versäumnissen und Fehleinschätzungen der internationalen Gemeinschaft und den bereits erwähnten fatalen Irrtümern und falscher politischer Konzeption seines kroatischen Gegenspielers erwies sich Präsident Slobodan Milošević, der starke Mann Serbiens seit September 1987, nicht nur als ein „Genie des

Apparates" (Reljić), sondern als ein großer Politiker, „ein Meister in der Heuchelei und Verstellung" (Machiavelli), der stets den Eindruck erweckt, der Einsatz aller Machtmittel diene nur einem moralisch anerkannten Zweck. In den schwierigsten Phasen bewies Milošević Führungsstärke, Konflikt- und Durchsetzungsfähigkeit. Er agierte zwar immer als ein „Machtmensch" (zum Beispiel bei der unbarmherzigen Abrechnung mit demonstrierenden Studenten oder dem Oppositionsführer Vuk Drašković), aber zugleich blendete der Serbenführer seine oft schlecht vorbereiteten, aber eitlen Gesprächspartner wie etwa Lord Owen oder Präsident Mitterrand durch „Darstellungskompetenz" (Ronald Hitzler). Kurz, Milošević war auch im durch die TV-Kameras übertragenen Kampf um die Macht allen jugoslawischen bzw. internationalen Akteuren, auch in sehr verschiedenen Kulissen, stets überlegen. Da der Jugoslawienkrieg auch ein Krieg um und in den Medien gewesen ist, kann die Wirkung der entspannten und oft lächelnden Unterhaltungen des Serbenführers mit westlichen Vermittlern und Staatsmännern nicht hoch genug eingeschätzt werden. Umgekehrt trugen die weltweit in Auszügen verbreiteten, offenen oder verklausulierten antisemitischen Anspielungen Tudjmans aus seinen früheren Werken wesentlich zur (oft ungerechten) Kompromittierung der gesamten kroatischen Position bei.

Jedenfalls hat Serbien seine Kriegsziele, die nach allen verfügbaren Angaben auch heute noch von einer starken Mehrheit des Volkes unterstützt werden, weitgehend erreicht, wenn auch zur strategischen Absicherung der serbischen Siedlungsgebiete noch ein „Korridor" oder Landaustausch notwendig sein könnte.

Die bosnischen Moslems bleiben in jeder Hinsicht – humanitär, kulturell, politisch und wirtschaftlich – die großen Verlierer und zusammen mit den entrechteten und unterdrückten Kosovo-Albanern die „unberechenbare" und „zentrale" Konfliktquelle. Die Kroaten konnten zwar ihr Siedlungsgebiet in der Herzegowina vor größeren Zerstörungen bewahren, aber infolge der Fehlkalkulationen Tudjmans und der Führung von „Herzeg-Bosna" wurde das Jahr 1993 zur unerwarteten Tragödie für die in Zentralbosnien angesiedelten und dem Rachefeldzug der verzweifelten Moslems zum Opfer fallenden bzw. grausam vertriebenen Kroaten, deren Zahl in die Hunderttausende gehen dürfte. Darüber hinaus bleibt trotz der jüngsten Abmachungen das serbisch-kroatische Verhältnis aus den bereits früher angeführten Gründen die Hauptursache künftiger Instabilität (Calic).

Damit kehren wir zu den eingangs gestellten Fragen zurück: Was hätte der Westen, also die Europäische Gemeinschaft, die Vereinigten Staaten und die NATO, über die bereits angeführten Aktionen hinaus tun können oder sollen? Kritiker weisen zum Beispiel auf das im September 1992 verfügte UNO-Flugverbot für Militärmaschinen über Bosnien hin. Erst im März 1993 erlaubt der UNO-Sicherheitsrat Gewaltanwendung zur Durchsetzung, und nach über 500 Verletzungen dieses Verbots werden im Februar 1994 vier serbische Militärmaschinen durch NATO-Flugzeuge abgeschossen. Hätte also die NATO früher schon die serbischen Stellungen, etwa um Sarajevo, bombardieren und sogar Bodentruppen zur Friedensdurchsetzung und nicht bloß Friedenserhaltung nach Bosnien senden sollen?

Viele leidenschaftliche Auseinandersetzungen drehten sich in den Staatskanzleien, in den Redaktionsstuben, oft sogar in den Spalten der gleichen Zeitung zwischen „Tauben“ und „Falken“ um diese Fragen. Soweit man heute jedenfalls von manchen maßgeblichen Akteuren in den dramatischen Tagen vor dem Ausbruch des Slowenien- und Kroatienkrieges hören kann, ist es wahrscheinlich, daß ein entschlossenes, gemeinsames Auftreten des Westens im Sommer 1991 mit einer glaubhaften Androhung militärischer Intervention das Schlimmste hätte verhindern können. So erklärte zum Beispiel Hans van den Broek, der damalige holländische Außenminister und Sprecher der sogenannten „EG-Troika“ (bestehend aus dem früheren, dem amtierenden und dem künftigen Vorsitzenden des EG-Ministerrates) in einer ORF-Fernsehdiskussion am 17. Dezember 1993 wörtlich, er sei jetzt der Meinung, daß eine zeitgerechte militärische Intervention damals den Flächenbrand hätte aufhalten können. Eine ähnliche Auffassung vertrat in einem Interview am 9. Februar 1993 der frühere amerikanische Außenminister Lawrence S. Eagleburger, der als Spitzenexperte der Bush-Administration galt, zumal er insgesamt sieben Jahre als Attaché und als Botschafter in Jugoslawien verbracht hatte. Damals, im Sommer und Herbst 1991, hätte eine „relativ bescheidene“ kollektive Intervention durch die USA und die Europäer samt der Androhung oder Anwendung von Gewalt ausgereicht, den Krieg zu stoppen. Eine solche Intervention sei aber nicht vorgeschlagen worden, und es wäre schwierig gewesen, eine solche Intervention vor der Vertiefung der Katastrophe in den USA und Europa zu „verkaufen“, hieß es im Bericht (*Washington Post*, 9. Februar 1993). Allerdings beschuldigte ein früherer für Osteuropa zuständiger Beamter des US-Außenministeriums knapp ein Jahr später seinen früheren Chef Eagleburger, die Existenz der serbischen Todeslager in Bosnien bewußt verheimlicht zu haben. Der von Eagleburger dementierte Vorfall fiel in die „heiße" Phase der amerikanischen Präsidentschaftswahlkampagne (*The Times*, London, 19. März 1993). Jedenfalls gab Eagleburger damals zu, man hätte versagt …

Die meisten Beobachter gehen weiter und werfen dem damaligen Außenminister James Baker vor, in einer Rede in Belgrad am 21. Juni 1991, also einige Tage vor der Ausrufung der Unabhängigkeit Sloweniens und Kroatiens, der kommunistischen Regierung und dem Generalstab das falsche Signal gegeben zu haben. Baker erklärte lautstark, wohl mit voller Billigung seines damaligen Stellvertreters, des heute so reumütigen Eagleburger, oberstes Ziel der amerikanischen Außenpolitik sei der Erhalt Jugoslawiens. Er fügte noch trotzig hinzu, die USA würden ein unabhängiges Slowenien nicht anerkennen. Einige Wochen vorher sprach EG-Kommissionspräsident Jacques Delors bei einem Belgrad-Besuch im ähnlichen Sinne und stellte zusammen mit dem Vorsitzenden des EG-Ministerrates mehrere Milliarden Dollar Wirtschaftshilfe für den Reformprozeß eines einheitlichen Jugoslawien in Aussicht. Zwei Jahre später gehörte derselbe Delors zu den schärfsten Befürwortern eines NATO-Engagements gegen die serbischen Eroberer. Der amerikanische Politologe Professor George Weigel schrieb dazu in einem kritischen Aufsatz über die Außenpolitik der Bush-Regierung: „Hätten die USA den Bürgerkrieg in Jugoslawien verhindern können? Vielleicht nicht. Aber Bakers Betonung der Aufrechterhaltung der Stabilität hat den Bürgerkrieg mehr und nicht weniger wahrscheinlich gemacht und die Hand jenes Politikers gestärkt, der das Haupthindernis auf dem Weg zu einer friedlichen Lösung des jugoslawischen Dilemmas ist." (*Commentary*, New York, Januar 1992.)

Diese „Phasenverspätung" bei der Erkenntnis der wirklichen Lage in Jugoslawien betrug laut Bebler „mindestens ein Jahr". So sei zum Beispiel der Vorschlag des von der EG im Spätherbst 1991 entsandten Vermittlers Lord Carrington über eine Konföderation als Modell für die Reorganisation Jugoslawiens der richtige Vorschlag zum falschen Zeitpunkt gewesen (Bebler). Diese falsche Einstellung zum Wesen der Jugoslawien-Krise in den Jahren 1989–1991 ging zum Teil auf die in diesem Buch bereits mehrfach angeführten historischen Sonderfaktoren in der Geschichte zurück. Es spielte aber auch die Angst vor den ungewissen Auswirkungen eines Zerfalls Jugoslawiens auf die damals von schweren Spannungen heimgesuchte Sowjetunion und wohl auch die Erinnerung an den berühmten Bestseller des britischen Generals Sir John Hackett mit. In Hacketts Buch *Der Dritte Weltkrieg* wird ein globaler Konflikt durch Kämpfe in der Nähe des slowenischen Atomkraftwerks Krško ausgelöst.

Die beste und vielleicht einzige Chance für eine westliche Intervention bzw. für einen entscheidenden Beitrag wurde also damals, vor dem Ausbruch des Krieges bzw. in seiner allerersten Phase, verspielt. Die Ursache dafür lag im mangelnden Verständnis für die komplexe Ausgangslage, für den vielleicht einzig gangbaren Weg einer Konföderation noch im Jahre 1990. Die späteren Auseinandersetzungen um die zu schnelle Anerkennung Sloweniens und Kroatiens sowie später Bosnien-Herzegowinas und vor allem um die treibende Rolle des soeben vereinigten Deutschlands bei der Entscheidung zugunsten der beiden nördlichen Republiken waren eher eine Spiegelung der damals noch unterschwelligen und seitdem offen zutagegetretenen Spannungen innerhalb der Europäischen Gemeinschaft, zweifellos gespeist aus historischen Ressentiments. Ab 1. Oktober 1991 vertrat die Belgrader Führung nur noch zwei Republiken (nach der putschartigen Übernahme des Staatspräsidiums durch Serbien und Montenegro), und am 7. Dezember bestätigte die internationale Schiedskommission der Jugoslawien-Konferenz, daß sich Jugoslawien „im Zustand der Auflösung" befände, d. h. man habe nicht mit einer Sezession von Randgebieten von einem Zentrum zu tun. Daß Deutschland allerdings die Anerkennung schon am 23. Dezember 1991 und nicht wie die übrigen EG-Staaten am 15. Januar 1992 vollzog, war ein Stilbruch mit Konsequenzen, die die deutsche Regierung offenbar unterschätzt hatte.

Unabhängig von den späteren Diskussionen war aber die Anerkennung deshalb nicht entscheidend, weil damals bereits die Eroberung kroatischer Gebiete und die Zerstörung Dubrovniks und vor allem Vukovars auf Hochtouren lief. Bei der Anerkennung Bosniens ergriffen übrigens nicht die Deutschen, sondern wie erwähnt die USA die Initiative. Dies war freilich vor allem eine Ersatzhandlung nach dem wiederholten Verzicht auf eine glaubhafte Drohung mit einer militärischen Intervention.

Im Rückblick scheint es klar zu sein, daß der Weg vom Zerfall zum Krieg deshalb unvermeidlich war, weil der Westen, d. h. die Vereinigten Staaten und die Europäische Gemeinschaft, zu keinem Zeitpunkt den gemeinsamen

Willen zu einer massiven Militärintervention gegen Serbien gehabt hatte. Und auch danach verfügte und verfügt die Welt über keine gemeinsamen Konzepte. Je mehr Zeit verging, umso unrealistischer wurde das Szenario eines massiven Militäreinsatzes. Es zeigte sich, daß die Mechanismen, die der internationalen Staatengemeinschaft zur Verfügung stehen, von der KSZE bis zu den Vereinten Nationen, keinesfalls für eine Konflikteindämmung, geschweige denn für eine Konfliktverhütung taugen. Inzwischen schreitet die Zersplitterung der militärischen und zum Teil politischen Macht auch innerhalb der Konfliktparteien, vor allem in Bosnien, fort. In der selektiven Wahrnehmung durch die Außenstehenden und sogar der Staatskanzleien verwischen sich die einst klaren Trennlinien zwischen Opfern und Tätern. Die Welt ist nicht gleichgültig, sie ist ratlos. Dazu kommt die bereits erwähnte, oft geschickte Image-Vermarktung durch Milošević und Karadžić, die in ihrer Inszenierungsarbeit den Kontrahenten Tudjman und Izetbegović klar überlegen sind. Alle Politiker der Kriegsparteien wissen, daß sie gegebenenfalls manipulieren und täuschen, ja lügen müssen. Nur sind einige der Akteure begabter als die anderen. Es mag zynisch klingen, aber der Kampf auf den Medienbühnen ist auch im Falle Ex-Jugoslawiens ein bedeutender Teil des Krieges selbst. Auch die altetablierten Kontakte zwischen serbisch-montenegrinischen Diplomaten bzw. ehemaligen UN-Beamten mit der führenden Hierarchie der Vereinten Nationen, ja sogar mit den Generalsekretären, spielen eine nicht unwichtige, wenn auch vor der Öffentlichkeit verborgene Rolle.

Schließlich wäre es auch unklug, zwei weitere Hauptfaktoren für die Lähmung der internationalen Gemeinschaft während der akuten Phasen des Jugoslawienkrieges zu übersehen: Das politische Problem in demokratischen Gesellschaften war immer das Verhältnis zwischen den jeweiligen Regierungen und der eigenen öffentlichen Meinung. Wie lange dauert der Aufschrei der Zuschauer, die auch Wähler sind, angesichts der Horrorbilder in den TV-Nachrichten, und wie reagieren sie, wenn Flugzeuge ihres Staates abgeschossen, Piloten oder Soldaten der Bodentruppen gefangengenommen oder ermordet werden? Bei der Abwägung der Risiken, Kosten, Ziele und Aussichten einer militärischen Aktion müssen Regierungen und Generäle auch die Tatsache bedenken, daß sie vor ihrer eigenen öffentlichen Meinung und oft vor den gleichen Medien, die ein sofortiges Engagement gefordert haben, Rechenschaft ablegen müssen. Die Erfahrungen und Bedenken der

Amerikaner, aber auch der anderen Nationen nach Somalia, Kambodscha, Vietnam usw. zeigen, wie schnell die öffentliche Meinung bei der emotionalen Bewältigung eines Konflikts in einem fernen Land, von dem man sehr wenig weiß, von Sympathie in Abneigung umschlagen kann. Kurz, die innenpolitische Absicherung oder zumindest Abschätzung einer außenpolitischen oder militärischen Aktion genießt überall absoluten Vorrang.

Zweitens ging es auch um das Verhältnis zwischen den Amerikanern und den Europäern einerseits und die internen Beziehungen zwischen den EG- oder NATO-Mitgliedstaaten andererseits. Die Weltöffentlichkeit hat dies wiederholt während der vergangenen drei Kriegsjahre erlebt. Die Amerikaner als treibende und dann als bremsende Kraft, die Europäer gespalten, zum Teil offensiv, zum Teil defensiv im jugoslawischen Konfliktmanagement. „Die Amerikaner, aber auch die Österreicher sind bereit, bis zum letzten Franzosen in Bosnien zu kämpfen", sagte mir vor einiger Zeit ein französischer Minister bei einem informellen Gespräch in Wien. Die zum Teil historisch begründeten, zum Teil realen Interessengegensätze und Einschätzungsunterschiede zwischen den einzelnen europäischen Kleinstaaten und Mittelmächten sind auch hinsichtlich des Krieges in Ex-Jugoslawien stets spürbar. Diese Akzentunterschiede und historisch vorgeprägten, zum Teil auch hier tiefenpsychologisch deutbaren Differenzierungen werden dann von serbischen und kroatischen, übrigens auch von griechischen, albanischen und mazedonischen Politikern taktisch geschickt und oft rücksichtslos für die Legitimation der eigenen Position und für Schuldzuweisungen gegen die anderen genützt. Vor diesem Hintergrund müssen wir den häufigen Diskurs sehen: „Man muß etwas tun!" – „Aber was?" Es gibt heute keine einfachen oder klaren Antworten angesichts der fehlenden Verhandlungsbereitschaft aller Konfliktparteien. Dazu ist das Mißtrauen zwischen den jeweiligen Gegnern viel zu groß. Die verschleierte, aber tiefverwurzelte Überzeugung, den Krieg wenn nicht heute, dann übermorgen doch noch gewinnen zu können, verhindert ein Ende des Mordens.

Die Lehren aus dem ersten Krieg in Europa, der erstmals seit dem Zweiten Weltkrieg einen Mitgliedstaat der Vereinten Nationen zerstört hat, sind betrüblich: Der Krieg als Mittel der Politik in Europa ist keinesfalls überholt; er zahlt sich aus, und angesichts dieser Katastrophe für Millionen Menschen haben alle internationalen Organisationen versagt. Die Vereinigten Staaten sind nicht bereit, an Stelle der Europäer eine neue Friedensordnung in Europa zu schaffen und notfalls mit Gewalt gegen einen anderen Staat, in dem die Menschen- und Minderheitenrechte flagrant verletzt werden, vorzugehen. Der Grundsatz der Nichteinmischung in die inneren Angelegenheiten eines Staates wird höher gestellt als die Sicherung der Menschenrechte (Wagner). Die Wirtschafts- und Handelssanktionen haben die Belgrader Führung nicht zum Nachgeben in Bosnien gezwungen. Wenn einmal die Waffen schweigen sollten, und diese Zeit ist möglicherweise in Sicht, dann kann die serbische Regierung damit rechnen, daß sich die Welt mit den durch den Krieg geschaffenen Fakten langsam abfindet und früher oder später Restjugoslawien aus der Quarantäne befreit wird. Die Einschaltung Rußlands in die jüngsten Bemühungen um Waffenstillstand und humanitäre Erleichterungen trägt zur allgemeinen Entschärfung der Lage bei, dürfte aber auf längere Sicht und bei der Suche nach einem Friedensschluß – nicht zuletzt unter dem Druck des russischen Nationalismus – die Position Serbiens wesentlich stärken. Wenn man noch die Zeitbombe Kosovo in Betracht zieht, sind die Aussichten für eine Friedensregelung, die auch den Siegern wesentliche Zugeständnisse abverlangen müßte, düster. Die Folgen für die ganze Region sind nicht abzusehen. Ob die Europäische Union aus den schockierenden Lehren des Jugoslawienkrieges die Konsequenzen zieht und wirksame Krisenmechanismen schafft, um den nächsten Konflikt besser bewältigen zu können, muß dahingestellt bleiben.

Und die Menschen in einem zerfallenen Vielvölkerstaat, in dem über drei Millionen Flüchtlinge und Vertriebene bei einer früheren Gesamtbevölkerung von 23,5 Millionen gezählt werden? Die Tugend, die wir lernen, schrieb einmal der große deutsche Historiker Thomas Nipperdey, ist „mitfühlende, verstehende, realistische Skepsis." Man darf deshalb diese Betrachtungen über die Tragödie des jugoslawischen Experiments mit einigen höchst relevanten Zeilen aus seinem „Nachdenken über die deutsche Geschichte" schließen: „Wer sich mit der Vergangenheit beschäftigt, erfährt, wie bedingt und abhängig die Menschen sind, die Handelnden und die Leidenden, wie die großen Tendenzen über sie hinweggehen, die Strukturen sie zwingen, wie fragil ihre Sicherheiten sind, wie brüchig die Mauer des Erreichten, wie die Folgen die Absichten hinter sich lassen, wie sie in ausweglosen Widersprüchen und unlösbaren Alternativen verstrickt sind, schwach, irrend, schuldlos schuldig, die Sieger, wie die Besiegten, so gestern wie heute."

Quellen

IVO ANDRIĆ, Die Brücke über die Drina. München: Hanser 1992

IVO ANDRIĆ, Brief aus dem Jahr 1920. In: Karl Markus Gauß (Hrsg.), Das Buch der Ränder. Klagenfurt 1992, S. 31–38

ANTON BEBLER, Das Militär in Jugoslawien. In: Europäische Rundschau, Heft 3/1991

DERS., Der Untergang Jugoslawiens. In: Europäische Rundschau, Heft 3/1992

DERS., Das Schicksal des kommunistischen Föderalismus. In: Europa-Archiv, Folge 13 (1992)

DERS., The Yugoslav War (unveröffentlichtes Manuskript vom Juni 1992).

FERNAND BRAUDEL, Schriften zur Geschichte 1. Stuttgart: Klett-Cotta 1992

THOMAS BREY, Die Logik des Wahnsinns. Freiburg: Herder 1993

GEORG BRUNNER, Nationalitätenprobleme und Minderheitenkonflikte in Osteuropa. Ein Arbeitspapier. Gütersloh: Bertelsmann-Stiftung 1993

MARIE-JANIN CALIC, Düstere Aussichten für Bosnien-Herzegowina. In: Europa-Archiv, Folge 3 (1994)

RAJKO DJURIĆ/BERTOLT BENGSCH, Der Zerfall Jugoslawiens. Berlin: Morgenbuch-Verlag 1992

IMMANUEL GEISS, Hegemonie und Genozid. Das Serbien-Syndrom 1991/92. In: Europa-Archiv, Folge 15/16 (1992)

RONALD HITZLER, Der Machtmensch. Zur Dramatologie des Politikers. In: Der Merkur, Heft 3 (1992)

ERIC HOBSBAWM, In: The New York Review of Books, 16. 12. 1993

EDGAR HÖSCH, Die Entstehung des Nationalstaats in Südosteuropa. In: Südosteuropa, Heft 10 (1993)

ADOLF KARGER, Der gescheiterte Vance-Owen-Plan und die ethnisch-geographischen Strukturen von Bosnien-Herzegowina. In: Osteuropa, Heft 8 (1993)

GEORGE F. KENNAN, Einleitung zum Nachdruck des Berichtes der Carnegie-Stiftung. In: The New York Review of Books, 15. 7. 1993

WOLFGANG LIBAL, Das Ende Jugoslawiens. Erw. Neuauflage. Wien-Zürich: Europaverlag 1993

HANS-MICHAEL MIEDLING, Gründe und Hintergründe der aktuellen Nationalitätenkonflikte in den jugoslawischen Ländern. In: Südosteuropa, Heft 2 (1992)

BRANKA MAGAŠ, The destruction of Yugoslavia. London-New York: Verso 1993

THOMAS NIPPERDEY, Nachdenken über die deutsche Geschichte. München: dtv 1990, S. 20/21

SLOBODAN RELJIĆ, Vestina vladanja (Die Kunst des Herrschens). In: NIN Belgrad, 8. 5. 1992

WOLFGANG WAGNER, Acht Lehren aus dem Fall Jugoslawiens. In: Europa-Archiv, Folge 2 (1992)

Albanien
– die Lunte am Pulverfaß

Die Religion des Albaners
ist das Albanertum.

Vaso Pasha, 1879

Daß ich 1983 und 1984, in einer Spätphase des Hodscha-Regimes, zweimal hintereinander Albanien besuchen durfte und während dieses mehr als vierwöchigen Aufenthaltes insgesamt über 3.300 Kilometer quer durch das Land zurücklegte, hing zum Teil damit zusammen, daß ich zuerst als Mitglied einer ORF-Delegation über den Abschluß eines Abkommens mit dem Albanischen Rundfunk verhandelte und ein Jahr später – als Folge dieser Vereinbarung – eine fast einstündige Fernsehdokumentation für den ORF drehte. Beide Reisen waren ein unvergeßliches Erlebnis. Was ich mir aber nie hätte vorstellen können, passierte in Albanien: Zehn Jahre nach meiner ersten Reise konnte ich Ende September 1993 ein nunmehr freies Albanien besuchen. Was diese Wandlung bedeutet, versucht die Gegenüberstellung eines Aufsatzes, der anläßlich des Todes des langjährigen Diktators Enver Hodscha im Frühjahr 1985 in der Hamburger Zeit *erschien, mit meinen Eindrücken während einer einwöchigen Reise im Spätherbst 1993 zu vermitteln. Ein kleiner Teil des zweiten Essays ist in anderer Form in der Pariser* Le Monde *bzw. im* profil *Ende 1993 erschienen. Die hier abgedruckte Fassung ist nicht nur fast fünfmal länger; sie enthält auch die auf den letzten Stand gebrachten Zahlen und politischen Informationen.*

Damals, 1984, galt ich in Albanien fast als ausländischer Staatsfeind Nummer eins, weil ich in einer ORF-Dokumentation über Hodschas Kult, seine Rachsucht und die manipulative Entfernung seines degradierten Stellvertreters Mehmet Shehu aus einem Bildband berichtet hatte.

Darüber hinaus beging ich damals die unverzeihliche Sünde, mit der Witwe König Zogus, der einstigen ungarischen Gräfin Geraldine Apponyi, ein Interview in Paris für den Film zu drehen. Mit dabei war damals auch der exzentrische Kronprätendent, der sich „König Leka“ nennt.

Rückblickend glaube ich, daß mein waches Interesse am Schicksal Albaniens, des Landes der Skipetaren, nicht auf Karl May, sondern eher auf die Kindheitserinnerung an die glanzvolle Hochzeit der Gräfin Apponyi mit dem König aus diesem gleichsam exotischen Land zurückgeht. Bereits während meines ersten oder zweiten Besuches in Ex-Jugoslawien bereiste ich auch die Provinz Kosovo. Wie dem auch sei, ich habe mich in zwei Büchern mit der faszinierenden und an Überraschungen reichen Geschichte des kleinen Balkanlandes (ein Drittel des österreichischen Territoriums) beschäftigt. Doch hätte ich nie gedacht, daß die erwähnte ORF-Dokumentation mit einer neuen Einleitung von mir zehn Jahre später vollsynchronisiert im Al-

banischen Fernsehen ausgestrahlt werden würde, daß ich Marash Hajati, den damaligen Generaldirektor des Albanischen Fernsehens, der zugleich Präsident des Journalistenverbandes und mächtiges ZK-Mitglied gewesen war, diesmal als fleißigen Betreiber eines kleinen, freistehenden Warenkioskes an einer Nebenstraße der Hauptstadt wiedersehen würde und daß mich Sali Berisha, der erste demokratisch gewählte Präsident des Landes und eigentliche Nachfolger Hodschas und Alias, zu einem informellen Mittagessen einladen würde. Kurz, im krassen Gegensatz zur jugoslawischen Tragödie ist das kleine (von der Geschichte und den stärkeren Nachbarn amputierte) Land menschlicher und offener geworden, und vielleicht haben die Albaner – selten genug in ihrer turbulenten Geschichte – diesmal wirklich Glück gehabt.

Das Ende der Hodscha-Ära im Land der Skipetaren

April 1985

Einundvierzig Jahre lang hat er über den rückständigsten und verschlossensten Winkel Europas geherrscht: der gebildetste aller kommunistischen Parteiführer seit Lenin. Enver Hodscha war ein Intellektueller, der aus einer muselmanischen Familie stammte. Zeit seines Lebens betrachtete er sich als der einzige treue Schüler Stalins. In einem der 44 Bände seiner Gesammelten Werke rühmt Hodscha „den unvergeßlichen Stalin ..., seine große menschliche Seele, sein rücksichtsvolles, herzliches Benehmen, sein hervorragendes marxistisch-leninistisches Denken". Ein rührend besorgter Mensch überdies, dieser Stalin: „Er achtete sehr darauf, daß ich den Hut aufsetzte, damit ich mir keinen Schnupfen holte, und zeigte mir sogar die Toiletten, sollte ich sie brauchen."

Da konnte es nicht überraschen, daß Hodschas Nachfolger, der 59jährige Ramiz Alia, in seiner Grabrede unerschütterliche Treue zu den Lehren von Marx, Engels, Lenin und Stalin gelobte und zugleich den Revisionisten jugoslawischer, sowjetischer und chinesischer Provenienz eine Absage erteilte. Es nahm auch niemanden wunder, daß er mit seiner ersten Amtshandlung das Beileidstelegramm des Zentralkomitees der KPdSU als „unannehmbar" nach Moskau zurückschickte. „Albanien bleibt immer stark, immer rot, fest auf dem Kurs unseres geliebten Führers und Lehrers, des Genossen Enver", verkündete der neue starke Mann.

Vier Jahrzehnte lang – seit 1944 – hat Enver Hodscha Albanien mit harter Hand regiert. Das Ende seiner Herrschaft läutet für das kleine Land an der Adria eine Ära gefährlicher Unsicherheit und Unberechenbarkeit ein.

Albanien war immer ein balkanisches Pulverfaß und oft ein Störelement im Weltkommunismus. Stets spielte es auch eine Rolle, die in keinem Verhältnis zu seiner Winzigkeit und zu seinen knapp drei Millionen Menschen steht. Was dort geschah, berührte die Sicherheit der beiden Landnachbarn

Jugoslawien und Griechenland, aber auch Italiens, das jenseits der Straße von Otranto nur knapp 70 Kilometer entfernt liegt. Bis 1961 hatten die Sowjets dort einen Flottenstützpunkt. Nur mit der Androhung von Gewalt konnten sie damals zum Rückzug ihrer U-Boote von der Insel Sazan in der Bucht von Vlorë (Valona) gezwungen werden. Die Unabhängigkeit Albaniens ist seither ein wichtiges Element des Ost-West-Gleichgewichts in Europa.

Zu den strategischen Sorgen kommt das ethnische Problem. Fast zwei Millionen nationalbewußter Albaner leben heute im angrenzenden Jugoslawien. Die Unruhen in der überwiegend von Albanern bewohnten südserbischen Provinz Kosovo (aber auch in Montenegro und Mazedonien) haben seit 1981 die Sprengkraft des albanischen Nationalismus demonstriert.

Wohin treibt Albanien jetzt? Kommt es zu einer Öffnung nach Westen oder eher zu einem Wiederanschluß an den Osten? Kommt es gar zur Rückkehr in den Warschauer Pakt, den das Gründungsmitglied Albanien am 13. September 1968 aus Protest gegen die Besetzung der Tschechoslowakei formell verließ – nachdem Hodscha bereits 1948 mit Jugoslawien gebrochen hatte, 1961 mit der Sowjetunion, 1978 mit China?

Albanien war stets ein Grenzland zwischen den Sprachen, Religionen und Mächten. Griechen und Römer, Goten und Byzantiner, Serben und Bulgaren, Sizilianer und Venezianer hielten es für kurze oder längere Zeit besetzt. Die Türken herrschten dort fast 500 Jahre lang. Der kurzen Unabhängigkeit unter König Ahmet Zogu nach dem Ersten Weltkrieg folgte die italienische und deutsche Besatzung im Zweiten Weltkrieg. Unter Hodschas Führung ergriffen dann die kommunistischen Partisanen die Macht, im Namen eines Proletariats, das es im Lande der Skipetaren überhaupt nicht gab. Die Geburtshelfer des kommunistischen Regimes im Armenhaus Europas waren Titos Partisanen und britische Offiziere. Immerhin war Albanien neben Jugoslawien das einzige Land in Europa, in dem eine kommunistisch gelenkte Widerstandsbewegung aus eigener Kraft die Macht erringen konnte – ja, das einzige osteuropäische Land, das weder im Krieg noch danach von Sowjetsoldaten besetzt wurde.

Nach 1945 wurde das kleine Land ein Anhängsel seines größeren kommunistischen Nachbarn Jugoslawien und war auf dem besten Wege, eine Teilrepublik der jugoslawischen Föderation zu werden. Daß es nicht dazu kam, verdankt Albanien in erster Linie dem Konflikt zwischen Tito und Stalin – vor allem aber der Entschlossenheit Hodschas, seine persönliche Machtstellung und die nationalen Interessen Albaniens um jeden Preis zu verteidigen.

Der Stalin-Kult und die leninistische Ideologie waren für Hodscha stets bloß ein Herrschaftsinstrument. Von 1948 bis 1961 war Albanien der einzige östliche Satellit, der geographisch vom Ostblock getrennt blieb; das entpuppte sich als Vorteil. Mit untrüglichem Sinn für Macht und Taktik – und begünstigt durch den Glücksfall des chinesisch-sowjetischen Bruchs – konnte Hodscha den Stalinismus und die Entstalinisierung ebenso meistern wie das Auf und Ab während der fünfzehn Jahre seiner Zweckallianz mit Rotchina. Trotz aller erstaunlichen Wendungen ist aber das wichtigste Merkmal der albanischen Politik der Wille zur nationalen Selbstbehauptung und zur Verteidigung der eigenen Identität geblieben. Hodscha hinterläßt ungeachtet der ideologischen Verkleidung ein Albanien, das zum ersten Mal in seiner Geschichte volle und uneingeschränkte Souveränität und Entscheidungsfreiheit genießt.

Wie aber sieht dieser „Leuchtturm des wahren Sozialismus“ in Wirklichkeit aus – diese „kleine Granitinsel im feindlichen Meer“, jenes von Hodscha geschaffene System, um das Albanien laut Alia von der ganzen Welt beneidet wird?

Zwei Reisen quer durch das Land 1983 und 1984 haben mich davon überzeugt, daß Albanien zumindest in Europa das Land mit dem größten Propagandaaufwand pro Quadratkilometer ist – und wohl auch das Land mit der höchsten Zahl von Geheimpolizisten im Verhältnis zur Fläche und zur Bevölkerung. Spätabends in der Heimatstadt Ramiz Alias, der nordalbanischen Stadt Shkodër (Skutari): Zu Fuß oder auf dem Fahrrad heften sich die Beschatter dem Fremden in den stockdunklen, verschlungenen Gassen der Altstadt rund um die einstige, in eine Sporthalle umgewandelte katholische Kathedrale an die Fersen. Niemals machen sie auch nur den geringsten Versuch, sich zu tarnen. Der Besucher muß an den treffenden Bericht Joseph Roths aus Albanien im Jahre 1927 denken: „Die Lust dieser Menschen am Spionieren ist ebenso groß wie ihre Furcht, eine Meinung zu äußern. Denn wozu eine Meinung, die man verschweigt? An die Stelle einer politischen Überzeugung tritt politisches Parteigängertum, an die Stelle eines Kampfes die Konspiration, an die Stelle eines Wortes die Andeutung, an die Stelle der Vorsicht die Furcht. In diesem Land ist kein Regierender sicher und kein Regierter.“

Viele Parteigänger Hodschas haben dies am eigenen Leibe erfahren müssen. Nach 27 Jahren Ministerpräsidentschaft wurde Mehmet Shehu samt Außenminister, Verteidigungsminister und Innenminister 1982 als Agent enttarnt, der angeblich gleichzeitig für den jugoslawischen, englischen, amerikanischen und sowjetischen Geheimdienst gearbeitet hätte, und aus dem Amt gejagt. Der angebliche Selbstmord Shehus und die Erschießung seiner Anhänger ebnete Ramiz Alia, dem Berufsfunktionär aus der zweiten Generation, den Weg an die Spitze. Nichts in seiner Karriere deutet auf Reformfreudigkeit oder gar „liberale" Schwächen hin. Während der letzten 25 Jahre amtierte er als Chefideologe und oberster Wächter des ebenso puritanischen wie unbarmherzigen ideologischen Kurses: Die Religion wurde abgeschafft, 2.169 Moscheen, Kirchen und Klöster wurden geschlossen. Die Kollektivbauern mußten ihren privaten Viehbestand abgeben. Der Schwerindustrie wurde absolute Priorität eingeräumt.

Noch heute darf außer wenigen Privilegierten kein Albaner ins Ausland reisen, einen Privatwagen besitzen oder sich öffentlich zur Religion bekennen. In keinem anderen kommunistischen Land Europas wurde die Gleichmacherei so rigoros durchgesetzt wie in Albanien. So verdient der Rektor der Universität von Tirana knapp zweimal soviel wie ein junger Hirte, der Chefingenieur des größten Industriebetriebes und der Vizeminister für Außenhandel desgleichen. Für ein einfaches Fahrrad muß ein Facharbeiter sechs Wochen arbeiten, für ein Paar Schuhe eine Woche, für Luxusgüter wie einen Schwarzweißfernseher (montiert aus importierten Teilen und „intern" verteilt) rund sieben Monate.

Wird Alia diesen spartanischen Lebensstil ändern? Wird er die Abschottung des Landes von der Außenwelt aufheben wollen? Mit der wohlwollenden Unterstützung der Frau des verstorbenen Parteichefs führt er seit zwei Jahren praktisch die Geschäfte.

Das Land, dessen Verfassung sogar die Annahme von Auslandskrediten verbietet, ist arm. Doch braucht Albanien wohl eine vorsichtige Öffnung nach Westen. Um seine Naturschätze – Chrom, Nickel, Wasserkraft, Öl, Kupfer – zu erschließen und zu verwerten, reicht die veraltete chinesische Technik nicht mehr aus. In den Fabriken steht jede zweite Maschine still.

Mit kleinen Öffnungen vor allem gegenüber Griechenland, Italien und der Türkei hatte das Land schon unter Hodscha begonnen. Es ist durchaus denkbar, daß Ramiz Alia nach einer angemessenen Frist die Wiederaufnahme diplomatischer Beziehungen auch zur Bundesrepublik Deutschland vorbereitet. Ob allerdings selbst eine begrenzte und pragmatische Öffnung möglich sein wird, hängt nicht zuletzt davon ab, ob der neue Mann die Armee und den Sicherheitsdienst in der Gewalt hat.

Aber Albanien wird vor allem sich selbst treu bleiben. Die „Söhne des Adlers“ haben in der Geschichte schon oft Freund und Feind überrascht. Als ich Ismail Kadare, den berühmtesten Schriftsteller des Landes, nach der rätselhaften Affäre Shehu fragte, gab er eine wohl auch für die Zukunft passende Antwort: „In diesem Teil der Welt war der Kampf um politische Macht immer sehr heftig. Und was die von Ihnen erwähnten verblüffenden Umstände betrifft, so können hier unerwartete Dinge, die man nicht für möglich hält, im wirklichen Leben geschehen ...“

Die Wiedergeburt einer Nation

Frühjahr 1994

Wer hätte das im Jahre 1991 erwartet?" rief Michael Camdessus, Generaldirektor des Internationalen Währungsfonds, in einer programmatischen Rede am 14. Februar 1994 über die westliche Haltung zur Wirtschaftsentwicklung in Mittel- und Osteuropa vor einem hochrangigen Fachpublikum in Washington D. C. aus. „Albanien, dessen Lage vor zwei Jahren besonders schwer erschien, wies 1993 die mit Abstand am schnellsten wachsende Wirtschaft in Europa mit einer Wachstumsrate von 10 Prozent und einer Inflationsrate, die der Polens ähnlich ist, auf. Eine Fortsetzung des Wiederaufbaues wird für das heurige Jahr erwartet." Seiner Ansicht nach schrieben Albanien, Polen und Tschechien die eigentlichen „Erfolgsgeschichten" (*success stories*) in Osteuropa.

In der Tat – wer hätte daran gedacht, allerdings nicht 1991, sondern einige Jahre früher, daß sich diese „kleine Granitinsel im feindlichen Meer", dieser nach eigenem Bekenntnis einzig übriggebliebene „Leuchtturm des wahren Sozialismus", als Vorhut des Reformprozesses entpuppen würde? Selbst für jene wenigen Beobachter, die seit vielen Jahren die Vorgänge in dem damals rückständigsten und abgeschlossensten, zugleich bis heute vielleicht faszinierendsten und rätselhaftesten Winkel Europas verfolgt hatten, waren die Entwicklungen der letzten drei Jahre eine wahre Überraschung.

Natürlich bleibt Albanien nach wie vor eines der ärmsten Länder Europas, wenn nicht der Welt, mit einem Bruttosozialprodukt von knapp 700 US-Dollar pro Kopf pro Jahr der Bevölkerung. Kritiker der Regierung wie Gramoz Pashko, der frühere Vizepremier und seit Ende 1992 Sprecher einer kleinen Oppositionsgruppe im Parlament, machen ausländische Besucher stets darauf aufmerksam, daß selbst diese Angabe irreführend sei, da 200 Dollar pro Kopf aus der Auslandshilfe stammen würden (*Frankfurter Allgemeine*, 4. Oktober 1993). Albanien erhielt tatsächlich die höchste westliche Pro-Kopf-Hilfe in Höhe von 1.280 Dollar, um die dringendste Not zu lindern und Massenfluchtaktionen wie den vergeblichen, durch TV-Bilder weltweit dramatisch aufbereiteten Ausbruchsversuch von 40.000 Albanern nach Italien zu verhindern.

Trotzdem stellt der hier zitierte Ausspruch keineswegs nur die papierene Erklärung eines von Zahlen irregeführten ausländischen Spitzenbankiers dar. Andere Institutionen wie die Londoner Europäische Bank für Wiederaufbau und Entwicklung und die Experten des Europarates beurteilen die bisherigen Resultate der Wirtschaftsreformen und die Entwicklungsmöglichkeiten positiv. Die jüngsten Informationen bestätigen die Eindrücke, die ich im Laufe eines einwöchigen Aufenthaltes Ende September – Anfang Oktober 1993 in Tirana sowie bei Ausflügen in die gleichen Städte, die ich zehn Jahre vorher besichtigt hatte, nämlich Shkodër und Durrës, sammeln konnte.

Damals und auch noch vor wenigen Jahren wäre ein Tourist in Tirana festgenommen oder gar erschossen worden, hätte er die Befehle der furchterregenden Spezialeinheit mißachtet, die mit der Waffe im Anschlag den großen Gebäudekomplex nahe der Hauptstraße bewachte. Hier lebten die Führer der allmächtigen „Partei der Arbeit", der KP Albaniens. Heute kann man friedlich im Bett Enver Hodschas schlafen – jenes Diktators, der bis zu seinem Tod am 11. April 1985 vier Jahrzehnte lang mit eiserner Hand die 3,2 Millionen Albaner beherrschte. Bis dahin galten noch die Eindrücke Joseph Roths, die dieser vor 67 Jahren für die *Frankfurter Zeitung* verfaßte: „Das ganze Land ist wie ein abgeschlossener Hof, von natürlichen Gefängnismauern eingefaßt, die Freiheit ein relativer Begriff, man fühlt deutlich, daß es keine Eisenbahnen gibt, uns in das Jahrhundert zu führen, das unsere Heimat ist …"

Heute gibt es zahlreiche Flug- und Schiffsverbindungen. Zur Zeit meines ersten Besuches gab es z. B. noch keine Möglichkeit, mit Passagierschiffen nach Albanien zu gelangen. Damals war das Land der Skipetaren eine hermetisch abgeschlossene „Festung des Sozialismus", und ihr „Herz" schlug im exklusiven Wohnviertel der obersten Führungsspitze. Heute muß man Staatsgast sein oder 125 Dollar pro Nacht auf den Tisch legen, will man im Bett des Tyrannen oder unter der Daunendecke eines ehemals mächtigen Parteiführers nächtigen. Die ehemaligen Bewohner der prachtvollen Villen mit Gartenanlagen, Hodschas Witwe Nexmije, sein Nachfolger, der spätere Präsident (bis April 1992) Ramiz Alia, und weitere acht Mitglieder des damaligen Politbüros, sitzen heute im Gefängnis neben dem Bahnhof in Tirana ihre Strafen ab – Nexmije Hodscha wurde wegen Veruntreuung von Staatsgeldern zu einer Haftstrafe von neun Jahren verurteilt .

Erstaunlicher als das Schicksal der einstigen Herrscher ist die ungeheuer schnelle Wandlung des Landes, das bis in die späten achtziger Jahre als einzige Bastion des „wahren Sozialismus“ galt. Für jemanden, der Albanien als riesige Fußgängerzone kannte, sind die Städte und Straßen nicht wiederzuerkennen. Vorbei ist es mit dem ländlichen Charakter Tiranas, wo bis 1990 kein Privatmann ein Auto besitzen durfte. Nur ein Beispiel: Um das Typische des Transportwesens zu ermitteln, zählten wir 1984 auf einer 35 Kilometer langen Strecke von Tirana über Durrës nach Kavaje, also auf einer der wenigen Hauptverkehrsstraßen des Landes, in beiden Richtungen 68 Fahrräder, 51 Lastwagen, 20 Ochsen- und Pferdekarren, 2 Autobusse, zahlreiche Esel und Fußgänger, aber nur drei Autos. Einige Tage später ergab eine weitere Zählung auf einer anderen Strecke ein ähnliches Resultat. Als wir uns im Herbst 1993 auf den Weg nach Shkodër begaben, warnte mich Genc Pollo, ehemaliger Dissident, einst Student in Wien und jetzt Pressechef des Präsidenten, der mein Buch über Albanien samt den Verkehrsangaben gelesen hatte, daß wir nunmehr kaum die Chance haben würden, die Autos zu zählen.

Diese Fahrt von Tirana nach Shkodër lieferte für mich in der Tat die vielleicht überwältigendsten Eindrücke meines letzten Albanien-Aufenthaltes. Auf der Straße ein wildes Gewirr von gebrauchten Autos jeder Art, privaten Gebrauchtautobussen aus Deutschland, Italien, Griechenland. Straßenhändler überall und, wie früher, Schafherden, Pferdefuhrwerke und vor allem Massen von Menschen, die unterwegs waren, um zu kaufen oder zu verkaufen. Der Straßenverkehr ist nicht nur viel chaotischer, sondern auch gefährlicher geworden. Ob als Fahrer oder Fahrgast, eine Reise in Albanien ist heutzutage eine ungeheure, unvorstellbare Belastung. Schlechte Fahrer sitzen hinter dem Lenkrad in schlechten Autos auf schlechten Straßen. Dazu kommt noch, daß die Albaner ununterbrochen miteinander reden und daß fast ausnahmslos alle Autos überfüllt sind. Ein unglaublich hoher Prozentsatz der Personenkraftwagen und Autobusse dürfte in einem westlichen Land kaum eine technische Prüfung überleben. Ähnliche Erfahrungen machten wir bei der Ankunft der großen Autofähre aus Triest im Hafen von Durrës: Auch hier Dutzende Autos in schlechtem Zustand, aus Italien importiert.

Die Zollbeamten und Polizisten wollten bloß schnell Geld kassieren, natürlich für die eigene Tasche, kaum jemand nahm den Zustand der Autos überhaupt unter die Lupe.

Der Import von über 100.000 Pkws, Last- und Lieferwagen und Kraftfahrzeugen aller Art in knapp zwei Jahren sowie die Öffnung von Straßencafés, Bars und Straßenmärkten haben das Gesicht der größeren Städte völlig verändert. Der Sprung vom repressivsten Regime in die Welt der Marktwirtschaft und Demokratie hat Tirana zu einem einzigen lebhaften, farbenfrohen orientalischen Basar gemacht. Die unzähligen kleinen Cafés sind bis spät in die Nacht geöffnet. Zudem bemerkt man auf Schritt und Tritt die Rückkehr der Religion in das einstige erste atheistische Land der Welt, in dem die Religionsgemeinschaften grausamer verfolgt wurden als in jedem anderen kommunistischen Land. Seit dem Blitzbesuch von Papst Johannes Paul II. im April 1993 in Shkodër, der nördlichen Hochburg der Katholiken, und in Tirana gibt es viele Anzeichen für eine Wiedergeburt der katholischen Kirche, wenn auch nur 10 bis 15 Prozent der Albaner katholisch sind. Rund 25 bis 30 Prozent dürften Orthodoxe sein, der Rest ist moslemisch. Während in Shkodër die Kathedrale, eine der größten auf dem Balkan – nach 25 Jahren der Benützung als Sporthalle –, und der Bischofspalast wieder in altem Glanz strahlen (die Rekonstruktion kostete den Vatikan über eine halbe Million Dollar), sieht man in den Dörfern Mittelalbaniens kleine, neue Moscheen, deren Bau von diversen islamischen Staaten finanziert wurde. In Südalbanien ist die orthodoxe Kirche besonders stark. Die Ernennung eines griechischen Erzbischofs zum Oberhaupt der orthodoxen Glaubensgemeinschaft wurde von vielen Albanern aus nationalen Gründen kritisiert. Die Rolle der griechischen Priester ist historisch stets ein Zankapfel gewesen und gewinnt in Krisenperioden immer an Brisanz. In Albanien leben nach offiziellen Angaben rund 60.000 Griechen. Von griechischen Nationalisten wird aber ihre Zahl auf über 300.000 geschätzt. Als Folge der Auseinandersetzungen um die griechischen Priester wies die griechische Regierung im Sommer 1993 – wohl auch im Zeichen des damaligen Wahlkampfes – über 30.000 Albaner über Nacht aus Griechenland aus. Die Zahl der illegal arbeitenden, aber von den Behörden augenzwinkernd tolerierten Albaner in Griechenland dürfte dabei weit über 100.000 liegen. Ihre Überweisungen an die Familien zu Hause erfüllen im albanischen Wirtschaftsleben eine sehr wichtige Funktion. Angesichts der jahrzehntelangen grausamen Unterdrückung, der atheistischen Erziehung der Jugend, der gewaltigen Probleme hinsichtlich des Priesternachwuchses und der Rückgabe aller beschlagnahmten Gotteshäuser mußte auch die Kirche bei Null beginnen.

Mit ihrer überraschend erfolgreichen Wirtschaftspolitik hat die nach dem Wahlsieg der Demokratischen Partei im April 1992 von dem neugewählten Staatsoberhaupt Sali Berisha eingesetzte Regierung mit Aleksander Meksi an der Spitze die Atmosphäre im Lande gleichsam „elektrifiziert". Zum Teil unter dem Druck des Internationalen Währungsfonds, zum Teil aber auch in der Überzeugung, daß das Land nach den Jahren des Chaos einen radikalen Neuanfang brauche, wurde mit der völligen Freigabe der Preise eine liberale Wirtschaftspolitik eingeschlagen, die Landwirtschaft praktisch völlig privatisiert. Anstelle der Kolchosen und Staatsfarmen entstanden 315.000 privat bewirtschaftete Bauernhöfe. Sie erwiesen sich als die eigentliche Lokomotive des Aufschwungs. Trotz des Mangels an Düngemitteln, Maschinen und Bewässerungsanlagen gelang es, die Agrarproduktion bereits im Jahre 1992 um 12 Prozent und im Vorjahr sogar um 15 Prozent zu steigern. Albanien dürfte bald seinen Bedarf an Nahrungsmitteln selbst decken und in manchen Zweigen zu einem Netto-Exporteur werden. Der Viehbestand stieg um 14 Prozent und die Fleischproduktion um 170.000 Tonnen.

Besonders wichtig war die erfolgreiche Stabilisierung der albanischen Währung, des Leks. Überall zahlten wir nicht mehr in Dollar, sondern wieder in der Landeswährung. Auch der Handel und das Transportwesen wurden privatisiert. Die Geschäfte bieten nun ausländische Produkte in Hülle und Fülle an. Wenn man sich daran erinnert, daß sich in den achtziger Jahren die Menschen schon beim Morgengrauen oft vergeblich für Fleisch anstellten und daß die Geschäfte kaum Obst und Gemüse anzubieten hatten, kann man das gegenwärtige Angebot an Nahrungsmitteln aller Art nicht hoch genug einschätzen.

Allein in Tirana gibt es mittlerweile über 30.000 private Geschäfte. Auch beim Aufbau eines legalen und institutionellen Rahmens für die Marktwirtschaft und ausländische Investitionen sowie bei der Verringerung von Haushaltsdefizit (von 40 Prozent auf 10 Prozent) und Inflation (von 226 Prozent jährlich beim Start der Reformen auf knapp über 30 Prozent im Vorjahr) waren Berishas Minister durchaus erfolgreich. Wenn auch nach drei Jahren eines dramatischen Produktionsrückganges von einem sehr niedrigen Niveau ausgehend, hat die albanische Wirtschaft wieder Tritt gefaßt, und ihre Erfolge werden auch international anerkannt. Selbst der kritische Oppositionspolitiker Skender Gjinushi von der Sozialdemokratischen Partei – übrigens vier Jahre Bildungsminister in der letzten kommunistischen Regierung – rechnete in einem Gespräch mit einem Kapitalfluß von 350 bis 400 Millionen US-Dollar im Jahre 1993, vor allem von den in Griechenland und Italien legal oder illegal arbeitenden Albanern.

Besonders aufschlußreich sind die Resultate einer Umfrage der Europäischen Gemeinschaft, des sogenannten „Eurobarometers". Wie ein Jahr vorher zeigten sich auch Ende 1993 die früheren Untertanen Enver Hodschas von allen Einwohnern der 16 befragten postkommunistischen Länder am optimistischsten: 71 Prozent glaubten, daß ihr Land mit der Marktwirtschaft in die richtige Richtung gehe, und 60 Prozent waren überzeugt davon, daß ihre Einkommenssituation im Jahre 1993, verglichen mit jener des Vorjahres, besser geworden sei. Bei einer ähnlichen Umfrage vor einem Jahr waren sogar 84 Prozent der Befragten davon überzeugt, daß das gegenwärtige politische System besser als das vorherige sei.

In einer Beilage der US-Finanzzeitschrift *Euromoney* über Albanien wies der Verfasser darauf hin, daß Präsident Sali Berisha als ehemaliger Kardiologe alles über die Vorteile der Schocktherapie wisse: Sie könne in kritischen Momenten über Leben und Tod entscheiden. Seit dem Wahlsieg seiner Demokratischen Partei hätten Berisha und seine Kollegen diese Schocktherapie bei der „Behandlung" der schwierigen Wirtschaftslage angewendet, um Transformation und Wachstum voranzutreiben. Es gab in der Tat keinen anderen Ausweg. Der Preis für die Wirtschaftsreformen ist aber zweifellos hoch, die Schwierigkeiten im Bereich der Industrie und der Infrastruktur sind enorm.

Kastriot Muco, der Vorsitzende des früheren kommunistischen Gewerkschaftsverbandes und Oppositionspolitiker, wies in einem Gespräch darauf hin, daß ein Großteil der Bevölkerung einen zu hohen Preis für die Wirtschaftsreformen gezahlt hätte. Nach seinen Angaben erreicht die Zahl der Arbeitslosen 55 bis 60 Prozent der Arbeitskräfte. Andere Schätzungen sind niedriger. Fest steht, daß über 300.000 Albaner arbeitslos sind, und viele empfangen keine Hilfszahlungen. Die Sozialhilfe beträgt etwa 1.500 bis 2.000 Lek im Monat – ein Kilogramm Fleisch kostet aber 250 Lek, ein Paar Schuhe 700 bis 900 Lek, ein Anzug schlechter Qualität mindestens 1.000

Lek. Angesichts der dramatischen Preiserhöhungen bei vielen Konsumgütern war es nicht überraschend, daß Berishas Partei nur einige Monate nach ihrem Wahlsieg bei den darauffolgenden Gemeindewahlen bereits einen Rückschlag hinnehmen mußte. Allerdings sind die nächsten Wahlen turnusmäßig erst 1996 fällig.

Die Achillesferse der albanischen Wirtschaft ist heute die Industrie. Gewerkschaftsvorsitzender Muco meint, das größte Verbrechen sei die mutwillige Zerstörung des Anlagekapitals, d. h. der Fabriken, der Ausrüstungen, gewesen. Als ich diese Bemerkung dem Präsidenten erzählte, reagierte Berisha sehr gereizt: „Das waren gerade seine, Mucos, Genossen. Die kommunistischen Bürokraten, um ihre Stellungen besorgt, haben damals 1990/91 durch Provokationen die Massenfluchtversuche und auch die Zerstörung der Anlagen in Gang gesetzt!" Wie dem auch sei, ich sah während der rund 120 Kilometer langen Fahrt in den Norden nach Shkodër fast nur zerstörte, stillgelegte und ausgeplünderte Metallwerke, Holzfabriken, Chromverarbeitungshallen, landwirtschaftliche Betriebe. Fast alles zerstört, zerlegt, gestohlen. Deshalb gibt es massive Arbeitslosigkeit in den Städten und den ehemaligen Industriezentren, wie etwa die 12.000 Arbeiter und Angestellten des stillgelegten Stahlwerkes in Elbasan. Andererseits hätte es wahrlich keinen Sinn, veraltete und zum Teil schon seinerzeit mit schrottreifen chinesischen oder russischen Maschinen ausgestattete Betriebe künstlich am Leben zu erhalten. In der Stadt Shkodër und ihrer Umgebung wäre jeder zweite Betrieb in der Vergangenheit defizitär gewesen, erzählte man mir bei meinem letzten Besuch.

Selbst auf dem Tiefpunkt des Niederganges sahen jedoch Wirtschaftsexperten drei Faktoren, die für Zukunftshoffnungen Anlaß gaben: die reichen Naturschätze (Chrom, Kupfer, Nickel, Öl, Wasserkraft), die landschaftlich schöne, brachliegende 472 Kilometer lange Meeresküste und die niedrigen Arbeitskosten.

Trotzdem bleibt der Umfang der Auslandsinvestitionen sehr bescheiden. Zwischen September 1990 und November 1993 betrug das investierte Auslandskapital nur 262 Millionen US-Dollar, 200 Millionen entfielen allein auf das Jahr 1993. Zwar erwartet man in den nächsten Jahren, zum Teil durch gezielte Aktivitäten, einen wesentlich höheren Einsatz von Auslandskapital, dennoch leidet das Land unter den Folgen der schlechtesten Infrastruktur im ehemaligen kommunistischen Osten. Fehlende Straßen, Kommunikation, Häfen, Flughäfen etc. bilden das Haupthindernis für Auslandsinvestitionen. Die vollständige Rekonstruktion und Modernisierung des Flughafens von Tirana wird allein 300 Millionen US-Dollar kosten. Die Tatsache übrigens, daß dieser Auftrag an eine deutsche Firma vergeben wurde, erzürnte die Italiener, die angeblich ein günstigeres Angebot vorgelegt hatten, zumal Italien in den letzten drei Jahren mit Abstand den größten Anteil an Wirtschafts- und Nahrungsmittelhilfe zur Verfügung gestellt hat.

Viele interessierte ausländische und auch albanische Investoren werden zudem durch die zum Teil noch unklaren Eigentumsverhältnisse in den Städten von vornherein entmutigt oder nach den ersten Schritten zum Rückzug gezwungen. So suchte mich eine dreiköpfige Delegation des „Nationalen Verbandes der Enteigneten“ auf, um vor mir die Untätigkeit der Regierung zu beklagen. Auf meine Frage nach dem Zweck ihres Besuches antworteten die zwei älteren Herren, die von einem aus Deutschland zurückgekehrten Studenten als Dolmetscher begleitet wurden, daß sie in den Rundfunknachrichten von meiner Anwesenheit in Tirana erfahren hätten und daß sie diese Gelegenheit zur Information des Auslandes benützen wollten. Ihr Verband würde 150.000 betroffene Familien vertreten. Einer der Herren erhob z. B. Anspruch auf sieben Häuser in Tirana, der andere auf 600 Hektar Land bei Vora, in der Nähe der Hauptstadt. Die korrekte Regelung der Eigentumsfragen bleibt ein ungelöstes Problem, das Albanien noch viel zu schaffen machen dürfte. Andere Geschädigte der kommunistischen Ära, ehemalige Gefangene, Verbannte und Emigranten stellen ebenfalls ihre Forderungen. Der Chefredakteur der ehemals kommunistischen Parteizeitung *Zeri i Popullit*, heute Organ der sogenannten „Sozialistischen Partei“, meinte, es wären 8.000 Menschen in Gefängnissen oder Arbeitslagern, mit Familienmitgliedern insgesamt rund 40.000 Albaner, betroffen gewesen. Der Vorsitzende des Bundes der ehemaligen politischen Häftlinge behauptet sogar, daß mehr als 40.000 Menschen im Gefängnis und insgesamt mit Verwandten fast 200.000 Personen in Verbannung gewesen wären.

Ein anderes Hauptproblem, auch bei Investitionen und in der Staatsverwaltung, ist die Korruption. Angesichts der extrem niedrigen Gehälter – selbst Minister verdienen kaum mehr als 100 Dollar im Monat – ist die Versuchung für westliche und einheimische Geschäftsleute groß, direkt oder indirekt durch Bestechung oder Geschenke hochrangige Beamte zur schnelleren Erledigung ihres Anliegens zu „motivieren“. Zwei frühere kommunistische Ministerpräsidenten, die in der Übergangszeit 1991–1992 von der Diktatur zur Demokratie amtierten, wurden wegen Unterschlagung von Staatseigentum zu langjährigen Haftstrafen verurteilt. Der eine, Wilson Ahmet, soll in die Währungsmanipulationen eines obskuren französischen Finanzmaklers, der mit 1,6 Millionen US-Dollar Honorar verschwunden ist, verstrickt gewesen sein. Der andere, der einundvierzigjährige Fatos Nano, wurde im Sommer 1993 verhaftet und im Frühjahr 1994 zu 12 Jahren Gefängnis verurteilt. Ihm wurde vorgeworfen, bei der Verteilung der damals von Italien geleisteten Hilfe für einen Fehlbetrag von rund neun Millionen Dollar verantwortlich zu sein. In Absprache mit dem fast gleichzeitig verhafteten ehemaligen Präsidenten Ramiz Alia und einem italienischen Geschäftsmann habe Nano Lieferungen unterschlagen. Zugleich ist aber dieser Fall eine hochpolitische Angelegenheit, da Nano der Führer der oppositionellen Sozialisten ist. Bereits unmittelbar nach seiner Verhaftung kam es zu den größten Demonstrationen der letzten Jahre in Tirana. *Zeri i Popullit,* die Zeitung seiner Partei, führt eine massive Kampagne gegen die Regierung. Den Hintergrund bildet freilich auch die wachsende Unzufriedenheit und Erbitterung breiter Schichten, verursacht durch die Arbeitslosigkeit und die wachsenden sozialen Unterschiede. Die Sozialistische Partei hat über 100.000 Mitglieder, und ihr Parteiorgan ist nach wie vor die größte Zeitung. Sie wirft der Regierung bzw. der Demokratischen Partei die Förderung eines „zügellosen Kapitalismus“ vor. Offensichtlich um diese Kampagne der Sozialisten zu entschärfen, sprach sich Präsident Berisha in einer Botschaft zum Jahresende für die „soziale Marktwirtschaft“ aus, und die Regierung erhöhte tatsächlich Löhne, Renten und die Abgeltung für höhere Brotpreise. Die politischen Spannungen führten zu Verhaftungen von zwei Journalisten wegen „Veröffentlichung von angeblichen Staatsgeheimnissen“ und auch zu Friktionen mit der BBC, deren FM-Sender außerhalb Tiranas fast jeden zweiten albanischen Hörer erreicht und den kritischen Stimmen der Opposition eine der Regierung höchst unwillkommene Verbreitung sichert. Regierungssprecher wiederum behaupten, die sozialistische Opposition und andere Kritiker würden gemeinsame Sache mit den übelsten Vertretern des Hodscha-Regimes machen. Unter den Demonstranten, die im Juli 1993 die Freilassung des Ex-Premiers Fatos Nano forderten, hätten rund 200 frühere Geheimdienst- und Polizeioffiziere die ersten Reihen gebildet, sagte mir Präsident Berisha, der die Polizei um zwei Drittel von 18.000 auf 8.500 und auch die Armee von 80.000 auf 50.000 Mann verringert hatte. Früher hätten die Kosten für die Streitkräfte und die Rüstungsausgaben in diesem armen Land über 18 Prozent des Bruttosozialproduktes ausgemacht. Die Frage des Umgangs mit der berüchtigten Sigurimi, der Geheimpolizei, und ihren „unterirdischen" Strukturen sowie mit den, das Schicksal vieler Politiker belastenden, echten oder „frisierten" Spitzelakten steht wie in so vielen anderen postkommunistischen Staaten auch in Albanien oft im Mittelpunkt der politischen und persönlichen Auseinandersetzungen. Alte Rechnungen werden immer wieder beglichen, da fast jeder bekannte Politiker mit dem früheren Regime bzw. mit der Nomenklatura mehr oder weniger eng verbunden war. Jedenfalls scheinen weder die Polizei noch die Armee die politische Stabilität ernsthaft zu gefährden. General Ilia Vasho, der Chef des Generalstabes, bestätigte in einem Gespräch, daß alle Offiziere über 50 pensioniert worden seien. Daß Verteidigungsminister Safet Zhulali von Hause aus Mathematiker ist, trägt zur Reduzierung der Streitkräfte auf ein erträgliches Maß bei. Übrigens ist nicht nur Präsident Berisha Arzt, sondern auch der Außenminister und der Ressortchef für Gesundheit und Umweltschutz.

Was immer in der unberechenbaren Politik des Landes geschehen mag, bedroht wird Albanien in erster Linie, wie so oft in seiner Vergangenheit, von außen. Jeder zweite Albaner lebt außerhalb der Landesgrenzen, die nach dem Ersten und dann erneut nach dem Zweiten Weltkrieg willkürlich, ohne Rücksicht auf ethnische Verhältnisse festgelegt und durch serbische und griechische Ansprüche wiederholt in Frage gestellt wurden. Es gehört zu den bizarren Wendungen der Balkanpolitik, daß die „Söhne des Adlers", eines der ältesten Völker des Balkans, bis jetzt nur einmal – während der Besatzung durch das faschistische Italien bzw. durch das Dritte Reich – ihren Traum von einem Nationalstaat, der alle Albaner in der Region, also auch im Kosovo und den anderen angrenzenden Gebieten, einschloß, zumindest formell verwirklichen konnten.

Präsident Berisha warnte nicht nur in unserem Gespräch, sondern auch in allen öffentlichen Erklärungen im Verlaufe von Auslandsbesuchen, daß die Unterdrückung der Albaner, die 90 Prozent der zwei Millionen Einwohner Kosovos stellen, durch die serbische Führung eine ernsthafte Gefahr für den Balkan und für den europäischen Frieden bedeutet. Daß den Albanern grundlegende Menschen- und Minderheitenrechte verweigert werden, daß sie unter brutalen Polizei- und Armeekontrollen leiden müssen, ist heute allgemein bekannt. Obwohl die drittgrößte Volksgruppe in Ex-Jugoslawien, wurden die Albaner nie zu den Nationalitäten (wie etwa die zahlenmäßig kleineren Montenegriner und Mazedonier) gerechnet. Nach der Abschaffung der Autonomie und der totalen Entrechtung der Albaner sprachen diese sich im September 1991 bei einem Referendum mit überwältigender Mehrheit für die Unabhängigkeit aus. Angesichts des Bosnien-Krieges und der massiven Polizei- und Armeepräsenz in der Provinz reagierten die Albaner mit bewundernswerter Zurückhaltung auf Provokationen und Unterdrückung. Auch die albanische Regierung stellt immer wieder klar, daß sie keine Änderung der Grenzen anstrebt. Präsident Berisha und seine Mitarbeiter schlagen deshalb vor, den Kosovo als Protektorat direkt den Vereinten Nationen oder gar der NATO zu unterstellen. Manche ausländische Beobachter glauben, daß Belgrad auf Dauer den Albanern das Selbstbestimmungsrecht nicht verweigern kann. Derzeit besteht freilich eher die Gefahr, daß Serbien die Situation im Kosovo jederzeit zur Ablenkung von Bosnien oder anderen Krisenherden in Ex-Jugoslawien ausnützen könnte, wie dies zum Beispiel Präsident Berisha im Gespräch unmißverständlich andeutete. Dazu kommt noch die heikle Frage der Albaner in Mazedonien, einem neuen Staat, der durch die politische Offensive und die Wirtschaftssanktionen des benachbarten Griechenland in den Mittelpunkt der Aufmerksamkeit rückte. Weniger bekannt ist die Tatsache, daß von den zwei Millionen Einwohnern Mazedoniens mindestens 20 Prozent (427.000) Albaner sind, nach albanischen Angaben sogar 30 bis 40 Prozent. Die Albaner in Mazedonien verlangen Autonomie und volle Gleichberechtigung. Präsident Berisha sprach sich mir gegenüber auch für die Existenzberechtigung Mazedoniens als multiethnischer Staat aus. Er drängte aber darauf, daß endlich in einer fairen, unter UNO-Kontrolle abgehaltenen Volkszählung die wirkliche Zahl der Albaner ermittelt werde. Es zeichnet sich freilich auch in Mazedonien, vor allem in Westmazedonien entlang der albanischen Grenze, wo die Albaner in vielen größeren Städten eine überwältigende oder starke relative Mehrheit stellen, eine Radikalisierung in den Reihen der Albaner ab. Daß es bisher in Mazedonien nicht zu einer Eruption der nationalen Leidenschaften gekommen ist, verdankt die Welt der Zurückhaltung und staatsmännischen Kunst des mazedonischen Staatspräsidenten Kiro Gligorov, der kooperativen Politik des Schriftstellers Dr. Ibrahim Rugova, des

Führers der Kosovo-Albaner, und auch der realistischen Einschätzung der latenten Gefahren durch Präsident Sali Berisha in Tirana. Sie alle wissen, daß eine unkontrollierte und möglicherweise von serbischen Ultranationalisten angestachelte oder provozierte Sezession der Albaner Mazedoniens sofort eine Konfrontation mit den angrenzenden Ländern Serbien, Bulgarien, Griechenland und Albanien, möglicherweise auch mit der Türkei, auslösen würde. Bereits in den letzten eineinhalb Jahren vor meinem Besuch im Oktober 1993 sind 22 Menschen an der serbisch-albanischen Grenze ums Leben gekommen. Die Serben verweigerten aber den 20 UN-Beobachtern, die in Albanien stationiert sind, den Zutritt auf serbisches Territorium. Offener Widerstand oder gar ein Aufstand der vielgeprüften Albaner im Kosovo könnten zu einem Massaker und zu Massenflucht führen.

Was nun Griechenland betrifft, so sind die albanischen Regierungskreise in Tirana, und nicht nur sie, besorgt über Griechenlands destabilisierende Rolle am südlichen Balkan. Allen Hoffnungen in Tirana zum Trotz hat sich der Konflikt mit Griechenland auch nach den Wahlen nicht abgekühlt. Vor der Wahlkampagne im Sommer und Herbst 1993 hätte ihm Premierminister Konstantin Mitsotakis mitgeteilt, daß er mit der Minderheitensituation in Albanien sehr zufrieden sei, erzählte mir Präsident Berisha. Dann, von einem Tag auf den anderen, hätte sich das plötzlich geändert, und es hieß nun, daß es sich um eine unterdrückte Minderheit handle, d. h. man begann, die griechische Minderheit in Albanien für die eigene Politik am Balkan zu mißbrauchen, erklärte Präsident Berisha in unserem TV-Interview am 3. Oktober 1993. Schon damals vermuteten er und andere Gesprächspartner, daß mit dem Amtsantritt von Andreas Papandreou das alles noch schlimmer würde. Diese Voraussage bewahrheitete sich sowohl hinsichtlich Mazedoniens als auch bezüglich Albaniens.

Statt einer Abkühlung des Konfliktes mit dem griechischen Nachbarn zeichnet sich nun eine Intensivierung der Achse Athen – Belgrad ab. Die demonstrative Reise der amerikanischen UNO-Botschafterin Madeleine Albright Mitte Januar 1994 nach Tirana und ihre Ankündigung, daß Washington 30 Millionen US-Dollar für die Förderung des Privatsektors und für technische Hilfe zur Verfügung stellen würde, zeigen allerdings auch deutlich das amerikanische Interesse an der Stärkung Albaniens. Nicht zuletzt hat die Entsendung von einigen hundert amerikanischen Militärbeobachtern nach Mazedonien zu einer gewissen Beruhigung beigetragen.

Präsident Berisha wies in einer Grundsatzrede vor dem NATO-Rat in Brüssel am 24. Februar 1994 auf die Tatsache hin, daß Albanien das erste Land gewesen sei, das den Warschauer Pakt (bereits am 13. September 1968) verlassen habe, und das erste in Osteuropa, das um Mitgliedschaft in der NATO angesucht habe. Da für moderne schwere Waffen das Geld fehlt, versucht Albanien durch den Anschluß an alle wichtigen politischen und wirtschaftlichen Institutionen der westlichen Welt seinen vielversprechenden Reformprozeß außenpolitisch abzusichern. Niemand sei an Grenzrevisionen und Träumen von einem „Großalbanien" interessiert, versicherten mir alle ernstzunehmenden Gesprächspartner. Präsident Berisha hat bisher auf enge Kontakte mit dem Westen gesetzt und zugleich auch die Verbindungen zu den wichtigsten islamischen Staaten intensiviert, ohne dabei die geringsten Zweifel bezüglich des konstruktiven Beitrags seiner Regierung zur Stabilität auf dem Balkan entstehen zu lassen.

Angesichts der strategisch exponierten Lage an der Adria und seiner mannigfaltigen Minderheiten- und Grenzprobleme mit den mächtigen Nachbarn beeinflußt das Schicksal des demokratischen Albanien, dieses bisher erfolgreichen Testfalls für die demokratische und marktwirtschaftliche Transformation eines ehemals kommunistischen Staates, unweigerlich Frieden und Sicherheit in Europa. Nach ihrem Versagen in Ex-Jugoslawien sollten europäische und amerikanische Staatsmänner rechtzeitig handeln, damit auf dem Balkan durch die Kosovo-Lunte nicht noch ein Pulverfaß gezündet wird.

Die Medien und die Macht

In einer freien Gesellschaft kann alles gedruckt werden; und ist vergessen, weil man es mit einem Blick erfaßt. Im Absolutismus ist alles geheim, kann aber erraten werden, das macht es interessant.

Marquis Astolphe de Custine,
Russische Schatten,
1839

In seinem berühmten Brief an die sowjetische Führung schrieb der russische Schriftsteller und Nobelpreisträger Alexander Solschenizyn: „Diese allgemeine, obligatorische Zwangsernährung mit Lügen ist gegenwärtig der quälendste Aspekt des Lebens in unserem Land – ärger als unser ganzes materielles Elend, ärger sogar als das Fehlen der Bürgerrechte." Doch war die elementare Bedeutung der Lüge und der Industrie, die diese Lügen am laufenden Band in der Sowjetunion produzierte und im Ausland verbreitete, weder für die westlichen Politiker noch für viele Medienmanager jemals ganz klar gewesen. Dem ersten Aufsatz über die Medien als Gefangene der eigenen Propaganda im „realen Sozialismus" liegt ein Vortrag aus dem Jahre 1984 über die Struktur und die Kontrolle der Medien durch die herrschenden Parteien zugrunde. Daß diese „Zwangsernährung" der eigenen Bevölkerung durch Lügen nie wirklich erfolgreich war, ging zum Teil auf die ungeheure Wirkung der westlichen Rundfunksendungen zurück. Sie strahlten ihre Programme in den Sprachen der Völker Osteuropas aus, und das rund um die Uhr. Später kam die grenzüberschreitende Wirkung des freien Fernsehens dazu. Mit diesen Fragen beschäftigt sich der hier abgedruckte zweite Text vom Beginn des Jahres 1988: „Duell im Äther um den Informationsaustausch". Die beiden Vorträge hielt ich bei internationalen Diskussionsveranstaltungen der Hanns Martin Schleyer-Stiftung.

Gerade angesichts der Schlüsselrolle, die die Medien bei der Machterhaltung, bei der Machtkumulierung und schließlich beim Machtverlust der kommunistischen Einparteiensysteme gespielt haben, ist es aufschlußreich, die ungeheuer rasante Entwicklung der letzten vier Jahre unter die Lupe zu nehmen. Abgesehen vom Sonderfall DDR, deren Medien in den Sog der westdeutschen Konkurrenz gerieten und ein dankbares Thema für ein ganzes Buch abgeben würden, sind gewisse Tendenzen in fast allen postkommunistischen Staaten ähnlich und besorgniserregend. Das ungeklärte Verhältnis zwischen Macht und Medien spiegelt die Zerbrechlichkeit der jeweiligen neuen politischen Ordnung wider: So streben viele – zum Teil demokratisch legitimierte – Staatschefs oder Ministerpräsidenten bzw. ihre Berater nach stets wachsender Kontrolle der elektronischen und, wo dies möglich ist, auch nach Einflußnahme auf die Printmedien. Dabei wird manchmal ebenso brutal und unbekümmert wie zu Zeiten der Diktaturen verfahren. Die Situation wird durch die Verwicklung von westlichen Medienunternehmen in die undurchsichtigen Machtkämpfe in den einzelnen

Ländern noch komplizierter. Den dritten, abschließenden Aufsatz, habe ich im Frühjahr 1994 geschrieben. Er wird hier zum erstenmal abgedruckt. Darin versuche ich, die wichtigsten und – von der Warte der demokratischen Entwicklung aus – nicht immer erfreulichen Vorgänge der letzten vier Jahre zusammenzufassen und die Folgen aufzuzeigen.

Medien als Gefangene der eigenen Propaganda im „realen Sozialismus"

Februar 1984

Es ist erstaunlich, wie wenig westliche Politiker, Diplomaten und Journalisten über Charakter, Struktur und Rolle der kommunistischen Massenmedien als Träger der politischen Indoktrinierung und als Instrumente unablässiger weltanschaulicher Expansion wissen und wie wenig Aufmerksamkeit der sowjetischen Auslandspropaganda in ihrer offensiven Funktion als sogenannte vierte Dimension der Außenpolitik (neben Diplomatie, Streitkräften und Wirtschaft) geschenkt wird.

Im Bewußtsein der Führungsgremien kommunistisch regierter Staaten hat Machtsicherung eine zentrale Bedeutung. Bereits das erste Dekret des „Rates der Volkskommissare" am 9. November 1917 betraf die Presse und rechtfertigte die Unterdrückungsmaßnahmen gegen die „konterrevolutionäre Presse" mit dem Argument, daß diese „stärkste Waffe der Bourgeoisie" in solchen Augenblicken „nicht weniger gefährlich ist als Bomben und Maschinengewehre." Diese als „zeitweilig und außerordentlich" bezeichneten Maßnahmen dienten der Errichtung eines Meinungs- Presse- und Informationsmonopols, das nach wie vor eine der wichtigsten Säulen des Herrschaftsmonopols der Staatspartei bildet. Medienangebot und Medienpolitik werden der jeweiligen innen- und außenpolitischen Linie der Regierung und der Partei untergeordnet und haben die systembedingte Verfälschung der Informationen auf dem Weg nach oben zur Folge. Die Ablehnung des Rechtes auf Meinungs-, Presse- und Informationsfreiheit gehört zum Wesen aller Einparteiensysteme leninistischer Prägung.

Zugleich sollten wir uns davor hüten, die unterschiedliche Interessenlage der Sowjetunion bzw. ihrer kleineren Verbündeten im Warschauer Pakt zu ignorieren. Die historisch gewachsenen Besonderheiten in den Verhaltensweisen der herrschenden Eliten, in ihrer Haltung und Politik gegenüber der Außenwelt, in der Tradition des Pressewesens und des Lebensstils dürfen ebensowenig in einen Topf geworfen werden wie die so unterschiedlichen historischen und politischen Erfahrungen der kleineren Länder. Vielfalt und nicht Gleichförmigkeit prägt die Innen- und Kulturpolitik. Das Streben nach nationaler Identität hat sich – nicht bloß im Falle Rumäniens – als stärker erwiesen als die ideologischen Bande. Doch gleichzeitig ist der außergewöhnlich große Unterschied zwischen den Massenmedien, sagen wir, im „besetzten Ungarn“ und im unabhängig gesinnten Rumänien in gleichem Maße auf solch unideologische Faktoren zurückzuführen wie die Persönlichkeit, den Stil und die taktische Gewandtheit der jeweiligen Führungspersönlichkeit.

Bei allen Veränderungen im politischen Klima, im Lebensstandard und im Führungsstil bleibt die wichtigste Funktion der Medien nicht, das Publikum zu informieren, sondern der herrschenden Partei zu dienen, die ihren Anspruch auf Unfehlbarkeit keineswegs fallengelassen hat. Jeder Informationsstrom, der keiner Kontrolle von oben unterliegt, gilt als im Wesen subversiv. Die bis in das letzte Detail ausgeklügelte Struktur von Kontrolle, Manipulation und Zensur der Massenmedien wie auch die kommunistische Vorstellung davon, was berichtenswert ist, gehen von der These aus, daß es Sache der Regierungen der einzelnen Staaten sei, zu entscheiden, was ihren Bürgern an Information zuzumuten ist und was nicht. Die Regime sollten nicht nur die Kontrolle über die eigenen Medien ausüben, sondern auch das Recht haben zu entscheiden, welche Nachrichten aus ausländischen Quellen ihren Bürgern mitgeteilt werden dürfen und welche nicht.

Angesichts der tiefen Kluft zwischen dem, was diese Gesellschaften in Wirklichkeit, und dem, was sie in der Darstellung ihrer Führer sind, kommt den Medien die Schlüsselfunktion zu, das allgemeine Bewußtsein so zu formen, wie es sein soll. Vor allem das gewaltige Kommunikationssystem der Sowjetunion wird dazu benützt, die politische Botschaft der Partei zu reproduzieren, zu übermitteln und, wenn nötig, an die Stelle der Realität das zu setzen, was Alain Besançon „Surrealität“ nennt, eine neue Dimension, die sich aus der kommunistischen Vorstellung von einer mit der Ideologie übereinstimmenden Zukunft ergibt.

Die sowjetische und osteuropäische Berichterstattung über heikle Themen wie Ungarn und zum Teil Polen, ausgenommen natürlich vor allem Jugoslawien, bestätigt die Gültigkeit der keineswegs nur theoretischen Überlegungen der sowjetischen Fachpresse: „Das Ziel der Information muß es sein, eine Auswahl von Fakten und Ereignissen zu präsentieren... " (so N. Palgunow bereits vor 30 Jahren). „Die Presse darf nicht einfach eine photographische Wiedergabe von Fakten, einen Bericht über Geschehendes liefern, sondern eine zielorientierte Beschreibung von Tatsachen, Erscheinungen und Neuigkeiten" (*Prawda*, 16. September 1968); und an anderer Stelle heißt es: „Die wissenschaftliche kommunistische Weltanschauung fordert, daß bei der Einschätzung laufender Informationen nicht nur vom augenblicklich vorübergehenden Interesse ausgegangen werde, sie verlangt die Orientierung auf die perspektivistische Entwicklung der Geschehnisse. Nur eine perspektivistische Sicht wird es den Menschen erlauben, sich in der echten, faktischen Information zurechtzufinden." (I. Panchawa und B. Byckow, *Handbuch über die Fragen der gesellschaftlichen Information,* 1977).

Einige markante Beispiele aus jüngster Zeit für die Nachrichtenmanipulation boten etwa die widersprüchlichen Aussagen zum Abschuß des südkoreanischen Passagierflugzeuges durch die Sowjets, die Wiedergabe der Tischrede von Bundeskanzler Kohl in der *Prawda* (5. Juli 1983), wobei Hinweise auf die Selbstbestimmung der Deutschen, die NATO-Position bei den Mittelstreckenraketen, Afghanistan, Polen, Indochina ausgelassen wurden, ferner die Kontroversen und Korrekturen bezüglich des Kommuniqués über den Besuch des französischen KP-Führers Marchais im Juli 1983 sowie vor allem das totale Schweigen über den Gesundheitszustand und die Tätigkeit Andropows.

Westliche Beobachter vergessen oft, daß es zwischen dem Aufbau, der Funktion und der Verbreitung der kommunistischen Massenmedien einerseits und der Rolle, den Werten und der Stellung der Presse im Westen andererseits kaum die Spur einer Ähnlichkeit gibt. „Die monopolistische Kontrolle über alle Kanäle der Kommunikation, von der Presse und den anderen Massenmedien bis hin zu sämtlichen Formen der Erziehung, der Literatur und Kunst, mit dem Ziel, nicht nur durch eine Art von Zensur die *Äußerung* von feindseligen oder unerwünschten Meinungen zu unterbinden, sondern auch die *Meinungsbildung* an ihrem Ursprung, durch geplante Selektion der Informationselemente, unter Kontrolle zu halten", ist nach Richard Löwenthal ihre vordringliche Aufgabe (*The Model of the Totalitarian State*, New York 1968). Es geht in der Tat nicht nur und nicht einmal in erster Linie um die Zensur, sondern um die ganze Funktion der Medien. Die einzige echte Sorge der Medienmacht im kommunistischen Osten ist nicht die Reaktion ihrer Leser, Seher und Hörer, sondern die Reaktion ihrer Chefs. Das persönliche Schicksal, die Karriere und nicht zuletzt die Möglichkeit, für die so häufig ersehnte Auslandsreise in den Westen ausgewählt zu werden – all das wird letztlich von den hauptberuflichen Funktionären in den Agitprop- bzw. Presseabteilungen der herrschenden Parteien entschieden, die kaum jemals, wenn überhaupt, in einer Redaktion gearbeitet oder ein Mikrophon in der Hand gehalten haben. Will man die Lenkungsmethoden und die Lenkungsmittel begreifen, dann ist es das erste und wichtigste zu wissen, daß es überall die kommunistische Parteiführung ist, die als oberster Aufsichtsrat gigantischer Multi-Media-Gesellschaften in den einzelnen Ländern fungiert. Das bei weitem größte Monopolunternehmen dieser Art ist natürlich die UdSSR AG, die die Kontrolle über 7.923 Zeitungen und 4.670 Zeitschriften hat. Ihre Studios und Sender versorgen fast 60 Millionen Fernseh- und 122 Millionen Radioapparate (davon die Hälfte allerdings Drahtfunkempfänger, mit denen keine Auslandssendungen empfangen werden können) mit Programmen. Zudem ist die UdSSR AG im Besitz der mächtigsten Auslandssender der Welt, die 2.019 Stunden pro Woche in 84 Sprachen senden. Darüber hinaus ist *Nowosti* (oder APN), der Nachrichten- und Artikeldienst, im Jahre 1961 gegründet, heute in mehr als 100 Ländern tätig. Er liefert jährlich 100.000 Artikel und 1,7 Millionen Photos an 7.000 Zeitungen im Ausland, veröffentlicht 50 Zeitschriften und zehn Zeitungen in 56 Sprachen mit einer Auflage von 2,5 Millionen Exemplaren.

Obwohl Zeitungspapier im allgemeinen knapp ist, werden die Preise der Zeitungen in der ganzen kommunistischen Welt künstlich niedrig gehalten, und mit Ausnahme von Ungarn haben die maßgebenden zentralen Parteiblätter gar keine oder nur sehr geringe Einkünfte durch Inserate. Die Auflagenzahlen der Parteizeitungen, die von jedermann, von den Lesern wie von den Kollegen, als höchst langweilig angesehen werden, sind mindestens dreimal so hoch wie der Absatz der Morgen- oder Abendblätter mit abwechslungsreicherem und interessanterem Inhalt. (Für die schnelle Änderung unter dem Druck echter Präferenzen siehe die Entwicklung in Jugoslawien nach der Liberalisierung, in der Tschechoslowakei 1968 und in Polen 1980/81.)

Die Funktion der Medien – einschließlich von Funk und Fernsehen – ist es nicht, eine kritische Stellung zu wichtigen Beschlüssen zu beziehen und

Gegenvorschläge zu machen (zum Beispiel in Hinblick auf eine Veränderung der Investitionsprioritäten, der Agrarpolitik oder etwa der Haltung zur nuklearen Energie), sondern im Einklang mit den vor 80 Jahren verkündeten Aufgabenstellungen durch Plechanow und Lenin – das Medium muß „kollektiver Propagandist, kollektiver Agitator und kollektiver Organisator" sein – zu wirken. Die gewöhnlich hinter verschlossenen Türen gefaßten Beschlüsse sollen propagiert bzw. für ihre aktive Unterstützung durch die Bevölkerung gesorgt werden. Die Herausgeber brauchen sich um die Auflagenzahlen keine Sorgen zu machen, denn es gibt keine Konkurrenz. Zeitungspapier wird ja, ebenso wie das Nachrichtenmaterial, nach politischen und propagandistischen Kriterien rationiert. Die Reaktion der Leser hat normalerweise auf die Auflage der Zeitung nicht den geringsten Einfluß. Leser- und Beschwerdebriefe sind ein Sicherheitsventil. Doch nur wenige sorgsam ausgewählte Briefe werden abgedruckt, und diese beziehen sich entweder auf Unzulänglichkeiten und Probleme auf betrieblicher oder lokaler Ebene (Vergabe von Gemeindewohnungen, schlechte Bedienung, Bestechlichkeit, Vergeudung usw.) oder loben die „Aktualität" irgendeiner Regierungsverordnung oder Parteiresolution.

Jene, die grundlegende politische Fragen aufwerfen oder wichtigen Maßnahmen des Regimes nicht zustimmen, haben keinen Zugang zu den Massenmedien.

Faktisch erstreckt sich das Gebiet der Agitation und Propaganda in jedem kommunistischen System unter der Leitung der zuständigen ZK-Abteilungen und ihrer zahlreichen Unterabteilungen auf mündliche Agitation, auf Propaganda, Verlagswesen, Literatur, Kunst, Fernsehen, zentrale Presse, Provinzpresse, auf Kontakte mit ausländischen Medien, sogar auf Sport und in manchen Ländern auch auf Wissenschaft und Erziehungswesen. Gegenwärtig sind in den meisten regierenden Parteien mindestens zwei ZK-Sekretäre, in manchen Fällen sogar mehr, häufig auch Politbüromitglieder oder Kandidaten für das Politbüro für Propaganda und Ideologie verantwortlich. Einer von ihnen ist immer der Oberaufseher der Presse- und Rundfunkmedien, die wiederum in ihrer täglichen Arbeit von zahlreichen Abteilungen und Unterabteilungen kontrolliert werden.

Die Auswahl, Kontrolle und, wenn nötig, die Entlassung von Journalisten sind elementarste Voraussetzungen für die reibungslose Lenkung der Medien (als jüngste Beispiele dafür selbst im „liberalen" Ungarn siehe die

Absetzung des Chefredakteurs einer Jugendzeitschrift und die Folgen sowie die personellen Änderungen in Jugoslawien).

Während in der Sowjetunion und in Polen ein gigantisches Zensursystem operiert, bedienen sich die Ungarn einer subtileren Methode: Die Chefredakteure und Redakteure bilden eine sehr spezifische Hierarchie, wobei die jeweilige Position davon abhängt, wieweit man von den Spitzenfunktionären informiert bzw. eingeweiht wird. Auf dieser Ebene werden nicht zuletzt in Krisensituationen Konferenzen der führenden Medienvertreter einberufen. Die Journalisten in Ungarn und anderswo richten ihr Augenmerk auf feine Details und Nuancen, die politische Verschiebungen oder echte Konflikte anzeigen. Selbstzensur gekoppelt mit der ständigen Drohung einer Degradierung oder im besten Fall eines Verweises durch die Obrigkeit ist nicht nur eine subtilere, sondern auch in vieler Hinsicht eine effizientere Methode als die schwerfällige Zensur. Deshalb schlug zum Beispiel der Schriftsteller und Essayist István Eörsi bei dem Kongreß des ungarischen Schriftstellerverbandes im Dezember 1981 die Einführung der Zensur formell als ehrlichere Methode vor.

„Wenn wir in die Parteizentrale, in ein Ministerium usw. gerufen werden, bedeutet das immer sicher einen Verweis oder zumindest eine Belehrung. Im Westen bedeutet so etwas eine Nachricht. Unsere Kollegen bekommen viel mehr Munition von der Macht, und sie geben ihr auch Munition. Dort sagt man nicht, daß du das und das machen mußt, sondern man überzeugt dich, was das Richtige ist. Das fehlt bei uns. Wir sind Verpackungsexperten. Hierzulande gibt man uns nur die Ware: Bitte hier ist es, ihr seid Experten, verpackt es!“ Mit diesen Worten kritisierte Pál Ipper, der TV-Chefkommentator in Budapest, kürzlich in einem Interview das Verhältnis zwischen Macht und Medien. Ein anderer Redakteur sagte, er fühle sich wie ein Schneider, der den Mantel nach dem von dem Kunden vorgelegten Muster zuschneidet und nicht nach den Regeln und dem wirklichen Geschmack seiner Branche (*Filmvilág*, April 1983).

Die Ungarn lassen auch keine Änderung des Verlagsmonopols zu. Der Schriftsteller und Bestsellerautor Antal Végh wollte einen Verlag für die Herausgabe von zehn Büchern mit einer Auflage von 500.000 Exemplaren jährlich samt einem aus Honoratioren bestehenden Aufsichtsrat gründen. Er wäre bereit gewesen, 250.000 Forint Eigenkapital zu investieren, doch Béla Köpeczi, der zuständige Minister für Kultur und Unterricht, lehnte das Ansuchen mit fadenscheinigen Begründungen ab (für Details siehe *Heti Világgazdaság,* 9. Juli 1983).

Wenn auch in Ungarn oder in Jugoslawien die Grenze des Zulässigen mit der in den meisten anderen Ostblockländern nicht verglichen werden kann, so würde jeder Versuch, Lockerungen mit einer grundlegenden Änderung der kommunistischen Haltung hinsichtlich des Informationsmonopols zu verwechseln, auch einen Verlust des Sinnes für das Maß bedeuten.

In der operativen Lenkung der Medien spielen die zentralen Nachrichtenagenturen und die zentralen Parteiorgane die Schlüsselrolle. Die zentrale Nachrichtenagentur erfüllt in jedem einzelnen kommunistisch regierten Land zwei grundsätzliche Funktionen: Sie dient als der Hauptkanal für die Übermittlung von Informationen, die politisch geeignet oder genügend manipuliert sind, um in der Zeitung abgedruckt oder im Rundfunk gemeldet zu werden. Ihre zweite und wesentliche Aufgabe, die im Westen kaum bekannt ist, ist die Aufbereitung, Zusammenstellung und Verbreitung sogenannter „vertraulicher" Nachrichtenbulletins. Offizielle Reden, Kommuniqués und Informationen, die die Franzosen „Protokollnachrichten" nennen, zum Beispiel über Ankunft, Verhandlungen und Abreise von Delegationen, werden in demselben Wortlaut, in derselben Ordnung und derselben Länge gebracht, wie sie von der Presseagentur übermittelt werden. Kontinuität oder Änderung der Parteilinie werden ebensosehr von dem bestimmt, was unterdrückt, wie von dem, was veröffentlicht wird (siehe zum Beispiel das Schweigen über Präsident Ceauşescus außenpolitische Extratouren bezüglich der Militärausgaben, über die amerikanischen Abrüstungsvorschläge für die Mittelstreckenraketen 1978 bzw. 1983 oder die blockweite Berichterstattung bzw. Nichtberichterstattung über den letzten Papstbesuch). Es besteht eine stillschweigende Übereinkunft, daß die Nachrichtenagentur eines Landes im Sowjetblock für den allgemeinen (also nicht vertraulichen) Nachrichtendienst über Ereignisse in einem anderen Ostblockland nur auf Basis der Pressemitteilungen der Agentur des betreffenden Landes berichtet. Deshalb sind die Bewohner Osteuropas die am wenigsten informierten Leser und Hörer bezüglich jener Ereignisse, die oft in ihrer unmittelbaren Nachbarschaft stattfinden.

Während die sowjetische Nachrichtenagentur TASS (bzw. die jeweilige Schwesteragentur) das wirksame Instrument der inneren und externen Gleichschaltung in der Nachrichtenauswahl ist, bleibt die *Prawda* (bzw. das jeweilige Schwesterorgan) wie eh und je der ideologische und politische Wegweiser der gesamten Medienlandschaft. So kritisierte die *Prawda* (13. Dezember 1982) die Rundfunkprogramme, vor allem die Nachrichten, weil sie bloß TASS-Meldungen wiedergeben würden, die die Hörer schon in den Morgenausgaben gelesen hätten. Der Leitartikel der zentralen Parteiorgane gilt im jeweiligen Land als wichtiger Fingerzeig. Ist die Überschrift oder das Hauptthema des Tages die „unerschütterliche Einheit der Partei" oder die Ermahnung, „die kollektive Führung der Partei zu achten", dann weiß der wachsame Leser, noch ehe es zu einer formellen Ankündigung kommt, daß die Führungsspitze gerade durch einen Machtkampf erschüttert worden ist, der die Position der Nummer eins noch mehr gefestigt hat, oder daß die Vorbereitungen zu einer Umgruppierung, bei der die Nummer zwei oder der potentiell gefährlichste Rivale im Umkreis demnächst eliminiert werden soll, in vollem Gange sind. In keinem kommunistischen Land könnte eine Tageszeitung mit einem wichtigen Bericht herauskommen, bevor er in einem Parteiorgan erschienen ist.

Das vielleicht erstaunlichste und anscheinend unabänderliche Merkmal der meisten kommunistischen Medien (Jugoslawien und zum Teil Ungarn und Polen ausgenommen) ist die zutiefst verwurzelte, totale Gleichgültigkeit gegenüber Nachrichten über bedeutsame Ereignisse im In- und Ausland. Diese Medienpraxis steht in krassem Widerspruch zu Lenins vielzitierten Erklärungen: „Der Staat schöpft seine Kraft aus dem Bewußtsein der Massen. Er ist stark, wenn die Massen alles wissen, alles verurteilen können und alles bewußt tun." Diese Worte wurden auch in dem umfassendsten und schärfsten ZK-Beschluß vom Mai 1979 über Indoktrinierung, Kommunikationspolitik und Massenmedien zitiert. „Es muß zur Regel werden, daß keine Frage, die die Werktätigen bewegt, unbeantwortet bleibt." Die Behandlung der größten Unfälle in der Geschichte der sowjetischen Luftfahrt in demselben Jahr ebenso wie die bereits erwähnte Nachrichtensperre im Fall Andropow und andere wichtige Themen zeigten keinen Wandel zum Besseren, ja sogar noch größere Verachtung für das Recht des Volkes auf Information. Bereits vor zehn Jahren stellte bei einer wissenschaftlichen Konferenz ein sowjetischer Kommunikationsexperte fest: „Vollständigkeit und Glaubwürdigkeit der Information sind die unbedingt notwendige Voraussetzung, um der Entstehung von Gerüchten entgegenzuwirken. Grad und Intensität der Verbreitung von Gerüchten sind proportional umgekehrt zum

Grad der Informiertheit der Bevölkerung über innere und internationale Ereignisse.“ (Paul Roth, *Die kommandierte öffentliche Meinung,* 1982, S. 247). Daß man nichts gelernt hat, zeigt die geradezu sensationelle Beschwerde in der Tageszeitung *Sowjetskaja Rossija* vom 13. Jänner 1984, wonach das Land von den unglaublichsten Gerüchten überschwemmt werde, denen die Menschen auf Grund des Fehlens präziser amtlicher Informationen mehr und mehr Glauben schenken. So soll laut Gerüchtebörse Leningrad überschwemmt sein und der Fernsehturm von Riga kurz vor dem Einsturz stehen. Die Kritik der Informationspolitik wird, wie üblich, damit ergänzt, daß man die „psychologische Kriegsmaschinerie der imperialistischen Staaten“ als die eigentlichen Erfinder der Gerüchte hinstellt, da sie das Land destabilisieren wollten... (Was für „berichtenswert“ gehalten wird und was nicht habe ich ausführlich in meinem Buch *Der Medienkrieg,* 1981, S. 53–97, geschildert.)

Ein ungarischer Medienexperte schrieb unter dem Titel „Verborgene Botschaften“ über die grundlegenden Dilemmas der Kommunikationspolitik. Er klagte darüber, daß die Floskeln über internationale und zwischenstaatliche Verhandlungen „verborgene Botschaften“ seien, die nur von Eingeweihten entziffert werden könnten. Als konkretes Beispiel führte er einen der üblichen Berichte an, in dem mitgeteilt wurde, daß der Planungs- und Finanzausschuß des Parlaments eine Sitzung abgehalten hätte, die den Budgetentwurf diskutierte und billigte und auf der X den Vorsitz führte. Neun Abgeordnete hätten an der Debatte teilgenommen: „Alles wird korrekt berichtet, aber der Text ist total belanglos, weil wir über das Budget oder die Ansichten der Abgeordneten absolut nichts erfahren. Die Nachricht (und so ist es mit vielen ähnlichen Nachrichten bestellt, die jeden Tag in jeder Zeitung erscheinen) liefert nur den Rahmen um die Form des Ereignisses. Aber unter der äußeren harten Schale befindet sich im Grunde nichts“, erklärte der ungarische Kritiker. Er ging noch weiter und gestand freimütig, daß die Mehrheit der Bevölkerung keine langen Artikel und Erklärungen lesen würde: „In solchen Fällen wirkt die Methode der Kommunikation der Rezeption der mitgeteilten Botschaft entgegen, die ursprüngliche Absicht verkehrt sich in ihr Gegenteil: Durch die langen Berichte werden die Leute nicht besser, sondern schlechter informiert!“ *(Élet és Irodalom,* 28. April 1979). In Ungarn änderte sich zwar auf diesem Gebiet vieles zum Besseren, doch wird auch dort über den Inhalt gerade der heikelsten Verhandlungen wie zum Beispiel jener über die Lage der ungarischen Minderheit in Rumänien anläßlich des Besuches einer hochrangigen ungarischen Delegation in Bukarest nichts berichtet. Was die kommunistische Welt betrifft, so ist alles beim alten geblieben (siehe zum Beispiel die Reden Ceauşescus als die einzige Informationsquelle für das Volk oder die Kommuniqués über die Sitzungen des Politbüros unter Andropow. Man erfährt zwar, daß die Mitglieder des obersten Gremiums die Preisgestaltung bei Damenkleidung behandelten, aber es gibt keinen ausdrücklichen Hinweis auf den Abschuß eines südkoreanischen Flugzeuges bzw. auf die diesbezügliche Diskussion).

Darin, in der tödlichen Langeweile politischer Mitteilungen, die an den Mann von der Straße von Ostberlin bis Irkutsk gerichtet werden, liegt vielleicht die größte Schwäche der kommunistischen Propagandamethoden. Ohne tiefgreifende politische Reformmaßnahmen kann eine „Demokratisierung der Kommunikation" nicht erfolgen. Die düsteren Erfahrungen aus der Geschichte Ungarns 1956, der Tschechoslowakei 1968–1970 und Polens 1980–1982 zeigen die Grenzen der „kleinen Freiheiten" bzw. die Folgen der Überschreitung für die Journalisten selbst auf.

Bei einer Analyse des Medienangebotes und der Medienpolitik im Ostblock darf man freilich auch die im Westen oft völlig unbekannte Tatsache nicht übersehen, daß der regelmäßige Zugang zu Informationen eines der wichtigsten Privilegien in jedem einzelnen kommunistischen Land ist. Heute, genauso wie zur Zeit Stalins, ist das Ausmaß und die Art der Information, die im Rahmen der Informationszuteilung die Führung den Funktionären und Würdenträgern zukommen läßt, von Rang und Einfluß abhängig. Das erste Anzeichen für die Degradierung oder zumindest teilweise Entmachtung eines führenden Funktionärs besteht darin, daß er eines Morgens ein „grünes" statt eines „roten" oder „blauen" vertraulichen Bulletins bekommt.

Angesichts der totalen Kontrolle der Informationsmedien und des Fehlens einer kritischen Öffentlichkeit laufen die kommunistischen Führer immer wieder Gefahr, Opfer ihrer eigenen Lügen zu werden. Sie sind häufig falsch informiert, sei es aufgrund der Interessen des Apparates, sei es infolge der Kluft, die zwischen dem Parteiapparat und einer verbitterten Bevölkerung besteht. So gab zum Beispiel der frühere polnische Planungschef und Politbüromitglied Tadeusz Wrzaszczyk bei einer stürmischen ZK-Sitzung nach dem Danziger Generalstreik und vor seinem Rücktritt im Sommer 1980 offen zu: „Wir sind zu Gefangenen unserer eigenen Erfolgspropaganda geworden…“

Unter diesen Umständen ist es verständlich, daß die ungeheure Dynamik der Transistorrevolution zu einem zunehmend wichtigen Faktor in der Innenpolitik der kommunistischen Länder geworden ist. Wenn man bedenkt, daß die Zahl der Empfänger von 237 Millionen im Jahre 1955 auf 1,38 Milliarden im Jahre 1982 stieg, ist es verständlich, daß die kommunistischen Führungsgremien internationale Radiosendungen für Osteuropa als die gefährlichste Bedrohung des Informationsmonopols, eines der Hauptstützen ihrer Herrschaft, betrachten.

Nichts könnte besser das unveränderte Hauptziel Moskaus, nämlich die Verhinderung eines freien Informationsflusses, illustrieren als die Wiederaufnahme der Störung der wichtigsten Auslandssender, die in den Ostsprachen senden. Nach einer siebenjährigen Unterbrechung wurden im August 1980 in der Sowjetunion die Störsender gegen die *Stimme Amerikas*, BBC und *Deutsche Welle* wieder in Betrieb gesetzt. Laut BBC-Schätzungen sind derzeit während der abendlichen Sendestunden acht von zehn nutzbaren Kurzwellenfrequenzen von Störungen betroffen. Man schätzt, daß die jährlichen Betriebskosten der Störsender in der Sowjetunion das Doppelte des BBC-Budgets für Auslandssendungen betragen. Trotz dieses ungeheuren materiellen Aufwandes beziffert man die Zahl der Hörer von ausländischen Radiosendungen in der Sowjetunion täglich noch immer auf etwa 15 Millionen. Was nun den Ostblock betrifft, so hören nach verläßlichen westlichen Schätzungen vier von fünf Tschechoslowaken, drei von vier Ungarn, Rumänen und Polen und einer von zwei Bulgaren das westliche Radio. Vor allem in Krisenzeiten wie nach der Intervention in der Tschechoslowakei 1968, nach der Besetzung Afghanistans 1979 – 1980, am Höhepunkt der Polenkrise 1980 – 1981 und im September 1983 nach dem Abschuß des südkoreanischen Passagierflugzeuges schnellte die Zahl der Radiohörer in die Höhe.

Seit eh und je versucht vor allem die sowjetische Hegemoniemacht, zum Teil durch direkten Druck, zum Teil unter dem fadenscheinigen Deckmantel der Kampagne für eine „neue Weltinformationsordnung“, den westlichen Massenmedien und vor allem den internationalen Sendern bzw. jenen Rundfunkanstalten, deren Fernsehsendungen im Ostblock empfangen werden können, „konstruktive“ Verhaltensregeln zu diktieren.

Die kommunistischen Führungsgremien verbinden die defensive Aktion, gerichtet auf den Schutz ihres Systems, mit vielfältigen Offensiven, um ihre eigenen Kriterien den Regierungen, Medien und der öffentlichen Meinung des Auslands aufzuzwingen. Der Ausgangspunkt des Ostens in allen diesen Kontroversen ist, daß die Medien des Sowjetblocks per se fortschrittlich seien und nur wahrheitsgetreue Informationen lieferten, während die westliche Information per se „verleumderisch, feindselig und subversiv" sei, wann immer sie der kommunistischen Politik widerspricht, sie kritisiert oder unzensurierte Nachrichten über nationale und internationale Ereignisse verbreitet. Die Grenzlinie zwischen berechtigtem „ideologischem Kampf" und „subversiver Propaganda" kann laut kommunistischer Lesart nur vom Osten gezogen werden. Diese Doppelmoral ist die Grundlage für die Behauptung, daß kommunistische Medien unbeschränkte Propaganda für den „realen Sozialismus" als etwas unter den Bedingungen der friedlichen Koexistenz durchaus Legitimes führen können. Das heißt, daß die Ostblockpropagandisten uneingeschränkten Zugang zu den westlichen Medien und zur westlichen Öffentlichkeit haben können. Sie dürfen Briefe an die Herausgeber schreiben und die westliche Politik oder westliche Medienvertreter in Fernsehdiskussionen kritisieren. Aber kein westlicher Journalist, keine westliche Zeitung hat ähnliche Möglichkeiten, um in der sowjetischen Einflußzone den westlichen Standpunkt oder politische Ansichten darzulegen. Nirgendwo im Westen werden öffentliche Rundfunksendungen gestört, noch gibt es institutionelle oder gesetzliche Barrieren gegen den Verkauf und die Verbreitung inländischer oder ausländischer kommunistischer Zeitungen.

Trotz des in den sogenannten Schlußakten von Helsinki 1975 angekündigten Zugangs zur freien Information gibt es auch bezüglich Arbeitsbedingungen für ausländische Journalisten in den letzten Jahren eine generelle Tendenz zur Verschlechterung. Eine wichtige, aber leider bisher isolierte Ausnahme bildet im Ostblock Ungarn. Rumänien und Ungarn haben zudem bereits 1963 bzw. 1964 die Störung von Radiosendungen eingestellt und nicht wiederaufgenommen. Ausschlaggebend für die Entwicklung der Arbeitsbedingungen von Auslandsjournalisten und für den Zugang zu Informationen sind jedoch nicht so sehr die westlichen Interventionen, sondern in erster Linie die jeweiligen politischen Interessen der einzelnen Führungskräfte. In diesem Zusammenhang muß man übrigens gerechterweise darauf hinweisen, daß es noch immer relativ leichter ist, Informationen in und aus Polen zu sammeln und zu übermitteln als zum Beispiel in und aus Rumänien oder in und aus der Tschechoslowakei.

Was nun die Sowjetunion betrifft, so wollte und will auch Andropow nicht eine „Liberalisierung", sondern eine Verbesserung im Sinne der Systemstabilisierung der Medienpolitik und des Medienangebotes. Es wird im Westen oft übersehen, daß Radio Moskau über den größten Auslandsrundfunkdienst der Welt verfügt. Dazu kommen noch die Kurzwellensender der anderen Ostblockländer. Ihre Botschaft, die hymnische Propagierung der eigenen Errungenschaften und die plumpe Anschwärzung des Westens sind noch immer so dick aufgetragen, daß sowohl die eigenen Hörer und Leser als auch die Rezipienten im Ausland die Übertreibung bemerken und letzten Endes der Propaganda aus Moskau keinen Glauben schenken. Jene, die das Medienangebot und die Medienpolitik der sich „sozialistisch" nennenden Länder aus der Nähe verfolgen, neigen dazu, Talleyrand Recht zu geben: „Alles, was übertrieben ist, ist auch bedeutungslos." Vielleicht liegt darin die Erklärung für die scheinbar paradoxe Lage, daß die Zeitungs- und Funkjournalisten und die ganze Riege der Meinungsmacher im allgemeinen nirgendwo so ernst genommen und so lückenlos kontrolliert werden wie in den Staaten östlich der Elbe und zugleich nirgendwo sowenig echten Einfluß auf die eigene Öffentlichkeit haben.

Duell im Äther um den Informationsaustausch

Februar 1988

Die neuen Medien, Video, Kabel und Satellit, und ihre Auswirkungen rücken zusehends mehr ins Zentrum politischer Aufmerksamkeit der herrschenden Parteien bzw. ihrer Führungsspitzen in der kommunistischen Welt. Die medientechnologischen Entwicklungen, die Steigerung der Leistungsfähigkeit der Telekommunikationsmedien und vor allem die immer kürzeren Innovationszyklen der Medientechnik werden von den für politische Propaganda verantwortlichen Spitzenfunktionären in allen Ostblockstaaten, vor allem in den an westliche Staaten angrenzenden Ländern, aber auch im blockfreien Jugoslawien und Albanien, als die möglicherweise gefährlichste qualitativ neue Gefahr für die Legitimität der Regime, verbunden mit gravierenden Konsequenzen für deren politische Stabilität, betrachtet. Gerade weil „mit der Ausdehnung des kommunikativ beherrschten Lebensraumes die eigene Wirklichkeitserfahrung des Individuums mehr und mehr durch Wirklichkeitsvermittlung ersetzt wird" (H. Oberreuter: *Wirklichkeitskonstruktionen und Wertwandel.* In: *Aus Politik und Zeitgeschichte*, B 27/28), muß man darauf hinweisen, daß in den Diktaturen leninistischen Typs der gesamte Bereich der Politik, der Ideologie und der Legitimationsvorstellungen unvergleichlich stärker in Zweifel gezogen wird als in der westlichen Welt. Kurz, die neuen Medien bedrohen mittel- und langfristig verstärkt das Meinungsmonopol und die ideologische Abgrenzung vom Westen.

Die Folgen der zunehmenden Verkabelung, der Satelliten und der Videorevolution können nur dann annähernd richtig abgeschätzt werden, wenn die von den westlichen Regierungen oft unterschätzte Bedeutung der internationalen Radiosendungen als Hilfe ins Kalkül gezogen wird. Wenn auch in mancher Hinsicht die überwiegend im Westen gesammelten Daten über das östliche Hörerpublikum nicht so zuverlässig sein können wie übliche

Umfragen in demokratischen Staaten, weil in erster Linie jene Leute gefragt oder ausgefragt werden, die in den westlichen Staaten reisen können – die Hörer-gewohnheiten der rumänischen Bauern sind deshalb wesentlich schwieriger zu erforschen als z. B. die Gewohnheiten der ungarischen Außenhandelspartner –, so können alle Besucher, vor allem die Diplomaten und Ostkorrespondenten, die enorme Bedeutung der westlichen Rundfunksendungen bestätigen. Das gleiche gilt übrigens für jene Schätzungen, wonach westliche Radio-stationen im Wochendurchschnitt von einem Drittel der erwachsenen Bevölkerung in der Sowjetunion gehört werden. Ich habe kürzlich einen Umfragebogen erhalten, einen Brief von einem der wichtigsten westlichen Sender, was ich denn von verschiedenen Hintergrundpublikationen halte und was mit mir, mit meiner Arbeit passieren würde, wenn sie das nicht weiter produzierten. Ich habe natürlich die Wahrheit gesagt und geantwortet, daß dies auch meine Arbeit und meine Kenntnisse wesentlich beeinflussen würde, aber das gilt, fürchte ich, noch viel mehr für viele westliche Diplomaten, die in erster Linie aus diesen Berichten ihre Kenntnisse beziehen. Ich werde nie vergessen, wie ein britischer Botschafter in Sofia – ich arbeitete damals für die *Financial Times* – mich fragte, ob ich schon den letzten Forschungsbericht über die bevorstehende Reform – in Bulgarien steht nämlich immer eine Wirtschaftsreform bevor – gelesen hätte.

Nicht weniger als 80 Länder betreiben einen internationalen Radiodienst – meist auf der Kurzwelle, die übrigens in der Vergangenheit noch häufiger totgesagt wurde als das Radio ganz allgemein. Der Anteil derjenigen Apparate, die Kurzwellenprogramme empfangen können, wird auf zwei Drittel der über 100 Millionen registrierten Radios im Ostblock geschätzt. Derzeit sind 2.200 Kurzwellensender in Betrieb; das ist eine Steigerung um etwa 12 Prozent in den letzten 10 Jahren, und es werden 164 weitere Sender gebaut. Es gibt z. B. 30 Sender, die in arabischer Sprache in den Ländern des Mittleren Ostens senden; es gibt ein Dutzend in Bengali und noch mehr in Hindi, 17 in Urdu und 18 in indonesischer Sprache.

„Was nicht ausdrücklich verboten ist, ist erlaubt", sagte kürzlich Michail Gorbatschow. Das gilt natürlich auch für das Radio, vorausgesetzt freilich, daß die Sendungen überhaupt gehört werden. Deshalb war das Auf und Ab in der Aktivität der Störsender, deren Betrieb übrigens mehr kostet als der Senderbetrieb der bekämpften westlichen Stationen, stets ein untrügliches Zeichen für den jeweiligen Stand der Ost-West-Beziehungen. Zwischen 1963 und 1968, sodann zwischen 1973 bis 1980/81, also vor dem Prager Frühling bzw. vor der Zermalmung des Prager Frühlings und vor der Entstehung der Solidarität in Polen, gab es Pausen in der Störung von westlichen Sendern wie des BBC und *Voice of America*, doch haben die Sowjetunion, die Tschechoslowakei und Bulgarien nie aufgehört, alle Sendungen von *Radio Free Europe* und *Radio Liberty* zu behindern. Im Zeichen der „Glasnost"-Politik wurde im Jahre 1987, und das ist nicht unwichtig, die Störung der russischsprachigen Sendungen des BBC und der *Voice of America* sowie der polnischen Sendungen des BBC, der *Voice of America* und von RFE eingestellt. Man muß abwarten, ob im Zuge des KSZE-Prozesses und mit der Fortsetzung der Gipfeldiplomatie zwischen Washington und Moskau auch eines Tages die Sendungen von RFE und *Radio Liberty* ungestört empfangen werden können. Dabei muß man auch bedenken, daß es sich hier nicht nur um Politik, sondern auch um eine drückende finanzielle Last für die betroffenen Regierungen handelt. Die Schätzungen über den Kostenaufwand für die 2.500 bis 3.000 sowjetischen Störsender schwanken zwischen 750 Millionen Dollar und 1,2 Milliarden Dollar jährlich. Man muß in diesem Zusammenhang übrigens die Tatsache festhalten, daß seit Juli 1963 bzw. Februar 1964 keine westlichen Radiosendungen in ungarischer bzw. rumänischer Sprache gestört wurden. Nur: Die Beziehungen zwischen Ungarn und Rumänien sind so schlecht, daß heutzutage eher die Gefahr besteht, daß Rumänien die ungarischen Sendungen als die von *Radio Free Europe* stören wird.

Die sowjetische In- und Auslandsinformation über die Reaktorkatastrophe von Tschernobyl in der Nacht vom 25. zum 26. April 1986 wie auch die Berichterstattung über den Prozeß gegen die dafür Verantwortlichen im August 1987 – bekanntlich waren keine westlichen Korrespondenten zugelassen – lieferte die überzeugendsten Beweise für die Richtigkeit der Feststellung von Valentin Falin, dem in deutschen und auch österreichischen Medien wieder einmal und wieder oft zitierten Chef von *Nowosti* und früheren Botschafter in Bonn: „Eine neue Qualität der Transparenz erreicht man nicht über Nacht ..."

Wie so oft in Krisensituationen, so auch zuletzt nach den jüngsten Turbulenzen in der DDR, wurden nach dem Reaktorunglück die westlichen Medien und insbesondere die Rundfunksender zunächst der Desinformation, ja der Panikmache bezichtigt. Aufschlußreich war in dieser Hinsicht eine systematische Befragung von sowjetischen Bürgern – natürlich privilegierten

Bürgern –, unter denen allerdings Männer und Parteimitglieder überdurchschnittlich vertreten waren, die nach der Katastrophe im Westen geweilt hatten. Danach hatten 38 Prozent die erste Nachricht durch westliche Radiostationen erhalten. 53 Prozent informierten sich eingehender bei westlichen Radiosendungen. Am besten informiert über die Sendungen der westlichen Rundfunk- und Radiosender bin ich, wenn ich mich z. B. in Ungarn oder Polen aufhalte, weil in diesen Ländern jeder westliche Sender hört.

Die Tatsache, daß die westlichen Radio- und Fernsehsender im Gegensatz zu den Diktaturen im Ostblock regelmäßig über politische, wirtschaftliche und soziale Krisen, über Jugendrevolten, Terrorismus und Korruption in ihren eigenen Ländern berichten, überzeugt auch skeptische Hörer davon, daß man ihren Informationen und Kommentaren glauben und vertrauen kann. Die Bedeutung der Kurzwelle wird übrigens auch dadurch unterstrichen, daß derzeit weltweit 1.700 Kurzwellensender jede Woche 24.000 Programmstunden in 140 Sprachen produzieren. Die Spitze hält die Sowjetunion, die in 80 Sprachen 2.300 Programmstunden wöchentlich sendet; die Plätze 2, 3 und 4 nehmen die USA, China und die Bundesrepublik Deutschland ein, Großbritannien steht heute auf Rang 5 – freilich in der Glaubwürdigkeit weiterhin an erster Stelle. Dann kommen schon solche Großmächte im Äther wie Albanien und Nordkorea.

Anders liegen die Dinge beim Fernsehen, wobei es allerdings unklug wäre, den Siegesmarsch der neuen Medien im Ostblock hinsichtlich seines Tempos, also der tatsächlichen Verbreitung in absehbarer Zukunft, zu überschätzen. Aus technischen, finanziellen und zum Teil politischen Gründen ist die Anschaffung von komplizierten Antennenkonstruktionen, Normumwandlern und Decodern, von entsprechenden Parabolspiegeln usw. nur in einigen Ländern (DDR, Ungarn und Polen und in einem noch geringeren Ausmaß in der ČSSR) und auch dort zur Zeit bloß für eine sehr dünne Schicht überhaupt möglich oder denkbar. Es gibt natürlich auch Privilegierte; als ich z. B. zu Weihnachten in Budapest war, wollte ein befreundetes Ehepaar uns sehr stolz zeigen, daß man mit einem Knopfdruck auch Sendungen des Österreichischen Fernsehens in Budapest ohne weiteres empfangen könne. Das kostete nur die Kleinigkeit von 40.000 Forint, das sind etwa sieben Monatsgehälter, noch dazu am Rande der Legalität. Sollte die Post das unter Kontrolle bringen, werden sie wahrscheinlich das Geld verlieren.

Was nun die Erweiterung der Freiheitsräume für den Durchschnittskonsumenten östlich der Elbe betrifft, so muß man hier wohl die DDR als Sonderfall ausklammern. Schätzungen gehen bekanntlich davon aus, daß 75 bis 80 Prozent der DDR-Bürger das Westfernsehen regelmäßig verfolgen, vor allem die aktuellen Nachrichtensendungen. Nach der gleichen Quelle hören zwei Drittel der DDR-Bürger fast jeden Tag oder zumindest häufig einen Rundfunksender aus dem Westen. Angesichts der gemeinsamen Sprache kommen natürlich die zwei unterschiedlichen Wirkungen der Westprogramme in der DDR viel stärker zur Geltung als im übrigen Ostblock.

Was sind diese Wirkungen? Es handelt sich dabei um eine angeblich systemstabilisierende Wirkung und um eine Herausforderung durch politischen Konkurrenzdruck für die Propagandazentralen kommunistisch regierter Staaten. So vertreten manche Experten, wie z. B. George Urban, der frühere Direktor von RFE – übrigens war darüber auch in der *Welt* ein großer Artikel –, die Ansicht, daß das Westfernsehen eine Art von „Ersatzfreiheit" produziert. Einerseits trägt die kritische Berichterstattung der westlichen Sender – ARD, ZDF und ORF – in der DDR und in Teilen der Tschechoslowakei und Ungarns dazu bei, ein realistischeres Bild vom „goldenen Westen" zu bekommen. Andererseits vermittelt laut Urban der Bildschirm die Illusion, an der Freiheit der anderen teilzunehmen, ja sogar deren negative Seiten, wie Arbeitslosigkeit, politische Schlammschlachten, Streiks, Unruhen und Verbrechen frei Haus geliefert zu bekommen.

Wenn man mit einem ZK-Sekretär in Budapest spricht, der in seinem Büro dem Besucher stolz mit der Fernbedienung demonstriert, daß er auf Knopfdruck drei oder vier westliche, zwei tschechoslowakische und zwei sowjetische TV-Programme empfangen kann, so ist man auf den ersten Blick geneigt, die These Urbans über Systemstabilisierung zu akzeptieren. Es wäre aber nach meiner Meinung falsch, das schwer aufzulösende Geflecht aus politisch relevanten Meinungen, Einstellungen und Werthaltungen, das in einer östlichen Gesellschaft von den Medien mitgeprägt wird, ohne freie, breitgefächerte und wissenschaftlich abgesicherte Umfragen zu deuten. Vorsicht ist zudem bei jeder Art von Schwarzweißmalerei geboten. Vor allem darf man die brisante Wirkung der Berichterstattung des westlichen Fernsehens über aktuelle politische Ereignisse nicht unterschätzen. Es genügt, wenn ich darauf hinweise, wie die westlichen Sender zum Teil über Streiks und Demonstrationen im eigenen Lande berichten oder über die Absetzung von Boris Jelzin, über die noch immer keine Einzelheiten in osteuropäischen

Medien bekannt geworden sind, über die relative Freiheit des Fremdenverkehrs, etwa am Beispiel des Reiseverkehrs zwischen Ungarn und Österreich einerseits und der noch immer vorhandenen Begrenzungen zwischen Österreich und der Tschechoslowakei andererseits. Stellen Sie sich vor, was man empfindet, wenn man in Preßburg oder in der Südslowakei oder z. B. in den an der Bundesrepublik angrenzenden Gebieten sieht, daß z. B. zweieinhalb Millionen Österreicher im Jahre 1987 nach Ungarn gekommen sind und umgekehrt 400.000 Ungarn ohne größere Schwierigkeiten nach Österreich.

Nehmen wir z. B. die Sendungen des ORF, wobei ich betonen möchte, daß diese Sendungen ausschließlich den Wünschen und Bedürfnissen der österreichischen Zuhörer und Zuschauer entgegenkommen, zugleich aber in den Nachbarländern bzw. in Teilen von diesen als eine der wenigen glaubwürdigen Informationsquellen angesehen werden. So war es während und nach der Warschauer-Pakt-Intervention in der Tschechoslowakei 1968, während der Polenkrise 1980/81, beim sowjetischen Einmarsch in Afghanistan und auch während der Nuklearkatastrophe von Tschernobyl. Es gilt: In einer Krisensituation schauen viel mehr Leute fern bzw. hören Rundfunk- und Nachrichtensendungen.

Die politische Relevanz und die tatsächliche Breitenwirkung z. B. der österreichischen Fernsehprogramme hängt nicht vom ORF selbst ab, sondern von der politischen Entwicklung in jenen Staaten, in denen diese Sendungen gesehen werden können. Niemand wirft dem ORF, geschweige denn der österreichischen Bundesregierung, vor, die politische Stabilität in Bayern oder in der Schweiz durch kritische Programme über Wackersdorf oder die Behandlung der Fremdarbeiter untergraben zu wollen – was natürlich auch schwierig wäre. Gerade das hat man aber von Zeit zu Zeit jeweils im Einklang mit den innenpolitischen Gegebenheiten in der Tschechoslowakei, in Polen und sogar in Jugoslawien hinsichtlich verschiedener ORF-Dokumentationen und Reportagen über diese Länder behauptet. Dazu kurz ein aktuelles Beispiel: In einem bekannten deutschen Nachrichtenmagazin erschien kürzlich eine Meldung, und wir, die mit Jugoslawien beschäftigt sind, erkannten aufgrund verschiedener Indizien, daß dies wahrscheinlich eine Falschmeldung war. Nun, ich habe das selbst erlebt: 1982 produzierte ich eine Dokumentation über Kroatien und dachte naiverweise, es wäre besser, einen bekannten britischen Redakteur, beschäftigt beim angesehenen Wochenblatt *Economist* und zudem von kroatischer Abstammung, als Moderator auftreten zu lassen, als die Aufnahmen selbst zu kommentieren. Die Folgen waren jedoch niederschmetternd, und es gab eine ungeheuerliche Kampagne in Wien; alle möglichen Clubs und Vereine, von deren Existenz bisher niemand oder nur sehr wenige Personen Kenntnis hatten, schickten Protesttelegramme an unseren damaligen Generalintendanten und unterbreiteten ein Memorandum, in dem sogar über sowjetische Hintermänner (*Bulgarian Connection*) usw. spekuliert wurde. Einige Jahre später normalisierte sich die Situation, und ich bin wieder derselbe, in Belgrad vorbehaltlos akzeptierte Lendvai, der ich fünf Jahre zuvor war. Es hängt also nicht davon ab, was wir senden, sondern wie die politische Perzeption und, sprechen wir es offen aus, die Intelligenz in diesen Ländern wirkt. Wie der große kroatische Schriftsteller Miroslav Krleža einmal sagte: „Die Dummheit bleibt auch unter den Bedingungen des Sozialismus Dummheit.“ Oder, um Ihnen ein anderes Beispiel zu geben: Rumänien. Wir hatten in Österreich eine Dokumentation über Rumänien, konkret über den rumänischen Partei- und Staatschef gedreht. Man kann sich nicht vorstellen, wie viele zuständige und nichtzuständige Stellen in Wien sich noch vor der Fertigstellung und Ausstrahlung mit diesen Dingen beschäftigen mußten. Und was passierte? Nichts, da wir strikt im Einklang mit dem Rundfunkgesetz gedreht hatten. Wir haben niemanden beschimpft, wir haben nur gezeigt, was es in Rumänien tatsächlich gibt. Das Resultat dieser Dokumentation wurde nicht nur in der ganzen Welt gezeigt, sondern wird heute angeblich zu horrenden Schwarzmarktpreisen vor allem in Ungarn angeboten. Das Auf und Ab in der Einschätzung der westlichen Rundfunk- und Fernsehsendungen spiegelt im Grunde den jeweiligen Grad der politischen Auflockerung bzw. Abkapselung in den sich „sozialistisch“ nennenden Ländern wider.

Die Nachkriegsgeschichte zeigt jedenfalls, daß Barrieren politischer und ideologischer Prägung den Informationsfluß letzten Endes nicht behindern, geschweige denn völlig abblocken können. Sie vermögen aber gefährliche Verzerrungen hervorzurufen und Vorurteile zu bekräftigen. Deshalb waren die diesbezüglichen Hinweise im Helsinki-Dokument über den KSZE-Prozeß so relevant und so bedeutungsvoll. Doch hängen die konkreten und nicht bloß deklarierten Errungenschaften im Bereich der Kommunikation nicht von Absichtserklärungen, sondern vom Fortschritt in Richtung einer Öffnung dieser geschlossenen Gesellschaften und nicht zuletzt von der jeweiligen Toleranzgrenze ab.

Kurt Tucholsky schrieb einmal: „Ein Land ist nicht nur das, was es tut – es ist auch, was es duldet.“ Zur Öffnung gehören aber auch nicht nur im Osten, sondern auch in der Mitte und im Westen Europas Selbstkritik und Ironie, Kenntnisse voneinander und der Wille, gegen nationalistische Enge und Fremdenhaß aufzutreten. Wenn man von Zukunftsperspektiven der Kommunikations- und Informationsrevolution spricht, so muß man davon ausgehen, daß die neue Technik neue Chancen, aber auch neue Risiken bezüglich des Zusammenlebens von Gruppen, Minderheiten, Nationen und unterschiedlichen Gesellschaftssystemen schafft. Satelliten- und Kabelfernsehen dürfen unter dem Deckmantel der Freiheit die Eigenart und Kultur der kleinen Nationen nicht durch eine supranational agierende Unterhaltungsindustrie auslöschen. Das gilt übrigens nicht nur für die „Amerikanisierung“, sondern auch für die Probleme der kleinen Nationen und Volksgruppen (Slowenien, Mazedonien sowie die albanischen und ungarischen Minderheiten) in Jugoslawien angesichts des serbischen bzw. kroatischen Übergewichts im Medienangebot; übrigens – sprechen wir das offen aus – gilt das auch bei aller Unterschiedlichkeit der Problemstellung für die medienpolitische Zusammenarbeit und gegenseitige Durchdringung zwischen Österreich und der Bundesrepublik.

Die globale Kommunikationsrevolution bedroht nämlich nicht zuletzt wegen der fehlenden Sprachkenntnisse die besondere Funktion der Kleinstaaten und der kleinen Nationen. Mit Recht warnte der österreichische Schriftsteller Karl-Markus Gauß vor jenen „Mitteleuropa-Verächtern“, die „alles, was ihnen unbekannt geblieben ist, auch schon für unbedeutend halten.“ Es besteht nämlich die Gefahr, daß z. B. die einzelnen Kleinstaaten im Vorfeld Sowjetrußlands nicht humanisiert und nicht internationalisiert, sondern vor allem infolge der Wirtschaftskrise und des Generationswechsels sowie der damit verbundenen verschärften ethnischen und religiösen Gegensätze eher nationalisiert werden.

Gerade unsere Erfahrungen in Wien und Österreich zeigen, daß der Faktor des Menschlichen als Bindeglied zwischen Nationen und Kulturkreisen nicht unterschätzt werden darf. Die turbulente Geschichte Mitteleuropas zeigt jedenfall warnend, daß Versachlichung und Entschärfung der zum Teil vererbten, zum Teil neu geschaffenen, nationalen und politischen Probleme der einzig gangbare Weg zu einem friedlichen und konstruktiven Zusammenleben von Ländern und Regionen unterschiedlicher gesellschaftlicher

Ordnung sein kann. Nicht durch die sterile Sprache der Kommuniqués, sondern nur durch eine Politik der kleinen und konkreten Schritte kann man ein höheres Maß an Durchlässigkeit für die Menschen erreichen und die Kontaktmöglichkeiten in der medialen Kooperation verbessern.

In dieser Hinsicht bietet die Bilanz der Kooperationsabkommen, die Rundfunkanstalten in der Bundesrepublik und Österreich mit Ostblocksendern abgeschlossen haben, gute Beispiele dafür, daß die sogenannten administrativen Schwierigkeiten stets von der Kooperationsbereitschaft der zuständigen Stellen östlich der Elbe und nicht vom jeweiligen Inhalt der formellen Abmachungen abhängen. Sie sind immer dann bei der Realisierung geplanter Verträge und geplanter Vorhaben aufgetreten, wenn man aus dem Bereich der Unterhaltung in die politisch-kulturelle Sphäre wechseln wollte. Die Erfahrungen, die ich z. B. mit der Organisation der international besetzten „Oststudio"-Sendungen seit 1980 gesammelt habe, lassen darauf schließen, daß man keine Patentrezepte für die Einschätzung der jeweiligen Haltung der einzelnen Agitprop-Abteilungen und der von ihnen lückenlos kontrollierten Rundfunkleitungen in der Hand hat. Wir haben mehrere solche Sendungen und Diskussionen gemeinsam mit ost- und südosteuropäischen Kollegen organisiert, und es war interessant, den jeweiligen Grad der Öffnung in den osteuropäischen Staaten zu beobachten. Die Ungarn strahlten einmal drei Wochen nach unserem eigenen Sendetermin eine voll synchronisierte Diskussion – allerdings war das vor vier Jahren – zur Hälfte aus. Die heikelsten Passagen über den Aufstand 1956 und über die Religion wurden freilich ausgelassen. Die Jugoslawen ließen zwei Drittel ausstrahlen, zwar nicht synchronisiert, jedoch durch zwei Damen übersetzt. Und die vielgeschmähten Polen brachten die ganze Diskussion eine Woche später – ungekürzt und in polnischer Sprache .

Schließlich machten wir – zum ersten Mal – eine Livesendung in Moskau. Es war ein großer Erfolg, ein Durchbruch. Ausgestrahlt aber wurde in der Sowjetunion von dieser Sendung keine Minute. In diesem Sinne ist Informationsaustausch, vor allem im Bereich der elektronischen Medien, ein Spiegelbild der sich wandelnden politischen und gesellschaftlichen Wirklichkeit. Andererseits prägt diese Entwicklung – je nach Land und politischer Konstellation – die medienpolitische Zusammenarbeit. Deshalb kann man eine funktionierende Kooperation von Presse, Radio und Fernsehen vom politischen Umfeld in keinem Fall abstrahieren.

Noch einige Worte über die Dimensionen der Videorevolution im Ostblock. Nach im Detail freilich unüberprüfbaren Schätzungen gibt es rund 2 Millionen Videorecorder in Osteuropa. Von der DDR bis nach Polen und Ungarn werden Videokassetten auch von den Systemkritikern und Bürgerrechtskämpfern als neue Mittel des politischen Kampfes eingesetzt.

Nicht nur meine Erfahrungen in Wien mit den Feinheiten des Informationsaustausches und den vielfältigen Möglichkeiten, journalistische Arbeit zu behindern, sondern auch die Schockwirkung manch unkontrollierter, weil unkontrollierbarer Debatten bei den sogenannten amerikanisch-sowjetischen TV-Brücken bestätigen eine oft übersehene und verdrängte Wahrheit im Ost-West-Informationsaustausch, die, so glaube ich, übrigens auch für andere Bereiche der Ost-West-Zusammenarbeit gilt: Es kann buchstäblich fast alles rückgängig gemacht werden. Nach wie vor gibt es keine institutionellen Sicherungen für den Informationsaustausch, sondern nur die unabänderliche Tatsache, daß nicht alle internationalen Kurzwellensendungen erfolgreich gestört und gewisse Landesteile nicht von der Ausstrahlung westlicher Kultur und westlichen Gedankengutes abgekapselt werden können. Ich habe schon darüber gesprochen, daß dieser Nachrichtenfluß und das Informationsangebot jeweils dann größere, zuweilen entscheidende Relevanz bekommen, wenn diese Diktaturen von einer akuten Krise erfaßt werden. Diese Krisen werden nicht durch die Sendungen der deutschen oder österreichischen Fernsehanstalten, nicht durch die *Deutsche Welle*, BBC oder *Voice of America* ausgelöst. Sie werden ausgelöst durch die ungelösten Widersprüche in diesen Gesellschaften. Aber natürlich können Rundfunksendungen eine sehr wichtige Rolle spielen, wie das z. B. 1981 in Polen der Fall war, als die Menschen dadurch überhaupt erst erfahren konnten, was passierte. Deshalb tragen die Medienverantwortlichen in jenen Ländern und Städten, aus deren Sendezentralen man durch die geopolitische Lage ungewollt auf das Geschehen in geschlossenen Gesellschaften einwirkt oder einwirken kann, eine besondere, in manchen Fällen eine doppelte Verantwortung vor ihren Zuschauern und Zuhörern. Aber das darf keine Selbstzensur bedeuten. Die größte Gefahr ist – meiner Meinung nach – in dieser Hinsicht Ängstlichkeit, gekoppelt mit Naivität, drapiert mit einer Mischung aus Illusionen und fehlenden Kenntnissen. Deshalb bleibt die Informationsfreiheit eine elementare Voraussetzung für die Sicherheit, nicht nur für die militärische, sondern auch für die allgemeine Sicherheit Europas.

Machtkampf um die Kontrolle der Medien in den postkommunistischen Staaten

Frühjahr 1994

Nach dem Zusammenbruch der kommunistischen Diktaturen sind die Medien im allgemeinen und die elektronischen im besonderen zu einem der wichtigsten Gradmesser des Fortschrittes auf dem Weg zur Demokratie geworden. Die Phasen der Umwandlung der Medien aus Instrumenten der Diktatur zu Spiegeln einer freien Gesellschaft unterscheiden sich von Land zu Land und manchmal sogar von Jahr zu Jahr. Es geht dabei um politische, institutionelle, finanzielle und nicht zuletzt um persönliche Aspekte.

In keinem der postkommunistischen Länder, außer in Polen und zum Teil in der Tschechischen Republik, standen Journalisten zur Verfügung, die sich unter dem Kommunismus nicht mehr oder weniger kompromittiert hätten oder zumindest nicht in die Machtstruktur „kooptiert" gewesen wären. Trotzdem spielten die Zeitungen, zum Beispiel in Ungarn, eine zweifellos positive Rolle bei dem Übergang vom „Spätkadarismus" zur Mehrparteiendemokratie. Auch bei der nationalen Emanzipation der einzelnen Teilstaaten Jugoslawiens, z. B. Sloweniens, war der Beitrag der Medien nicht zu übersehen. Doch hat „das Jahr des Wunders" auch die Journalisten überrascht. Manche wurden sozusagen über Nacht zu international bekannten politischen Persönlichkeiten – wie Jiří Dienstbier in Prag (zeitweiliger Außenminister der Tschechoslowakei) oder Adam Michnik in Warschau (für einige Jahre Abgeordneter im Sejm und Chefredakteur der größten polnischen Zeitung), Jegor Jakowlew in Moskau – zeitweilig Chef des gesamtrussischen Fernsehens – oder Michael Poltoranin, Leiter des föderalen Informationsdienstes unter Jelzin.

Der Zerfall der verschiedenen Regierungskoalitionen oder Sammelbewegungen hat natürlich die Differenzierung im Pressewesen begünstigt. Manche, die sehr schnell in Spitzenpositionen aufrückten, mußten – je nach dem Auf und Ab in den politischen Kräfteverhältnissen – ebenso unerwartet über die Klinge springen. Es entbrannte auch ein oft unübersichtlicher Kampf um die Eigentumsrechte an den Zeitungen, den Druckereien und am Vertrieb. Das Ringen um die Radio- und Fernsehfrequenzen im Zusammenhang mit der Privatisierung beherrscht vor allem in der letzten Zeit die Schlagzeilen.

Internationale Institutionen wie das Internationale Presse Institut (IPI), das Europäische Medieninstitut, die internationalen Journalistenverbände und große Stiftungen wie die Soros Foundation und das International Media Fund sowie amerikanische Universitäten, aber auch der ORF und andere Rundfunkanstalten haben durch materielle und ideelle Hilfe die Entwicklung der freien Presse und elektronischen Medien östlich der Elbe tatkräftig gefördert.

Weltweit, von Afrika bis Asien, von Europa bis Lateinamerika, hat die Pressefreiheit auch in den letzten Jahren keine großen Fortschritte gemacht. Nach einer im Frühjahr 1994 veröffentlichten Studie des „Freedom Forum“ haben nur ein Drittel der 186 untersuchten Länder eine freie Presse. Zu ähnlichen Schlüssen kommt die 1985 gegründete unabhängige Organisation „Reporter ohne Grenzen“ in ihrem Jahresbericht 1994. Vor diesem Hintergrund muß also auch die Entwicklung in der postkommunistischen Welt nüchtern und ohne übertriebene Hoffnungen betrachtet werden. So wurde zum Beispiel am 24. September 1993 eine „Wiener Deklaration“ von Vertretern aus allen osteuropäischen Staaten, die leitende Positionen bei Rundfunkanstalten bekleiden, unterschrieben. Sie sprach sich unter anderem für „gesetzliche und rechtliche Maßnahmen zum Schutz der Journalisten“, für „die Verankerung der Rundfunkfreiheit“ in den Verfassungen und verfassungsrechtliche und gesetzliche Maßnahmen aus, um „den Führungsorganen der rechtlich-öffentlichen Rundfunkanstalten die tagespolitischen Einflüsse zu entziehen.“ Daneben sollte „redaktionelle Objektivität“, eine „freie und ausgewogene Information der Öffentlichkeit“ und „freier Zugang zu allen Informationen“ gewährt werden. Daß diese schön klingende Deklaration unter anderem auch von den Spitzenvertretern der kroatischen, rumänischen und ungarischen elektronischen Medien mitunterzeichnet wurde, also von Personen, die in ihren eigenen Ländern selber als willige Werkzeuge der jeweiligen Regierungen kritisiert werden, wirft freilich ein erhellendes Schlaglicht auf die wirklichen Verhältnisse.

Man muß leider feststellen, daß mit wenigen Ausnahmen die an die Macht gelangten politischen Parteien und vor allem ihre Führungspersönlichkeiten oft – und nicht ohne Erfolg – versucht haben, die Journalisten an die Kandare zu nehmen und die elektronischen Medien fest in den Griff zu bekommen. Überall wurden zwar verschiedene Aufsichtsorgane und Beiräte durch die Parlamente errichtet und zum Teil auch ihre Mitglieder bestimmt, doch mußte man bald zwischen dem Schein und dem Sein unterscheiden.

Vor allem dann, wenn es um erbitterte Machtkämpfe zwischen Präsident und Regierung oder Regierung und Opposition ging, gerieten Fernsehen und Radio sehr bald in den Strudel der Auseinandersetzungen, die letzten Endes der rationalen Kontrolle entglitten. Die vielleicht einprägsamsten Beispiele liefern Polen, Ungarn und die Slowakei, wobei auch die meisten anderen hier nicht ausführlich behandelten Staaten keineswegs Modelle der von politischen Einflüssen unberührten öffentlich-rechtlichen Rundfunkanstalten bieten können.

In Polen haben vor allem das Machtstreben von Staatspräsident Lech Wałęsa und seine wechselnden Bündnisse und Freundschaften mit diversen Politikern für ständige Unsicherheit und die Bedrohung der Pressefreiheit bei den staatlichen Medien gesorgt. Daß der versuchte Zugriff auf Fernsehen und Radio auf die Dauer der Popularität selbst eines Helden des Widerstandes gegen den Kommunismus nicht zuträglich ist, zeigen die geradezu katastrophalen Angaben über das Abschneiden Wałęsas bei den diversen Meinungsumfragen. Daß seine persönlichen Vertrauten wie der vom Chauffeur zum Staatsminister aufgerückte M. Wachowski und andere Mitarbeiter direkte Telefonleitungen zu mit ihnen befreundeten Fernsehdirektoren eingerichtet haben, um „Programmempfehlungen" auf kurzem Wege zu übermitteln, wurde in den Zeitungen ebenso berichtet wie die Folgen der Ablösung unabhängiger Direktoren und Vorsitzender des polnischen Rundfunk- und Fernsehrates. Dazu kamen Enthüllungen über die brutale Art und Weise, in der Wałęsas Küchenkabinett mit den Chefredakteuren und Managern des Fernsehens und Radios umging. Ein eigenes TV-Produktionsteam produziert über Wałęsas Aktivitäten ein wöchentliches TV-Magazin und strahlt es aus – trotz weitverbreiteter Kritik. Schließlich entbrannte ein Kampf um die Verteilung der Lizenzen für das Kommerzfernsehen, wobei nicht zuletzt die großen ausländischen Medienkonzerne mitmischten, zum Teil mit Rückendeckung durch mit Wałęsa verbundene Personen und Gruppen. Bei dem politischen Konflikt um die Machtverteilung zwischen dem Präsidenten und dem demokratisch gewählten Parlament bzw. der sich auf eine Mehrheit stützenden Regierung handelt es sich auch um die Kontrolle der Streitkräfte, des Sicherheitsdienstes, der Außenpolitik und nicht zuletzt der Medien. Daß man überhaupt die Öffentlichkeit über die Vorgänge hinter den Kulissen und die erschreckende Korruption informieren konnte, verdanken die Polen der Tatsache, daß die Printmedien und vor allem die größten und einflußreichsten Zeitungen nicht unter die Kontrolle der Gruppe um Wałęsa gebracht werden konnten. Wenn man bedenkt, daß laut Schätzungen der Markt für Fernsehwerbung von 6 Millionen Dollar im Jahre 1990 auf fast 150 Millionen Dollar 1993 stieg und im Jahre 1995 über 500 Millionen Dollar erreichen dürfte, ist es verständlich, daß auch bei manchen internationalen Zeitungs- und Rundfunkkonzernen nicht der Schutz der Pressefreiheit in Polen, sondern die Aussicht auf saftige Profite den Ausschlag gibt.

In Polen ist es der Präsident, der die elektronischen Medien unter Kontrolle bringen möchte, in der benachbarten Slowakei war es Ministerpräsident Vladimír Mečiar, der mit ähnlichen Methoden seine politische Macht abzusichern gedachte. Als zum Beispiel der Chefredakteur des Fernsehens im Jahre 1992 die Forderung Mečiars zurückwies, ihm jede Woche 10 Minuten Sendezeit für eine Rede im Fernsehen zu gewähren, wurde er ebenso entlassen wie jene Fernsehdirektoren, die nicht bereit waren, der Regierung Mečiar genehme Sendungen zu gestalten. In vier Jahren hat das Slowakische Fernsehen sechs Generaldirektoren „verbraucht“. Auch in Bratislava wurde durch die Säuberung des Rundfunkrates von unbequemen Mitgliedern die Personalpolitik der Rundfunkanstalt direkt beeinflußt. Mečiartreue Journalisten, die einen eigenen Verband mit dem merkwürdigen, aber entlarvenden Namen „Journalisten für ein wahres Bild der Slowakei“ begründet haben, kamen auch bei der staatlichen Nachrichtenagentur und bei jenen Zeitungen zum Zug, die finanziell und personell auf Regierungslinie getrimmt worden waren. Zur Stunde der Abfassung dieses Beitrages herrscht infolge des Sturzes der Mečiar-Regierung durch das Parlament eine gewisse Entspannung in der Medienlandschaft der Slowakei. Die Zukunft hängt aber vom Ausgang der nächsten Wahlen und der Pressepolitik der künftigen Regierung ab. Ob und inwieweit die kommerziellen Rundfunksender als Gegengewicht wirken können, muß auch abgewartet werden.

Besonders starkes Echo lösten die Maßnahmen der Mečiar-Regierung gegen *Radio Free Europe* aus. Da die Journalisten des amerikanischen Senders in München ein ebenso ungeschminktes Bild über die politische und wirtschaftliche Lage in der Slowakei übermittelten wie zur Zeit des Kommunismus, wollte die Regierung dem RFE die Lizenz für den Mittelwellensender entziehen. Später behauptete man, die ganze Angelegenheit sei ein Mißverständnis gewesen, und die Sperre von 2 der 3 RFE-Sender wurde im März 1994 nach 2 Tagen aufgehoben. Die Tatsache, daß RFE-Journalisten in Bratislava von Anhängern Mečiars tätlich angegriffen wurden, hat auch im Ausland scharfe Kritik ausgelöst. In einem Privatgespräch mit mir und auch in einem etwas später ausgestrahlten Fernsehinterview hat Ministerpräsident Mečiar im Herbst 1992 den Verdacht einer Manipulation oder gar Kontrolle der elektronischen Medien in der Presse energisch von sich gewiesen. Die spätere Entwicklung hat diese Behauptungen und Versprechungen nicht bestätigt. Ob der begabte Politiker aus den Erfahrungen der letzten Jahre entsprechende Schlußfolgerungen ziehen wird, kann heute niemand voraussagen. Man muß allerdings betonen, daß trotz der hier skizzierten Ereignisse die Demokratie in der jungen unabhängigen Slowakischen Republik nicht ernstlich gefährdet worden ist.

In diesem Zusammenhang ist die Haltung gegenüber *Radio Free Europe* symbolträchtig. Die slowakischen Regierungspolitiker glaubten nämlich, daß das RFE nach Einstellung der ungarischsprachigen Sendungen auch die in tschechischer und polnischer Sprache ausgestrahlten Sendungen beenden würde. Nur die Slowakei wäre dann Empfangsgebiet geblieben, aus welchem Grund immer. Unabhängig von den wirklichen Gründen für dieses Mißverständnis bleibt die Frage der RFE-Sendungen deshalb ein Politikum ersten Ranges, weil diese noch immer als Vergleichsmaßstab für die Objektivität der einheimischen Medien dienen. Daß die Sendungen nach Ungarn im Herbst 1993 eingestellt wurden, wurde nicht zuletzt deshalb von vielen ungarischen Intellektuellen und Hörern bedauert, weil dieser Schritt mit der Intensivierung der Regierungskampagne gegen Fernsehen und Radio zusammenfiel. Die Medienpolitik der Antall-Regierung stand nämlich seit 1992 und vor allem seit dem Herbst 1993 im krassen Gegensatz zu den demokratiepolitisch erfreulichen Entwicklungen in Ungarn. Die Frage nach der Leitung der elektronischen Medien, konkret nach den Funktionen der beiden TV- und Radiochefs Prof. Elemér Hankiss und Csaba Gombár, wurden zum Zankapfel nicht nur zwischen der Regierung und der Opposition, sondern auch zwischen dem Ministerpräsidenten Antall und dem liberalen Staatspräsidenten Árpád Göncz. Die beiden per Vereinbarung aller Parlamentsparteien eingesetzten TV- und Radiochefs wurden auf der Basis einer kommunistischen Verordnung aus dem Jahre 1974 entfernt. Hankiss und Gombár, beide angesehene Sozialwissenschaftler von internationalem Ruf, mußten gehen, weil die Regierung bereits seit Herbst 1991 laut einem geheimen, aber den Zeitungen zugespielten Dokument „radikale Veränderungen in der politischen Einstellung und Geisteshaltung" von Radio und Fernsehen durchsetzen wollte. Zwei regierungstreue und dem rechten Flügel der Regierungspartei nahestehende Stellvertreter degradierten dann Radio und Fernsehen durch die Absetzung von kritischen Sendungen und schließlich durch die Entlassung von 129 bekannten Journalisten und Programmverantwortlichen Anfang März 1994 zu fast gänzlich regierungskonformen Medien. Daß die Handlanger dieser für das Ansehen des demokratischen Ungarn höchst abträglichen Medienpolitik prominente ehemalige Kommunisten waren, trug zum Bruch mit den namhaftesten Künstlern, Schriftstellern und Wissenschaftlern bei. Diese untersagten die Nutzung ihrer Werke im Radio- und TV-Programm.

Die Scharfmacher der Fernsehinformation waren – ebenso wie die Chefredakteure der neugegründeten, extrem rechten Tages- und Wochenzeitungen – ausnahmslos in leitenden Stellungen bei Parteizeitungen tätig gewesen und hatten darüber hinaus dem Kádár-Regime ebenso beflissen und unbekümmert gedient wie später der Regierungspropaganda nach dem Umbruch. Mit Recht wiesen nun Sprecher der konservativen Regierung darauf hin, daß auch die Mitarbeiter der regierungskritischen oder oppositionsfreundlichen Tageszeitungen, allen voran der früheren zentralen Parteizeitung *Népszabadság*, auch langjährige Parteimitglieder – oder sogar Aktivisten – gewesen seien. Der Unterschied bestand allerdings darin, daß jene Gruppe der Exkommunisten, die mit der Regierung gemeinsame Sache machten, taxfrei die Etikette des „Widerständlers", des „nationalgesinnten Demokraten" oder gar des „christlich-nationalen Kämpfers" zugesprochen bekamen, während die geradlinigen oder zu wirklich kritischen Journalisten gewordenen ehemaligen Kommunisten als „unverbesserliche Bolschewisten" oder „vaterlandslose Kosmopoliten" beschimpft wurden.

Bei den Printmedien ist die Lage deshalb besser, weil deutsche und schweizerische Verlagskonzerne viele Zeitungen gänzlich oder zum Teil (wie zum Beispiel *Népszabadság*) übernommen haben. Springer, die WAZ-Gruppe, Gruner und Jahr haben zahlreiche Regional- und Lokalzeitungen und einige der besten überregionalen Blätter unter ihre Kontrolle gebracht. So wirkte die ausländische Kapitalpräsenz der Monopolisierung der Medien durch die Regierung entgegen.

Anders liegen die Dinge anscheinend in der Tschechischen Republik, wo 16 der 25 wichtigsten Zeitungen in ausländischem Besitz sind und bei 14 Zeitungen ausländische Gruppen mindestens über einen Anteil von 40 Prozent verfügen. Die Übernahme der angesehenen Prager Tageszeitung *Lidové Noviny* durch die Schweizer Ringier-Gruppe führte zum Rücktritt des Chef-redakteurs. In Böhmen und Mähren kontrollieren übrigens deutsche Verlage 46 von 76 Zeitungen. Auch in Polen gibt die Schweizer Marquard-Gruppe bereits zwei führende Tageszeitungen, eine tägliche Sportzeitung und zwei regionale Wochenzeitungen heraus. Dabei steht der Einfluß ausländischer Medienkonzerne in Ost- und Mitteleuropa erst an seinem Anfang.

Von Rußland und den baltischen Staaten bis nach Ungarn und Polen gibt es im Bereich der Medien zahlreiche Fälle von Korrumpierung, zum Teil durch die jeweilige Regierung, zum Teil aber auch durch Privatunternehmer und sogar kriminelle Gruppen.

Die konsequente Gleichschaltung der Medien war sowohl ein Faktor als auch eine Folge des Krieges in Ex-Jugoslawien. Fernsehen und Radio sind fest unter der Kontrolle der Regierungen in Serbien und Kroatien. In beiden Staaten wird auch starker Druck auf die Printmedien ausgeübt. In der von Serbien lückenlos kontrollierten einstigen autonomen Provinz Kosovo verfügen zum Beispiel die rund 1,8 Millionen Albaner nur über eine einzige Zeitung mit einer Auflage von bloß 10.000 Exemplaren.

Auch in Bulgarien, Rumänien und Albanien werden die elektronischen Medien oft wegen der Entlassung und Maßregelung von kritischen Journalisten sowie im Hinblick auf die kritiklose Wiedergabe der jeweiligen Regierungslinie von internationalen Medienbeobachtern kritisiert. Häufig greifen die Regierungen auf Personen zurück, die einst führende kommunistische Propagandisten waren, aber bereit sind, sich den neuen Herren zur Verfügung zu stellen. Ähnliche Vorgänge stehen auch in Rußland auf der Tagesordnung. Der Sprecher von Präsident Jelzin, der Ministerrang einnimmt und einen Apparat leitet, dem 156 Mitarbeiter angehören, forderte kürzlich, die Presse solle „ mehr über Siege schreiben" und „neue positive Bilder zeichnen, die Präsident und Regierung erfreuen und weniger politisches Geschwätz verbreiten, das die Menschen nicht interessiert."

Man muß nur die Namen durch andere ersetzen; aber dieser unerfreuliche Ton ist auch in anderen postkommunistischen Ländern immer wieder zu hören. Gerade deshalb sind der Abbau der Programme und des Personals von RFE und die drastischen Budgetkürzungen so bedenklich. Natürlich kann man von den amerikanischen Steuerzahlern nicht erwarten, daß sie nach dem „Sieg der Demokratie" weiterhin einen „Ersatzrundfunk" für Osteuropa finanzieren. Der Übergang zu demokratischen und marktgerechten Strukturen bei den Medien dürfte aber viel länger dauern als die Privatisierung von Banken und Unternehmen. Auf diesem sehr sensiblen Gebiet ist das Erbe der kommunistischen Diktaturen, aber auch das Fehlen der Traditionen des westlichen Liberalismus besonders spürbar. Pessimisten meinen, man benötige in jenen Ländern, wo die Pressefreiheit besonders gefährdet sei, nicht eine neue Regierung, sondern eine neue Generation. Optimisten weisen auf den Widerstand auch ehemaliger regimetreuer Journalisten gegen die Knebelung der Pressefreiheit hin.

Natürlich wäre es falsch und vermessen, die Presselandschaft in der postkommunistischen Welt von westlicher Warte aus zu beurteilen und Zensuren zu erteilen. Ganz abgesehen davon, daß es mit der Pressefreiheit auch in Ländern mit langer demokratischer Tradition nicht zum besten steht, daß sich auch in vielen westeuropäischen Staaten eine bedenkliche Konzentration bei den Print- und elektronischen Medien abzeichnet, muß man die Entwicklung in Mittel- und Osteuropa natürlich vor dem Hintergrund der nicht allzu fernen Vergangenheit beurteilen. Das Verhältnis zwischen Macht und Medien bleibt jedenfalls von Budapest und Bratislava bis Tirana und Moskau eine zentrale Frage der künftigen Entwicklung.

Quellen

Die Angaben für die einzelnen Länder stammen aus der *World Press Freedom Revue*, IPI Report, Dezember 1993.

Für **Polen** siehe auch *RFE/RL-Research Report*, 11. März 1994, den *Spiegel* vom 18. April 1994;

für **Serbien** siehe *RFE/RL-Research Report* vom 4. Februar 1994;

für **Rußland** die *Frankfurter Allgemeine Zeitung*, 12. Februar 1994;

für die **Tschechische Republik** u. a. die *Süddeutsche Zeitung*, 6. September 1993;

für die **Slowakei** vergleiche JEREMY DRUCKER, JOHN VANDEN HEUVEL, Continuity and Change: The Media in Slovakia. Freedom Forum Media Study Center Columbia University, Februar 1994;

für **Bulgarien** die *Neue Zürcher Zeitung*, 10. März 1994,

für die **baltischen Staaten** die *Neue Zürcher Zeitung*, 3. Mai 1994;

für die Diskussion über den Medienkrieg um **Ex-Jugoslawien** siehe *Europäische Rundschau*, Heft 2 (1994), Wien.

Die Sozialdemokratie im Wartesaal

Die Reformkommunisten waren in
Wirklicheit verkappte Sozialdemokraten.
Sie haben in Wirklichkeit erkannt, daß
die Sozialdemokratie die Alternative zur
kommunistischen Diktatur ist.

Bruno Kreisky im Gespräch
mit dem Verfasser,
1980

Die hier abgedruckten zwei Beiträge drehen sich trotz aller Veränderungen und trotz der inzwischen vergangenen Zeit immer wieder um die grundsätzliche Frage der Glaubwürdigkeit der Reformkommunisten und um ihr Verhältnis zu den etablierten Parteien der Sozialdemokratie. Vieles, was Bruno Kreisky in einem langen und in der Vierteljahreszeitschrift Europäische Rundschau *76/2 abgedruckten Gespräch mit mir über „Sozialdemokratie und Kommunismus", die historische Bedeutung der Vorgänge, den langfristigen Charakter der Entwicklung, die „Gefährlichkeit" der Sozialdemokratie für die im Wandel begriffenen kommunistischen Einparteiendiktaturen, die Haltung zur europäischen Integration als Prüfstein und den kommunistischen Mißbrauch des Adjektivs „sozialistisch" gesagt hat, ist auch heute aufschlußreich, nicht zuletzt im Hinblick auf die Entwicklung der Parteienlandschaft in Osteuropa.*

Mein kurzer Vortrag über „Sozialdemokratie zwischen Niedergang und Wiedergeburt" wurde während der Umwälzungen in unserer Nachbarschaft am 19. Dezember 1989 im Renner-Institut in Wien gehalten und wird hier zum erstenmal veröffentlicht. In meiner kurzen Übersicht zur Vergangenheit und den Aussichten für die Zukunft erlaubte ich mir vor einem überwiegend sozialdemokratischen Publikum schon damals darauf hinzuweisen, daß die Absage an den pervertierten Sozialismus keineswegs automatisch eine Hinwendung zur Sozialdemokratie bedeuten müsse und daß nationale und christliche, populistische und konservative Gruppen das politische Vakuum füllen würden.

Vier Jahre später ist die Bilanz für die Sozialdemokratie im Osten mehr als ernüchternd. Es gibt in keinem der postkommunistischen Staaten große, geschweige denn mehrheitsfähige und vor allem glaubwürdige sozialdemokratische Parteien. Was wir sehen, ist eine Ansammlung der von Reformkommunisten geführten „Allianzen der Demokratischen Linken" in der Slowakei und in Polen oder die aus dem reformkommunistischen Zentrum der früheren Ungarischen Sozialistischen Arbeiterpartei, d. h. der früheren KP, entstandene Ungarische Sozialistische Partei. Diese Bewegungen oder Parteien sind Nutznießer der früheren, gut eingespielten und oft finanziell auch abgesicherten Infrastruktur einerseits und der durch die Wirtschaftsreformen ausgelösten sozialen Spannungen sowie der Fehler der bürgerlichen, konservativen und nationalen Parteien andererseits.

Außerdem gibt es kleine, sich als „sozialdemokratisch" bezeichnende

Gruppen, die entweder noch nicht oder nur durch wenige Abgeordnete im Parlament vertreten sind. Auch diese werden oft von ehemaligen Reformkommunisten oder Ex-Abgeordneten geführt. Wie schon zur Zeit des Gespräches mit Bruno Kreisky bleibt also die Gretchenfrage die demokratische Glaubwürdigkeit. Damals ging es um die Parteien im Westen, jetzt um die neuentstandenen Gruppierungen im Osten. Erst die Zukunft wird zeigen, ob die kleineren Parteien Zulauf bekommen und ob bei den Reformkommunisten neue, von der Vergangenheit nicht belastete Persönlichkeiten zum Zug kommen werden. Nicht die Aufnahme dieser Parteien in die Sozialistische Internationale, sondern die Haltung ihrer Führungsgremien zu den großen Fragen der Gesellschafts- und Wirtschaftspolitik, vor allem zu den politischen Gegnern und Verbündeten sowie zu den abweichenden Meinungen und Strömungen in der eigenen Partei kann die Öffentlichkeit im Lande und die Beobachter im Ausland über ihre Umwandlung in demokratische Parteien überzeugen.

In diesem Sinne stehen die meisten, wenn auch vielleicht nicht alle, sozialdemokratisch oder sozialistisch auftretenden Gruppen in der postkommunistischen Welt noch im Wartesaal zwischen Niedergang und Wiedergeburt, wenn auch der Sieg des Reformismus – „Bernstein über Marx und Lenin" – nun auch im Osten einem Bruno Kreisky, wenn er noch unter uns weilte, sicher tiefe Genugtuung bereitet haben würde.

Ein Gespräch mit Bruno Kreisky über Sozialdemokratie und Kommunismus

Frühjahr 1976

LENDVAI: *Die Divergenzen zwischen dem Moskauer Zentrum und den großen Parteien in Westeuropa standen im Vordergrund der Diskussionen über den sowjetischen Parteitag. Kann man angesichts der neuen Thesen der italienischen, spanischen und französischen Kommunisten und der scharfen Verurteilung dieser Postulate durch die sowjetische Führung vom beginnenden Prozeß der Umwandlung mancher kommunistischer Parteien des Westens in sozialdemokratische Parteien sprechen? Oder halten Sie noch immer an Ihrer Meinung vom Jahr 1969 fest, daß es sich um Scheindiskussionen handelt, nicht um eine echte politische Wandlung, sondern bloß um eine innenpolitisch motivierte, opportunistische Taktik?*[1] *Kurz, gelten noch die alten Antworten auf eine veränderte politische Gesamtkonstellation?*

KREISKY: Ich würde nicht so sehr davon sprechen, daß man neue Thesen aufgestellt, sondern daß man alte Thesen beiseite geschoben hat. Das ist bisher das Wesentliche. Man hat in der französischen KP das Wort von der Diktatur des Proletariats preisgegeben. Und in der Zwischenzeit sind bald acht Jahre vergangen. Dieser Prozeß hat stattgefunden, ist aber noch nicht zu Ende. Ich habe auch damals, glaube ich, gesagt, das müßte man noch abwarten.

LENDVAI: *Sie haben damals gesagt: „Ich hielte es sogar für falsch, an meiner hier vertretenen These festzuhalten, nämlich, daß ich nicht an einen Reformkommunismus glauben kann, wenn die Tatsachen eines Tages eine andere Sprache sprechen werden."*[2] *Sprechen jetzt die Tatsachen eine andere Sprache?*

KREISKY: Ja, gewiß, eindeutig ja. Es ist ein Eingeständnis der Schwäche des Kommunismus in Europa, wenn er den Kommunisten liebgewordene, immer wieder verwendete Formeln preisgeben muß, und das unter dem

Druck der Entwicklung. Ich glaube, daß darin eigentlich ein Erfolg der Sozialdemokratie liegt, nämlich daß sich nun auch große kommunistische Parteien offen, freimütig, uneingeschränkt zur politischen Demokratie bekennen, über die man in der Vergangenheit nur das Schlechteste zu sagen gewußt hat. Das ist eine Stärkung jedenfalls der Demokratie. Das kann niemand bestreiten ... Die große Frage, die sich erhebt und die ich auch seinerzeit gestellt habe: Ist das die Folge eines billigen Opportunismus? Sicher stand das am Anfang. Nämlich die Erkenntnis, daß man mit der Negierung der Demokratie neue Menschengruppen nicht gewinnen kann. Nun hat dieser Prozeß seine Eigengesetzlichkeit. Ich sehe aber auch die Grenzen. Die kommunistischen Parteien, die sich nun zur Demokratie bekennen, müssen dann aber auch sagen, welche Ziele sie in der Demokratie erreichen wollen. Und wenn sie dann konsequent sind, dann müßten sie ja langsam auch die Namen ihrer Parteien ändern. Denn man kann ja nicht für einen demokratischen Sozialismus eintreten und sich nach wie vor kommunistisch nennen, denn das ist ja bekanntlich nicht identisch. Ich frage mich also, wohin der Prozeß gehen wird. Und jetzt kommt noch eine Überlegung: Wie tief kann die Kluft zwischen der Sowjetunion und diesen reformkommunistischen Parteien werden? Wird sie zu tief, dann werden sie von inneren Spaltungstendenzen bedroht sein. Denn allzu viele ihrer Funktionäre sind eingeschworen auf die unabdingbare Treue zur Sowjetunion; gleich, was dort geschieht. Man hat bei den Kommunisten immer alles verteidigt, auch den Ribbentrop-Molotow-Pakt; was immer geschehen ist, wurde verteidigt. Da bekanntlich die Sowjetunion die Macht hat, hat sie immer recht. Diese Menschen sind ja nicht vom Erdboden verschlungen worden. Dort sehe ich eine latente Gefahr für diesen Reformkommunismus. Und da die Führer der kommunistischen Parteien diese Gefahr auch erkennen und diese Schwächung, die so eintreten würde, vermeiden wollen, sehe ich irgendwie eines Tages das *hic rodus, hic salta*.

LENDVAI: *Ist das noch nicht da?*

KREISKY: Das ist noch nicht da. Das kommt, wenn dieser Prozeß weitergeht. Sie werden sich also sehr bald die Frage stellen: Wollen wir riskieren, gewisse Gruppen von Anhängern zu verlieren, um neue zu gewinnen, oder wie wird man mit dem Problem zurechtkommen? Und in dem Maße tritt ein zusätzlicher, geistiger Autonomieprozeß ein. Ich bin immer noch nicht der Meinung, daß man ein endgültiges Urteil sprechen kann. Aber ich sehe die historische Bedeutung dieses Prozesses. Denn ein abgekartetes Spiel ist es sicher nicht. Wenn man in Moskau bei einer solchen Gelegenheit so abgekanzelt wird, auch wenn man dort nicht immer direkt alles beim Namen nennt, dann ist das eigentlich der Anfang einer Entwicklung, wie sie sich zwischen der Sowjetunion und China auf einer anderen Ebene abgespielt hat. Das heißt, man könnte sogar zu dem Schlusse kommen, daß wir am Anfang eines tripolaren Kommunismus stehen oder, wenn man will, eines Kommunismus, der um viele Pole kreist.

LENDVAI: *Also jetzt die Verwirklichung des Polyzentrismus, von dem Togliatti seinerzeit gesprochen hat …*

KREISKY: … und zwar nicht des Polyzentrismus mit zwei Zentren. Wir haben schon mehrere. Wir haben das alte klassische Zentrum Moskau. Wir haben die Abspaltung Titos. Der Titoismus war eine politische Bewegung, die über Jugoslawien hinausgegangen ist, das ist überhaupt keine Frage; sie ist nur im Keim erstickt worden, aber jedenfalls tendenziell war sie wohl auch in Bulgarien und in der Tschechoslowakei da. Wir haben dann das Pekinger Zentrum. Und das gibt es heute auch woanders: Es sind in Indien prochinesische Parteien, in Japan, in vielen Teilen der Welt. Und jetzt neuerdings diese Entwicklung der eigentlich Treuesten der Treuen. Das zeigt eine These, die ich seinerzeit vertreten habe: Die westliche Welt wird die tschechoslowakischen Ereignisse rasch vergessen. Da hat man recht gehabt, relativ recht. Das entscheidende Problem ist, daß man sie innerhalb der kommunistischen Welt nicht verwinden kann. Das war die Glocke, die damals zu läuten begonnen hat. Und sie hat für den Kreml geläutet, als Warnung. Und wenn das eine Entwicklung ist in Frankreich, in Italien, in Spanien, dann hat die tschechoslowakische Entwicklung letzten Endes nicht in der Tschechoslowakei gesiegt, aber woanders.

LENDVAI: *Sie haben von einem Vorgang von historischer Bedeutung gesprochen. Sie haben aber in früheren Aufsätzen und Reden immer die Meinung vertreten, daß es zwischen den Systemen, also zwischen kommunistischer Diktatur und westlicher Demokratie beziehungsweise sozialer Demokratie keine Konvergenz geben könne. Sie haben auch gesagt, es gebe keinen größeren Gegensatz als zwischen Sozialdemokratie und kommunistischer Diktatur. Kann man heute also doch von einer langsam sich abzeichnenden beziehungsweise möglichen Konvergenz zwischen Sozialdemokratie oder demokratischem Sozialismus und Reformkommunismus re-*

den – als einer Überwindung der historischen Spaltung der europäischen Arbeiterbewegung à la longue?

KREISKY: Das ist überhaupt immer noch schwer zu sagen, weil man nicht weiß, welche Wendungen in diesen Parteien noch möglich sind. Diese Parteien sind zwar in den demokratischen Staaten nicht so sehr zentralistisch und so mächtig wie in den kommunistischen Staaten, aber die Meinungsbildung in diesen kommunistischen Parteien ist nun einmal da, sie existiert. Ich sage noch einmal, man kennt ja jetzt die Reaktionen noch nicht, die diese reformkommunistische Tendenz auslöst. Für mich ist das alles noch ein bisserl früh. Das Problem ist natürlich auch ein anderes, es ist auch ein numeräres, wenn ich so sagen darf. In Frankreich, wo 30 Prozent nun die Sozialistische Partei Mitterrands wählen und nur 20 Prozent die Kommunistische Partei von Georges Marchais, vollzieht sich schon eine Umstrukturierung im politischen Leben, denn früher einmal sind die Sozialisten, die SFIO Guy Mollets, auf 5 bis 6 Prozent hinuntergesunken. Also hier hat die Sozialistische Partei mit ihrer Politik 30 Prozent an Stimmen gewonnen. Hier hat sich eine veränderte politische Struktur ergeben mit all den Gefahren, und das wird sich zuspitzen. In Italien muß ja die kommunistische Politik, wenn sie erfolgreich ist, auf den Reformkommunismus setzen. Wenn sie nicht durch Spaltung oder durch massives Abrutschen großer Gruppen gefährdet ist, muß das auf Kosten der Sozialdemokraten und der Sozialisten gehen. Ich weiß nicht, ob auf Kosten beider Parteien, aber jedenfalls stellt sich da die erste Frage, wo placiert sich die Sozialistische Partei Italiens nun eigentlich?

LENDVAI: *Es gibt mehrere.*

KREISKY: Die Sozialdemokratische Partei ist so eindeutig antikommunistisch, daß sie aus diesem Antikommunismus heraus Stimmen gewinnt. Sie wird maximal die Mißtrauischen gewinnen.

LENDVAI: *Würden Sie eine begriffliche Differenzierung zwischen Sozialdemokratie und demokratischen Sozialismus vornehmen, oder sind das einfach Wortspiele?*

KREISKY: Für mich ist soziale Demokratie die Form des demokratischen Sozialismus, in der er sich sukzessive verwirklicht.

LENDVAI: *Gibt es andere Formen auch?*

KREISKY: Nein, das ist für mich *die* Form. Es gibt natürlich Leute, die sich unter demokratischem Sozialismus vorstellen, daß das eine Gesellschaft ist, die plötzlich irgendwie durch einen schöpferischen Akt in die Welt tritt, aber das ist ja diese berühmte, jene merkwürdige Sozialismus-Vorstellung, die so bei Feiern und festlichen Anlässen hervorgezaubert wird. Aber niemand sagt, wie man zu diesem Sozialismus kommt. Das ist dann so eine Art Homunkulus-Sozialismus. Niemand kann sagen: Wie entsteht der, wie macht man ihn? Ich habe ja den Vorteil, daß ich sagen kann, wie man das macht. Darüber kann man diskutieren, aber das ist eben der Vorteil eines organischen Prozesses.

LENDVAI: *Würden Sie also sagen: Das ist der Prozeß, und das andere ist das vage formulierte Endziel?*

KREISKY: In dem Maße es gelingt, die soziale Demokratie, die gesellschaftliche Demokratie zu verwirklichen, in dem Maße werden sozialistische Ideen verwirklicht. Und in dem Maße sozialistische Ideen verwirklicht werden, schlägt dann die Quantität der Reformen in eine andere Qualität der Gesellschaft um, und da nähert man sich einem demokratischen Sozialismus oder der Sozialdemokratie. Da ich andererseits aber der Meinung bin, daß die Entwicklung damit nicht aufhört und daß immer neue Macht entsteht in Händen gewisser Gruppen, bedarf es der ständigen demokratischen Kontrolle, eines ständigen demokratischen Prozesses. Ich hab' dann – in Anlehnung an ein altes Wort von der permanenten Revolution – von der permanenten Demokratisierung der Gesellschaft als dem wesentlichen Kennzeichen des demokratischen Sozialismus geredet. Wie antwortet nun die KP Italiens? Das ist meine Frage. Wie antwortet nun die KP Italiens auf diese Idee, auf diesen Gedanken? Wie antwortet die KP Frankreichs? Wie wollt Ihr das, was Ihr als Ziel gehabt, verwirklichen? Ihr habt also als Ziel einen demokratischen Sozialismus, den Sozialismus auf demokratischem Weg zu erreichen. Wie wollt Ihr das erreichen, mit welchen Mitteln, was bleibt vom Kommunismus in Eurem Namen? Die Frage muß jetzt beantwortet werden. Nur das Wort von der Diktatur des Proletariats abschaffen ist zuwenig. Jetzt kommt die Gretchenfrage: Was geschieht, wenn in der Demokratie, die sich ja für uns Sozialdemokraten auch in Remissionen, in politischen Remissionen vollzieht, was geschieht, wenn nach vier Jahren Euch die Wähler aus einer Regierung hinauswählen?

LENDVAI: *Darauf hat der Generalsekretär der spanischen KP, Santiago Carillo, kürzlich dem* Corriere della Sera *in einem Interview gesagt, daß der Sozialismus nur auf Grund der Mehrheitsbeschlüsse oder Wünsche der Mehrheit aufgebaut werden könne; wenn man diese Mehrheit verliere, müs-*

se man auch die Macht abgeben. Das ist eine Antwort, die man auch als Sozialdemokrat geben könnte.

KREISKY: Hier geht es jetzt um die Frage: Was ist wichtiger – die Demokratie oder sozialistische Zielsetzungen? Vor dem Krieg haben die Radikalen gesagt: Demokratie, das ist nicht viel, Sozialismus ist das Ziel. Das war eine nicht sehr geistvolle Formulierung. Die Demokratie ist dann in dieser Weise auch abhanden gekommen, und man hat entdeckt, was das bedeutet. Die Demokratie ist für uns Sozialdemokraten, würde ich sagen, für uns demokratische Sozialisten, das Mittel, auf das nicht verzichtet werden kann. Durch den Verzicht auf die Demokratie werden solche elementare Werte unseres Lebens vernichtet, daß man sich einen Sozialismus gar nicht vorstellen kann. So wie es auch im Wiener Programm heißt: Sozialdemokratie ist vollendete Demokratie.

LENDVAI: *Wenn die Kommunisten sich zumindest verbal – sie sind ja noch nicht an der Macht –, sagen wir in Spanien oder in Italien, eindeutig zur pluralistischen Gesellschaft und dazu bekennen, daß sie bereit sind, die Macht abzugeben, wenn sie die Mehrheit verlieren – bedeutet das nach Ihrer Meinung, daß die berühmte Formel vom proletarischen Internationalismus, also die unbedingte Loyalität zur Sowjetunion, auch sozusagen automatisch in Frage gestellt wird, daß die alte Gleichung von Leon Blum, sie seien die Nationalisten eines fremden Staates, für diese Parteien nicht mehr gelten kann?*

KREISKY: Ich kann ja schwierige Fragen, die nur die Zukunft beantworten kann, nicht vorwegnehmen. Ich bin ja nicht einer, der sich einbildet, das zu wissen. Ich kann immer nur Fragen durch andere Fragen beantworten. Das ist zuerst einmal die Frage des Wählers. Die Kommunisten entscheiden ja nicht selber, ob sie in eine Regierung gehen. So stark, daß sie mehr als 50 Prozent der Stimmen bekommen, werden sie nirgends, weil das berechtigte Mißtrauen ihnen gegenüber viel zu groß ist. Sie werden also einen Koalitionspartner finden müssen. In Italien gibt es nur eine Partei als denkbaren Koalitionspartner, das sind die *Democristiani*. Und die müßten erst bereit sein. In Spanien werden das die anderen Parteien, die neuen *Democristiani*, die Parteien des katholischen Lagers, die fortschrittlich katholischen Parteien sein und die vereinigten sozialistischen Kräfte. In Frankreich müssen es die Sozialisten sein, die sich ja dazu bereit erklärt haben. Dort ist es ja eindeutig. Das ist einmal die erste Hürde. Es bedarf also beträchtlicher Glaubwürdigkeit beim Partner. Dann wird der Partner natürlich in so einer Situation Garantien dafür verlangen müssen, daß man nicht mit gewaltsamen Mitteln an der Macht bleibt, wenn jener berühmte Fall eintritt. Wir wissen, wie die Demokratie funktioniert. Wer nicht die Armee beherrscht, wer nicht die Polizei beherrscht, kann nicht an der Macht bleiben gegen den Willen der Mehrheit. Das ist also der zweite Beweis der Glaubwürdigkeit, daß man keinen Wert darauf legt, bei der Regierungsbildung jene Ressorts zu beanspruchen, mit denen man seinerzeit in den Jahren 1945 bis 1948 überall die Macht ergriffen hat, die Beherrschung jener Schlüsselpositionen. Dort, wo man die Armee nicht gehabt hat, hat man die sowjetische Armee, die Macht der Sowjetunion hinter sich gehabt. Nur in Österreich ist die Rechnung nicht aufgegangen. Durch eine sehr starke Sozialdemokratie, die erst niederzuringen gewesen wäre, wahrscheinlich auf eine sehr blutige Art …

Das heißt also, es bedarf auch etwas Zweiten, um seine Glaubwürdigkeit unter Beweis zu stellen. Man kann also sagen, bitte, wir brauchen nicht die Macht über die Polizei, ihr könnt Euch ja für die Zeit Eures Mißtrauens das behalten. Wir brauchen auch nicht die Armee, was wieder deshalb wichtig ist, weil man damit auch den Satz realisieren kann, der da sagt: Wir wollen nicht, daß Bündnissysteme aufgelöst werden, ehe alle aufgelöst werden. Wir wollen nicht, daß man um den Preis der Preisgabe der NATO das macht. Das wird eine sehr komplizierte Regiererei werden. Denn schließlich: NATO-Sachen liegen ja nicht nur im Außenministerium, nicht nur beim Präsidenten, nicht nur im Ministerrat, bei der Landesverteidigung. Da werden grundsätzliche Beschlüsse in ihrer Gesamtheit gefaßt werden. Da wird sich jedesmal eine furchtbar schwierige Situation ergeben.

LENDVAI: *Ist es, nach Ihrer Meinung, für ein westliches Land vereinbar, mit Kommunisten, mit glaubwürdig gewordenen Kommunisten in der Regierung an der NATO teilzunehmen?*

KREISKY: Die Glaubwürdigkeit ist eine Sache, die noch nicht da ist. Aber ich kann mich erinnern, wie man mir einmal gesagt hat, die *China-Lobby* in Washington sei so stark, daß kein amerikanischer Präsident es wagen könne, sie zu ignorieren und den Weg nach Peking zu gehen. Ich war immer überzeugt, daß eines Tages ein Amerikaner in Peking sein wird. Aber wenn ein Amerikaner in Peking auftaucht, dann kann eines Tages auch ein Russe in Peking auftauchen, denn wenn das amerikanische Prestige das aushält, dann hält's das russische auch aus, wenn es einen Sinn hat. Und was diese Seite des Problems betrifft – ich glaube also, das kann sich ändern. Ich glaube nur, daß eines sich herausgestellt hat: Die Russen haben kein Interesse, daß die italienischen Kommunisten in die Regierung kommen.

LENDVAI: *Haben Sie wirklich keines?*

KREISKY: Nein, warum, denn das schafft nur lauter Komplikationen und läßt den Prozeß der Absonderung von der russischen Zentralmacht nur noch rascher vor sich gehen. Dann steht man ja unter dem Druck jedes Tages, an dem entschieden werden muß. Und das ist in der Opposition alles leichter. Die ideale Situation für die eine Zentrale des Polyzentrismus wäre: fördern, tolerieren, Einrichtungen schaffen außerhalb der Regierungen, in denen koordiniert wird, und im übrigen populäre Kommunalpolitik zu machen. Die ideale Form wäre, die *Democristiani* die unpopuläre Politik in Rom machen zu lassen und die Kommunisten die populäre Kommunalpolitik in Bologna oder wo sie halt regieren. Das ist das idealste. Ich glaube auch, daß das für die Kommunisten in Wirklichkeit das angenehmste wäre.

LENDVAI: *Besteht nicht die Gefahr der Aushöhlung der Werte der westlichen Demokratie, wenn plötzlich die Kommunisten in die Regierung kommen?*

KREISKY: Die große Frage ist eine andere auch. So wie die Kommunistische Partei nicht weiß, wie lang sie, wie weit sie auf diesem Weg gehen kann, ohne den linken Flügel – sagen wir also die Moskautreuen, links ist er ja nicht – abzuspalten; nicht weiß, wie sie kleine linke Gruppierungen halten kann mit dieser reformistischen Politik, so gibt es ja noch eine andere große Gefahr, daß diese Partei ja gar nicht weiß, ob ihr auf diesem Weg auch die Massen folgen, die nicht politisiert sind, die nur die Kommunisten wählen, weil sie gegen die Regierung Opposition machen. Wenn diese Oppositionsrolle aufgegeben wird, verliert ja die Kommunistische Partei; sie hat ja nicht das Privileg, in der Demokratie Leute um jeden Preis zu halten, sondern viele Millionen wählen sie, weil sie oppositionell sind. Niemand weiß, ob sie dann diese Menschengruppen, diese Menschenmassen halten kann. Hier hat sich die Kommunistische Partei, das finde ich sehr bemerkenswert, auf den Weg ins Ungewisse begeben. Das ist eine große Wandlung, und deshalb schließt sich hier der Kreis. Es kann ein Tag kommen, wo einer aufsteht und sagt: Freunde, wir sind auf dem falschen Weg, laßt uns zurückgehen auf den Weg, der so frei von Windungen ist, weil er gerade ist.

Und dann hat diese Gruppe gesiegt, und deshalb glaube ich noch nicht daran, daß das etwas Definitives ist. Allerdings ist diese Welt wieder von einem Verlust bedroht. Wenn man das einmal den Massen gesagt hat, daß man jetzt den Weg der Demokratie, der Kooperation und der Reformen gehen wird, und jetzt auf einmal wieder sagt, jetzt gehen wir einen anderen Weg, dann werden sie auch viele verlassen. Ich sage also: Nie zuvor waren die Politik, die politische Entwicklung in diesen Ländern so ungewiß wie jetzt, da niemand weiß – und die Kommunisten schon gar nicht –, wie diese Politik bei den Wählern ankommt. Die Kommunisten sind ja wieder nur wegen der vielen Wähler, die sie haben, interessant. Denn wenn sie zu einer Kleinpartei werden, hört sich ja das Interesse für die Kommunistische Partei auf. Ähnlich wie bei uns: Wer fragt, was die österreichischen Kommunisten oder die Kommunisten in der Schweiz glauben? Niemand fragt – das ist ja nur ein Problem, das sich dort stellt, wo sie entscheidende Positionen haben – wo sie Mehrheiten bilden können, wo man sie braucht zur Mehrheitsbildung. Wenn sie aber wieder kleiner werden, dann ist dieses Problem gar nicht gegeben.

LENDVAI: *Sie haben in Ihrem Briefwechsel mit Palme und Brandt gesagt: „Die kommende Gesellschaft ist, und hier scheue ich mich nicht, ein Wort von Marx zu gebrauchen, das Ergebnis ‚einer ganzen Reihe geschichtlicher Prozesse, durch welche die Menschen wie die Umstände gänzlich umgewandelt werden.' Es handelt sich bei der Verwirklichung der sozialen Demokratie um einen ununterbrochenen dialektischen Prozeß."*[3] *Dieser Prozeß gilt also auch für die Wandlungen innerhalb des Kommunismus?*

KREISKY: Ja, es ist insofern ein dialektischer Prozeß, als die kommunistischen Parteiführer nicht von vornherein alle Reaktionen der Millionen, die sie tragen, abschätzen können. Hier vollzieht sich ein Prozeß, der nicht irreversibel ist, noch lange nicht irreversibel. Ich würde sagen, noch ist er reversibel.

LENDVAI: *Nehmen wir an, daß die Wähler diese Taktik der französischen Kommunistischen Partei nicht honorieren, dann kommt natürlich die Führung in größte Schwierigkeiten. In diesem Sinne ist es reversibel.*

KREISKY: In diesem Sinne ist es reversibel. Es würde also ein Teil der kommunistischen Wähler sagen: Welch ein Verrat an den großen Zielen des Kommunismus! Das machen wir nicht. Die französische Partei verliert sieben Prozent bei einer solchen Wahl. Dann müssen die Führer zusammenkommen und sagen: Was war der Grund, daß wir sieben Prozent verloren haben? Insoweit ist der Prozeß reversibel. Oder in Italien sondern sich große regionale Organisationen ab, oder Teile der Organisationen sagen: Da machen wir nicht mit, wir wollen das nicht haben. Dann muß sich die Führung fragen: Was ist da passiert? Und insoweit ist der Prozeß reversibel. Wenn man natürlich diese Politik bei einer Wahl tatsächlich honoriert bekommt, durch zwei, drei Prozent zusätzlicher Wähler, dann ist man diesen Alptraum los, daß man die Spaltung in die eigenen Reihen getragen hat. Dann ist das die Bestätigung dieser Politik, aber dann geht der Prozeß weiter.

LENDVAI: *Was bedeutet das dann für die Sozialdemokratie? Besteht da nicht die Gefahr einer Aushöhlung oder Unterwanderung der Sozialdemokratie?*

KREISKY: Nein. In den Ländern, in denen die Sozialdemokratie groß ist, zeigt sich nur, daß sie richtige Politik gemacht hat, daß zu ihr keine Alternative besteht. In Italien ist es gefährlich, weil da die Sozialisten höchstens auf die linke Seite rüberrutschen müßten. Aber ich glaube das nicht.

LENDVAI: *Aber ist es nicht in Italien so, daß die Namen und die Begriffe überhaupt eine völlige Änderung erfuhren? Die Kommunisten sind die Law-and-Order-Partei, und die Sozialisten de Martinos überholen sie links.*

KREISKY: Ja, das ist die Gefahr, daß man glaubt, daß man auf diese Art dann ein bisserl was absplittern kann von den Kommunisten. Das wird sich zeigen. Das ist eben der Segen der Demokratie, daß derartige Entwicklungen sich später oder früher wirklich zeigen. Dann gibt es den normalen demokratischen Prozeß, ob eine Partei gut ist oder nicht. Entscheiden müssen die nächsten Wahlen.

LENDVAI: *Aber bedeutet das auch, daß praktisch die kommunistischen Parteien innerhalb des Systems wirken? Sie sind nicht mehr Fremde.*

KREISKY: Wenn der Prozeß echt ist, so ist das nur eine Wiederholung der alten Entwicklung der Sozialdemokratie. Das heißt, da wird ja noch einmal nachträglich in den anderen demokratischen Ländern der Prozeß nachvollzogen.

LENDVAI: *Also Sie glauben nicht daran, daß das umgekehrte Folgen haben könnte, in den Ländern, wo die Sozialdemokratie traditionell viel stärker ist und wo die Kommunisten bedeutungslos sind.*

KREISKY: Was sollen die Kommunisten in Italien sagen? Wir sind demokratischer als ihr, verläßlichere Demokraten? Das muß ihnen erst jemand glauben. Die Sozialdemokratie ist schon viel bewährter und schon dagewesen. Viel konsequentere Demokraten? Das kann ja wieder der Sozialdemokratie nicht schaden, einen solchen Partner zu haben, wenn es wahr ist. Sie können sagen: Wir haben ein viel besseres Programm zur Verwirklichung der sozialen Demokratie. Und da gibt's einen Konkurrenzkampf zwischen zwei sozialdemokratischen Richtungen. So weit voraus kann ich nicht denken. Wenn das soweit kommt, dann schaut alles anders aus. Es gibt keine Gefahr der Spaltung.

LENDVAI: *Sie meinen also, daß dieser Vorgang von historischer Bedeutung besteht, allerdings sehr lang dauern wird und in den einzelnen Ländern und in einzelnen Phasen reversibel ist. Sie sind in diesem besonderen Fall in einem umgekehrten Sinn mit der* Prawda *einer Meinung, die Anfang Februar die Kommunisten vor der Sozialdemokratisierung, dem Sozialdemokratismus gewarnt hat.*

KREISKY: Ja, davor haben sie lang gewarnt. Ich selber bin ja ein solcher Sozialdemokrat, der Sozialdemokratismus ist für sie das gefährlichste. Ich glaube, wenn man bei dieser Entwicklung die alte Fähigkeit einer Analyse im marxistischen Sinn bewahrt hat, dann müßte man eigentlich sagen, ohne daß man zu banal, zu vulgär-marxistisch ist: Der Prozeß ist eigentlich normal, die gesellschaftliche Wirklichkeit, die soziale Wirklichkeit in diesen Staaten, Italien und Frankreich, hat eben zu einer politischen Bewußtseinsänderung geführt, die adäquat ist. Man kann eben nicht politische Thesen und Doktrinen, die auch für die Sowjetunion eine problematische Ideologie und nicht einmal mehr in der Sowjetunion brauchbar sind, in Ländern vertreten, wo sie noch weniger Voraussetzungen haben. Es geht eben nicht, in hochindustrialisierten und entwickelten Ländern mit Gewerkschaften, mit Genossenschaften, mit starken Parteien, die bereits an der Lokalverwaltung beteiligt sind, diese Thesen zu vertreten, die aus einer Zeit stammen, in der man die Macht in großen Agrarstaaten, die leicht zu beherrschen sind, ergriffen hat. Das geht eben nicht. Jetzt platzt der Gegensatz auf. Marx würde milde lächelnd sagen: Ich hab´ Euch das ja immer gesagt, daß das politische Bewußtsein eine Funktion der gesellschaftlichen Situation ist – wobei man sich einen milde lächelnden Marx nicht vorstellen kann.

LENDVAI: *Bedeutet das, daß man keine Angst haben soll?*

KREISKY: Man soll überhaupt keine Angst in der Politik haben, aber man soll sehr vorsichtig sein und sagen: Moment, meine Herren, noch ist gar nichts bewiesen, noch ist gar nichts anders geworden. Wegen ein paar Formeln und ein bißchen Streit ist noch nichts passiert. Jetzt müßte erst die wirkliche Frage beantwortet werden: Wie sieht Euer Demokratieverständnis aus? Wie sieht also Euer Verhältnis zur Frage aus: Wie schützt man sich gegen Diktatur? Wie steht Ihr zur Frage: Ihr wißt selber, Ihr könnt Euch das nur leisten, weil eben Europa nicht kommunistisch geworden ist. Jetzt verdankt Ihr diesen Freiheitsraum, der hier besteht, Euren Mittel und Euren Möglichkeiten; jetzt ist die Frage: Wie bewahrt man sich diesen Freiheitsraum? Zu welchen Opfern seid Ihr bereit? Dann ist die Frage der NATO gestellt. Für die Kommunisten ist das Problem jetzt das: daß sie immer neue Fragen beantworten müssen; die Sozialdemokraten haben die Pflicht, immer neue Fragen zu stellen.

LENDVAI: *Das setzt aber eine selbstbewußte Sozialdemokratie und starke nichtkommunistische Parteien voraus.*

KREISKY: Die Zeit für eine eindeutige sozialdemokratische Grundhaltung ist gekommen.

LENDVAI: *Wie ist nun die gesamteuropäische Bedeutung dieses Prozesses?*

KREISKY: Dieser Prozeß zeigt wieder, daß die Entspannung in Wirklichkeit die Mutter jeder Entwicklung ist. Die Entwicklung in Portugal wäre nicht möglich gewesen im Zeichen des Kalten Krieges; die Entwicklung in Spanien – eine friedliche, wie wir alle erhoffen – wäre vollkommen sinnlos; und vor allem in Griechenland, so nahe im Einflußbereich der sowjetischen Flotte, wäre die Rückkehr zur Demokratie kaum möglich gewesen.

LENDVAI: *Sie sind nicht der Meinung, daß man das Wort Entspannung nicht mehr verwenden kann.*

KREISKY: Unsere Freunde in den USA begreifen nicht die Kompliziertheit der neuen Entwicklung, sie können noch nicht die richtige Sprache finden. Das verstärkt natürlich unsere Verantwortung. Ich habe es selten so bedauert wie jetzt, daß ich nicht um zehn Jahre jünger bin, weil diese Entwicklung lange Zeit brauchen wird. Ich sage noch einmal, ich bin voll von Kampfeslust, geistig-dialektischer Kampfeslust. Hier muß eine Menge noch bewiesen werden.

LENDVAI: *Das ist doch etwas erregend Neues ...*

KREISKY: Das ist in Bewegung gekommen, und das ist so aufregend wie jene Zeit, da Tito sich von Moskau gelöst hat, oder wie jener Tag, an dem die Welt erfuhr, daß Mao Tse-tung sich von Chruschtschow gelöst hat. Das ist so aufregend wie der Tag von Budapest und der Tag von Prag, an dem der Sozialismus mit menschlichem Antlitz sich sozusagen erhoben hat. Es zeigt in Wirklichkeit von der ungeheuren Unbeständigkeit im kommunistischen System und zeugt auch noch von einem, nämlich von der wahrscheinlichen Unverzichtbarkeit auf die Mittel der Diktatur, will man das erhalten, was man hat.

LENDVAI: *Was halten Sie von der These, die nicht nur die Sowjets, sondern auch Ceaușescu und andere führende Männer in Osteuropa vertreten – über die Zusammenarbeit der Sozialisten, Sozialdemokraten, Kommunisten unter den neuen Bedingungen?*

KREISKY: Mit den Kommunisten der Länder im Osten? Ich halte nichts von einer Zusammenarbeit der Parteien, ich spreche immer nur von einer Zusammenarbeit der Staaten.

LENDVAI: *Also keine Zusammenarbeit der Parteien.*

KREISKY: Ich kann mir nicht vorstellen, daß eine Zusammenarbeit zwischen der österreichischen Sozialdemokratie und irgendeiner kommunistischen Partei im Osten möglich wäre. Es gibt gar keine Substanz dafür. Das, was besprochen werden soll, fällt in die Kompetenzen der Staaten.

LENDVAI: *Und wenn eine sozialistische Partei in Opposition ist, dann hat sie mit diesen Staaten zu tun, vielleicht, aber keine Kontakte zur herrschenden Partei in einem Oststaat.*

KREISKY: Das hielte ich für sehr gefährlich und falsch, eine falsche Parallele, wenn man falsche Partnerwahl betreibt.

LENDVAI: *Es gibt also nach Ihrer Meinung einen qualitativen Unterschied zur Haltung gegenüber den westlichen kommunistischen Parteien, die sich auf diesen Weg begeben haben.*

KREISKY: Da muß man Fragen stellen.

LENDVAI: *Dort kann man …*

KREISKY: Im Osten ist die Realität anders. Was soll ich fragen: Wie demokratisch seid Ihr, wenn ich weiß, daß sie es nicht sind. Da hab' ich die Antwort schon durch die Tatsache der Macht bekommen.

LENDVAI: *Was sind denn diese östlichen Zusammenarbeitsvorschläge? Gehören sie nur zum Ritual?*

KREISKY: Nein, die Vorschläge sind nichts anderes als ein Aufguß der alten Einheitsfront-Ideologie.

LENDVAI: *Was wird die Auswirkung auf den Osten sein – vom Westen her?*

KREISKY: Das ist jetzt nicht ganz leicht zu beantworten. Ich weiß es nicht. Ich könnte mir vorstellen, daß manche Parteien sagen werden: Jetzt fürchten wir die Liberalisierung mehr als früher. Es kommt ein noch stärkeres Zusammenrücken, wir lassen uns eben noch mehr schützen als bisher. Das kann ich nicht sagen. Aber eines kann ich sagen: daß sich offenbar ein Prozeß in der kommunistischen Welt ungefähr alle zehn Jahre wiederholt. Ich bin kein Kalendermensch. Aber das hat seine Gründe. In ungefähr zehn Jahren vergißt man erlittenes Leid.

LENDVAI: *Aber nicht in denselben Ländern.*

KREISKY: Ja ... Ungarn war 1956, Tschechoslowakei war 1968, jetzt haben wir 1976, und es beginnt wieder ein Prozeß sehr manifest zu werden.

LENDVAI: *Sie haben in einer Diskussion im Sommer 1969 mit Carlo Galluzzi, dem Direktionsmitglied der KPI, betont: Wesentlich ist, inwieweit eine kommunistische Partei in der Lage ist, sich von den heutigen Zentren der kommunistischen Welt – wie Moskau oder Peking – zu emanzipieren und aufgrund eigener Analysen zu einer politischen Praxis zu gelangen.*[4]

KREISKY: Wenn man sehr eingebildet sein will, könnte man ja sagen: Das war etwas, was sich jetzt zeigt. Denn daß das ja unweigerlich ist, das spricht ja wieder dafür, daß es sich um einen sehr ernsten Prozeß handelt. Denn jetzt ist ohne Zweifel ein Emanzipationsprozeß eingetreten. Wie lang er dauern wird, wann er revidiert wird, wann es zu einer Remission kommt, daß weiß ich nicht. Ich halte die Gefahr einer Remission für nach wie vor gegeben. Die Führer der kommunistischen Parteien sind noch nicht so zu Hause in der Demokratie, daß sie wissen, wie sehr in der Demokratie Entwicklungen dem eigenen Einfluß entgleiten können.

LENDVAI: *Sie betrachten die ganze Entwicklung in Europa, im Gegensatz zu sehr vielen in der westlichen Presse und in westlichen Kanzleien, nicht mit abgrundtiefem Pessimismus ...*

KREISKY: Ich bin in höchstem Maße optimistisch. Ich bin ein vorsichtiger Mensch, aber ich glaube, die Sozialdemokratie hat Grund zu einem gewissen Triumph darüber, daß – wie immer die Dinge ausgehen mögen – den italienischen und französischen Kommunisten nichts anderes einfällt als der Reformismus. Wenn das hält, entstehen neue kommunistische Parteien ...

LENDVAI: *Moskautreue ...*

KREISKY: Ja – nicht große … Es wird immer eine neue, radikale Linke geben. Ich sehe den Anfang einer neuen Linken, und zwar einer moskautreuen Linken, wenn der Prozeß hält.

LENDVAI: *Sie sagen also, wenn die Frage gestellt wird: Taktik oder Wandlung? Es ist keine Taktik, es ist jetzt eine echte Wandlung.*

KREISKY: Das ist in der Politik sehr schwer zu sagen, wann die Taktik zu einem Programm wird und wann ein Programm Taktik wird … Wenn man das Wort Taktik nicht von vornherein als ein Übel, pejorativ betrachtet … Schau'n Sie, der Wiener Bürgermeister Lueger galt als großer Antisemit, und die Zeitgenossen betrachten seinen Ausspruch „Was ein Jud' ist, bestimm' ich" als Ausdruck dafür, daß das nur ein taktisches Mittel war, die Wiener Kleinbürger für sich zu gewinnen. Er hätte sich niemals zu jenen Methoden entschlossen, wie sie schließlich Hitler angewendet hat, denn er hatte ja dann tatsächlich die Macht in Wien und war eigentlich relativ ungefährlich. Man hat den Kaiser Franz Joseph auf der anderen Seite gehabt, der vieles damals verhindert hat … und die Sozialdemokraten und die liberale Presse. Das also, was vielleicht bei Lueger Taktik war, die niemals zu Auschwitz geführt hätte, hat sich dann in der Politik so realisiert, daß es zu einer Frage der letzten Konsequenz geworden ist. Wann fängt eine Taktik an, gefährlich zu werden, wann hört sie auf? Das ist sehr schwer zu entscheiden. Die Sozialdemokratie hat möglicherweise, gezwungen durch den Umstand, daß sie Taktik machen mußte in ihrer frühen Geschichte, sich zu einer gewissen Politik entschieden. Diese wurde dann so sehr zu ihrer zweiten Natur, daß es ihr in gewissen Kreisen sehr geschadet hat, daß es die Spaltung gefördert hat. Man kann sagen, der Umstand, daß bei Ausbruch des Krieges die deutsche Sozialdemokratie zum Beispiel die Kriegskredite bewilligt hatte und in der Wiener *Arbeiter-Zeitung* ein Leitartikel von Austerlitz erschien, *Der große Tag der deutschen Nation*, daß man hier dem Rausch der ersten Kriegstage entgegengekommen ist, die Sozialdemokratie sich selber tragen hat lassen, das heißt: Im Endeffekt hat also die Sozialdemokratie auf die Grundsätze verzichtet, hat sie einige Jahre konsequenterweise jene Politik machen müssen, bis sie dann allmählich...

LENDVAI: *… den Preis der Spaltung gezahlt hat.*

KREISKY: … den Preis der Spaltung dafür bezahlt. Wo Taktik in der Politik zu dramatischen Entwicklungen führt, das kann man nicht voraussehen.

LENDVAI: *Also es kann sein, daß die Akteure selber nicht genau bestimmen können, wann Taktik zur Strategie wird ...*

KREISKY: Ich behaupte, daß das, was am Anfang als Taktik begonnen hat, seine eigene Dynamik entwickelt, und dann muß man Schritt für Schritt weitergehen, oder aber man verliert, erlebt die Spaltung so oder so.

LENDVAI: *Wenn man überspitzt formuliert, könnte man das so sagen: Nicht die Demokraten werden zu Kommunisten, sondern die Kommunisten werden zu Demokraten.*

KREISKY: Nein. Ich habe gesagt, nicht die Demokraten opfern dem Kommunismus ihre Prinzipien, sondern die Kommunisten müssen der Demokratie zuliebe ihre Prinzipien opfern ... Man könnte fast sagen – wenn das hält, daß das passiert mit der Demokratie, was mit dem Liberalismus passiert ist, daß einfach alle sich seinen geistigen Grundideen beugen und diese annehmen, die Konservativen wie die Sozialisten und in der letzten Phase die Kommunisten – wenn das alles hält ...

LENDVAI: *Aber dann hören sie auf, Kommunisten zu sein.*

KREISKY: Ja, da haben wir ja am Anfang die Frage gestellt, wie lang sie sich noch so nennen können. Aber auch das ist ja ein taktisches Spiel. Es gibt viele kommunistische Parteien, die sich sozialistisch nennen. Die kommunistischen Ländern nennen sich auch nicht mehr kommunistisch, sondern sozialistische Länder. So wohnen nebeneinander Taktik und Täuschung, und jetzt gilt es, vorsichtig und sehr wachsam zu sein. Denn wenn man nicht wachsam ist, dann ist die Tat verloren, und wenn die Tat verloren ist, ist dieser Prozeß beim Teufel.

LENDVAI: *Sie haben die Schopenhauer-Gleichung über die Gesellschaft der Stachelschweine als treffend für die Beziehungen zwischen den demokratischen und den kommunistischen Ländern bezeichnet, also ein ständiges Sich-Antagonisieren und -Wiederannähern. Kann man diesen Vergleich auch für die Beziehungen zwischen sozialdemokratischen beziehungsweise sozialistischen und kommunistischen Parteien gelten lassen?*

KREISKY: Nein, das kann man sicher nicht. Nach meiner Auffassung hat sich die Politik der kommunistischen Parteien, insoweit es sich um die Annäherungsversuche an die sozialdemokratischen handelt, weder in der Form noch im Inhalt verändert. Prinzipiell ist es dasselbe alte Schema F, die alte Einheitsfront-Taktik. Es gibt nur einen entscheidenden Unterschied: daß sich zwei der kommunistischen Parteien, und vielleicht noch einige dazu, geändert haben. Und daher bin ich der Auffassung, daß die sozialdemokratischen Parteien nicht in das Schopenhauersche Verhältnis geraten, weil ja die meisten Parteien diese Einheitsfront-Taktik ablehnen. Die skandinavischen Parteien lehnen sie ab. Auch dann, wenn es gelegentlich zur parlamentarischen Unterstützung von seiten der Kommunisten kommt, wird jede Einheitsfront-Politik erst recht abgelehnt; die Kommunisten haben sozusagen die Möglichkeit, sozialdemokratische Regierungen zu stützen, aber es wird dafür nichts bezahlt. Das gilt für Schweden, Norwegen, Dänemark. Das gilt, soweit ich das sehen konnte, auch für Finnland, wo ebenfalls keine Einheitsfront-Taktik bei den Sozialdemokraten als Politik akzeptiert wurde. Das gilt für Deutschland und alle anderen, Belgien, Holland und so weiter; das gilt auch für Portugal.

Es gibt nur zwei sichtbare Ausnahmen. Eine ergibt sich in Italien durch die vollkommen veränderte Politik der italienischen Kommunisten. Dort aber sind wieder die Kommunisten sehr viel weniger an der Einheitsfront im klassischen Sinn interessiert als am historischen Kompromiß, der eher mit den *Democristiani* abzuschließen wäre. Was nun das französische Beispiel betrifft, ergibt sich dort eine Situation, von der französische Sozialisten sagen: sie ist „konfliktuell", das heißt, die Beziehung schließt in sich Konflikte. Sie ist kontroversiell, könnte man ebenso sagen. Dort hat sich eine Situation ergeben, wo die Sozialistische Partei autonom zu folgender Erkenntnis kam – das ist die große Leistung Mitterrands, der auf diese Art eine neue, große französische Partei geschaffen hat: Man sagt, eine antikommunistische Politik würde die Sozialistische Partei daran hindern, das Vertrauen der Arbeiterschaft zu gewinnen. Ihre Existenz als starke, wachsende Linkspartei präsentiert die Sozialistische Partei als Alternative für viele Menschen auf der Linken zu den Kommunisten. Es ist also eine äußerst interessante, sehr differenzierte Situation.

Und jetzt kommt als letzte, große, offene Frage Spanien. Aber auch hier scheint mir die Spanische Kommunistische Partei – wie sie nun einmal endgültig aussehen wird, läßt sich heute nicht sagen – jedenfalls stärker autonomistisch zu sein als die KPI und weniger konformistisch als, sagen wir etwa, die KPÖ und alle die anderen, die wir halt in Europa haben.

LENDVAI: *Darf ich in diesem Zusammenhang etwas fragen? – Sie haben eben jetzt gesagt, die Situation sei differenziert. Ich habe hier einen Artikel aus einer ungarischen theoretischen Zeitschrift, verfaßt vom Leiter der außenpolitischen Abteilung des Zentralkomitees: „Die europäische Sozialdemokratie in der Periode der Entspannung“*[5]*. Der Autor analysiert die charakteristischen Züge der Sozialdemokratie im leninistischen Jargon, und am Ende sagt er über das Verhältnis zwischen den sozialdemokratischen und den kommunistischen Parteien, es gebe Kontakte im nationalen und internationalen Rahmen, es gebe enge Beziehungen und manchmal Widersprüche zwischen nationalem und internationalem Rahmen. Ein Teil der sozialdemokratischen Parteien lehne die Zusammenarbeit ab, andere seien bereit, sowohl in nationaler als auch internationaler Hinsicht. Es gebe aber auch solche sozialdemokratische Parteien, die die Kontakte mit den kommunistischen Parteien anderer Länder suchten, sich aber im eigenen Land abkapselten; ja sie unterstützten sogar antikommunistische Maßnahmen. Er bezieht sich dabei auf die deutsche SPD. Diese pflege zwar Informationskontakte mit manchen kommunistischen Parteien, gleichzeitig lehne sie aber schroff jegliche Kontakte mit den eigenen Kommunisten ab. Und in diesem Zusammenhang erwähnt der Autor auch die finnischen und schwedischen sozialdemokratischen Führer, die bereit seien, mit den Kommunisten zusammenzuarbeiten. Es war übrigens kürzlich eine ungarische Delegation in Finnland, unter der Leitung des früheren Ministerpräsidenten Fock, und sie hat sogar ein gemeinsames Kommuniqué mit den finnischen Sozialdemokraten herausgegeben – als ob diese eine der kommunistischen Parteien wären.*[6]

KREISKY: Die finnischen Sozialdemokraten sind in einer Sondersituation, die ich nicht näher ausführen möchte. Was die schwedischen betrifft, so stimmt es, daß sie mit allen ihnen interessant scheinenden Parteien Kontakte aufnehmen, aber nicht mit der Kommunistischen im eigenen Land.

LENDVAI: *Die Schweden. Aber wir waren bei den Finnen.*

KREISKY: Bei den Finnen ist die Situation kompliziert. Die Sozialdemokratie Finnlands unter Tanner hatte nicht nur den Ruf des Antikommunismus (der sogar eher ein ganz simpler Antikommunismus war, aus den Bürgerkriegszeiten her), sondern darüber hinaus hat es einen ausgeprägten Antisowjetismus gegeben. Da hat die Sozialdemokratie so sehr darunter zu leiden gehabt, daß sie nach dem Krieg bei dem starken Nahverhältnis zur Sowjetunion einfach nicht regierungsfähig war. Es hat lang gedauert; erst seitdem die junge Generation am Ruder ist, hat sich dieses Verhältnis gewandelt, und die heutige Sozialdemokratie führt sicher einen heftigen Konkurrenzkampf mit den kommunistischen Richtungen in Finnland – aber sie ist eines sicher nicht mehr, sie ist nicht mehr antisowjetisch. Sie wird mit jeder kommunistischen Partei aus dem Ausland, fast möchte man sagen, kompensativ Gespräche und Verhandlungen führen, um sich solche mit der eigenen Kommunistischen Partei zu ersparen. Die finnische Sozialdemokratische Partei ist in vielen Dingen heute am linken Flügel der Internationale – außenpolitisch am linken Flügel; innenpolitisch würde ich das nicht sagen.

LENDVAI: *Wenn man diese Analyse zum Beispiel in dieser ungarischen theoretischen Zeitschrift liest – es gibt natürlich auch ähnliche in der sowjetischen und in der polnischen Presse –, so sieht man, daß sie sehr sorgfältig die Tendenzen analysieren. Sie sprechen auch offen aus, daß ihr Ziel ist, von unten aufzuweichen und sozusagen Kontakte mit den sozialdemokratischen Parteien zu suchen. Kann man, wenn man provokativ formulieren will, das so sagen: Es ist wie die Leninsche Fragestellung, wer besiegt wen, wer weicht wen auf?*

KREISKY: Ich glaube nicht, daß sich die sozialdemokratischen Parteien der Illusion hingeben könnten, die kommunistischen aufzuweichen. Eher glaube ich, daß sich die kommunistischen Parteien der seit ihrer Existenz bestehenden Illusion hingeben, die Position der anderen aufzuweichen. Und es ist natürlich gelungen, in Frankreich die Sozialistische Partei zeitweilig vollkommen zu nullifizieren. Das ist jetzt durch eine offensive Strategie der Sozialisten anders geworden. Es gelang der Kommunistischen Partei Italiens, die Spaltung im sozialdemokratisch-sozialistischen Lager, fast möchte man sagen, zu verewigen und die eine Partei – einfach durch den Umstand, daß sie sich immer an die Kommunistische Partei gebunden erachtet, ihr verpflichtet gefühlt hat – daran zu hindern, stärker zu werden.

LENDVAI: *Dadurch ist die Sozialistische Partei in Italien nicht stärker geworden?*

KREISKY: Dadurch ist die Sozialistische Partei nie wirklich stark geworden. Einerseits hat die permanente Spaltung, die wieder auf Grund des Nahverhältnisses zu den Kommunisten in der einen, der Sozialistischen Partei, hervorgerufen wurde, die Parteien des sozialistischen Lagers geschwächt, andererseits hat der Umstand, daß sie sich dem kommunistischen Lager verpflichtet gefühlt hat, verhindert, daß von anderen Gruppen, die den Kommunismus ablehnen würden, Zuzug zu erhalten war. Das heißt in Wirklichkeit, das Nahverhältnis zur Kommunistischen Partei muß immer eine schwächende Wirkung haben – außer im Falle Frankreichs, wo es möglich war, sich durch diese sonderbare „konfliktuelle“ Position offenbar zu stärken. Aber das letzte Wort ist natürlich noch nicht gesprochen. Denn was einmal sein wird, wenn die Probe aufs Exempel zu machen ist, darüber gibt es noch keinerlei Vermutungen. Da wird sich zeigen: Kann man für den Fall, daß es wirklich eine Mehrheit gibt, gemeinsam regieren, bricht nicht im Augenblick das Bündnis auseinander, bricht nicht vieles noch auseinander in diesem Zusammenhang? Wird sich nicht die stärkere Organisation, die Kaderpartei, stärker bewähren als die Linksparteien oder die Partei der Sympathiseure? Meine besten Glückwünsche begleiten die französische Partei, denn es ist eine starke Sozialistische Partei in einem modernen Frankreich unentbehrlich.

LENDVAI: *Wie weit spielen hier die verschiedenen Faktoren eine Rolle? Ohne vulgär-marxistisch zu sein, kann man doch sagen: Die Entwicklung der Sozialdemokratie spiegelt doch jeweils die gegebenen sozialen und wirtschaftlichen Verhältnisse gewissermaßen wider – natürlich in einer sehr vielschichtigen Weise. Wie weit spielen hier die Persönlichkeiten eine Rolle? Wie erklären Sie, daß in einem Land die Sozialdemokratie plötzlich sozusagen aufblüht, während in einem anderen Land trotz der Anwesenheit großer Persönlichkeiten – vielleicht sind sie zu alt, Saragat, Nenni – die Dinge ganz anders liegen? Was spielt da eine Rolle?*

KREISKY: Das ist die außerordentlich komplexe Situation der italienischen Gesellschaft, der die Kommunistische Partei Italiens sehr viel besser Rechnung tragen konnte. Die italienische Gesellschaft ist so vielfach aufgesplittert. Sie ist geographisch aufgesplittert. Der Süden Italiens ist so verschieden vom Norden Italiens wie der Süden Europas, fast möchte man sagen, vom Norden Europas. Mir hat einmal ein bedeutender, großer Italiener gesagt: Im Süden Italiens fühlt man sich Afrika viel näher, und es rieselt einem der kalte Schauer über den Rücken, wenn man an die Berge Südtirols denkt, und im Norden wieder hat man nicht das entsprechende Verständnis für die Beweglichkeit und den Afrikanismus … Dieser geographischen Aufsplitterung entspricht ja auch eine soziologische Differenzierung, wie es sie kaum noch anderswo in Europa gibt – ein so unterentwickelter Süden und ein so hochindustrialisierter Norden. Und hier hat nun offenbar eine große Partei große Chancen, die gesellschaftliche Realität Italiens leichter zu begreifen, als es eine kleine Partei kann. Die Schwäche der *Democristiani* scheint mir zu sein, daß die einzelnen politischen Führer sehr stark geographisch verankert sind. Das alte italienische Duodezfürstentum scheint sich auch in der Politik hie und da geltend zu machen. Die Kommunisten haben es verstanden, eine Einheitspartei zu schaffen. Die Sozialisten und Sozialdemokraten konnten es infolge ihrer Kleinheit nicht bewältigen.

Es ist sicher richtig: die Sozialdemokratische Partei und ihre Stärke ist sehr viel mehr nach den Marxschen Lehren determiniert, als das vom Kommunismus gilt. Denn die kommunistischen Parteien sind eigentlich, wenn man wieder absieht von Frankreich und Italien, nur in vorwiegend agrarischen Staaten zur Macht gekommen; allerdings mit Hilfe der Gewalt.

LENDVAI: *Wie sehen Sie jetzt diesen Widerspruch, der manchmal erwähnt wird – aber nur von Leuten vielleicht, die sich mit dieser Frage beschäftigen? Sie haben diese großen kommunistischen Parteien, die sich plötzlich zum Pluralismus bekennen, Thesen über Bord werfen und so weiter, aber gleichzeitig innerlich, in ihrer Struktur immer noch Kaderparteien sind, im klassischen Sinne zutiefst stalinistisch; so zum Beispiel ist niemand am französischen Parteitag aufgesprungen und hat gesagt, Genossen, was ist das, vor fünf Jahren hat der Genosse Marchais etwas anderes gesagt ...*

KREISKY: ... das kommt, das kommt unweigerlich. Die kommunistischen Parteien, die also den Kommunismus, um es ganz deutlich zu sagen, den Kommunismus über Bord werfen wollen, die verlieren ihre feste Verankerung im Sowjetkommunismus. Und jetzt ist die Frage: Was werden die Menschen tun, wenn sie sich dessen bewußt werden, daß sie jetzt nicht mehr diesen Anker haben? Das hat ihnen ein Gefühl der Sicherheit gegeben: Die in Moskau werden's schon machen. Und jetzt? Ich kann mir nur vorstellen, daß daraus eine Spaltung wird. Es können nicht Hunderttausende Menschen Jahrzehnte in diesem Gefühl politischer Hörigkeit zu Moskau erzogen werden und von einem Tag auf den anderen diese politische Leibeigenschaft abgeben. Das geht nicht. Das wird zu Spaltungen führen. Gerade wenn diese Spaltungstendenzen eintreten, wird sich die Ernsthaftigkeit dieser Entwicklung erweisen. Das zweite, was mir wichtig erscheint, ist, daß es sehr viel leichter ist, alten ideologischen Ballast über Bord zu werfen. Sehr viel schwerer ist es, sich zu einer positiven Politik zu bekennen, die sich ununterbrochen aus der demokratischen Gesinnung heraus ergibt. Also, wie hält man es mit der Bündnistreue zur NATO, die doch nur aus hundertprozentig demokratischen Staaten besteht? Es gibt nicht mehr das diktatorielle Portugal, es gibt nicht mehr das Griechenland der Offizierskamarilla, die also das reine Bild der Demokratien auf der einen Seite gestört haben. Spanien ist nicht Mitglied der NATO, aber allerdings sehr wichtig für die NATO. Das gibt's also nicht mehr. Jetzt ist man vollends im Lager der Demokratie. Wie hält man es also mit dem Bündnis, wie verläßlich oder wie glaubwürdig ist man ...?

LENDVAI: *Ist es an sich überhaupt möglich, sich vorzustellen, eine Regierung in einem NATO-Staat zu haben, mit der Beteiligung einer Partei, deren Programm doch auf diese Loyalität zur Sowjetunion ...*

KREISKY: Ja, das glaube ich schon, denn das Sicherheitssystem der Sowjetunion heute und die Entspannungspolitik basieren auf der Existenz zweier Pakte. Die werden ja langsam zu Ordnungsfaktoren. Es gibt ja wichtige Ressorts in Regierungen, die nichts mit der NATO zu tun haben. Und es gibt ja auch eine Zusammenarbeit mit Regierungen, die nicht mit der Regierungsbeteiligung verbunden, verknüpft sein müssen. Das alles wird man in der nächsten Zeit sehen. Aber wie verhält man sich etwa zu einer der größten und faszinierendsten Aufgaben der europäischen Demokratie, die eine rein europäische ist, und die nicht von Amerika beeinflußt wird, wo es keine Störfelder gibt, nämlich zur Integration? Hier wird also viel davon abhängen. Die italienische KP hat sich schon sozusagen mit Haut und Haaren diesem Ziel ergeben, was bei den Christdemokraten einen begeisterten *Response* gefunden hat. Die französische Partei kann sich dazu nicht entschließen; es war offenbar leichter für die französische KP, die Diktatur des Proletariats über Bord zu werfen, als sich mit den Ideen der europäischen Integration zu versöhnen.

LENDVAI: *Wieweit hängt dieser sich abzeichnende Prozeß im Westkommunismus mit der internationalen Lage zusammen? Wieweit wirken hier Faktoren wie Entspannung, Ost-West-Beziehungen? Und vor allem: Wie weit kann eine Verschiebung des Kräftegleichgewichtes zugunsten des Ostens diesen Prozeß beeinflussen?*

KREISKY: Zuerst möchte ich sagen, daß natürlich, was die italienische Partei betrifft, sie ein Opfer der Faszination der Reformen ist. Das ist natürlich klar: Eine Partei, die in der Demokratie wirken will, muß Reformen machen, muß reformistisch sein. Und es sind da Reformen, die halt faszinierend sind: Wenn Menschen nach einem Leben rechtschaffener Arbeit ihr Alter versorgt haben; wenn man Millionen Menschen eine Arbeitszeitverkürzung um ein, zwei Stunden bringt; wenn man ununterbrochen diese Reformen verwirklichen kann, dann erfaßt einen diese ganze, diese echte Begeisterung über das, was man an Veränderungen herbeizuführen vermag. Und das fasziniert natürlich. Und dieses ewige Warten auf die Weltrevolution und auf die Machtergreifung, das kann eine Partei ungeduldiger Reformer natürlich nicht befriedigen. Hier beginnt ein psychologisch-dynamischer Prozeß, den ich die Leidenschaft der Reform nennen möchte, wirksam zu werden, und der erfaßt natürlich die einzelnen kommunistischen Funktionäre auch. Dazu braucht man nicht Mitglied einer Regierung zu sein, die Reformen kann man herbeiführen und auf sein Konto schreiben, an denen kann man interessiert sein – und es ist sehr viel sympathischer, in Bologna zu regieren als in Rom.

LENDVAI: *Wie ist es mit der internationalen Lage?*

KREISKY: Die dritte Bewährungsprobe käme dann, wenn es zu einer neuerlichen Verschärfung der internationalen Lage im rein politischen Sinne, zu einem Wiederaufleben des Kalten Krieges käme, abgeleitet von den Ereignissen im Mittleren Osten, denn in Europa sehe ich keine …

LENDVAI: *Zypern!*

KREISKY: Zypernfrage heißt in Wirklichkeit Türkei und Griechenland, das ist ein neuralgisches Gebiet. Da muß ich sagen, erstens einmal, wenn das wieder passieren sollte, wäre das ein ungeheures Schwächezeichen für die westliche Welt, wenn nun zwei ihrer Verbündeten einfach unlösbar in einen Konflikt verstrickt sind. Ja, wer soll das lösen? Wenn wir das nicht selber lösen können, darf man sich nicht wundern, daß die anderen die Situation ausnützen. Nehmen wir an, es käme zu einer Verschärfung, wieder zu einem Aufleben des Kalten Krieges. Ja, dann kommt gleichfalls die Bewährungsprobe. Da wird sich jetzt zeigen, wie benehmen sich diese Parteien, die einen solchen Ablösungsprozeß eingeleitet haben, kommt es zu einer rückschreitenden Metamorphose in dem Sinn, daß sie, so wie kommunistische Parteien zur Zeit des Ribbentrop-Molotow-Abkommens seinerzeit, sofort umstecken? Aber es kann auch sein, daß in einer solchen Situation die eine oder die andere Partei erklärt, bleiben wir dort, wo wir sind, wir bleiben auf der Seite der Demokratien.

LENDVAI: *Also der Patriotismus erweist sich stärker als die ideologische Bindung …*

KREISKY: Die demokratische Gesinnung und die Verpflichtungen, die sich daraus ergeben, erweisen sich als stärker – dann steht man neuerdings vor einer Spaltung. Ich bedaure – ob das jetzt sympathisch klingt oder nicht, was ich jetzt sage –, daß die Spaltung eigentlich immer wieder der sichtbarste Prüfstein der Ehrlichkeit sein wird, das ist ein grausames Faktum. Nimmt man Abspaltungen der sowjet-loyalen Gruppen in Kauf, dann meint man es in dem Maße, als man sie in Kauf nimmt, ehrlich, will man die Entwicklung weiterführen. Nimmt man sie nicht in Kauf und beginnt man plötzlich innezuhalten mit diesem Entwicklungsprozeß – dann gibt's die alten kommunistischen Loyalitäten, und die sind es ja gerade, die die Welt so mißtrauisch machen.

LENDVAI: *Wollen Sie die angebliche Sonnenfeldt-Erklärung über eine „organische Beziehung" zwischen der Sowjetunion und osteuropäischen Staaten kommentieren? Es gibt nämlich eine ganz seltsame Parallele zwischen den Reaktionen Suslows und mancher Amerikaner, zwischen den Verhaltensweisen der beiden Supermächte. Die beiden sind aus unterschiedlichen Motiven mißtrauisch gegenüber dieser Entwicklung in Westeuropa.*

KREISKY: In Wirklichkeit ist es ja, wie ich unlängst einmal gesagt habe, grotesk. Man macht eine Sache zu einem *issue*, etwa die Beteiligung der Kommunisten an der Regierung in Rom. In Wirklichkeit wollen die Kommunisten aus vielen Gründen gar nicht. Die Russen wollen sie nicht haben, die Amerikaner wollen sie nicht haben, und die einzigen, die in Wirklichkeit immer wieder davon träumen, die *Democristiani*, die lehnen sie in der Öffentlichkeit immer grundsätzlich ab. Das Ganze vollzieht sich also in einer Welt der großen Unwirklichkeit.

LENDVAI: *Sie haben in dem Briefwechsel mit Palme und Brandt über die sozialistischen Parteien bemerkt: „Wir sind Parteien im historischen Sinn." Kann man das nach fünfzig Jahren auch von den kommunistischen Parteien sagen?*

KREISKY: Wenn ich sage „eine Partei im historischen Sinn", dann kann man natürlich wirklich nicht behaupten, daß das eine Wertung ist. Das ist nicht positiv und nicht negativ gemeint. Das heißt ganz einfach: Parteien, die ihre Rolle in der Geschichte gespielt haben. Wenn also die herrschenden Ideen der kommunistischen Partei eine so gigantische Veränderung im russischen Weltreich hervorgerufen haben, wenn die Ideen dieser Partei China in ein neues politisches Gemeinwesen verwandelt haben, wie immer man dazu stehen mag, so sind das Parteien im historischen Sinn gewesen. Ich sehe das schon anders bei den kleineren Ländern in Osteuropa – weil sich da jedenfalls diese Umwandlung nicht durch die politischen Parteien vollzogen hat, sondern nach verlorenen Kriegen durch die Armeen der Sowjetunion. Und wieder anders in den Ländern, die gleichfalls durch verlorene Kriege kommunistisch geworden sind, wie wir das in Südostasien erleben. Sicher waren aber die kommunistischen Parteien in Rußland und China historische Parteien. Eine Ausnahme spielt, wie schon erwähnt, auch Jugoslawien, das sich seine Staatsform selber erobert hat. Das verstehe ich unter Parteien im historischen Sinn. Und wenn ich von Sozialdemokratie in diesem Sinne rede, da meine ich, daß sie geschichtliche Umwälzungen, gesellschaftliche Verhältnisse in den hundert Jahren ihres Bestandes total verändert hat. Man muß retrospektiv beurteilen: Mit welchen Forderungen ist die Sozialdemokratie ausgezogen und was davon ist heute verwirklicht worden?

LENDVAI: *In diesem Sinne – wenn Sie wollen, im historischen Sinne – könnte man also über den Sieg des Reformismus in der internationalen Arbeiterbewegung sprechen?*

KREISKY: Ohne Zweifel. In den modernen Industriestaaten hat der Reformismus in seiner neuen Form gesiegt. Auch die Linken akzeptieren das. Sie helfen sich nur damit, daß es halt Reformen gibt, die sie als systemverändernd, und andere, die sie als systemerhaltend betrachten. Wo die Grenze zwischen diesen Reformen geht, ist schwer zu eruieren. Ich habe da eine sehr einfache, alte klassische Formel, die mir dabei hilft. Auch hier gilt der alte Hegelsche Satz, daß die Quantität der Reformen in einem bestimmten Augenblick in eine andere Qualität umschlägt, daß also eine gewisse Summe von verwirklichten Reformen die Gesellschaftsordnung verändert hat.

LENDVAI: *Man kann also sagen: Bernstein war stärker als Lenin.*

KREISKY: Für die Sozialdemokratie war sicherlich Bernstein stärker als Lenin. Das ist sicher. Wenn man noch weiter zurückblickt, war Bernstein sicher stärker als Marx – für die sozialdemokratische Praxis. Man darf aber nicht vergessen, daß Bernstein ein Marxist war. Er hat ja nur die Ideen von Marx revidiert, und Lenin war, so gesehen, stärker als Marx, denn er ist weiter als Marx gegangen.

LENDVAI: *Und was würden Sie spekulativ über die Zukunft sagen, nach dieser Analyse der modernen Arbeiterbewegung und der Entwicklung innerhalb des Kommunismus?*

KREISKY: Ich muß da viele meiner jungen Freunde vielleicht enttäuschen, auch die älteren. Ich glaube, daß die Sozialdemokratie jene Form des demokratischen Sozialismus ist, die sich in dieser Art nur in der modernen Industriegesellschaft voll entfalten kann. In anderen Staaten ist die Probe aufs Exempel noch nicht erbracht worden. In Lateinamerika wird es wahrscheinlich Umwälzungen geben durch Militärs mit linken Vorzeichen, wobei mehr oder weniger die kommunistischen Parteien oder lateinamerikanische Spielarten des Kommunismus, wie von Fidel Castro repräsentiert, in der Zukunft eine größere Rolle spielen werden. Die Tragödie Chiles ist ja die, daß das Vertrauen in die Demokratie so tief erschüttert wurde. Ich sage offen: nicht nur durch die Art, wie Allende von der Bühne der Weltpolitik verschwunden ist, sondern auch dadurch, daß offenbar die Politik der linken Kräfte zu diesem Untergang führen mußte; denn die Politik war danach, daß sie zum Untergang gekennzeichnet war, sie hat das Kennzeichen des Untergangs getragen. Nur heute stehen wir alle zu Chile, und wir sind ergriffen vom Pathos der Niederlage.

LENDVAI: *Wie immer ...*

KREISKY: Wie immer. Das Pathos der Niederlage darf uns aber nicht blind machen für all das, was zur Niederlage führte. Der Faschismus in Chile, das ist nur die halbe Antwort; die andere halbe ist, daß eben das Regime selber nicht jene Kraft zur Selbstbehauptung hatte. Das wissen sehr linke Kritiker des Regimes heute ganz genau.

LENDVAI: *Können sich Spanien oder Portugal als wichtig erweisen bei dieser Probe aufs Exempel?*

KREISKY: Spanien und Portugal sind europäische Staaten. Dort scheint mir die Demokratie große Chancen zu haben. Und dann gibt es ja die Frage Asiens. Wer gibt eine bessere Antwort auf das Problem: „Wie bekämpft man den Hunger der Massen?" Wer kann besser die Frage beantworten: „Wie organisiert man gigantische Staatswesen?" Ich wage das nicht zu tun. Ich sympathisiere mit keinem Gewaltregime. Ich kann nur keine Alternativen angeben.

LENDVAI: *Ich will nicht heikle außenpolitische Themen aufwerfen; wir sprechen nur über grundsätzliche ideologische Fragen. Ich frage Sie nicht als Bundeskanzler der Republik Österreich, sondern als Vorsitzenden der Sozialistischen Partei Österreichs.*

KREISKY: Ich habe auch immer nur als dieser Antworten gegeben.

LENDVAI: *Also wie sehen Sie dann den Prozeß im „Herzen Europas", in Osteuropa?*

KREISKY: In Osteuropa hat sich die ursprüngliche Akkumulation vollzogen und vollzieht sich mit jedem Tag. Sie vollzieht sich unter den Formen der Diktatur, kann sich nur in den Formen der Diktatur vollziehen, weil niemand den Millionenmassen Osteuropas diese großen Opfer im Rahmen eines demokratischen Staatswesens zumuten kann, weil man sonst das Regime verjagt hätte. Das geschieht, das vollzieht sich ...

LENDVAI: *Noch immer?*

KREISKY: Der Prozeß ist noch nicht abgeschlossen, je nach dem Land. Und in dem Maße, in dem dieser Prozeß abgeschlossen wird, in dem Maße beginnt der Drang nach der Liberalisierung, der zuerst die avanciertesten Gruppen der Gesellschaft, dieser kommunistischen Gesellschaft erfaßt, und allmählich tritt ein Differenzierungsprozeß ein. Das Erstaunliche war, daß man dort, wo sich das politisch manifestiert hat, diesen Bestrebungen den Makel des Sozialdemokratismus angeheftet hat, weil eben die sozialistische Demokratie verwirklicht werden sollte. Es gibt auch ernste Entwicklungen, die weit nach rechts gehen. Solschenizyn ist ein solches Beispiel. Es gibt auch Tendenzen zum Prawoslawismus und so weiter. Also, das läßt sich nicht voraussagen. Jetzt kommt einmal das starke Bedürfnis nach Liberalisierung, das sehr bald durch die Tendenz zur Demokratisierung verstärkt wird. Wie das Regime mit diesen Dingen fertig wird? Einfach dadurch, daß man die Schleusen öffnet und sagt, wer weg will, soll weggehen, und man sie dann dem Heimweh und den Existenzschwierigkeiten überläßt? Das weiß ich nicht. Aber das ist ein zweischneidiges Schwert. Dieser intellektuelle Aderlaß ist sicher zu verkraften. Aber er hinterläßt eine Schwächung, die darin besteht, daß so viele andere auch weg wollen, und daß sich dieser Geist einfach nicht amputieren läßt. Das sind immer mehr Leute, das sind wieder mehr Bildhauer, mehr Schriftsteller, mehr Physiker, mehr Mathematiker. Und unter Umständen erfaßt dieser Prozeß eines Tages auch die Arbeiter, die mehr mitreden und echt sagen wollen: Hinter all das, was da gesagt wird, wollen wir Leben setzen. Die Arbeiterklasse, der gehören die Fabriken, dann soll sie auch ein bißchen darüber bestimmen.

LENDVAI: *Kann dieser Prozeß evolutionär bleiben?*

KREISKY: Dieser Prozeß wird nur so lange keine politische Relevanz haben, solange er auf die Intellektuellen allein beschränkt bleibt. Solange er nicht die Massen in den Betrieben erfaßt, wird er keine politische Relevanz haben. Das ist gar keine Frage. Eine rein intellektuelle Bewegung ist heroisch, ist imponierend durch ihren intellektuellen Gehalt, durch das Vermögen, sich zu akzentuieren, aber sie kann nicht der große, der entscheidende Auslösungsprozeß sein.

Wann dann schließlich der Moment kommt, wo die Liberalisierung zur Demokratisierung übergeht? Das war jedenfalls in der Vergangenheit immer der Augenblick, in dem die Panzer zu rollen begannen.

Anmerkungen:

1 Bruno Kreisky, Aspekte des demokratischen Sozialismus. Aufsätze–Reden–Interviews. München 1974, S. 78–79.

2 Ebenda, S. 79.

3 Willy Brandt, Bruno Kreisky, Olof Palme. Briefe und Gespräche 1972 bis 1975. Frankfurt 1975, S. 28.

4 Kreisky, a. a. O., S. 87–101.

5 *Társadalmi Szemle*, Februar 1976.

6 *Népszabadság*, 28. März 1976.

Die Sozialdemokratie zwischen Niedergang und Wiedergeburt in Osteuropa*

Dezember 1989

Wir erleben eine historische Wiedergutmachung, eine Wiedergeburt jener Sozialdemokratie, die von außen und von innen durch bezahlte Provokateure und karrieresüchtige Opportunisten, aber auch durch gutgläubige Amateure der Politik und junge Heißsporne (so wie ich) in den Jahren 1947/48 zerrüttet, zerschlagen und (so schien es damals) begraben wurde. Als die Sowjets noch zur Zeit der sogenannten Stagnation im Jahre 1981 durch eine großangelegte Kampagne am Vorabend der Gespräche mit sozialistischen Politikern um Vertrauen warben, schrieb die französische Historikerin Annie Kriegel, der Kommunismus im Osten sei auf den Gebeinen der Besiegten und physisch vernichteten sozialistischen Parteiführer aufgebaut worden. Daß dabei übrigens zum Teil dieselben sprachkundigen Propagandisten des Kremls am Werk waren wie heute, sei nur am Rande vermerkt. Ging es doch damals um Parteien, die mit ihren 18 Millionen Mitgliedern und 80 Millionen Wählern auf die Außenpolitik des Westens einen großen Einfluß hatten.

Meine Qualifikation, über das Thema in diesem Kreis zu sprechen, ist eine mehrfache: Ich war als führender Funktionär der Mittelschüler und der Studenten in der sozialistischen Jugendbewegung, als Mitarbeiter einer (wie wir heute wissen) von den Kommunisten finanzierten und gelenkten Wochenzeitung der linkssozialistischen Jugendlichen, als jüngstes Redaktionsmitglied einer sozialdemokratischen Abendzeitung einer jener Jungsozialisten, die für die Aktionseinheit und letzten Endes für die Verschmelzung gearbeitet haben. Noch schlimmer: Ich gehörte zu jenem Kreis der Jungsozialisten um den Dichter und Publizisten Pál Justus, dem weder die Sozialdemokraten noch die Kommunisten vertrauten, und deshalb wurde

*Vortrag, gehalten im Renner-Institut in Wien

ich einige Jahre später als „Trotzkist", ohne damals je ein Buch Trotzkis gelesen zu haben, verhaftet und interniert. Als 17–19jähriger war ich ein „nützlicher Idiot", wie so viele andere in so vielen anderen Ländern. Die einzige Entschuldigung meiner Generation: Wir bekamen weder Geld noch Privilegien, uns wurden bloß Straßenbahnfahrscheine zur Verfügung gestellt. Und dann im Gefängnis, im Lager, in den Jahren ohne Anstellung habe ich das System von jeder Seite kennengelernt, bevor ich, obwohl rehabilitiert, aus Gesinnungsgründen (ich konnte und wollte nicht mit der Lüge leben) nach Österreich kam. Daß ich in den vergangenen Jahren und Jahrzehnten alle Staaten des sogenannten Ostblocks und (abgesehen von vier Jahren) vor allem Ungarn bereisen konnte, daß ich mit vielen führenden Funktionären sprechen konnte, ermöglichte mir die ständige Beschäftigung mit der Entwicklung, sozusagen von innen und von außen.

Formell wurden in allen Staaten des Ostblocks die sozialdemokratischen Parteien (wie auch alle anderen unabhängigen politischen Gruppen) durch die Kommunisten mit den bewährten Methoden (massiver Druck, gezielte Verhaftungen, politische Prozesse) zerschlagen und de facto liquidiert. Der weltanschauliche Totalitätsanspruch der Kommunisten, das kollektivistische Menschenbild (die Partei ist alles, der einzelne nichts) hat als Grundlage der kommunistischen Organisation und Politik zum Terror geführt. Bruno Kreisky sagte mir einmal in einem Gespräch über Sozialdemokratie und Kommunismus: „Der Sozialdemokratismus ist für die Kommunisten das gefährlichste" (*Europäische Rundschau, 76/2*). Vier Jahre später fügte er in einem anderen Zusammenhang noch hinzu: „Es kann gar keine Annäherung zwischen echten Sozialdemokraten oder demokratischen Sozialisten und Kommunisten geben. Schon deshalb nicht, weil wir ja zu einer ganz neuen Bewertung der Demokratie gekommen sind, vor allem, nachdem wir die faschistischen Diktaturen erlebt haben" (*Europäische Rundschau, 80/2*).

Die Bolschewisierung Ost- und Mitteleuropas hat verhängnisvolle Folgen gehabt. In diesem Kreis brauche ich nicht darauf hinzuweisen, daß die Sieger selber zu Opfern ihrer Machtkämpfe geworden sind, wobei ich für meine Person keinen großen Unterschied zwischen einem Rajk oder einem Nagy sehe.

Als geistige Kraft ist die Ideologie seit langem tot. Sie verhindert noch vieles, aber bewegt nichts mehr. Sie war bereits seit Jahren, wenn nicht Jahrzehnten, nur noch Liturgie, nicht mehr Inspiration. Was einst Intellektuelle in ganz Europa faszinierte, strömt jetzt lediglich Langeweile aus. Zur Diskussion über den Sozialismus, über die Moderne, über die Modernisierung durch politische Partizipation und ökonomische Eigeninitiative haben die herrschenden Parteien des Ostblocks seit Jahrzehnten nichts mehr beigetragen. Ihr ideologischer und intellektueller Niedergang kam noch vor der wirtschaftlichen Bankrotterklärung und dem Zusammenbruch der Diktatur. Sartre bemerkte einmal, die Marxisten seien faul; sie brauchten nur einen einzigen Schlüssel, um alle Türen zu öffnen. Man konnte also mit einem solchen Schlüssel, den man blitzschnell an der Parteihochschule in Moskau oder Budapest gewinnen konnte, nicht nur die ganze Geschichte der Menschheit, ohne sie je studiert zu haben, sondern auch die ganze Zukunft der Welt kennenlernen.

Reformen sind Veränderungen und Anpassungen innerhalb eines Machtsystems. Wo eine neue Ordnung aufgerichtet und die Macht ganz neu verteilt wird, wo eine ganze politische Klasse entlassen bzw. in Pension geschickt wird, ist eine friedliche Revolution im Gange. Das Neue, Faszinierende, in die Zukunft Weisende ist für uns nach wie vor das Zusammenwachsen Europas (schrieb kürzlich Erhard Eppler). Und man darf in diesem Zusammenhang den großen kolumbianischen Schriftsteller Gabriel Garcia Marquez zitieren: „Doch wenn wir etwas zusammen gelernt hatten, so war es, daß wir Weisheit erlangen, wenn sie uns nichts mehr nützt."

Macht ist „die Chance innerhalb einer sozialen Beziehung den eigenen Willen auch gegen Widerstreben durchzusetzen" (Max Weber). Zu den Voraussetzungen der Macht gehören u. a. eine Hierarchie, bestimmte Machtmittel, Chancen der Machtausübung sowie ein zeitlicher Prozeß, in dem der Einsatz der Machtmittel geplant und durchgeführt wird. Wann ist politische Herrschaft rechtmäßig? Worin liegen die Kriterien einer Legitimität? Die innere Legitimität hängt mit der Frage zusammen, inwieweit das Volk bzw. die Gesellschaft am Zustandekommen einer Regierungsform und den Entscheidungen der Träger staatlicher Gewalt beteiligt ist. Eine Kernfrage ist das Beharrungsvermögen der Bürokratie. „Die wirkliche Herrschaft liegt in einem modernen Staat notwendig und unvermeidlich in den Händen des Beamtentums" (Max Weber).

Ist die Bürokratie unter den neuen Bedingungen Diener oder Herrscher? Die Verselbständigung bürokratischer Apparate stellt eine latente Bedrohung des Aufbruchsprozesses in Mittel- und Osteuropa dar. Es gibt viele

Beispiele dafür, daß der große polnische Satiriker Stanisław Jerzy Lec recht gehabt hat, als er schrieb: „Man erkennt am Rückgrat, welcher Epoche ein Mensch angehört.“ Östlich der Elbe fallen nicht zum erstenmal die Masken. In der Tschechoslowakei war 1945 ein Kommunist Landwirtschaftsminister. Trotzdem waren in diesem Ministerium nur 11 Prozent der Beamten bei der KP. 1946 betrug die Zahl der KP-Mitglieder bereits 22, 1949 29 und nach der totalen Machtübernahme 1949 bereits 79 Prozent. Eine umgekehrte Entwicklung sieht man freilich jetzt, so unter anderem in Ungarn, wo frühere Günstlinge der KP nun miteinander wetteifern, um zu beweisen, daß sie schon seit eh und je „unabhängig“ gewesen seien. In Wirklichkeit tragen sie nur zu einer noch schnelleren Drehung des Karussells bei.

Heute erleben wir in Jugoslawien, aber in Ansätzen auch in Ungarn und Polen und vor allem in der Sowjetunion statt der erhofften Humanisierung und Liberalisierung eine sich jeweils im unterschiedlichen Ausmaß abzeichnende Nationalisierung. Der Bürgerkrieg im Transkaukasus, die unbarmherzige Abrechnung mit den kleineren Volksgruppen durch die Mehrheitsnationen in der Sowjetunion, die Stärke der nationalistischen Pamjat-Bewegung, die chauvinistischen Töne am Rande der berechtigten ungarischen Kritik an der rumänischen Minderheitenpolitik, die geradezu erschreckende Intensität der Unterdrückung der albanischen Mehrheit in der Kosovo-Provinz, die vom Haß geprägte Manipulation der serbischen Gefühle gegen das kleine Slowenien, all das mutet bedenklich an. Dazu kommen die Gespenster der Vergangenheit wie der Antisemitismus, die Diskriminierung der Zigeuner, der Fremdenhaß. Heute mehr denn je ist Internationalität eine Mangelware. Nach 40 Jahren der permanenten Lügen und der Verdrängung der wirklichen Probleme ist der Beobachter erschüttert durch die fehlende Beziehung zwischen den Völkern und den Staaten innerhalb des Warschauer Paktes. Der Blick nach Wien oder Bonn, Washington oder Paris ist jeweils „bilateral“. Man ist an Nachbarn, an ihrer Kultur kaum interessiert. Schließlich bahnt sich angesichts des Prestigekonsums der Reichen, der wenigen Reichen, eine Art verschleierter Klassenkampf an, jedenfalls merkt man auf Schritt und Tritt die wachsenden sozialen Spannungen. Eine Hinwendung zur Religion, in erster Linie zum Christentum ist unverkennbar, wobei auch der politische Katholizismus, sei es durch besondere Persönlichkeiten und Umstände, sei es durch Nachholbedarf, immer stärker in Erscheinung tritt. Das gilt auch für die orthodoxe Kirche in Jugoslawien und in Rußland. Die Absage an den pervertierten Sozialismus bedeutet jedoch keineswegs automatisch eine Hinwendung zur Sozialdemokratie. Nationale und christliche, populistische und konservative Gruppen füllen das politische Vakuum nach dem Zusammenbruch der kommunistischen Diktatur.

Deshalb ist es besonders gefährlich, wenn diese Bewegungen bereits in der Anfangsphase in Ost- und Südosteuropa in sektiererischen Streitigkeiten und Eifersüchteleien ihre Kraft vergeuden und ihre einzigartige Chance, das politische Geschehen mitzuprägen, leichtsinnig verspielen. Eine besondere Problematik stellen die Versuche der Reformkommunisten dar, sich sozusagen als „sozialdemokratisierte Reformer“ an der Macht zu behaupten.

Was kann nun der Westen in dieser Situation tun? Vor allem den freien Dialog und den Zugang zur Technik der demokratischen Politik erleichtern und mitprägen. Es sollte aber keine Einmischung, Besserwisserei, Arroganz, Hochmut bedeuten. Vor allem jene Intellektuelle und Politiker, die aus diesen Ländern stammen, müssen sich davor hüten, billige Triumphe zu feiern und Schadenfreude zu bekunden. Die politische Gestaltung ist eine Aufgabe für die neue Generation, nicht für die alte. Unsere Aufgabe ist bloß, unsere Erfahrungen, Enttäuschungen, aber auch Erkenntnisse zu übermitteln, weil das Böse und die Dummheit in der Politik nur mit Analyse und Aufklärung bekämpft werden kann. Das zeigt übrigens trotz Fehler und Verbrechen, Erstarrung und Verfall die große historische Leistung der österreichischen Sozialdemokratie.

Von Kádár bis Gorbatschow

Macht ohne Mißbrauch
verliert an Reiz.

Paul Valéry

Eindrücke über Begegnungen mit Politikern

Mitte September 1978 saßen wir am frühen Nachmittag im Zimmer des Bundeskanzlers am Ballhausplatz. Bruno Kreisky war, wie stets, unter Zeit- und Termindruck. Unser Gespräch über die Lage in Osteuropa wurde immer wieder durch Anrufe und taktvoll überreichte Mahnzettel der freundlichen, aber höchst effizienten Chefsekretärin Margit Schmidt unterbrochen. Gewohnt an die langen und in der Regel *off-the-record*, d. h. nicht für die Öffentlichkeit bestimmten Unterredungen am Wochenende im schattigen Garten der gemieteten Kanzlervilla in der Armbrustergasse, war ich leicht irritiert, zumal es nicht um ein konkretes Anliegen, sondern um einen lange geplanten Gedankenaustausch ging, den ich als Hintergrundinformation für einen Aufsatz über Ausmaß und Grenzen der Wandlungen im Ostblock für die Londoner *Financial Times* benützen wollte.

Mit seinem unnachahmlichen Sensorium für die Gemütsregungen seines jeweiligen Gesprächspartners richtete der Kanzler plötzlich eine überraschende Frage an mich: „Sagen Sie, lieber Freund, wie sind Sie eigentlich jetzt mit den Ungarn?" Ich hatte keine Ahnung, warum Kreisky das fragte, antwortete aber, ohne zu zögern: „Mein Verhältnis ist jetzt normal, mit einigen Leuten ganz gut. Seit Jahren bin ich nicht mehr auf der schwarzen Liste. Darf jederzeit einreisen, zwar beschattet, besonders seit meiner zweiteiligen TV-Dokumentation, die Sie ja gesehen haben; aber es gibt keine besonderen Probleme …" Kreisky unterbrach mich: „Na, dann ist alles in Ordnung. Ich fahre nächste Woche auf einen Arbeitsbesuch nach Budapest. Kommen Sie mit als mein persönlicher Gast, und dann werden wir reichlich Gelegenheit haben, uns über unser Thema zu unterhalten!"

Kreiskys Gedankenblitz stürzte die Protokollbeamten auf beiden Seiten des damals bereits durchlöcherten Eisernen Vorhanges in Verzweiflung: Einen Journalisten, noch dazu einen sogenannten „Spezialisten“ ungarischer Herkunft, auf eigene Kappe und ohne die ungarischen Gastgeber zu fragen auf einen „inoffiziellen Arbeitsbesuch“ mitzunehmen, war ein einmaliger Vorfall und eine „höchst delikate Angelegenheit“ (so der österreichische Protokollchef zu einer Kreisky-Mitarbeiterin). Weder seine eigenen Beamten noch die mißtrauischen Ungarn wagten aber, dem Kanzler etwas zu sagen. Obwohl Kreisky außer von seiner Frau nur vom Sektionschef für Wirtschaftsfragen und die verstaatlichte Industrie, einem Sekretär und einem Sicherheitsbeamten begleitet wurde, empfing den prominenten Gast eine starke Abordnung mit Ministerpräsident György Lázár an der Spitze, die darüber hinaus von einem großen Gefolge von zahlreichen Beamten und Geheimpolizisten eskortiert wurde. Der Arbeitsbesuch brachte übrigens tausende Ungarn direkt oder indirekt in Harnisch, weil inmitten des Spitzenverkehrs Freitag nachmittag manche Hauptstraßen und Brücken in Budapest für den normalen Verkehr gesperrt wurden, und das gleiche wiederholte sich während der Fahrt des Sonderzuges von Budapest nach Debrecen und zurück. Bei Viadukten und Kreuzungen standen ungarische Polizisten und Soldaten Wache, um auf alle Eventualitäten vorbereitet zu sein. Obwohl als Gast Kreiskys im Flugzeug nach Budapest noch dabei, durfte ich dies nicht mehr direkt erleben. Ich wurde nämlich in Begleitung eines Beamten des Außenministeriums, der als besonderer Vertrauensmann des Staatssicherheitsdienstes galt, in einem Auto nach Debrecen, der drittgrößten Stadt Ungarns, chauffiert. Bereits am Flughafen wurde ich von der kleinen Gruppe getrennt und konnte mich vom Ehepaar Kreisky nicht einmal verabschieden. Auf meine Frage, warum wir nicht auch mit dem Zug nach Debrecen fahren würden, antwortete mein Begleiter kurz und bündig: „Es gibt nicht genug Platz im Sonderzug!“ Während ich im Hotel „Zum Goldenen Ochsen“ vergeblich nach Wien zu telefonieren versuchte, wurde Kreisky samt Begleitung zum Gästehaus am Rande des malerisch gelegenen „großen Waldes“ geführt.

Zum Verdruß der ungarischen Organisatoren und meines Begleiters vergaß aber Bruno Kreisky seinen „Gast“ keineswegs und lud mich bereits am nächsten Tag zum Frühstück ins Gästehaus ein. Ein Jahr vorher hatte dort auch der rumänische Staats- und Parteichef Nicolae Ceauşescu residiert, freilich mit einem gewaltigen Troß von Beamten und Bewachern, und vor einigen Monaten der damalige französische Ministerpräsident Raymond

Barre mit seiner aus dieser Gegend stammenden Frau Éva, einer geborenen Hegedüs. Wir erfuhren von den schmunzelnden Ungarn, daß Ceaușescu auch damals seinen „Vorkoster“ mitgebracht hatte und sein Teller vorsorglich mit einer Plastikhülle bedeckt wurde. Der Gastgeber János Kádár, irritiert, aber auch belustigt, ließ kurz entschlossen als einen gelungenen Witz seinen Teller mit dem Ceaușescus austauschen …

Indessen setzte ich mit Kreisky unser in Wien abgebrochenes Gespräch während eines Waldspazierganges fort, respektvoll begleitet von einer Schar von Geheimpolizisten, Ärzten und Protokollbeamten, wobei der Kanzler seine Aufmerksamkeit abseits von der großen Weltpolitik und von Ungarn bald seinem Lieblingsthema, den vermeintlichen Vor- und Nachteilen der möglichen Kronprinzen bzw. anderen SPÖ-Würdenträgern, widmete. Der Besuch in der „Großen Kirche“ von Debrecen, wo 1849 auf Vorschlag von Lajos Kossuth die Entthronung der Habsburger durch die revolutionäre Landesversammlung ausgesprochen worden war, hinterließ einen ebenso starken Eindruck wie ein Ausflug samt Kutschenfahrt mit Zweier- und Vierergespannen in die Pußta Hortobágy, gefolgt von einer anschließenden Pferdeschau und Reitvorführung.

Wenn man noch hinzufügt, daß für die österreichischen Gäste auch ein einstündiges Tanz- und Musikprogramm veranstaltet wurde, könnten kritische Beobachter die Frage stellen, worin eigentlich die Arbeit während eines solchen informellen Besuches bestanden habe. Nun lag der wichtigste Unterschied zwischen einem „offiziellen“ und einem „inoffiziellen“ Besuch in einem kommunistischen Land darin, daß man weniger öffentlich und viel mehr miteinander redete. Das geschah vor allem während der mehr als dreistündigen Bahnreise im Sonderzug hin und zurück und auch während des geselligen Beisammenseins. Die politische Substanz lag vor allem in einer langen Begegnung zwischen Kreisky und Kádár nur in Anwesenheit der beiden Dolmetscher. Ob Kreisky außer unvergeßlichen Pußtaeindrücken, einer besonders geschmückten Csikós-Feldflasche und einer handgefertigten, verzierten Lederpeitsche damals auch handfeste und für die österreichische Wirtschaft vorteilhafte Abmachungen mitgebracht hat, werden die Wirtschaftshistoriker und Experten für Exportfinanzierung eines Tages vielleicht beantworten können.

Kádár und Kreisky, die beiden älteren Herren, Jahrgang 1912 bzw. 1911, konnten stets, trotz unüberwindbarer ideologischer und politischer Barrieren, gut miteinander sprechen. Es handelte sich freilich nicht bloß um die von einem ungarischen Fernsehsprecher geprägte Gleichung „K. u. K." (Kreisky und Kádár)-Atmosphäre, sondern um eine Interessensgemeinschaft der beiden Kleinstaaten im Donauraum, die ohne Rücksicht auf Pluralismus hier, Parteidiktatur dort und unabhängig von den handelnden Personen bestand und bis heute besteht.

Worin lag nun der Vorteil dieses 48stündigen „inoffiziellen Arbeitsbesuches" des österreichischen Regierungschefs bzw. seiner an mich gerichteten improvisierten Einladung? Beruflich war das eine seltene Gelegenheit, den Mechanismus der Machthierarchie und die handelnden Personen in Spitzenpositionen, ihre Reaktion auf unerwartete Situationen aus der Nähe zu beobachten. Für die kommunistischen Regime galt voll und ganz der zynische Spruch von Paul Valéry: „Politik ist die Kunst, die Leute daran zu hindern, sich um das zu kümmern, was sie angeht." Dazu gehörte auch die abgrundtiefe Abneigung gegen Auslandsjournalisten im allgemeinen und gegenüber sogenannten „Experten", also Journalisten, die sich in den Angelegenheiten des betreffenden Landes auskannten, im besonderen. All das galt noch mehr für politische Flüchtlinge, auch wenn sie in ihrer neuen Heimat längst eingebürgert waren. Zwar war ich als Berichterstatter bereits 1964 mit Kreisky, damals Außenminister, in Budapest, später mit ihm in Sofia, Prag, Moskau, Budapest und Belgrad gewesen, doch war seine Einladung damals im Herbst 1978 eine kleine Sensation in den eingeweihten politischen Kreisen der Staatspartei. Die besondere Bedeutung Österreichs für den vorsichtigen Reformkurs Kádárs bedeutete auch eine besondere Behandlung von besonders schwierigen Journalisten aus dem Nachbarland, vor allem wenn sie Bruno Kreisky, dem „Journalistenkanzler" (der Begriff stammt von Kurt Vorhofer), persönlich nahestanden. Zwar war ich noch, wie bereits erwähnt, Ende 1984 als „feindliche Person" im Computer des ungarischen Innenministeriums erfaßt, trotzdem mußten auch die Scharfmacher damals schon zähneknirschend den Zugang zur Führungsspitze erlauben.

So passierte im Herbst 1981, diesmal am Rande eines offiziellen Kreisky-Besuches, das früher wohl Undenkbare: Der ungarische Parteichef gewährte mir, nach vorheriger Fürsprache Kreiskys, und damit zum erstenmal überhaupt einem Exil-Ungarn, der noch dazu als Journalist im Februar 1957 abgesprungen war, ein längeres Exklusiv-Interview vor der Kamera des ORF.

Ein einzigartiger Vorgang, der das Vertrauensverhältnis zwischen Kreisky und Kádár widerspiegelte. Die Nachricht ging mit Lichtgeschwindigkeit in den journalistischen und politischen Kreisen der Hauptstadt um. Ein vergleichbarer Vorfall, etwa ein TV-Gespräch Wolfgang Leonhards mit Erich Honecker in Ostberlin oder Pavel Kohouts mit Gustav Husák in Prag wäre unvorstellbar gewesen.

Das war aber auch ein Beweis dafür, daß Kádárs Persönlichkeit bei den Wandlungen in Ungarn zwischen der blutigen Niederschlagung der Oktoberrevolution und den Reformen der achtziger Jahre eine entscheidende Rolle spielte. Wie bei so vielen anderen Fragen ließ er sich auch im Umgang mit den westlichen Medien von Pragmatismus, Flexibilität und Kompromißbereitschaft leiten. Wenn man nach Eigenschaften suchte, um Kádárs Persönlichkeit zu charakterisieren, hörte man immer wieder von Pflichtgefühl und Sinn für Realität, Bescheidenheit und Sachlichkeit, Zurückhaltung und Introvertiertheit. Bei dem Festessen anläßlich seines 60. Geburtstages im Mai 1972 erklärte Kádár unter anderem: „Man kann als Verdienst nur gewisse Dinge dem einzelnen zuschreiben. Sagen wir – dies würde ich für einen Verdienst halten –, wenn jemand zur richtigen Zeit erkennt, daß er weder ein Leopard noch ein Tiger ist, auch keine Feldmaus ..." Vielleicht hätte man den lange Zeit hindurch wohl erfolgreichsten Politiker der kommunistischen Welt eher mit einem Fuchs, einem besonders schlauen, vergleichen können.

Er trat, damals 69jährig, wie fast immer etwas linkisch und steif in den prunkvollen Raum des Parlaments ein, wo wir unsere Kameras und Leitungen aufgebaut hatten. Während ich ihm die Mitarbeiter vorstellte, erinnerte ich mich ganz genau daran, daß ich ihn 25 Jahre vorher in einem dunklen Gang des Parlaments, selbst dort begleitet von mehreren Geheimpolizisten, zum ersten Mal gesehen hatte. Als er nun zur TV-Aufnahme kam, trank er im Nebenzimmer noch einen Gespritzten und befragte den Leiter der ZK-Presseabteilung schnell über mich: „Also, er hat bei der MTI, der Nachrichtenagentur gearbeitet?" Der Funktionär bejahte die Frage, aber er fügte noch hinzu, daß ich vorher auch bei der einstigen Parteizeitung *Szabad Nép* tätig gewesen sei. Als man mir später die Episode erzählte, fragte ich mich, ob er wußte, daß seine Frau als Personalchefin von MTI mit mir während meines Kampfes um Rehabilitierung und Kompensation für meine Verfolgung im Sommer und Herbst 1956 korrespondiert hatte. Zwar traf ich sie etwas später bei einem offiziellen Essen, das Kreisky für das Ehepaar Kádár in Wien gab, doch bot sich keine Gelegenheit, sich über solche Sachen zu unterhalten.

Jedenfalls hatte ich bei dem TV-Interview vorher keine Fragen einreichen müssen. Nach den anfänglichen üblichen Fragen über die bilateralen Beziehungen sprach ich den locker wirkenden Kádár auf seine Schachleidenschaft an. Er erzählte, daß er als 13jähriger ein regelmäßiger Schachspieler gewesen sei, und fügte hinzu: „Schach lehrt einem, daß man die Niederlage hinnehmen muß, und später auch, daß man den Sieg ertragen muß." Auf meine Zwischenfrage: „Und was geschieht beim Unentschieden?" antwortete Kádár lächelnd: „Da muß man eben eine neue Partie anfangen ..." Und der Amateurschachspieler erwies sich in der Tat als wahrer Großmeister auf dem Schachbrett der Politik.

Was man allerdings weder damals noch einige Jahre später bei einem zweiten, wesentlich kürzeren TV-Interview anläßlich eines Treffens mit dem damaligen Bundespräsidenten Dr. Rudolf Kirchschläger fragen konnte, war seine eigene Rolle 1949 bei der Verhaftung und Hinrichtung seines einstigen Freundes, des kommunistischen Innenministers László Rajk, dem er sowohl in der Funktion als auch zwei Jahre später ins Gefängnis folgte, und vor allem sein Verrat an der Oktoberrevolution, seine Zustimmung zur Entführung und zur Hinrichtung des Ministerpräsidenten Imre Nagy nach der blutigen Niederschlagung des Aufstandes. Daß er in seiner Person während der politischen Laufbahn von der Illegalität bis zum Gefängnis (1951–1954), über den „Gauleiter Moskaus" bis zum geschätzten „Landesvater", den Wandel vom Opfer zum Täter, vom Bespitzelten zum Spitzel, vom Betrogenen zum Betrüger mittrug und nicht einmal selber immer klar sein konnte, wann er welche Rolle spielte oder spielen mußte, kam während des Niederganges in einer vor dem Zentralkomitee seiner Partei im Frühjahr 1989 gehaltenen verwirrten, ja verrückten Rede, in seiner letzten kurz vor seinem Tode, zum Ausdruck. Mehrere Personen, die die Rede gehört hatten, sagten mir, er sei nicht bei Sinnen gewesen. In den Wochen vor dem nunmehr feierlich nachgeholten Begräbnis Imre Nagys war er bereits geistesgestört. Körperlich und geistig hinfällig geworden, starb er kurz nach den Gedenkfeiern für Nagy und seine Kameraden. Doch gaben ihm, dem „Täter", Hunderttausende in Budapest – ebenso wie vorher dem Opfer Nagy – das letzte Geleit. Damals, zur Zeit unseres Zusammentreffens, galt Kádár als Garant der Politik der inneren Auflockerung, der kleinen Freiheiten, der Verbürgerlichung – freilich stets im Rahmen eines Einparteiensystems. Die Steigerung des Lebensstandards, besonders verglichen mit den Lebensbedingungen in den anderen kommunistischen Ländern, war lange Zeit die beste Legitimation für die Ausübung von Macht. Die Generation, die unter Kádár groß wurde, war, wie es der ungarische Politologe László Lengyel treffend formulierte, der „homo kádáricus", der beneidete „erste Mann" im Osten, mit Geld, Reisepaß, modischem Anzug, mit Hochmut; niemand sprach es aus, aber jeder wußte von dieser Sonderstellung. Die Geschichte der 32 Jahre der Kádár-Ära, die sich durch das Fehlen jeglichen Personenkultes auszeichneten, muß nach den Pendelschlägen der letzten Zeit – von Popularität zur Verdammung – noch geschrieben werden.

Der Mann, der zeitweilig vielleicht Kádárs engster Weggenosse war, der für Kulturpolitik zuständige György Aczél, verglich den greisen Kádár und dessen Schicksal mit dem König Lears. Er, Aczél selbst, war ebenfalls eine schillernde Figur und hatte unter dem Stalinismus als illegaler Kommunist fast fünf Jahre im Gefängnis verbracht. Ich habe Aczél zwar einmal im Jahre 1965 – er war damals Vizeminister – kurz gesprochen, aber erst in den späten siebziger und achtziger Jahren wirklich näher kennengelernt. Er litt an einem „Makel", der ihn auch nach seinem Tod verfolgt und noch heute zur verhaßten Zielscheibe der Rechtspopulisten und Rechtsextremen macht. Der Mann mit seinem typisch ungarischen Schnurrbart, der Kulturpolitiker, der hunderte der schönsten ungarischen Gedichte auswendig rezitieren konnte, war nämlich Jude – und dies in einem Land der tief verwurzelten antisemitischen Vorurteile. Seine Kulturpolitik war liberaler als in allen anderen kommunistischen Ländern, und es gelang ihm, das Kádár-Regime nach 1956 mit den international angesehensten Schriftstellern wie Tibor Déry, Gyula Illyés und László Németh zu versöhnen. Aber Aczél war – zum Teil aus Angst vor den Sowjets, aber wohl auch aus ideologischen und persönlichen Überlegungen – ein Gegner des nationalgesinnten Kurses der Populisten und wurde deshalb auch nach der Wende zum Symbol einer „judeo-kosmopolitisch-internationalen" Richtung. Zugleich hatten ihn auch die Sowjets immer als verkappten Revisionisten und als „den bösen Geist Kádárs" verdächtigt. Er war ein Schöpfer, aber auch ein Produkt der widerspruchsvollen Improvisation des Kádár-Regimes. Fest steht jedenfalls – ohne seine Mißgriffe zu beschönigen –, daß ohne ihn viele Intellektuelle viel mehr hätten erleiden müssen und der Übergang von der „Kádárisierung“, dem ständigen Improvisieren in ständig wechselnden Situationen, zur wirklichen Demokratie viel schwieriger gewesen wäre.

Zwei Personen spielten die Hauptrolle bei der Auflösung der Kádár-Mannschaft durch eine außerordentliche Parteikonferenz am 22. Mai 1988 und bei dem Übergang zur Mehrparteiendemokratie: Imre Pozsgay und Károly Grósz. Der erste knüpfte als Generalsekretär der Patriotischen Volksfront enge persönliche Kontakte zur konservativ und national gesinnten Opposition und namentlich später zu dem Medizinhistoriker József Antall. Der zweite war seit 1987 Ministerpräsident und dann zeitweilig in Doppelfunktion auch Generalsekretär als Kádárs Nachfolger. Beide wurden durch die Wahlen im Jahre 1990, bei denen die KP eine vernichtende Niederlage erlitt, von der politischen Bühne weggefegt. Ich habe beide mehrmals getroffen und hätte nicht gedacht, daß ihre Uhr so schnell ablaufen würde. Pozsgay wurde zum Teil dank eigener Fehler ausmanövriert und verlor das Rennen um den Posten des Staatspräsidenten auch aus taktischen Gründen. Er verpaßte den richtigen Zeitpunkt für den Bruch mit der Partei und gehört heute trotz seiner Bekanntheit im Ausland im Grunde zu den Männern einer vergangenen Ära. Grósz wiederum bestach viele, anfangs auch mich, als kompetenter „Macher“, als ein sachkundiger und lernwilliger, wenn auch populistisch agierender Politiker der Öffnung und der Dynamik. Nach einem glänzenden Start entpuppte sich Grósz als eine Übergangsfigur, schnell verdrängt und fast vergessen.

Dagegen ging ein neuer Stern am politischen Himmel Ungarns auf, ein Mann, den noch im Jahre 1988 kaum jemand kannte, der aber dank seiner außergewöhnlichen politischen Begabung als der eigentliche Sieger der Verhandlungen am „Runden Tisch“ anerkannt und anschließend zum Führer einer Partei erkoren wurde, die er selbst erst im letzten Augenblick als seine Hausmacht ausgewählt hatte: Sein Name war József Antall. Wenn man davon ausgeht, daß es „in der Politik, in diesem Spiel um die Macht, keine Spielregeln gibt außer der, sich und seine Vorstellungen durchzusetzen“ (Ronald Hitzler), dann kann man ohne Übertreibung sagen, daß Antall, der von 1990 bis zu seinem frühzeitigen Tod 1994 der erste demokratisch gewählte Ministerpräsident seit 1945 gewesen ist, als einer der begabtesten Politiker und größten Taktiker in die ungarische Geschichte eingehen wird. Im Sinne der „weltgeschichtlichen Betrachtungen“ Jacob Burckhardts war aber der ehemalige Mittelschulprofessor für Geschichte viel eher eine „momentane Größe“, in der sich eine kurze Phase der Geschichte verdichtete, und zugleich eine „relative Größe“, die der Schwäche der anderen entsprang. Als eine „historische Größe“, deren Kriterium nicht bloß Machtverschiebung, sondern die grundlegende Veränderung der gesellschaftlichen Strukturen und des gesellschaftlichen Bewußtseins ist, wir man ihn jedoch nicht einordnen können.

Von seiner künftigen Rolle ahnte ich freilich nichts, als ich ihn im Frühjahr 1989 am Rande einer Tagung des Aspen-Instituts in Budapest bei einem Empfang im Hause des amerikanischen Botschafters Mark Palmer zum ersten Mal traf. Wir führten ein kurzes, aber intensives Gespräch über die politische Lage und die Einflußmöglichkeiten des Westens. Seine Visitenkarte, schön graviert, mit allen Titeln in lateinischer, englischer und ungarischer Sprache, war wahrscheinlich die vornehmste der damals im Umlauf befindlichen. Alles am damaligen Generaldirektor des nach Semmelweis benannten Budapester Medizinhistorischen Museums war vornehm. Antall kam nicht nur aus der ehemaligen Oberschicht, er verkörperte sie auch in seiner ganzen Art, in seiner Kleidung, in seinen Umgangsformen und letzten Endes auch in seiner Einstellung zu seinen Gegnern, Partnern, Günstlingen und zur öffentlichen Meinung.

Mit der unaufhaltsamen Desintegration des Spätkádárismus kamen dann in den entscheidenden Phasen des Ringens um die Macht weder die frischgebackenen Reformkommunisten noch die als Freie Demokraten (SZDSZ) organisierten wirklichen und in manchen Fällen sehr mutigen Gegner des Kádár-Regimes (d. h. die echten Dissidenten) zum Zug, sondern die bürgerlichen und kleinadeligen Überlebenden aus der Elite der Horthy-Ära. Alle waren geeichte Antikommunisten, hielten niemals etwas von der Vision einer wie immer gearteten sozialistischen Gesellschaft und waren zugleich allzeit bereit, sich mit den Realitäten abzufinden. So machte auch Antall, abgesehen von zeitweiligen Schwierigkeiten nach 1956, als er „untertauchte“, Karriere in seinem Museum, er erhielt eine der höchsten Auszeichnungen von Kádár und war eng befreundet mit dem langjährigen Gesundheitsminister Emil Schultheisz, übrigens aus dem gleichen Milieu.

Seine umfassende Bildung, profunde Kenntnisse über die Außenpolitik und die handelnden Persönlichkeiten sowie seine hohe Intelligenz haben auch mich tief beeindruckt, als wir einige Monate später ein mehrstündiges

Gespräch in Budapest führten. Die französische Vierteljahreszeitschrift *Politique Internationale*, die in erster Linie große Interviews mit führenden Persönlichkeiten der Weltpolitik abdruckt, hatte meinen Vorschlag akzeptiert und mich um ein solches Gespräch mit Antall, dem damals schon aussichtsreichsten Kandidaten für den Posten des ersten demokratisch gewählten Ministerpräsidenten, ersucht. Druckreif und mit Zitaten aus dem Gedächtnis gespickt, legte mir Antall in diesem mehrstündigen improvisierten Gespräch in meinem Hotelzimmer seine Sicht über die Welt und vor allem über die aus einer Mischung von christlichen, nationalen und liberalen Elementen bestehende politische Linie des von ihm geführten MDF, dem Ungarischen Demokratischen Forum, dar. Das auf Band aufgenommene, in ungarischer Sprache geführte Interview wurde dann abgeschrieben, ins Französische übersetzt und von der Redaktion stark gekürzt im nächsten Heft veröffentlicht. Antall bedankte sich in einem persönlichen Brief für diese erste ausführliche Darstellung seiner politischen Philosophie in einer renommierten ausländischen Publikation.

Am Rande einer von der Österreichischen Volkspartei organisierten internationalen Konferenz auf einem Donauschiff nahm er etwas später mit anderen christdemokratischen bzw. konservativen Führungspersönlichkeiten aus dem zerfallenden Ostblock an einer von mir geleiteten „Club 2"-Diskussion teil. Nach einigen weiteren kurzen Begegnungen in Wien kam es aber dann zu einem Bruch in unserer Beziehung: Im Herbst 1991 empfing Antall eine Delegation des Londoner (inzwischen bereits nach Wien übersiedelten) Internationalen Presse Instituts (IPI), dem über 2.000 Verleger und Chefredakteure aus aller Welt angehören. Es ging um den wachsenden Druck auf die elektronischen Medien in Ungarn, um diese auf eine regierungsfreundliche Linie zu bringen, und um die Frage, ob die traditionsreichste ungarische Zeitung, *Magyar Nemzet*, wie von den meisten Redakteuren gewünscht, an die liberale schwedische Zeitung *Dagens Nyheter* oder, wie von der Regierung eingefädelt, an die rechtskonservative Hersant-Zeitungsgruppe in Frankreich verkauft werden solle.

Der Ministerpräsident, dem die internationale Kontaktpflege, vor allem aber freilich das Image seiner Regierung in der Welt am Herzen lag, wurde während des Gespräches mit uns, d. h. dem damaligen Direktor des IPI, Peter Galliner, leitenden Redakteuren der *Neuen Zürcher Zeitung*, der BBC und des *Guardian* aus London sowie mit mir als Vertreter des ORF, immer irritierter und aufgeregter. Er warf seinen Journalistenausweis über den Tisch zu mir herüber und bat mich, den Kollegen zu bestätigen, daß er, Antall, langjähriges Mitglied des Journalistenverbandes sei. Alle Vorwürfe wurden zurückgewiesen und mit dem Hinweis auf die strikte Unparteilichkeit der Regierung auch alle unangenehmen Fragen abgeschmettert. Wir trennten uns in einer kühlen Atmosphäre.

Im Sommer 1992 fand dann der Jahreskongreß des IPI in Ungarn, damit zum ersten Mal in einem postkommunistischen Land, statt. Was man jedoch in London als eine weltweite Anerkennung für die bahnbrechende Rolle der ungarischen Journalisten unter dem Kommunismus und dann beim Regimewechsel verstanden wissen wollte, entpuppte sich in den Augen der schon mitten in einem erbitterten Medienkrieg stehenden Antall-Regierung als Verschwörung der „fremden und schlauen Feinde". Auf diesen Verschwörungskomplex von Antall, dem durch innenpolitische Rückschläge tief enttäuschten und bereits kränkelnden Regierungschef, wies der Politologe László Lengyel in seiner kürzlich in Budapest erschienenen Porträtserie hin. Damals, im prunkvollen Sitzungssaal des Budapester Parlaments, wechselte ich zum letzten Mal einige Worte mit Antall. „Sie sind hier nicht der Dirigent, sondern nur der erste Geiger", bemerkte er im Vorbeigehen kryptisch zu mir.

Antall hielt sich mit Recht für weiser, für besser als alle anderen in seiner Partei, in seiner Regierungskoalition und auch in der von ihm bereits in der Anfangsphase raffiniert überspielten Opposition. Der Hochmut blockierte aber den Zugang zu den Intellektuellen und den Menschen. Im Gegensatz zu seinem großen internationalen Ansehen rangierte der Ministerpräsident bei seinen Landsleuten stets in den mittleren oder unteren Rängen der Popularitätsliste der Politiker. Dennoch begleiteten hunderttausende Menschen den im Alter von 62 Jahren verstorbenen Antall auf seinem letzten Weg. Das „Antall-Rätsel" (Lengyel) kennzeichnet eine relativ kurze Ära, die die Hoffnungen der Ungarn zwar nicht wirklich rechtfertigte, aber doch einen friedlichen Übergang zu einer vielleicht erfolgreicheren Konsolidierung des demokratischen Ungarns eröffnete.

Zu keinem Politiker im Ostblock hatte ich eine annähernd ähnliche Beziehung wie zu Mieczysław Rakowski, dem früheren polnischen Ministerpräsidenten und letzten Generalsekretär der Polnischen Vereinten Arbeiterpartei. Dies hing mit der ungewöhnlichen Tatsache zusammen, daß „Mietek", wie ihn seine Freunde nannten, Berufsjournalist und langjähriger Chefredakteur der damals interessantesten und qualitativ besten Zeitung, des Wochenblattes *Polityka,* in Warschau war. Rakowski, dessen ganze Familie, obwohl nicht jüdisch, nach dem Überfall Hitlerdeutschlands auf Polen umgebracht worden war, sprach ein ausgezeichnetes Deutsch und gehörte stets zu der gemäßigten, reformfreundlichen und außenpolitisch auch kontaktfreudigen Gruppe in der polnischen Partei. Wir haben miteinander immer recht offen gesprochen, vor allem dann, wenn er überzeugt war, daß wir nicht abgehört würden. Sein guter Ruf im Westen ging auch darauf zurück, daß er als Chefredakteur der *Polityka* die „antizionistische" Kampagne von 1968 nicht mitgemacht hatte. Die Serie der sonntäglichen Diskussionssendungen „Oststudio" (seit einiger Zeit heißen sie „Europastudio") habe ich unter anderem mit Rakowski im Frühjahr 1980 angefangen. Kurz danach brachen in Polen die großen Streiks aus, und es schlug die Geburtsstunde der Gewerkschaftsbewegung *Solidarność* . Ein Elektriker in der Danziger Schiffswerft, Lech Wałęsa, machte Geschichte – nicht nur in Polen. Damals verspielte Rakowski wohl für immer sein Ansehen bei den polnischen Intellektuellen: Er nahm das Angebot an, als Vizepremier in die Jaruzelski-Regierung einzutreten und inszenierte ein vom Polnischen Fernsehen übertragenes, für ihn eher unglückliches TV-Streitgespräch mit Wałęsa in der Danziger Werft. Nach der Ausrufung des Ausnahmezustandes und der Internierung zahlreicher Regimegegner diente er weiter. Allerdings wurde er immer – so wie Aczél in Ungarn – auch in Moskau als schwarzes Schaf angesehen. Den Höhepunkt seiner Karriere erreichte Rakowski in der Endphase des polnischen Kommunismus. Zuerst Ministerpräsident, schließlich Parteichef, wurde er neben Staatspräsident General Jaruzelski der zweitwichtigste Würdenträger beim Begräbnis des kommunistischen Systems.

Als Ministerpräsident gewährte er im November 1988 dem ORF ein langes TV-Interview, und am Rande führte ich mit ihm auch ein ausführliches Gespräch für *Politique Internationale* in Paris. Trotz seines Aufstieges war er – im Gegensatz zu so manchen bekannten Größen in der Welt der Politik und der Medien – unverändert entspannt und freimütig. Doch hinterließ meine Begegnung mit ihm in seinen letzten Tagen als Parteichef den stärksten Eindruck. Es war 1989, knapp nach dem letzten Parteitag. Das früher wie eine Festung bewachte Parteihaus war verlassen und leer; heute beherbergt es übrigens die Börse, *die* Paradeinstitution des Kapitalismus. Mit Schwierigkeiten fand ich das große Büro des Parteichefs, das Zimmer, in dem seit 1945 die Verwalter der von Sowjettruppen dem polnischen Volk aufgezwungenen Diktatur amtierten. Rakowski erzählte mir vom kürzlichen Treffen der vom Sturz bedrohten Ostblockchefs in Moskau und zitierte Michail Gorbatschow, der sinngemäß die Genossen mit den Worten tröstete: „Was immer passiert, Genossen, der Sozialismus wird siegen." Dazu bemerkte Rakowski angeblich vor den verdutzten Kollegen: „Schon möglich, nur wir werden nicht mehr dabei sein ..."

Es gehört zur Ironie der Geschichte, daß heute, fünf Jahre später, die von den damals durch Rakowski protegierten Jungfunktionären Aleksander Kwaśniewski und anderen geführte reformkommunistische Gruppierung (SLD) zusammen mit der Bauernpartei, der ehemaligen Satellitenpartei der KP, die Regierung bildet. Rakowski selbst, nach einer schweren Krankheit, ist zu seinem angestammten Beruf zurückgekehrt und redigiert eine linke Zeitschrift in kleiner Auflage. Der verhaßte Pressechef des Jaruzelski-Regimes, der ehemalige *Polityka*-Journalist Jerzy Urban, ist dagegen durch die Herausgabe der frechen, leicht pornographischen Zeitschrift *Nie!* zum Multimillionär geworden!

Und General Jaruzelski? Der Mann mit der dunklen Brille, der 1981 das Kriegsrecht verhängt hat, gilt heute vielen Polen nicht mehr als Verräter, sondern eher als Retter des Landes, weil er damit möglicherweise eine sowjetische Intervention verhindert hat. Als ich mit ihm im August 1985 ein TV-Interview aufnahm, war er noch auf dem Höhepunkt seiner Macht. Polen wollte damals aus der außenpolitischen Isolation ausbrechen und versuchte die diplomatischen Kontakte mit Österreich zu intensivieren. Der damalige österreichische Außenminister Leopold Gratz schrieb einen persönlichen Brief an seinen polnischen Kollegen zur Unterstützung unseres Ansuchens um ein Exklusivinterview mit Jaruzelski. Der Staatspräsident erschien in seiner Galauniform mit allen Auszeichnungen und war sehr freundlich. In einem kurzen einleitenden Gespräch vor dem formellen Interview wies er auf die lange Freundschaft zwischen Polen und Ungarn hin und ließ sogar die ungarisch-polnische Freundschaft auf ungarisch hochleben! Ich wollte ihm schon klarmachen, daß ich nicht vom Ungarischen, sondern vom Österreichischen Fernsehen käme, als er ebenso herzlich über die guten Beziehungen auch mit dem neutralen Österreich zu sprechen begann. Diese originelle Einleitung diente nur dem Zweck, in einer höflichen Art klarzumachen, daß er über meinen Werdegang Bescheid wußte. Wohl auch darüber, daß ich als junger Journalist nach der Niederschlagung des Aufstandes Anfang 1957 einige Wochen in Polen als Gast verbracht hatte und nicht nach Ungarn zurückkehrte.

Damals machte der chinesische Ministerpräsident Chou En-lai auf der Durchreise nach Ungarn Station in Warschau. Bezüglich einer möglichen Wendung in Ungarn hing in jenen Tagen viel von der Haltung der chinesischen Partei ab. Gomułkas Polen war damals für kurze Zeit Symbol eines „Frühlings im Februar" und nach der verhinderten sowjetischen Intervention in einer Aufbruchstimmung. Mit dem Übermut der Jugend ging ich bei einem Staatsempfang in der polnischen Hauptstadt direkt zu dem Tisch, wo Chou En-lai mit Gomułka saß, und fragte ihn auf englisch, zu welchem Zweck der Ministerpräsident nach Budapest reise. „Um mit allen Mitteln Eurer Regierung bei der vollständigen Zerschlagung der Konterrevolution zu helfen", sagte mir Chou En-lai mit finsterem Gesicht. Zusammen mit den zu dieser Zeit erfolgten Entlassungen und Verhaftungen, von Tibor Déry und anderen, beseitigten diese Worte wahrscheinlich die allerletzte Hoffnung darauf, daß es in Ungarn noch einen Ausweg geben könnte.

Das Gespräch mit Jaruzelski fast 30 Jahre später war auch deshalb interessant, weil ich wegen meines Buches *Antisemitismus ohne Juden*, das in erster Linie mit vielen Details die antisemitische Hexenjagd vom Frühjahr 1968 analysierte, jahrelang auf der schwarzen Liste in Polen stand. Nach dem TV-Interview durfte ich überraschenderweise noch fast eine Stunde im angeregten Gespräch mit Jaruzelski über die polnische Geschichte und die aktuellen Probleme verbringen. Der introvertierte, gebildete und aus dem polnischen Kleinadel stammende Berufssoldat war jedenfalls ein Mann, der schon damals nicht nur die Stimmen der Schmeichler hören und Kritiker nicht sofort als Agenten des Feindes verdächtigen wollte. Daß Adam Michnik, der Paradeintellektuelle unter den polnischen Dissidenten und Chefredakteur der führenden Warschauer Tageszeitung *Gazeta Wyborcza*, in den letzten Jahren sogar zusammen mit Jaruzelski, dem funktionslosen und weltweit diskreditierten Pensionisten, vor der Öffentlichkeit auftrat, zeigt die komplexe Rolle des Generals. Nach unserem Gespräch versuchte ich, aus seinem Vorzimmer den Aktuellen Dienst des ORF zu erreichen; ich wollte anfragen, ob ein Funkfoto zur Ankündigung des Interviews am nächsten Tag rechtzeitig in Wien eingetroffen sei. Zusammen mit einem polnischen Kollegen versuchten wir, das richtige Telefon unter den unzähligen Apparaten in verschiedenen Farben auf einem großen Tisch zu finden. Als ich in Verzweiflung schließlich zu einem grünen Telefon greifen wollte, konnte mich Jaruzelskis Adjutant in letzter Minute an der ungewollten Auslösung eines Alarmsignals für die Streitkräfte hindern …

Solche „polnischen Zustände" wären im Moskauer Kreml, im Vorzimmer eines Breschnews oder Tschernenkos, natürlich unmöglich gewesen. Wir haben auch nie von der Nummer eins im Kreml ein Exklusivinterview bekommen können, obwohl Bundeskanzler Vranitzky bei seinem letzten Besuch, als noch Gorbatschow amtierte, persönlich einen Vorstoß zugunsten des ORF unternahm. Nur einmal gelang es uns, das in Jahrzehnten zementierte Sowjetprotokoll zu durchbrechen. Als ich mit Kreisky 1974 in Moskau war, konnten die mitgereisten österreichischen Journalisten aus Platzgründen nicht zum Mittagessen zu Ehren des Ministerpräsidenten Alexej Kossygin in die kleine Residenz eingeladen werden. Als Wiedergutmachung versprach uns der Kanzler, er würde den sowjetischen Gast beim Abschied dazu bewegen, uns Rede und Antwort zu stehen. Inzwischen hatten wir alle Fragen untereinander besprochen und die Reihenfolge der Fragen abgestimmt. Darunter waren auch so heikle wie die Beziehungen zu Jugoslawien und die damals kursierenden Gerüchte über einen angeblichen „Polarka"-Plan, d. h. einen Angriffsplan über österreichisches Gebiet auf das lästige Tito-Regime. Kossygin blieb in der kleinen Eingangshalle nach dem Essen stehen, und wir bombardierten ihn mit unseren vorbereiteten Fragen, von denen er vorher natürlich keine Ahnung hatte. Der sowjetische Regierungschef machte ein mürrisches Gesicht, was ihm schon von Haus aus nicht schwer fiel. Er wurde immer einsilbiger, und als der allerletzte Fragesteller, ein „Genosse" von der *Volksstimme,* den „Genossen Ministerpräsidenten" über die Perspektiven der österreichisch-sowjetischen Beziehungen fragen wollte, machte Kossygin mit ihm kurzen Prozeß: „Darüber reden wir ja unentwegt, und darüber lesen Sie dann das gemeinsame Kommuniqué", sprachs und verschwand in einer schwarzen Limousine. All das machte Kreisky eine diebische Freude: „Nun kann er auch erleben, wie lästig ihr Journalisten alle seid …"

Die Besuche österreichischer Spitzenpolitiker bei dem jeweiligen sowjetischen Parteichef spielten sich immer in der gleichen Weise ab. Knapp vor der protokollarischen Ankunft des Gastes wurden die Journalisten bzw.

ein Teil von ihnen mit den Photoreportern und Kameraleuten nach gründlicher Kontrolle in das Vorzimmer und schließlich in das Arbeitszimmer des jeweiligen großen Mannes gelassen. Die Umgebung war immer die gleiche: Lenin- und Marx-Engels-Bilder an der Wand und neben Wasser- und Erfrischungsgetränken stets unzählige scharf gespitzte Bleistifte auf dem Tisch. Nur bei Gorbatschow wurden die Möbel ausgetauscht und durch attraktive Ledergarnituren ersetzt; die Bleistifte blieben. Eine andere und sehr deutliche Änderung war im Aussehen des langjährigen Chefdolmetschers für deutsche Sprache zu beobachten. Im Laufe der Jahre wurde der korpulente Mann immer dicker, und sein aufgedunsenes Gesicht ähnelte immer mehr dem Breschnews, der 1982 im Alter von 75 Jahren starb. Sein Nachfolger Jurij Andropow war zwar nur 68, litt aber unter einer unheilbaren Nierenkrankheit und starb nach nur 15 Monaten im Amt, wobei er sechs im Spital verbrachte. Dann kam Breschnews ehemaliger Bürochef und späterer Stellvertreter Konstantin Tschernenko an die Reihe, der damals 72 Jahre alt war, jünger als der Rest der alten Garde (Andrej Gromyko, der Außenminister war 73, Dimitri Ustinov 74 und Ministerpräsident Nikolaj Tichonow sogar 77), aber geistig und körperlich noch hinfälliger.

Als Bundeskanzler Fred Sinowatz im November 1984 einen Höflichkeitsbesuch bei Parteichef Tschernenko absolvierte, durften wir vom ORF ins Empfangszimmer, wo Tschernenko einige Sekunden oder vielleicht Minuten auf den Gast warten mußte. Der kleingewachsene, im Grunde stämmige Mann konnte kaum stehen und mußte sich selbst in dieser kurzen Zeit an der Tischkante anlehnen. Die obligatorischen Gruppenphotos mit den Besuchern müssen für ihn eine Qual gewesen sein. Er atmete schwer, wirkte zerstreut, und als der österreichische Gast zur „Aufwärmung“ bemerkte, er wäre so gern auch nach Sibirien gereist, aber die Zeit reiche leider nicht aus, teilte ihm Tschernenko feierlich mit, daß er selber aus Sibirien stamme – was ja der einzige Grund für die einleitende Höflichkeitsfloskel von Sinowatz gewesen war … Tschernenko lebte noch ein halbes Jahr, und sein Gesundheitszustand lieferte den Stoff für unzählige grausliche Sowjetwitze. Nur ein Beispiel: 1985, sowjetische Demonstration der Stärke: Generalsekretär Tschernenko geht die Treppe hinauf! Er starb im März 1985 an chronischem Lungenödem, Herzversagen und Leberzirrhose. Jetzt, nach drei Staatsbegräbnissen in 30 Monaten, gelangte mit Gorbatschow eine neue Generation an die Macht.

Wie schon erwähnt, konnte nicht einmal eine persönliche Intervention Vranitzkys ein Interview mit Gorbatschow ermöglichen. Auf Anraten des schlauen Georgi Arbatows, damals Leiter des USA-Instituts und Berater fast aller ehemaligen Sowjetführer, versuchte ich eine kombinierte Offensive, zusammen mit dem Schwedischen und Finnischen Fernsehen, zur Ergatterung eines Gorbatschow-Interviews zu organisieren.

Nach dem Zusammenbruch der Sowjetunion gründete Gorbatschow eine sogenannte Stiftung für wirtschaftliche und politische Studien, und noch vor seinem Rücktritt als Parteichef ließ er sich selbst einen riesigen Gebäudekomplex, die Finanzakademie samt angeschlossenem Parteihotel, aus dem Besitz der Partei seiner Stiftung „zuteilen". Inzwischen mußte er einen Teil des Gebäudes und auch die ihm zur Verfügung gestellten Leibwächter und die Limousine aufgeben – dies als „Strafe", die Präsident Jelzin im Sommer 1992 für mehrere kritische Interviews verhängte. Nun ist es für öffentlich-rechtliche Rundfunkanstalten kleiner Staaten aus einem anderen Grund praktisch unmöglich geworden, ein (inzwischen freilich auch nicht mehr so spannendes) Gorbatschow-Interview zu drehen. Für einen Vortrag erhält der pensionierte Sowjetführer nämlich „mindestens" 20.000, oft aber, bei kombinierten Auftritten in den USA oder Großbritannien, über 50.000 Dollar. Daß ich ihn trotzdem hören und sprechen konnte, verdanke ich der Arbeitsgruppe „Osteuropa" der Bertelsmann-Stiftung und ihrem einflußreichen „Führungstrio", Frau Liz Mohn, Horst Teltschik (inzwischen im BMW-Vorstand) und Professor Werner Weidenfeld. Der Bertelsmann-Konzern, der zweitgrößte Medienverbund der Welt, hatte seinerzeit Gorbatschows Buch verlegt und dessen vielpublizierte Deutschland-Reise nach seinem Rücktritt organisiert. Darüber hinaus hatte Teltschik mit ihm noch als seinerzeitiger Chefberater Bundeskanzler Helmut Kohls während der entscheidenden deutsch-sowjetischen Gespräche im Jahr 1989 enge Tuchfühlung gehabt.

So gelang es 1992 der Bertelsmann-Stiftung, für unsere kleine internationale Studiengruppe ein absolutes Spitzenprogramm mit allen wichtigen und zum damaligen Zeitpunkt in Moskau befindlichen Führungspersönlichkeiten zu organisieren. Als Höhepunkt kam Gorbatschow zu uns ins Hotel. Es war ein denkwürdiger Tag. Der von der westlichen „Gorbimanie" verwöhnte Expräsident bekam an diesem Tag vielleicht zum erstenmal die ganze Abneigung, ja den Haß breiter Bevölkerungsschichten sozusagen hautnah zu spüren: Mit wohlwollender Duldung der Ordnungskräfte demonstrierten einige tausend Demonstranten der kommunistisch gelenkten Gewerkschaften gegen Gorbatschow vor seinem Bürokomplex am Leningradskij Prospekt. Da kurz vorher Gorbatschow auch in Israel zur Übernahme eines Ehrendoktorates der Jerusalemer Universität gewesen war, trugen manche Leute antisemitische bzw. Anti-Israel-Plakate. Gorbatschow mußte das Gebäude durch den Hinterausgang verlassen; er kam deshalb verspätet und offensichtlich aufgewühlt. Ich hatte am Anfang ganz den Eindruck, er wollte fast weinen. Mit tränenerstickter Stimme begann er einen kurzen Exkurs. Wie immer bei Gorbatschow, so etwa bei seinen gemeinsamen Pressekonferenzen mit den Präsidenten Reagan und Bush, sprach er auch diesmal viel zu lang, von einem Thema zum anderen springend und immer wieder von spitzen kritischen Bemerkungen an die Adresse der gegenwärtigen russischen Führung unterbrochen.

Trotz der Tatsache, daß Gorbatschow fürwahr keine finanziellen Probleme hatte, wirkte er auf mich als ein zutiefst gebrochener Mensch, der damals mit der Tatsache seines jähen Sturzes nach dem gescheiterten Putschversuch, bei dem seine eigene Rolle noch immer im Zwielicht steht, einfach nicht fertig werden konnte. Während ich ihm und seiner bitteren Kritik an den Zuständen in Rußland zuhörte, mußte ich an die so oft als richtig erwiesene Meinung Paul Valérys denken, jeder Herrscher wisse, wie zerbrechlich die Autorität von Herrschern sei – nur in bezug auf seine eigene wisse er es nicht …

Das galt voll und ganz auch für den plötzlichen Sturz des rumänischen Tyrannen Nicolae Ceauşescu, dessen Personenkult nur mit dem Enver Hodschas oder Josef Stalins verglichen werden konnte. Trotz der im gesamten Land registrierten Spannungen, in manchen Städten gab es schon Unruhen, trat er am 18. Dezember 1989 seine Reise in den Iran an. Am Nachmittag des 20. Dezember kehrt Ceauşescu zurück, am 21. wird seine Rede auf dem Platz des Palastes in Bukarest von Buhrufen und Pfiffen während einer von ihm selbst bestellten „Loyalitätskundgebung“ unterbrochen, und in seiner Live-Übertragung zeigt das Fernsehen den Schock auf Ceauşescus Gesicht. Am nächsten Tag läuft gleichzeitig mit Ceauşescus Flucht vom Dach der Parteizentrale in einen Hubschrauber die Revolution per Fernsehen an, die neue Führungsgruppe unter Ion Iliescu stellt sich vor, während das Ehepaar Ceauşescu gefangengenommen und drei Tage später nach einem Geheimprozeß zum Tode verurteilt und hingerichtet wird.

Daß dieser primitive, aber schlaue und vom unbändigen Trieb zum Machtmißbrauch beherrschte kleine Bauernsohn, dessen Schulbildung mit der Volksschule geendet hatte, das Opfer jener Strömungen wurde, die er selber ungewollt und unvermeidlich freigesetzt hatte, war vor dem Hintergrund der gleichzeitigen Gärung im gesamten Ostblock nur folgerichtig. Doch dauerte die Ära des Größenwahnsinns immerhin fast ein Vierteljahrhundert: Als ich vor 30 Jahren zum erstenmal als Begleiter einer österreichischen Regierungsdelegation in einem ehemaligen königlichen Sonderzug, komplett mit einem vorzüglichen Speisewagen, mit einem jederzeit zur Verfügung stehenden Arzt und Friseur, Rumänien bereiste, hatte in dem bereits damals offenkundig gewordenen Konflikt mit Moskau der langjährige Parteichef und Staatsoberhaupt Gheorghe Gheorghiu-Dej das Heft fest in der Hand. Damals hörte man von einem gewissen Ceauşescu nur in den Kreisen der wenigen Rumänien-Experten etwas, aber nicht viel. Kurz nach unserer Reise starb Gheorghiu-Dej plötzlich, und eine Art kollektiver Führung verteilte untereinander die wichtigsten Positionen. Während anfänglich nach außen der sprachkundige, elegante ehemalige Anwalt Ion Gheorghe Maurer als Ministerpräsident das Land im Ausland präsentierte, baute Ceauşescu seine Hausmacht an der Spitze des Parteiapparates zielstrebig aus. Bereits ein Jahr später bemerkte ich in dem mit enormem Kostenaufwand umgestalteten Parteimuseum den Anfang des neuen Kultes um den neuen Parteiführer. So wurde hier Ceauşescu bereits im Alter von nicht einmal 16 Jahren (!) anläßlich seiner Verhaftung in der Zwischenkriegszeit als erster der gegenwärtigen Führer abgebildet.

Bei jeder weiteren Reise konnte ich mich davon überzeugen, daß die Zeit Gheorghiu-Dejs für die Rumänen fast idyllisch gewesen sein mußte, verglichen mit der Hektik des Kultes um den „geliebtesten Sohn des rumänischen Volkes". Jede Rede von ihm wurde bald als ein „mit berechtigter Ergriffenheit und Treue erwarteter Moment von einzigartiger Resonanz in der Geschichte des Vaterlandes" gefeiert. Einige Jahre später ließ er sich auf einem Parteitag mit „Julius Cäsar, Alexander von Makedonien, Perikles, Cromwell, Napoleon, Peter dem Großen und Lincoln" vergleichen. Die unermüdlichen Auslandsreisen und Aktivitäten des Ehepaars Ceauşescu, die Berichte darüber und die Grußtelegramme stellten die Substanz des politischen Lebens dar. Für die Journalisten, Diplomaten und Partei- und Staatsfunktionäre galten dort die Worte Hermann Hesses: „Man kann völlig von der Unsinnigkeit irgendeines Tuns überzeugt sein und es dennoch inbrünstig tun.“ Weniger verständlich war, daß von der britischen Königin bis zu diversen US-Präsidenten, von deutschen Außenministern bis zu österreichischen Bundeskanzlern alle mitmachten, auch dann noch, als die innenpolitische Kehrseite der unabhängigen und antisowjetischen Außenpolitik vor aller Welt offenkundig wurde. Man fuhr freilich stets in der Hoffnung nach Bukarest, einige „humanitäre Fälle“, also die Ausreise von Verwandten oder mit Ausländern verheirateten rumänischen Staatsbürgern oder -bürgerinnen, positiv lösen zu können.

Als Bundeskanzler Kreisky in den siebziger Jahren nach Rumänien reiste, erlebten die ihn begleitenden Journalisten einige unvergeßliche Szenen. Kreisky tat wieder alles, um die Journalisten auf ihre Rechnung, d. h. zu einer Pressekonferenz mit Ceauşescu, kommen zu lassen. Doch dann passierte etwas Bizarres: Noch in der Nacht oder bei Dämmerung wurden Dutzende rumänische Journalisten aus Bukarest an die Schwarzmeerküste geflogen. Die Gespräche mit Kreisky fanden nämlich in einer für Gäste reservierten Sommerresidenz an der Küste statt. In der Früh war der Saal bummvoll, und unsere Fragezeit wurde halbiert. Peinliche Fragen konnten entweder erst gar nicht gestellt werden oder wurden nicht beantwortet. Aus einer Pressekonferenz wurde eine Staatsveranstaltung, wobei dem damaligen Ministerpräsidenten Manea Manescu nicht einmal gestattet wurde, mit Ceauşescu und Kreisky am Tisch Platz zu nehmen, er mußte zwischen den beiden und den Journalisten auf einem unbequemen Sessel sitzen und durfte mit hingebungsvollem Gesichtsausdruck den Ausführungen seines Herrn lauschen.

Die zweite merkwürdige Szene spielte sich im Flugzeug auf der Rückreise der Delegation ab. Kreisky und Botschafter Ludwig Steiner, der seinerzeitige politische Direktor des Außenministeriums, verbrachten die meiste Zeit mit einer lebhaften Diskussion nicht über die Resultate ihrer Mission, sondern darüber, ob und wieweit die diversen Erklärungen Ceauşescus zeigten, daß der Diktator eigentlich doch „debil“ sei ... Ceauşescu und seine Frau hatten eine sehr ausgedehnte Familie, und wie stets in solchen Diktaturen gaben sich die Mächtigen große Mühe, ihre Verwandten „standesgemäß“ unterzubringen. So war ein Bruder Ceauşescus lange Jahre der Leiter der rumänischen Handelsabteilung in Wien. Ungewöhnlich für den Vertreter eines sogenannten sozialistischen Staates war, daß der „Wiener Ceauşescu“ stets einen kostbaren, brillantbesetzten Ring am Finger trug.

Bei einem Abendessen für den trinkfreudigen rumänischen Außenminister in Wien antwortete sein Pressechef mit einem verlegenen Schweigen auf meine unerwartete Frage, wie wertvoll wohl dieser Ring sei. Ceauşescu grüßte, bei jedem Empfang am Nationalfeiertag neben dem jeweiligen Botschafter stehend, mit einem freundlichen Händedruck die Gäste.

Einige Tage nach der Hinrichtung seines Bruders beging der „Wiener Ceauşescu" in seiner Wohnung Selbstmord. Es ist jedenfalls schwer zu glauben, daß dieser geistig doch etwas beschränkte Mann der heimliche Chef des rumänischen Spionagedienstes oder des Waffenexportes für Westeuropa gewesen sein soll.

Der Zusammenbruch des Kommunismus und des Ostblocks hat jedenfalls aufs neue gezeigt, daß die Diktatoren nicht trotz, sondern wegen ihres allmächtigen Geheimdienstes blind für die kommenden Gefahren waren. Die Kombination von Macht und Hochmut bildet oft die Grundlage für politisches Scheitern. Die Geschichte der kommunistisch regierten Länder, aber auch der autoritären Regime lehrt, daß die Rolle der Dummheit in der Politik nicht unterschätzt werden darf. Deshalb ist es unklug „einer Gesetzmäßigkeit der Geschichte" zu huldigen, wie sie die marxistischen Thesen postulieren.

Der große Denker Isaiah Berlin sieht keinen Grund, „die Geschichte als eine Autobahn ohne Abfahrten anzusehen." Er fügt hinzu: „In entscheidenden Augenblicken ... kann jeder Zufall, können Individuen mit ihren Entscheidungen und Handlungen, die ihrerseits nicht unbedingt vorhersagbar sind, die sogar selten vorhersagbar sind, den Lauf der Geschichte bestimmen ... Unser Entscheidungsspielraum ist nicht groß. Sagen wir: ein Prozent. Aber auf dieses eine Prozent kommt es an" (Isaiah Berlin, Ramin Jahanbegloo, *Den Ideen die Stimme zurückgeben,* 1994).

Es ist möglich, sogar wahrscheinlich, daß Jugoslawien auch ohne die besondere Rolle von Slobodan Milošević als Katalysator des großserbischen Nationalismus zugrundegegangen wäre. Doch sind sich alle kenntnisreichen Beobachter darüber einig, daß er als treibende Kraft des blutigen Unterganges ein entscheidender Faktor war. Umgekehrt war es trotz der schrecklichen Bilanz nach der Niederschlagung des Oktoberaufstandes 1956 doch eine glückliche Fügung, daß Janos Kádár mit manchen anderen Zentristen und nicht die rachesüchtigen Betonköpfe zum Zug kamen und daß – trotz des unverzeihlichen Rachefeldzuges später – dadurch für Millionen Menschen das Leben doch etwas erträglicher wurde. Wer könnte die Bedeutung eines Václav Havels, der das Regime Gustáv Husáks ablöste, für die Wiedergeburt der (später zerfallenen) Tschechoslowakei oder das Erscheinen eines Sali Berishas nach einem blutigen Diktator Hodscha für das Image und die Stabilität Albaniens bagatellisieren? Und umgekehrt kann sich auch ein Held des Widerstandes nach dem gewonnenen Sieg als Bedrohung für die neue Ordnung erweisen, wie das der Fall des polnischen Präsidenten Lech Wałęsa anzudeuten scheint. Stanisław Lem, der Großmeister der Science-fiction formulierte einmal: „Unser Herr Präsident hat seinen Chauffeur zum Staatsminister ernannt. Wenn man sich operieren lassen will, fragt man doch, ob es ein richtiger Arzt ist und nicht ein Schuster. Aber um einen Staat zu lenken, braucht man nichts als Versprechungen abzugeben."

Es gibt also verhängnisvolle Zufälle und glückliche Zufälle bei der Auswahl von Politikern in Wendezeiten, die den Weg zu einer Politik des starken Mannes und damit in die Abgründe der politischen Dummheit vorbereiten oder im Gegensatz abblocken können. Wenn es eine Schlußfolgerung aus dem Aufstieg eines Ceauşescu, eines Milošević oder anderer „starker Männer" gibt, dann die, daß Macht begrenzt, der Kontrolle und der Konkurrenz ausgesetzt werden muß. Die Entwicklungen in fast allen postkommunistischen Staaten zeigen, daß wir nach dem staunenerregenden Tempo der Veränderungen 1989–1990 nun mit neuerlichen inneren und äußeren Gefährdungen der angestrebten offenen, zivilen Gesellschaften rechnen müssen. Die persönlichen Erfahrungen aus den Begegnungen mit Politikern und die Beobachtungen zu den Folgen der neuen Situation in Ost- und Südosteuropa lassen darauf schließen, daß bis jetzt kein Land ganz die Gefahrenzonen eines nationalistischen Sonderweges verlassen hat und daß es auch oft vom demokratischen Selbstverständnis, von Machtbeschränkung statt Machtkonzentration und den internationalen Bindungen der Politiker abhängt, ob ihre Staaten die weiteren langen Bewährungsproben des „Bohrens harter Bretter" (Max Weber) bestehen werden.

Anhang

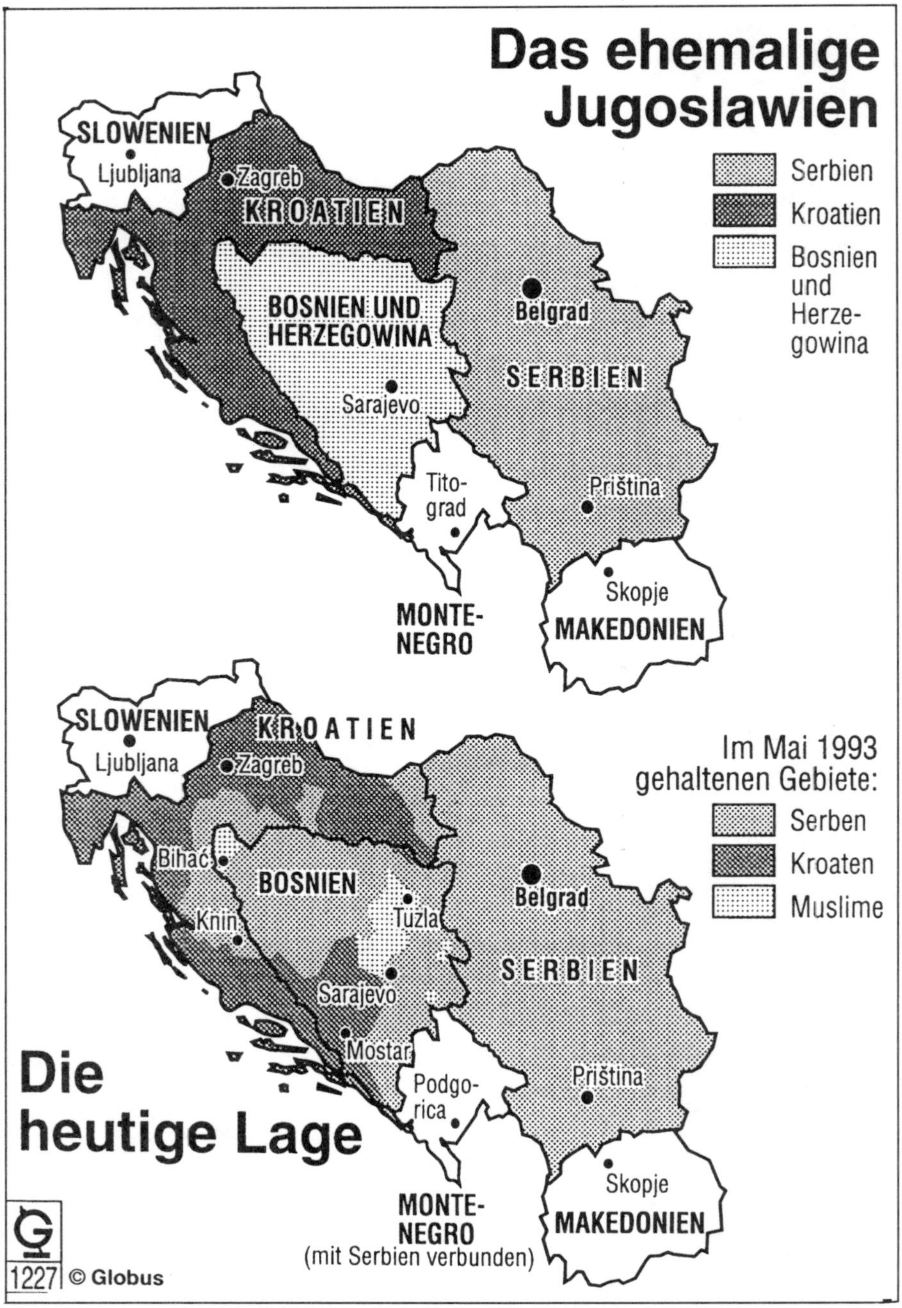

Das ehemalige Jugoslawien
Serbien
Kroatien
Bosnien und Herzegowina
SLOWENIEN
Ljubljana
Zagreb
KROATIEN
BOSNIEN UND HERZEGOWINA
Sarajevo
Belgrad
SERBIEN
Titograd
Priština
Skopje
MONTENEGRO
MAKEDONIEN
SLOWENIEN
Ljubljana
KROATIEN
Zagreb
Im Mai 1993 gehaltenen Gebiete:
Serben
Kroaten
Muslime
Bihać
BOSNIEN
Tuzla
Knin
Belgrad
Sarajevo
SERBIEN
Mostar
Podgorica
Priština
Die heutige Lage
Skopje
MONTENEGRO (mit Serbien verbunden)
MAKEDONIEN
1227 © Globus

Die Grenzen der neuen Bundesrepublik Jugoslawien

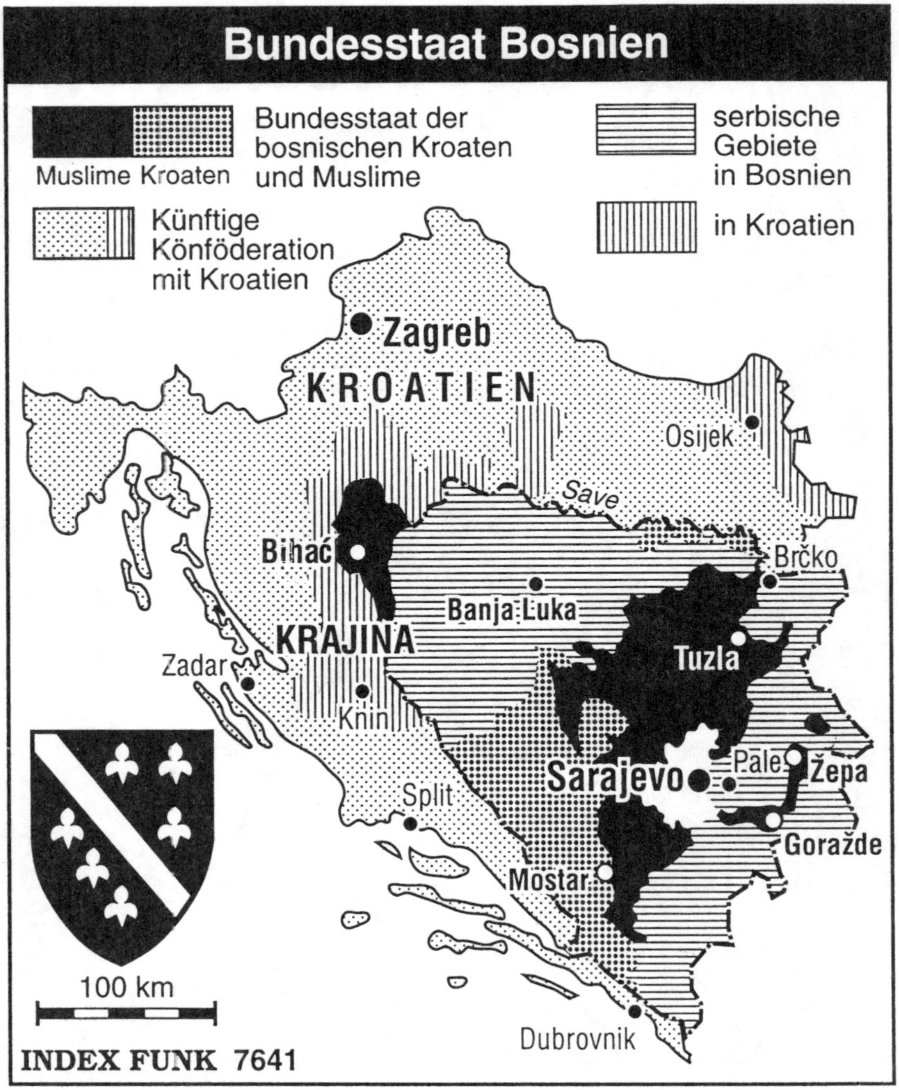
Bundesstaat Bosnien
Bundesstaat der bosnischen Kroaten und Muslime
Muslime Kroaten
serbische Gebiete
in Bosnien
in Kroatien
Künftige Könföderation mit Kroatien
Zagreb
KROATIEN
Osijek
Save
Bihać
Brčko
Banja Luka
Tuzla
KRAJINA
Zadar
Knin
Pale
Žepa
Sarajevo
Split
Goražde
Mostar
Dubrovnik
100 km
INDEX FUNK 7641

Der Autor als Funktionär
der sozialdemokratischen
Mittelschüler, 1946

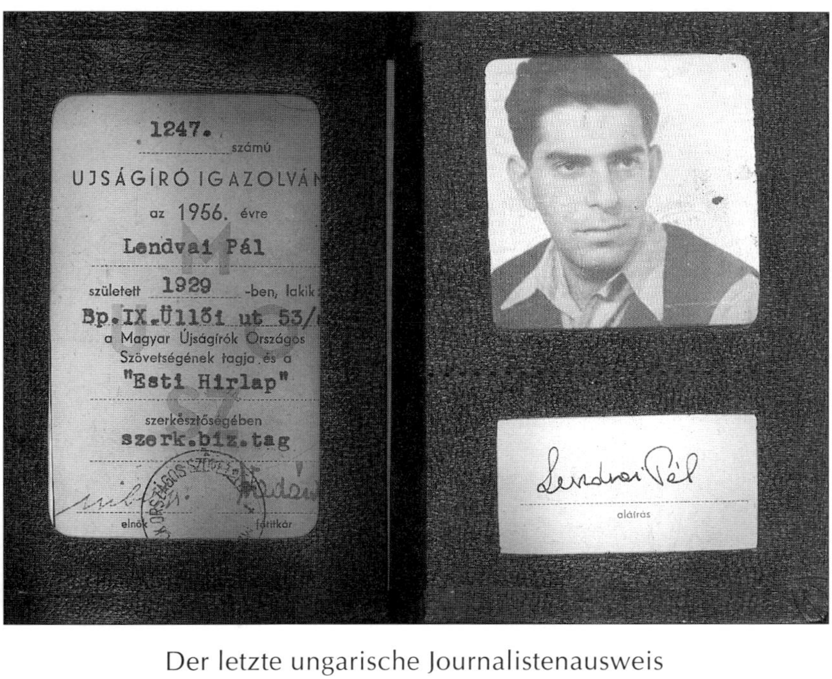

1247. számú
UJSÁGÍRÓ IGAZOLVÁN
az 1956. évre
Lendvai Pál
született 1929 -ben, lakik
Bp.IX.Üllői ut 53/
a Magyar Újságírók Országos
Szövetségének tagja és a
"Esti Hirlap"
szerkesztőségében
szerk.biz.tag
elnök főtitkár

aláírás

Der letzte ungarische Journalistenausweis

Bei einem Spaziergang mit dem Schriftsteller Tibor Déry, 1976

Interview mit dem ungarischen Dichter Gyula Illyés, 1982

Interview mit dem ungarischen Parteichef János Kádár, 1981

Mit Kádárs Chefideologen György Aczél, 1980

Das folgenschwere Husák-Interview vom November 1982 in Prag

Im Gespräch mit dem bulgarischen Staats- und Parteichef
Todor Schiwkow, Sofia 1982

Mit Polens Staatspräsident Wojciech Jaruzelski im Sommer 1985

Mit Ministerpräsident Rakowski in Warschau, Herbst 1988

Dreharbeiten mit Kameramann Stefan Musil und seinem Team
in den Bergen Albaniens, 1984

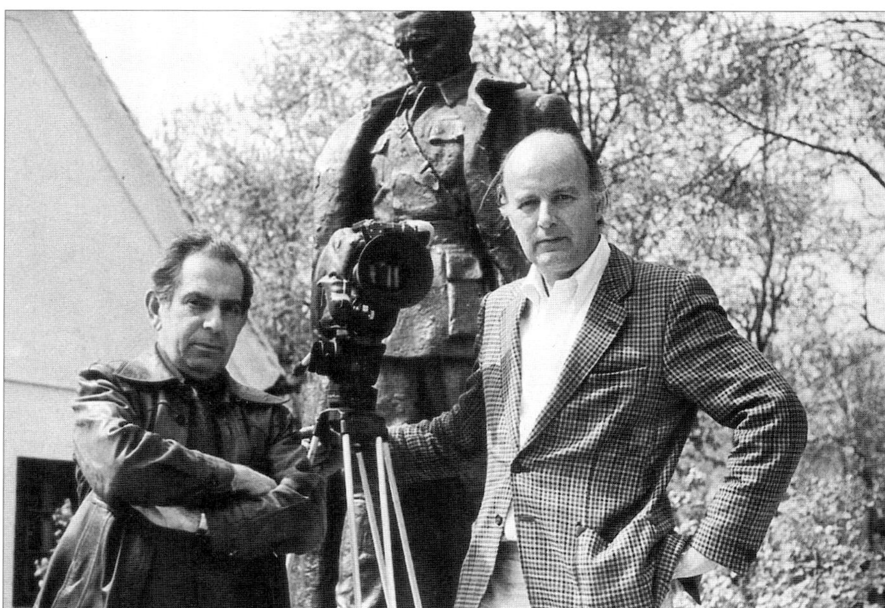

Dreharbeiten mit Franz Goess in Titos Geburtsort Kumrovec,
1981

Westmazedonien 1981:
Mit einem albanischen
Gastarbeiter
aus der Schweiz
auf Heimatbesuch

Vor dem historisch bedeutenden Patriarchenkloster von Peć im Kosovo,
Juli 1981

Mit dem albanischen Staatspräsidenten Sali Berisha
und seiner Frau, Tirana 1993

Gut bewachter Spaziergang mit dem Staatspräsidenten auf dem Berg
Dajti in Tirana, 1993

Begegnung mit Kardinal Kuharić, dem Erzbischof von Zagreb, 1982

Mit Kiro Gligorov, dem heutigen Präsidenten Mazedoniens, beim ersten Parteitag nach Tito, Juli 1982 in Belgrad

Interview mit dem kroatischen Präsidenten Franjo Tudjman,
Zagreb 1991

Interview mit dem rumänischen Staatspräsidenten Ion Iliescu,
Bukarest 1990

Im Gespräch mit Miklós Németh, dem letzten kommunistischen Ministerpräsidenten Ungarns, 1989 in Budapest

Überreichung meines Ungarn-Buches an Parteichef Károly Grósz, 1986

Nach der Einreisesperre mit Bundeskanzler Sinowatz in Moskau,
November 1984

Interview mit Bundeskanzler Sinowatz im Juli 1986 in Moskau

Besuch bei der Parteizeitung *Prawda*

Im Arbeitszimmer des sowjetischen Parteichefs Konstantin Tschernenko, Moskau 1984

Dreharbeiten an der finnisch-sowjetischen Grenze bei -25° C,
Winter 1986

Vor der Gedenktafel des Internierungslagers Kistarcsa mit einem Gedicht
von György Faludy

Mit dem Dichterpräsidenten Václav Havel,
Prag 1991

Der erste „Club 2“ aus Budapest, u.a. mit Otto Schulmeister, 1983

Altbundeskanzler Bruno Kreisky zu Gast im ORF-Oststudio, 1985

Mit Bundeskanzler Franz Vranitzky bei der Feier zum 20. Jubiläum der *Europäischen Rundschau,* Juli 1993

Nationalitätenstruktur der osteuropäischen Staaten

Vorbemerkung

Die folgenden Daten beruhen auf den Ergebnissen der Volkszählungen, so wie diese in den statistischen Jahrbüchern und sonstigen amtlichen Quellen der jeweiligen Länder veröffentlicht worden sind. Sofern es für ihre Bewertung erforderlich ist, werden zu ihnen erläuternde Vorbemerkungen gemacht. Grundsätzlich werden die Ergebnisse der beiden letzten Volkszählungen mitgeteilt. Die einzelnen nationalen und ethnischen Minderheiten werden genannt, wenn ihr Anteil an der jeweiligen Staatsbevölkerung 1 Prozent oder ihre absolute Zahl 100.000 übersteigt. Die Angabe erfolgt in 1.000.

Alte osteuropäische Nationalstaaten

Albanien

Vorbemerkung: Seit dem Zweiten Weltkrieg sind sechs Volkszählungen durchgeführt worden, und zwar 1945, 1950, 1960, 1969, 1979 und Anfang April 1989. Eine Nationalitätenstatistik auf Grund des nationalen Bekenntnisses ist erstmals für 1989 mitgeteilt worden. Die Angaben stimmen mit vorherigen westlichen Schätzungen im wesentlichen überein. Die Zahl der Zigeuner, die nicht gesondert ausgewiesen wird, kann auf 60.000 geschätzt werden.

	1979	1989	%
Albaner	?	3.118	98,0
Griechen	?	59	1,8
andere	?	6	0,2
Gesamtbevölkerung	2.591	3.183	

Bulgarien

Vorbemerkung: Seit dem Zweiten Weltkrieg sind sechs Volkszählungen durchgeführt worden, und zwar 1946, 1956, 1965, 1975, 1985 und 1992, jeweils im Dezember. Die letzte Nationalitätenstatistik ist anläßlich der Volkszählung von 1965 veröffentlicht worden. Die Ergebnisse der Volkszählung von 1992 konnten hier noch nicht berücksichtigt werden werden. Die Existenz einer nationalen Minderheit der „Mazedonier" wurde bis zum 1958 vorgenommenen Kurswechsel in der Mazedonien-Frage nachdrücklich betont, danach widerwillig zugestanden und ab 1966 geleugnet. Letzteres dürfte auch richtig sein, da die südslawische Bevölkerung des bulgarischen Pirim-Mazedonien – anders als diejenige des jugoslawischen Vardar-Mazedonien – kein Nationalbewußtsein entwickelt hat und assimiliert worden ist. Gegenwärtig können die türkische Minderheit auf 800.000, die übrigen nationalen Minderheiten auf 50.000 geschätzt werden. Hinzu kommen die religiöse Minderheit der Pomaken (islamische Bulgaren), die sich der türkischen Volksgruppe verbunden fühlt, mit ca. 200.000 Angehörigen und die ethnische Minderheit der Zigeuner mit ca. 800.000 Angehörigen.

	1956	%	1965	%	1985	1992
Bulgaren	6.507	85,5	7.231	87,9	?	?
Türken	656	8,6	781	9,5	?	?
Zigeuner	198	2,6	149	1,8	?	?
Mazedonier	188	2,5	10	0,2	-	-
andere	65	0,8	57	0,6		
Gesamtbev.	7.614		8.228		8.950	8.473

Polen

Vorbemerkung: Abgesehen von der summarischen Volkszählung vom Februar 1946 sind seit dem Ende des Zweiten Weltkrieges fünf Volkszählungen durchgeführt worden, und zwar 1950, 1960, 1970, 1978 und 1988, jeweils im Dezember. Nationalitätenstatistiken sind niemals mitgeteilt worden. Die Schätzungen weichen erheblich voneinander ab. Gegenwärtig bewegen sie sich im Durchschnitt für die Deutschen um 300.000, für die Ukrainer um 300.000, für die Weißrussen um 250.000, für die übrigen nationalen Minderheiten und die ethnischen Zigeuner um je 50.000. Dabei ist unklar, auf welche Kriterien abgestellt wird. So blieben nach der Vertreibung 1950 noch 1,5–2 Millionen Deutsche in Polen übrig, wobei das „schwebende Volkstum" der Oberschlesier, Masuren, Ermländer und Kaschuben eine genaue Abgrenzung unmöglich macht. Hiernach müßte es in Polen heute etwa 2 Millionen Deutschstämmige geben. Tatsächlich hat die jahrzehntelange Zwangspolonisierung einen starken Assimilationsschwund bewirkt, so daß die Zahl der Personen, deren deutsches Volkstumsbekenntnis in objektiven Merkmalen eine Stütze findet, höchstens bei 300.000 liegen dürfte. Die Schätzungen für die übrigen Minderheiten sind im Lichte der fortschreitenden Assimilierung ebenfalls zu relativieren und als Obergrenzen anzusehen.

	1978	1988
Gesamtbevölkerung	35.032	37.879

Rumänien

Vorbemerkung: Seit dem Ende des Zweiten Weltkrieges sind sechs Volkszählungen durchgeführt worden, und zwar im Januar 1948, im Februar 1956, im März 1966, im Juli 1973, im Januar 1977 und im Januar 1992. Nationalitätenstatistiken unterschiedlicher Aufschlüsselung sind bei allen Volkszählungen veröffentlicht worden. Ihre Zuverlässigkeit ist nicht einwandfrei. Dies gilt vor allem bezüglich der ungarischen Minderheit, deren Stärke eher bei 2 Millionen liegen dürfte. Die Zahl der ethnischen Zigeuner wird ebenfalls auf etwa 2 Millionen geschätzt, doch kann davon ausgegangen werden, daß sich in Rumänien – wie auch in anderen Ländern – nur ein Teil der Zigeuner zu seiner ethnischen Gruppe bekennt.

	1977	%	1992	%
Rumänen	19.000	88,1	20.354	89,4
Ungarn	1.714	7,9	1.620	7,1
Zigeuner	227	1,1	410	1,8
Deutsche	359	1,7	119	0,5
andere	260	1,2	257	1,2
Gesamtbev.	21.560		22.760	

Tschechoslowakei

Vorbemerkung: Seit dem Ende des Zweiten Weltkrieges sind fünf Volkszählungen durchgeführt worden, und zwar am 1. März 1950, am 1. März 1961, am 1. Dezember 1970, am 1. November 1980 und am 3. März 1991. Nationalitätenstatistiken unterschiedlicher Aufschlüsselung sind bei allen Volkszählungen veröffentlicht worden. Bei den ersten vier Volkszählungen bestand ein Numerus clausus der Nationalitäten, zu denen man sich bekennen konnte. Bei der Volkszählung von 1992 bestand erstmals die Möglichkeit, sich zum Zigeunertum (Roma) zu bekennen, aber hiervon hat offenbar nur ein Bruchteil der Betroffenen Gebrauch gemacht. Die Zahl der ethnischen Zigeuner wird auf ca. 800.000 geschätzt. Bei der Volkszählung 1992 konnte als Nationalität auch „Mährer“ und „Schlesier“ angegeben werden, doch handelt es sich hierbei offenkundig nur um den Ausdruck eines besonderen Regionalbewußtseins. Deshalb werden im folgenden die „Mährer“ und „Schlesier“ zu den „Tschechen“ hinzugerechnet.

	1980	%	1991	%
Tschechen	9.791	64,1	9.831	63,2
davon				
„Tschechen“			8.426	54,1
„Mährer“			1.360	8,7
„Schlesier“			45	0,3
Slowaken	4.676	30,6	4.820	31,0
Ungarn	579	3,8	587	3,8
Zigeuner	?		114	0,7
andere	237	1,5	216	1,3
Gesamtbev.	15.283		15.568	

Tschechische Republik

	1980	%	1991	%
Tschechen	9.734	94,6	9.773	94,9
davon				
„Tschechen“			8.373	81,3
„Mährer“			1.356	13,2
„Schlesier“			44	0,4
Slowaken	359	3,5	308	3,0
andere	199	1,9	218	2,1
Gesamtbevölkerung	10.292		10.299	

Slowakische Republik

	1980	%	1991	%
Slowaken	4.317	86,5	4.512	85,6
Ungarn	559	11,2	567	10,8
Zigeuner			81	1,5
Tschechen, davon	57	1,1	59	1,1
„Tschechen“			57	1,0
„Mährer“ u. „Schlesier“			5	0,1
andere	58	1,2	50	1,0
Gesamtbevölkerung	4.991		5.269	

Ungarn

Vorbemerkung: Seit dem Ende des Zweiten Weltkrieges ist fünfmal, nämlich 1949, 1960, 1970, 1980 und 1990, eine Volkszählung durchgeführt worden. Maßgebender Zeitpunkt war jeweils der 1. Januar. Bei den Volkszählungen wurde nach dem Nationalitätenbekenntnis und nach der Muttersprache gefragt, wobei die Zahl derjenigen, die sich zur jeweiligen Muttersprache bekannten, bei allen nationalen Minderheiten höher lag als die Zahl derjenigen, die sich zur jeweiligen Nationalität bekannten. Die einzige Ausnahme bildeten die Zigeuner; dies ist einleuchtend, da ein großer Teil der Zigeuner ungarisch spricht. Die Zahl der ethnischen Zigeuner liegt etwa bei 600.000. Die Nationalitätenverbände schätzen die Größe ihrer Volksgruppe bedeutend höher ein. Ihre Schätzungen bewegen sich für die Deutschen um 220.000, für die Slowaken um 110.000, für die Südslawen (überwiegend Kroaten) um 90.000 und für die Rumänen um 25.000. Bei diesen Schätzungen handelt es sich um Abstammungsminderheiten; die beträchtlichen Assimilationsverluste werden nicht berücksichtigt.

	1980				1990			
	Nationalität	%	Muttersprache	%	Nationalität	%	Muttersprache	%
Ungarn	10.641	99,4	10.581	98,8	10.142	97,8	10.223	98,5
Zigeuner	6	0,1	28	0,3	143	1,4	48	0,5
andere	63	0,5	101	0,9	90	0,8	104	1,0
Gesamtbev.	10.710		10.710		10.375		10.375	

Jugoslawien und seine Nachfolgestaaten

Vorbemerkung: Seit dem Ende des Zweiten Weltkrieges fanden in Jugoslawien sechs Volkszählungen statt, und zwar 1948, 1953, 1961, 1971, 1981 und 1991. Der maßgebende Zeitpunkt war jeweils der 31. März. Die Nationalitätenstatistiken sind allerdings kaum miteinander vergleichbar, da die Zuordnung zu den einzelnen Volksgruppen bei den verschiedenen Volkszählungen nach unterschiedlichen und vielfach nicht nachvollziehbaren Kriterien erfolgt ist. Die „Muslime" sind erst 1971 als besondere Nationalität anerkannt und als solche erfaßt worden. Die Kategorie „Jugoslawe" ist 1961 eingeführt worden und ist eher im Sinne eines politischen Bekenntnisses denn als ethnische Gruppe zu betrachten. Die Möglichkeit, die Nationalitätenangabe zu verweigern oder sich zu einer regionalen Identität zu bekennen, ist 1971 eingeführt worden. Die Zahl der ethnischen Zigeuner ist gewiß viel größer als in den Statistiken angegeben; sie kann auf 800.000 geschätzt werden, von denen die meisten in Serbien (ca. 530.000) und Mazedonien (ca. 200.000) leben. Die Volkszählung von 1991 ist von den Albanern boykottiert worden, so daß die angegebenen Zahlen auf offiziellen und vermutlich zu niedrigen Schätzungen beruhen. Da die Ergebnisse der Volkszählung von 1991 zum Teil unvollständig vorliegen und wegen der chaotischen politischen Verhältnisse nur bedingt zuverlässig sind, werden im folgenden die Ergebnisse für die letzten drei Volkszählungen wiedergegeben. In der Gruppe „sonstige Südslawen" werden diejenigen ehemals staatstragenden Völker (Serben, Kroaten, Muslime, Slowenen, Mazedonier, Montenegriner) zusammengefaßt, deren Anteil unter 1 Prozent liegt.

Jugoslawien

	1971	%	1981	%	1991	%
Serben	8.143	39,7	8.141	36,3	8.528	36,2
Kroaten	4.527	22,1	4.428	19,7	4.665	19,8
Muslime	1.730	8,4	2.000	8,9	2.349	10,0
Albaner	1.310	6,4	1.731	7,7	2.178	9,3
Slowenen	1.678	8,2	1.754	7,8	1.760	7,5
Mazedonier	1.195	5,8	1.342	6,0	1.374	5,8
Montenegriner	509	2,5	579	2,6	539	2,3
Ungarn	477	2,5	427	1,9	379	1,6
Zigeuner	78	0,4	168	0,8	210	0,9
Türken	128	0,6	101	0,5	110	0,5
Jugoslawen	273	1,3	1.219	5,4	712	3,0
andere	375	1,8	338	1,5	748	3,2
unbekannt	100	0,5	200	0,9		
Gesamtbev.	20.523		22.428		23.528	

Bosnien-Herzegowina

	1971	%	1981	%	1991	%
Muslime	1.482	39,6	1.630	39,5	1.906	43,7
Serben	1.393	37,2	1.321	32,0	1.369	31,4
Kroaten	772	20,6	758	18,4	756	17,3
andere Südslawen	19	0,5	19	0,5	12	0,3
Jugoslawen	44	1,2	326	7,9	240	5,5
andere	18	0,5	25	0,6	82	1 8
unbekannt	18	0,5	45	1,1		
Gesambev.	3.746		4.124		4.365	

Kroatien

	1971	%	1981	%	1991	%
Kroaten	3.514	79,4	3.455	75,1	3.736	78,1
Serben	627	14,2	532	11,5	582	12,2
Muslime	18	0,4	24	0,5	43	0,9
andere Südslawen	48	1,1	40	0,9	38	0,8
Jugoslawen	84	1,9	379	8,2	106	2,2
andere	101	2,3	89	1,9	143	3,0
unbekannt	34	0,8	82	1,8	136	2,8
Gesamtbev.	4.426		4.601		4.784	

Mazedonien

	1971	%	1981	%	1991	%
Mazedonier	1.142	69,3	1.281	67,0	1.314	64,6
Albaner	280	17,0	378	19,8	427	21,0
Türken	109	6,6	87	4,5	97	4,8
Zigeuner	25	1,5	43	2,3	56	2,7
Muslime	1	0,1	40	2,1	46	2,2
Serben	40	2,8	45	2,3	44	2,2
andere Südslawen	8	0,5	8	0,4	6	0,3
Jugoslawen	4	0,2	14	0,7	10	0,5
andere	36	2 2	12	0 6	34	1 7
unbekannt	3	0,2	5	0,2		
Gesamtbev.	1.647		1.912		2.034	

Montenegro

	1971	%	1981	%	1991	%
Montenegriner	356	67,2	400	68,5	380	61,7
Muslime	70	13,3	78	13,4	90	14,6
Serben	40	7,5	19	3,3	57	9,3
Albaner	36	6,7	38	6,5	41	6,6
Kroaten	9	1,7	7	1,3	6	1,0
andere Südslawen	1	0,3	1	0,2	1	0,2
Jugoslawen	11	2,1	31	5,3	26	4,2
andere	2	0,6	4	0,7	14	2,4
unbekannt	4	0,7	5	0,8	14	2,4
Gesamtbev.	530		584		615	

Serbien

	1971	%	1981	%	1991	%
Serben	6.017	71,2	6.182	66,4	6.428	65,7
Albaner	985	11,7	1.303	14,0	1.687	17,2
Ungarn	430	5,1	390	4,2	345	3,5
Muslime	154	1,8	215	2,3	237	2,4
Montenegriner	125	1,5	147	1,6	140	1,4
Kroaten	185	2,2	149	1,6	133	1,4
andere						
Südslawen	59	0,7	61	0,7	56	0,6
Jugoslawen	124	1,5	442	4,7	318	3,2
andere	333	3,9	374	4,0	369	3,8
unbekannt	35	0,4	51	0,5	78	0,8
Gesamtbev.	8.447		9.314		9.791	

Slowenien

	1971	%	1981	%	1991	%
Slowenen	1.624	94,0	1.712	90,5	1.718	87,6
Kroaten	43	2,5	56	2,9	54	2,7
Serben	21	1,2	42	2,2	47	2,4
Muslime	3	0,2	13	0,7	27	1,4
andere Südslawen	4	0,2	7	0,3	9	0,4
Jugoslawen	7	0,4	26	1,4	12	0,6
andere	19	1,1	23	1,2	26	1,3
unbekannt	6	0,3	14	0,7	70	3,6
Gesamtbev.	1.727		1.892		1.963	

Die Sowjetunion und ihre Nachfolgestaaten

Vorbemerkung: Seit dem Ende des Zweiten Weltkrieges fanden in der Sowjetunion vier Volkszählungen statt, und zwar 1959, 1970, 1979 und 1989. Maßgebender Zeitpunkt war jeweils der 15. Januar. Es wurden immer Nationalitätenstatistiken veröffentlicht, wobei die Bildung und Benennung der einzelnen Volksgruppen in Einzelfällen unter politischen Gesichtspunkten manipulativ erfolgten. Das Nationalitätenbekenntnis dürfte im allgemeinen frei erfolgt sein, war aber weitgehend durch die im Paß eingetragene Nationalität vorbestimmt, die automatisch aus der Nationalität der Eltern folgte und nicht auf Grund eines individuellen Nationalitätenbekenntnisses geändert werden konnte; nur bei Eltern verschiedener Nationalität bestand in bezug auf diese beiden Nationalitäten eine Wahlmöglichkeit. Auf diese Weise wurden die Assimilationsprozesse in den Nationalitätenstatistiken nur unzulänglich erfaßt. Dies wird durch die ebenfalls durchgehend veröffentlichten Sprachstatistiken bestätigt, die eine nach Volksgruppen unterschiedliche Assimilierung, überwiegend Russifizierung, aufzeigen.

Sowjetunion

	1979	%	1989	%	Nationalitätensprache als Muttersprache 1979 %	1989 %
Russen	137.397	52,4	145.155	50,8	99,8	99,8
Ukrainer	42.347	16,2	44.186	15,5	82,8	81,1
Usbeken	12.456	4,8	16.698	5,8	98,5	98,3
Weißrussen	9.463	3,6	10.036	3,5	74,2	70,9
Kasachen	6.556	2,5	8.136	2,8	97,5	97,0
Tataren	6.317	2,4	6.921	2,4	85,9	83,2
Aserbaidschaner	5.477	2,1	6.770	2,4	97,9	97,6
Armenier	4.151	1,6	4.623	1,6	90,7	91,6
Tadschiken	2.898	1,1	4.215	1,5	97,8	97,7
Georgier	3.571	1,4	3.981	1,4	98,3	98,2
Moldauer	2.968	1,1	3.352	1,2	93,2	91,6
Litauer	2.851	1,1	3.067	1,1	97,9	97,7
Turkmenen	2.028	0,8	2.729	1,0	98,7	98,5
Kirgisen	1.906	0,7	2.529	0,9	97,9	97,8
Deutsche	1.936	0,7	2.039	0,7	57,0	48,7
Tschuwaschen	1.751	0,7	1.842	0,6	81,7	76,5
Letten	1.439	0,5	1.459	0,5	95,0	94,8
Juden	1.811	0,7	1.449	0,5	14,2	12,8
Baschkiren	1.371	0,5	1.449	0,5	67,0	72,3
Mordwinen	1.192	0,5	1.154	0,4	72,6	67,0
Polen	1.151	0,4	1.126	0,4	29,1	30,4
Esten	1.020	0,4	1.027	0,4	95,3	95,5
Tschetschenen	756	0,3	957	0,3	98,6	98,0
Udmurten (Wotjaken)	714	0,3	747	0,3	76,5	69,6
Mari (Tscheremissen)	622	0,2	671	0,2	86,7	80,8
Awaren	483	0,2	601	0,2	97,7	96,9
Osseten	542	0,2	598	0,2	88,2	87,0
Lesgier	383	0,1	466	0,2	90,9	91,5
Koreaner	389	0,1	439	0,2	55,4	49,4

Karakalpen	303	0,1	424	0,1	95,9	94,1
Burjäten	353	0,1	421	0,1	90,2	86,3
Kabardiner	322	0,1	391	0,1	97,9	96,9
Jakuten	328	0,1	382	0,1	95,3	93,8
Bulgaren	361	0,1	373	0,1	68,0	67,9
Darginer	287	0,1	365	0,1	98,3	97,5
Griechen	344	0,1	358	0,1	38,0	44,5
Komi (Syrjänen)	327	0,1	345	0,1	76,2	70,4
Kumücken	228	0,1	282	0,1	98,2	97,4
Uiguren	211	0,1	263	0,1	86,1	86,5
Zigeuner	209	0,1	262	0,1	74,1	77,4
Inguschen	186	0,1	237	0,1	97,4	96,9
Türken (Mescheten)	93	-	208	0,1	84,7	91,0
Tuwinen (Sojoten)	166	0,1	207	0,1	98,8	98,5
Gagausen	173	0,1	198	0,1	89,3	87,4
Kalmücken	147	0,1	174	0,1	91,3	89,9
Ungarn	171	0,1	171	0,1	95,4	93,7
Karatschaier	131	-	156	0,1	97,7	96,7
Kurden	116	-	153	0,1	83,6	80,5
Komi-Permjaken	151	0,1	152	0,1	77,1	70,1
Rumänen	129	-	146	0,1	41,4	60,9
Karelier	138	0,1	131	0,0	55,6	47,9
Adygejer	109	-	125	0,0	95,7	94,7
Laken	100	-	118	0,0	95,0	93,5
Abchasier	91	-	105	0,0	94,3	93,3
andere	965	0,4	1.193	0,4	-	-
Gesamtbev.	262.085		285.762			

Estland

	1979	%	1989	%	Nationalitätensprache als Muttersprache 1979 %	1989 %
Esten	948	64,7	963	61,5	99,0	98,9
Russen	409	27,9	475	30,3		98,6
Ukrainer	36	2,5	48	3,1		44,2
Weißrussen	23	1,6	28	1,8		31,9
Finnen	18	1,2	17	1,1		31,0
andere	31	2,1	35	2,2		
Gesamtbev.	1.465		1.566			

Lettland

	1979	%	1989	%	Nationalitätensprache als Muttersprache 1979 %	1989 %
Letten	1.344	53,7	1.388	52,0	97,8	97,4
Russen	821	32,8	906	34,0		98,8
Weißrussen	112	4,5	120	4,5		32,2
Ukrainer	67	2,7	92	3,5		49,5
Polen	63	2,5	60	2,3		27,1
Litauer	38	1,5	35	1,3		63,9
andere	58	2,3	66	2,4		
Gesamtbev.	2.503		2.667			

Litauen

	1979	%	1989	%	Nationalitätensprache als Muttersprache 1979 %	1989 %
Litauer	2.712	80,0	2.924	79,6	97,9	99,6
Russen	303	8,9	344	9,4		95,6
Polen	247	7,3	258	7,0		84,8
Weißrussen	58	1,7	63	1,7		40,4
Ukrainer	32	0,9	45	1,2		50,9
andere	40	1,2	41	1,1		
Gesamtbev.	3.392		3.675			

Moldau

	1979	%	1989	%	Nationalitätensprache als Muttersprache 1979 %	1989 %
Moldauer	2.526	63,9	2.795	64,4	96,5	95,4
Ukrainer	561	14,2	600	13,8		61,6
Russen	506	12,8	562	12,9		99,1
Gagausen	138	3,5	153	3,5		91,2
Bulgaren	81	2,0	88	2,0		76,5
Juden	80	2,0	66	1,5		25,9
andere	58	1,6	71	1,9		
Gesamtbev.	3.950		4.335			

Rußland

	1979	%	1989	%	Nationalitätensprache als Muttersprache 1979 %	1989 %
Russen	113.522	82,6	119.866	81,5	100,0	100,0
Tataren	5.011	3,6	5.543	3,8		85,6
Ukrainer	3.658	2,7	4.363	3,0		42,8
Tschuwaschen	1.690	1,2	1.774	1,2		77,5
Baschkiren	1.291	0,9	1.345	0,9		72,8
Weißrussen	1.052	0,8	1.206	0,8		36,2
Mordwinen	1.111	0,8	1.073	0,7		69,0
Tschetschenen	712	0,5	899	0,6		98,8
Deutsche	791	0,6	842	0,6		41,8
Udmurten	686	0,5	715	0,5		70,8
Mari (Tscheremissen)	600	0,4	644	0,4		81,9
Kasachen	518	0,4	636	0,4	91,1	87,9
Juden	701	0,5	551	0,4		8,9
Awaren	437	0,3	544	0,4		97,7
Armenier	365	0,3	532	0,4		67,8
Burjäten	350	0,3	417	0,3		86,6
Osseten	352	0,3	402	0,3		93,2
Kabardiner	319	0,2	386	0,3		97,6
Jakuten	327	0,2	380	0,3		94,0
Darginer	278	0,2	353	0,2		97,9
Komi (Syrjänen)	320	0,2	336	0,2		71,0
Aserbaidschaner	226	0,2	336	0,2		84,2
Kumücken	224	0,2	227	0,2		97,7
Lesgier	211	0,2	257	0,2		93,9
Inguschen	166	0,1	215	0,1		98,2
Tuwinen (Sojoten)	165	0,1	206	0,1		98,6
Moldauer	102	0,1	173	0,1		66,8

Kalmücken	140	0,1	166	0,1	93,1
Zigeuner	121	0,1	153	0,1	85,8
Karatschaier	126	0,1	150	0,1	97,7
Komi-Permjaken	146	0,1	147	0,1	71,1
Georgier	89	0,1	131	0,1	70,5
Usbeken	72	0,1	127	0,1	79,6
Karelier	133	0,1	125	0,1	48,6
Adygejer	107	0,1	123	0,1	95,2
Koreaner	95	0,1	107	0,1	36,5
Laken	90	0,1	106	0,1	95,1
andere	1.106	0,9	1.416	0,1	95,1
Gesamtbev.	137.410		147.022		

Ukraine

					Nationalitätensprache als Muttersprache	
	1979	%	1989	%	1979 %	1989 %
Ukrainer	36.489	73,6	37.419	72,7	89,1	87,7
Russen	10.472	21,1	11.356	22,1	98,7	98,4
Juden	634	1,3	487	0,9	9,0	7,1
Weißrussen	406	0,8	440	0,9	35,1	35,5
Moldauer	294	0,6	325	0,6	80,0	78,0
Bulgaren	238	0,5	234	0,5	68,3	69,5
Polen	258	0,5	219	0,4	14,2	12,5
Ungarn	164	0,3	163	0,3	96,7	95,6
Rumänen	122	0,2	135	0,3	41,0	62,3
andere	532	1,1	693	1,3		
Gesamtbev.	49.609		51.471			

Weißrußland

	1979	%	1989	%	Nationalitätensprache als Muttersprache 1979 %	1989 %
Weißrussen	7.568	79,4	7.905	77,9	83,5	
Russen	1.134	11,9	1.342	13,2		97,7
Polen	403	4,2	418	4,1		13,3
Ukrainer	231	2,4	291	2,9		45,4
Juden	135	1,4	112	1,1		
andere	61	0,7	84	0,8		
Gesamtbev.	9.532		10.152			

(Abdruck mit freundlicher Genehmigung der Bertelsmann Stiftung, aus:
Georg Brunner: Nationalitätenprobleme und Minderheitenkonflikte in Osteuropa.
Ein Arbeitspapier. Gütersloh 1933)

Erstdrucknachweis

Die innenpolitische Lage in Osteuropa, in: Osteuropa. Zeitschrift für Gegenwartsfragen des Ostens, Heft 2 (1986), S. 89-101

Ideologie, Macht und Persönlichkeit: Triebkräfte des Gorbatschow-Kurses, in: Ideen unserer Zeit. Hrsg. von Daniel Frei. Grüsch 1987, S. 173-187
(= Sozialwissenschaftliche Studien des schweizerischen Instituts für Auslandforschung, Bd. 16)

Was Mitteleuropa sein kann, in: Die blockierte Vergangenheit. Nachdenken über Mitteleuropa. Berlin: Argon 1987

Die Gärung im Ostblock und die sowjetische Toleranzgrenze, in: Neue Zürcher Zeitung, 9./10. 7. 1989

Das Ostbild des Westens, das Westbild des Ostens, in: Neue Zürcher Zeitung, 26./27. 11. 1989

Osteuropa zwischen Liberalismus und Nationalismus, in: Neue Zürcher Zeitung, 1./2. 4. 1990

Das Gespenst der Balkanisierung, in: Frankfurter Allgemeine Zeitung, 29. 2. 1992

Krisenzeichen in Südosteuropa. Risiken und Chancen, in: VGB Kraftwerkstechnik 73, Heft 12 (1993), S. 1008-1013

Symbol mutiger Experimentierlust, in: Der Monat, Heft 12 (1965), wiederabgedruckt in: Paul Lendvai, Die Grenzen des Wandels. Wien 1977, S. 137-157

Keine Brüderlichkeit ohne Brüder, in: Der Monat, Heft 3 (1970), wiederabgedruckt in Paul Lendvai, Die Grenzen des Wandels. Wien 1977, S. 199-206

Die abgebrochene Wachablösung, in: Paul Lendvai, Die Grenzen des Wandels. Wien 1977, S. 245-253

Jugoslawien ohne Jugoslawen, in: Europa-Archiv, Nr. 19 (1990)

Scheidung auf jugoslawisch, in: Die Zeit, 5. 7. 1991

Das Ende der Hodscha-Ära im Land der Skipetaren, in: Die Zeit, 17./19. April 1985 u. d. T. Häuptlingswechsel im Land der Skipetaren

Duell im Äther um den Informationsaustausch. Sonderdruck der Hanns Martin Schleyer-Stiftung 1988 u. d. T. Entwicklung der Medientechnik – Mehr Freiheit für den Informationsaustausch?

Ein Gespräch mit Bruno Kreisky über Sozialdemokratie und Kommunismus. In: Europäische Rundschau, Heft 2 (1976), S. 3-22 (Sonderdruck)

Der Abdruck von „Nationalitätenstruktur der osteuropäischen Staaten“ aus: Georg Brunner, Nationalitätenprobleme und Minderheitenkonflikte in Osteuropa. Ein Arbeitspapier. Gütersloh 1993, erfolgt mit freundlicher Genehmigung der Bertelsmann Stiftung Gütersloh)

Alle anderen Texte gelangen erstmals zum Abdruck.

Personenregister

Bildnachweis

Autor und Verlag danken dem ORF-Fotodienst für die freundliche Genehmigung zum Abdruck folgender Fotos: 1, 17 (Kuharić), 21 (Németh), 31 (Kreisky).
Votavafoto: 32 (Vranitzky)
ČTK: 7 (Husák)
Polish Agency Interpress Photoservice, Photo Jan Morek: 10 (Rakowski)
Alle anderen Fotos stammen aus dem privaten Archiv des Autors. Die Rechtslage bezüglich der reproduzierten Bildvorlagen wurde – soweit möglich – sorgfältig geprüft; eventuelle berechtigte Ansprüche werden vom Verlag in angemessener Weise abgegolten.

Die Globus-Grafiken auf dem Vor- und Nachsatz bzw. im Text wurden freundlicherweise vom Pressedienst Hellepart zur Verfügung gestellt.

Umschlagfoto: Foto ORF/Thomas Ramstorfer

Tallinn
ESTLAND
Riga
LETTLAND
OSTSEE
LITAUEN
Vilnius
russ.
Minsk
POLEN
BELARUS
Warschau
TSCHECHISCHE REP.
Prag
UKRA
Bratislava
SLOWAK. REP.
SLOWENIEN
Budapest
MOLDOVA
Chişin
UNGARN
Ljubljana
Zagreb
RUMÄNIEN
KROATIEN
BOSNIEN
Belgrad
Bukarest
Sarajevo
SERBIEN *
SC
MONTENEGRO *
BULGARIEN
Podgorica
Sofia
Skopje
Tirana
MAKEDONIEN
ALBANIEN
1016 © Globus
* „Rest-Jug